修訂版序

　　本書自84年3月出版以來，金融市場發生很多變化，爲配合需要，本書修訂如次：

一、十一個歐洲聯盟國家於1999年1月1日起實施單一貨幣Euro（歐元），對國際金融市場影響很大，本書特增編第4154節介紹Euro內容。

二、1997/98亞洲發生金融風暴，迫使若干國家干預市場或實施外匯管制，造成國際金融市場自由化與國際化的嚴重挫折，本書特增編第6624節簡短介紹亞洲金融風暴與香港金融市場保衛戰。

三、管理外匯條例於84年再度修正，本書特增編第1317節介紹其修訂內容。

四、中央銀行於84年5月開辦同業資金電子化調撥業務，本書特增編第2330節介紹其內容。

五、中央銀行自86年起改按國際貨幣基金（IMF）第五版《國際收支手冊》編製我國國際收支，本書第4326節內容及第4-4表已予配合修訂。

六、立法院於86年3月通過期貨交易法，87年7月我國股價指數期貨市場開始交易，本書特增編第7422節予以介紹。

七、我國於86年8月開始發行股票認購權證，爲選擇權市場一大進展，本書特增編第8700節予以介紹。

　　本書讀者及授課老師對本書內容如有所垂詢，竭誠歡迎電話(02)2368-9036或傳眞(02)2368-4820。

于政長　敬識

八十八年三月

自　序

自 70 年代以來，國際金融市場有若干重大發展：

一、由於美元停止兌換黃金，戰後所建立之國際貨幣制度因而崩潰，各國實施浮動匯率制度、匯率風險大增；復由於多國通貨膨脹、物價上漲，利率變動頻繁且劇烈，為規避匯率、利率及價格變動的風險，期貨、選擇權及交換等衍生工具相繼產生，且多半由外匯交易開始。

二、由於各國相繼放棄對外匯、利率及金融業務之管制，並積極進行金融市場之整合；後由於電腦及通訊技術之發達，國際清算網路之建立，國際投資與借貸盛行，使各國外匯市場、貨幣市場與債券市場更密切結合，國際匯兌業務澎湃成長，也使國際匯兌、國際金融與金融市場之研究無法分割。

基於上述，本書編寫係由外匯管理開始，次及外匯銀行業務、國際貨幣制度及匯率制度，然後介紹外匯市場、金融與金融市場，最後介紹期貨市場與選擇權市場，所以本書可作為國際匯兌、國際金融及金融市場之教材。由於教學時數之限制，授課老師可斟酌選取內容，其未及講授者可供學者自修。筆者在大專院校講授國際匯兌等為時二十餘年，積畢生經驗編成此書，筆者深信本書內容對學者進修及就業均會有幫助。本書共分八章，各章次均列有解釋名詞及問答題；五至八章且有計算題，計算題解答列在附錄內，若干計算題亦可列入講授教材或考試題目。

授課老師如對本書內容有所垂詢，可電洽(02)368-4820。

于政長　敬啟

國際匯兌　目錄

修訂版序

自序

世界主要國家貨幣及其代碼（ISO Code）

世界主要金融機構、交易所及清算所

世界主要國家貨幣及其代碼（ISO Code）

Entity	國別	Currency	貨幣	商場簡寫	字母代碼	數字代碼
Argentina	阿　　根　　廷	Austral	奧斯特拉		ARA	032
Australia	澳　大　利　亞	Australian Dollar	澳元	A$	AUD	036
Austria	奧　　地　　利	Schilling	奧先令		ATS	040
Belgium	比　　利　　時	Belgian Franc	比利時法郎	B. Fr.	BEF	056
Brazil	巴　　　　西	Cruzado	克魯賽羅		BRC	076
Canada	加　　拿　　大	Canadian Dollar	加元	C$	CAD	124
Chile	智　　　　利	Chilean Peso	智利比索		CLP	152
China	中　　國　　大　陸	Renminbi Yuan	人民幣元	RMB	CNY	156
Denmark	丹　　　　麥	Danish Krone	丹麥克朗		DKK	208
Economic Community	歐洲共同市場	European Currency Unit	歐洲貨幣單位	ECU	XEU	954
Egypt	埃　　　　及	Egyptian Pound	埃及鎊		EGP	818
Finland	芬　　　　蘭	Markka	芬蘭幣		FIM	246
France	法　　　　國	French Franc	法國法郎	F. Fr.	FRF	250
Germany	德　　　　國	Deutsche Mark	馬克	DM	DEM	280
Greece	希　　　　臘	Drachma	德拉克馬		GRD	300
Hong Kong	香　　　　港	Hong Kong Dollar	港幣元	HK$	HKD	344
Iceland	冰　　　　島	Iceland Krona	冰島克朗		ISK	352
IMF	國際貨幣基金	SDR	特別提款權	SDR	XDR	960

Country	國家	Currency	貨幣	符號	代碼	編號
India	印度	Indian Rupee	印度盧比		INR	356
Indonesia	印尼	Rupiah	印尼盾		IDR	360
Iran	伊朗	Iranian Rial	伊朗里亞爾		IRR	364
Iraq	伊拉克	Iraqi Dinar	伊拉克第納爾		IQD	368
Ireland	愛爾蘭	Irish Pound	愛爾蘭鎊		IEP	372
Israel	以色列	Shekel	塞克		ILS	376
Italy	義大利	Italian Lira	義里拉	LIR	ITL	380
Japan	日本	Yen	日圓	¥	JPY	392
Jordan	約旦	Jordanian Dinar	約旦第納爾		JOD	400
Korea	韓國	Won	韓元	W	KRW	410
Kuwait	科威	Kuwait Dinar	科威特第納爾		KWD	414
Lebanon	黎巴嫩	Lebanon Pound	黎巴嫩鎊		LBP	422
Libyan Arab	利比亞	Libyan Dinar	利比亞第納爾		LYD	434
Luxemburg	盧森堡	Luxemburg Franc	盧森堡法郎		LUF	442
Macau	澳門	Pataca	澳門幣		MOP	446
Malaysia	馬來西亞	Malaysian Ringgit	馬來西亞林吉特		MYR	458
Mexico	墨西哥	Mexican Peso	墨西哥比索		MXP	484
Netherlands	荷蘭	Netherlands Guilder	荷蘭盾		NLG	528
New Zealand	紐西蘭	New Zealand Dollar	紐元	NZ$	NZD	554
Norway	挪威	Norwegian Krone	挪威克郎		NOK	578
Pakistan	巴基斯坦	Pakistan Rupee	巴基斯坦盧比		PKR	586
Panama	巴拿馬	Balboa, US Dollar	巴波亞，美元		PAB	590
					USD	840
Philippines	菲律賓	Philippine Peso	菲國比索	卑	PHP	608

Country	國家	Currency	幣別	符號	代號	號碼
Poland	波蘭	Zloty	波蘭幣		PLZ	616
Portugal	葡萄牙	Portuguese Escudo	葡盾		PTE	620
Russia	俄羅斯	Rouble	盧布		SUR	810
Saudi Arabia	沙烏地阿拉伯	Saudi Riyal	沙烏地里亞爾		SAR	682
Singapore	新加坡	Singapore Dollar	新加坡元	S$	SGD	702
South Africa	南非	Rand	蘭特		ZAR	710
Spain	西班牙	Spanish Peseta	西班牙比塞塔		ESP	724
Sweden	瑞典	Swedish Krona	瑞典克郎		SEK	748
Switzerland	瑞士	Swiss Franc	瑞士法郎	S. Fr.	CHF	756
Taiwan, ROC	中華民國臺灣	New Taiwan Dollar	新臺幣元	NT$	TWD	901
Thailand	泰國	Baht	銖		THB	764
Turkey	土耳其	Turkish Lira	土里拉		TRL	792
United Arab Emirates	阿拉伯聯合大公國	UAE Dirham	廸拉姆		AKD	784
United Kingdom	英國	Pound Sterling	英鎊	£	GBP	826
United States	美國	US Dollar	美元	$	USD	840
Vietnam	越南	Dong	盾		VND	704

資料來源：經濟部中央標準局。

世界主要金融機構、交易所及清算所

名　　　稱　(所在地)	簡　　寫	所在國
Agricultural Futures Market (Amsterdam)	ATA	荷蘭
American Stock Exchange (New York)	AMEX	美國
Asian Development Bank (Manila)	ADB	菲律賓
Australian Options Market	AOM	澳大利亞
Australian Stock Exchange (Sydney)	AUS	澳大利亞
Bahrain Monetary Agency (Bahrain)	BMA	巴林
Baltic Futures Exchange (London)	BFE	英國
Bank for International Settlement	BIS	瑞士
Bank of England (London)	BOE	英國
Bank of Japan (Tokyo)	BOT	日本
Belgian Futures and Options Exchange (Brusells)	BelFOX	比利時
Bolsa Brasilein de Futures (Brasilia)		巴西
São Paulo Commodity Exchange (São Paulo)		巴西
Bolsa Mercantile and Futures Exchange (São Paulo)	BM&FE	巴西
São Paulo Stock Exchange (São Paulo)		巴西
British Banker's Association (London)	BBA	英國
Brusells Stock Exchange (Brusells)	BSE	比利時
Chicago Board of Trade (Chicago)	CBOT,CBT	美國
Chicago Board Options Exchange (Chicago)	CBOE	美國

Chicago Mercantile Exchange (Chicago)	CME	美國
Coffee Sugar and Cocoa Exchange (New York)	CSCE	美國
Commodity Exchange Inc. (New York)	COMEX	美國
Commodity Futures Trading Commission (Washington, D.C.)	CFTC	美國
Deutsche Termin Börse (Frankfurt)	DTB	德國
Economic and Monetary Union	EMU	歐聯
European Monetary Institution (Frankfurt)	EMI	德國
European Options Exchange (Amsterdam)	EOE	荷蘭
Federal Home Loan Mortgage Cooperation	FHLMC	美國
Federal National Mortgage Association	FNMA	美國
Federal Reserve Banks	FRB	美國
Financial Futures Market (Amsterdam)	FTA	荷蘭
Financial Instruments Exchange (New York)	FINEX	美國
Finnish Options Market (Helsinki)	FOM	芬蘭
Futures and Options Exchange (Copenhagen)	FUTOP	丹麥
Garantifonden (Copenhagen)	GAR	丹麥
Government National Mortgage Association	GNMA	美國
Hong Kong Futures Exchange (Hong Kong)	HKFE	香港
International Bank for Reconstruction and Development (Washington, D.C.)	IBRD	美國
International Chamber of Commerce (Paris)	ICC	法國
International Commodities Clearing House (London)	ICCH	英國
International Monetary Fund (Washington, D.C.)	IMF	美國
International Monetary Market (Chicago)	IMM	美國
International Petroleum Exchange (London)	IPE	英國

International Securities Exchange (London)	ISE	英國
International Standard Organization	ISO	法國
Irish Futures and Options Exchange (Dublin)	IFOX	愛爾蘭
Kansas City Board of Trade (Kansas)	KCBOT	美國
Kuala Lumpur Commodity Exchange (Kuala Lumpur)	KLCE	馬來西亞
London Futures and Options Exchange (London)	FOX	英國
London Grain Futures Market		英國
London International Financial Futures and Options Exchange (London)	LIFFE	英國
London Meat Futures Market		英國
London Metal Exchange (London)	LME	英國
London Potato Futures Market		英國
London Traded Options Market (London)	LTOM	英國
Manila International Futures Exchange (Manila)	MIFE	菲律賓
Marché A Terme International de France (Paris)	MATIF	法國
Marché des Options Negotiables de Paris (Paris)	MONEP	法國
Mercado de Futures Financieros (Barcelona)	MEFF	西班牙
MidAmerica Commodity Exchange (Chicago)	MCE	美國
Midwest Stock Exchange	MSE	美國
Minneapolis Grain Exchange	MGE	美國
Monetary Authority of Singapore (Singapore)	MAS	新加坡
Montréal Exchange (Montréal)	ME	加拿大
Nagoya Stock Exchange	NSE	日本
National Futures Association	NFA	美國
Nederlandse Liquidatiekas	NLKKAS	荷蘭

縮寫	全名	國家
NYCHA	New York Clearing House Association	美國
NYCE	New York Cotton Exchange (New York)	美國
NYFE	New York Futures Exchange (New York)	美國
NYMEX	New York Mercantile Exchange (New York)	美國
NYSE	New York Stock Exchange (New York)	美國
NZFOE	New Zealand Futures and Options Exchange	紐西蘭
NOM	Nowegian Options Market	挪威
OMI	OM Ibérica (Madrid)	西班牙
OML	OM London	英國
OCC	Options Clearing Corporation	美國
OM	Options Maklarna, Stockholm	瑞典
OMF	Organization de Marchés Financiers (Paris)	法國
OSA	Osaka Securities Exchange (Osaka)	日本
OTOB	Osterreichische Termin and Options Börse (Vienna)	奧地利
PACX	Pacific Stock Exchange (San Francisco)	美國
PSE	Paris Futures Exchange	法國
PBOT	Philadelphia Board of Trade	美國
PHLX	Philadelphia Stock Exchange (Philadelphia)	美國
ROEFEX	Rotterdam Energy Futures Exchange (Rotterdam)	荷蘭
SEC	Securities and Exchange Committee	美國
SIB	Securities and Investment Board	英國
SIMEX	Singapore International Monetary Exchange (Singapore)	新加坡
SWIFT	Society for Worldwide Interbank Financial Telecommunication	比利時

South African Futures Exchange	SAFEX	南非
Sweden's Options and Financial Futures Exchange	SOFE	瑞典
Swedish Options and Futures Exchange	SOFEX	瑞典
Swiss Options and Futures Exchange (Zurich)		瑞士
Sydney Futures Exchange (Sydney)	SFE	澳大利亞
Tokyo Commodity Exchange		日本
Tokyo Grain Exchange (Tokyo)	TGE	日本
Tokyo International Financial Futures Exchange (Tokyo)	TIFFE	日本
Tokyo Stock Exchange (Tokyo)	TSE	日本
Toronto Futures Exchange (Toronto)	TFE	加拿大
Toronto Stock Exchange (Toronto)	TSE	加拿大
United Nations Conference on Trade and Development	UNCTAD	聯合國
Vancouver Stock Exchange (Vancouver)	VSE	加拿大
Winnipeg Commodity Exchange	WCE	加拿大

第一章　外匯與外匯管理

本章重點

1. 第一節說明外匯之意義、類別及功能。
2. 第二節說明外匯管理之意義、目的、方式、利弊、法規、管理機關及各種外匯管理制度。
3. 第三節說明我國外匯管理制度之演變，包括管理外匯條例之歷次修訂、外匯收入管理、外匯支出管理及外匯市場之演變。
4. 第四節說明現階段外匯之管理，包括管理架構、經常收支之管理、資本收支之管理、指定銀行之管理，以及新台幣國際化問題。

第一節　外匯概說

1110　外匯之意義

1111

外匯（Foreign Exchanges）是什麼？對不同的人可能有不同的答案。很多人認爲外匯就是外國貨幣(Foreign Currencies)，由外國政府發行的鈔票或銀行券(Bank Notes)，最常見的就是美國貨幣——美鈔。對出國的人來說，結購外幣，就是購買外國鈔票、旅行支票(Traveller's Checks)、以及銀行開發的匯款匯票（Remittance Drafts），通常稱爲票匯（Demand Drafts, D/D）。對出口商來說，由出口商開發的匯票(Draft, Bill of Exchange) 就是外匯。

1112

在外匯市場（Foreign Exchange Market），特別是銀行間外匯市場（Interbank Market），外匯指國外銀行存款（Foreign Bank's Deposits)。以美元與馬克間交易爲例，賣出美元的銀行，將其在美國銀行的美元存款讓與他方銀行，他方銀行則將其在德國銀行的馬克存款讓與該行。

1113

在外匯管理上，外匯的定義多採取廣義。如我國管理外匯條例第二條規定，外匯指外國貨幣、票據及有價證券。依照韓國外匯管制法(Foreign Exchange Control Law)，外匯指對外國支付工具（Means of Payment to Foreign Countries)、外國證券（Foreign Securities） 及外國貨幣債權(Foreign Currency Credits)。外國支付工具，指以外幣表示或可在外國使用的支付工具。所謂支付工具(Means of Payment)，指政府發行的紙幣（Government Notes）、銀行券（Bank Notes）、硬幣（Coins）、支票（Checks）、匯票（Drafts）、本票（Promissory Notes）、郵政匯票（Postal Money Order）、信用狀（Letter of Credit），以及其他類似的支付請求（Payment Request）。換言之，一切對外國的請求權（Claims），均屬外匯的範疇。

1114

在外匯準備上，外匯準備（Foreign Exchange Reserves），亦稱外匯存底或國際準備（International Reserves），指一國貨幣當局（中央銀行），持有可供國際支付的外國支付工具，包括外國貨幣及特別提款權（Special Drawing Rights, SDRs）。在 70 年代以前，尚包括黃金在內。特別提款權，係國際貨幣基金（International Monetary Fund, IMF）創造的特別提款帳戶（Special Drawing Account）的帳上信用，依各國在基金的攤額（Quota）分配與各國。各國可依規定用以換取他國貨幣使用。

1120　外匯之類別

依照我國管理外匯條例，外匯包括外國貨幣、外國票據及外國有價證券。所以，基本上外匯可分成三大類。

1121

外國貨幣：為外國發行的貨幣（Money），包括銀行存款，稱為存款貨幣（Deposit Money）。貨幣的功能有三：⑴交換的媒介（Medium of Exchange）、⑵價值的標準（Standard of Value）、⑶價值的儲藏（Store of Value）。具有上述功能者，均是貨幣。

外國貨幣可作為外匯，就是因為它可作為國際間交換的媒介、價值的標準及價值的儲藏。具體地說，外國人可持有或使用。在持有方面，官方可作為國際準備，民間可作為投資工具；在使用方面，國際貿易上可用以辦理結算，資本市場上可用以發行國際債券。如果外國貨幣不具上述功能，就不能充當外匯。具有上述功能者，通常爲可兌換貨幣(Convertible Currency)，即無需貨幣當局的許可，可自由兌換爲他國貨幣的貨幣。在二次大戰後，外匯市場上稱這種通貨爲堅強通貨（Hard Currency）；因爲可爲他國使用，也稱爲國際貨幣（International Currency）。

目前國際上列爲可兌換通貨者有幾十個國家貨幣，依照《國際貨幣基金（IMF）1993年報》資料，屬於第八條對經常收支不予管理之國家計有八十個，通常爲可兌換通貨，但廣爲各國普遍接受者，只有少數幾個國家貨幣，稱爲關鍵貨幣（Key Currencies），如美元、英鎊、馬克、日圓及瑞士法郎等是。作爲關鍵貨幣，應具有下列功能：(1)準備貨幣（Reserve Currency），爲各國用爲外匯準備，依照國際貨幣基金資料，1992年底世界各國外匯準備中，美元占 64.4%，馬克 13%，日圓 8.1%，英鎊 3.2%，法國法郎 2.5%，其他 8.8%；(2)媒介貨幣（Vehicle Currency），爲國際間交易及債權債務清算所經常使用；(3)干預貨幣(Intervention Currency)，用爲干預外匯市場以影響匯率變動。

關鍵貨幣中，美元最爲重要，可稱爲王牌貨幣（Kingpin或Dominant Currency），有其特殊的國際地位：(1)各國央行持有之外匯準備以美元最多；(2)幾乎所有主要商品均以美元計價；(3)世界債務的大部分以美元計值；(4)世界旅行普遍接受的通貨爲美元；(5)大部分國際貿易以美元結算；(6)幾乎所有通貨的價值係以美元表示；(7)央行干預外匯市場多半使用美元，歐洲共同市場ERM運作有時也使用美元❶。

一國發行貨幣，通常會以法律規定在國內使用，具有強制流通能力，稱爲法償貨幣（Legal Tender）。債務人用以淸償債務時，債權人不得

❶參考Bishop & Dixon, *"Foreign Exchange Handbook,"* p. 137.

拒絕。

　　近年來有的國家鑄造金幣並賦予法償資格，但由於其買賣價值遠高於其法償價值，不具流通性，不能稱爲貨幣，也不能用作外匯。

　　人造貨幣（Artificial Currency）指由政府或國際組織或機構爲融資或相互結算而創造的帳上資產，具有全部或大部分貨幣功能，但並未發行實際流通使用之貨幣，目前有特別提款權（SDRs）與歐洲貨幣單位（ECU），後者除可作國際準備外，並可作爲交易結算、外匯市場干預等多種用途。一般均視爲外幣。

1122

　　票據：依照我國票據法的規定，指匯票、支票與本票。依照美國統一商法之規定，可轉讓票據（Negotiable Instruments）有四種：匯票、支票、本票及定存單（Certificate of Deposit, C/D）。所以外國票據應包括外國匯票、外國支票、外國定存單及外國本票。外國票據也指以外幣計值的票據，以及在外國付款的票據，惟通常係指前者。

　　在國際經濟交易上，匯票係由債權人或出口商開發；支票係由銀行存款客戶對存款銀行開發，開發者爲債務人或進口商；銀行爲動用其國外存款所開發者爲匯款匯票；在國際借貸中，包括分期付款買賣機器設備交易，借款人或債務人開發本票；定存單則係存款銀行對其客戶開發之存款證明。在外匯管理上，上述外國票據均屬管理的標的。

1123

　　有價證券：依照我國證券交易法之規定，有價證券指政府債券及依本法公開募集發行之公司股票、公司債券及經政府核准之其他有價證券。準此，外國有價證券包括外國公債、公司債、金融債券及公司股票，均屬外匯管理的標的。

　　外國政府（如美國）發行的債券憑證，爲期不超過一年者，稱國庫券（Treasury Bills, T-Bills）；一年至十年者稱中期債券（Treasury

Notes, T-Notes);十年以上者,稱長期債券 (Treasury Bonds, T-Bonds)。由於政府債券沒有信用風險,收益率很好,變現性強,爲外國投資的最重要工具,亦是構成中央銀行外匯準備或存底最大的一部分。

1130 外匯的功能

1131

外國貨幣具有對發行國家商品及勞務的購買力 (Purchase Power),關鍵貨幣則對其他國家的商品及勞務也具有購買力,亦即具有購買外國資源及清償國際債務的支付能力。爲發展經濟、維護民生及國防安全,一個國家需要購買外國的機器設備、原料、糧食及武器等,就需要外匯。對一個開發中國家而言,要發展經濟、需要購買外國機器設備、工業原料及技術,就需要外匯,這也是開發中國家鼓勵外國人投資的原因,因爲外國投資人可帶來機器設備及技術,特別是外匯。

爲了應付需要,中央銀行的外匯準備應有多少最爲適當?很多學者的答案是三個月的進口需要量,但這並非惟一的答案。對一個實施浮動匯率(Floating Exchange Rate)的國家言,匯率由外匯市場供求決定,中央銀行毋需進場買賣外匯,所以在理論上一點外匯準備都沒有也可以。但事實上,中央銀行難免要干預外匯市場,就需要有外匯準備。甚至於有的國家爲了干預外匯市場,幾天之內賣出幾百億美元,耗盡了所有外匯準備。所以看起來,外匯準備是多多益善。

但另一方面,外匯準備過多,表示國人的儲蓄提供外國人使用,對國家資源分配言並不適當。所以一個國家不應以累積外匯準備爲國家政策。但如果一個國家已具有過多的外匯準備,自然也沒有浪費虛擲的必要,因爲外匯準備可產生所得,仍有利於國計民生。

1132

國民總生產 (Gross National Product, GNP) 係由國內總生產

（Gross Domestic Product, GDP）與國外要素所得（Factor Income）構成。後者包括國外投資收入及外匯準備孳息收入。所以外匯也是國民所得來源之一。

第二節　外匯管理

1210　外匯管理之意義及目的

1211

外匯管理（Foreign Exchange Control或Restriction）：指對外匯自由交易或持有作任何形式的官方干預，包括對外匯價格（匯率）的控制及對外匯供求的限制。外匯管理的中心在匯率，如果一個國家政府可無視於匯率的變動，也就沒有實施外匯管理的必要。外匯管理可直接控制匯率，也可以經由控制外匯的供給與需求，間接控制匯率；甚或既控制匯率，又控制外匯的供給與需求。實施嚴格外匯管理的國家，可能兩者都控制；完全自由的國家，可能兩者都不控制，但在現階段各國經濟發展狀況不同，國際資本流動頻繁，會促使匯率大幅波動，所以完全自由的國家，也會干預外匯市場。但其所採取的手段是提供外匯市場的供給或需求，不是限制外匯市場的供給與需求；其干預目的雖在影響匯率的走勢，但並非控制匯率的變動，所以只是干預外匯市場可不視為外匯管理。

1212

外匯管理之目的：外匯管理通常係由於國際收支（Balance of International Payments）長期發生逆差，外匯需求超過供給，因而產生外幣升值（國幣持續貶值），導致資金外流，特別是熱錢（Hot Money）流出。因為資金外流，國際收支逆差擴大，外幣持續升值，最後此項惡性循環會造成物價上漲，影響金融安定。如政府不願意外幣升值，除拋售外匯外，只有實施外匯管理。所以外匯管理之首要目的在平衡國際收支，從而平衡外匯的供給與需求，以期達成維持匯率及穩定金融之目的。

近年來若干國家國際收支長期順差，外匯供給超過需求，外幣貶值（國幣升值），導致熱錢（Hot Money）流入，國際收支順差更擴大，國幣持續升值之惡性循環，最後會迫使當局實施外匯管制，管制資金流入。

熱錢（Hot Money）指主要為外國人持有，為謀取匯率變動之目的，突然地轉換為另一個國家貨幣的資金❷。近年來由於國際熱錢資金龐大，常使中央銀行干預市場無法成功。

1213

外匯管理之方式：國際收支可分為經常交易（Current Transactions）與資本交易（Capital Transactions）。嚴格的外匯管理，通常是全面性的，包括經常交易與資本交易，對出進口貿易及其結算方式均納入管理。非嚴格的外匯管理，可能只管制資本流動，即所謂經常交易自由，資本交易例外的管制方式。

1214

外匯管理之利弊：在利的方面：(1)在外匯不足時統籌運用有利於經建計畫及國計民生；(2)防止投機資金大量流動，可穩定金融；(3)避免匯率偏高，有利於出口。

在弊的方面：(1)外匯分配不當，會浪費資源；(2)增加社會成本；(3)外匯交易要先經過許可，可能影響時效。

1220 外匯管理法規

1221

---

❷參閱Weisweiler, *"How the Foreign Exchange Market Works,"* p. 200.

　　立法：由於外匯管理涉及人民的權利與義務，所以大多正式立法並配合行政命令予以執行。如英國於 1947 年訂定外匯管制法（Exchange Control Law 1947），該法於 1979 年停止實施。日本於 1949 年訂定外匯貿易管制法（Foreign Exchange and Foreign Trade Control Law 1949）。韓國於 1961 年訂定外匯管制法（Foreign Exchange Control Law 1961）。我國係於 1948 年開始訂定管理外匯條例（Statute of Foreign Exchange Regulations）。

1222

　　管理原則：由於外匯管理大多係源於一國國際收支不平衡，所以外匯管理的基本原則，就是掌握外匯收入，控制外匯支出。爲了掌握收入，政府會規定國人所得外匯必須匯回並結售銀行，甚或透過銀行與中央銀行間之清算，將外匯集中於中央銀行手中，以便按照經建計畫分配使用。爲了控制外匯支出，政府可規定結購外匯辦法，憑必需文件申請，經核准後才能辦理結匯。

1223

　　外匯管理機關：由於外匯管理涉及人民的權利與義務，所以代表政府行使行政權的機構爲財政部或特設之外匯管理委員會等類似機構。另一方面，買賣外匯是一種銀行業務，所以實際執行管理外匯任務的機關是中央銀行。爲了簡化手續，部分管理工作又可授權外匯銀行辦理，如英國，外匯管制法之權力，主要係授予財政大臣，財政大臣將大部分權力委託英格蘭銀行（Bank of England）代爲行使，英格蘭銀行授權大部分商業銀行執行廣泛之交易。這些商業銀行稱爲授權銀行（Authorized Banks）。日本之外匯主管機關爲大藏省，決定基本匯率（Prime Rate），以及國際貿易結算使用通貨之類別，並爲與進口商品無直接關聯的無形貿易付款的許可機關。日本之中央銀行，日本銀行（Bank of Japan），爲政府之代理人，惟正常之付款大部分授權授權銀行核定。韓國之財政部爲外匯主管機關，且爲主要執行機關，負責訂定基本匯率、指定通貨、核定外匯銀行及外幣兌換商（Money Changers），以及有關外匯交易之限制及禁止。韓國之中央銀行，韓國銀行（Bank of Korea），管理外匯準備，並接受財政部之委託，管理無形貿易之支付。

1230　外匯管理制度（Foreign Exchange Control Systems）❸

1231

外匯收取與匯回制度（Foreign Exchange Collection and Repatriation System）：此係控制出口外匯的手段，規定外匯收入必須收取並且匯回國內。嚴格的管制，可能限制付款方式，出口匯票應以授權銀行爲受款人，即經由授權銀行收取外匯；甚至規定裝運出口貨物的提單，應以授權銀行爲受貨人，以免假借出口套匯。出口外匯收入應在規定期限內匯回，放寬期限就是放寬管理；如將匯回期限放寬爲無限日，等於取消必須匯回之規定。外匯匯回後必須結售授權銀行，如果准許出口人可以外匯存款的方式存在授權銀行，那也是放寬外匯之管理。如果取消外匯收取及匯回的規定，也就是外匯收入自由化，外匯所得人可自由處理，可存放國外或用於國外投資，不再有所限制。

1232

外匯集中制度（Foreign Exchange Concentration System）：指外匯收入匯回後應結售授權銀行，再經由授權銀行與中央銀行間的每日清算，將外匯集中於中央銀行。至於外匯支出，應按規定提出申請，憑核准文件向授權銀行結購外匯，授權銀行再透過與中央銀行的每日清算制度收回賣出的外匯。集中外匯制度的功能，在使政府可完全控制外匯，

---

❸參閱Swidrowski, *"Exchange and Trade Controls."*

可按照經建計畫，統籌分配有限外匯資源，以達成國家建設之目的。在集中外匯制度下，中央銀行可對授權銀行承做之出口押匯先無息墊付國幣，再隔若干日收取外幣，係一個鼓勵外銷極為有效的手段。在集中制度下，授權銀行買賣外匯等於代理中央銀行買賣，匯率必定由中央銀行決定，也就無所謂外匯市場制度。

1233

　　居住民地位制度 (Residential Status System)： 外匯管理的對象，不論個人或企業，分別確定其為居住民 (Resident) 或非居住民 (Non-resident)，而適用不同的規定。通常，居住民負有較多的義務，外匯收入應予結售，但也有依法結購外匯的權利。非居住民沒有結售外匯的義務，其持有外匯可兌成國幣並存入特定帳戶，稱非居住民或外在帳戶 (Non-resident或External Account)，該帳戶的餘額可自由匯出，無須經過核准。居住民地位 (Residential Status) 之認定權在財政部，惟實際上執行認定工作者為中央銀行。在韓國，於出入境時之認定，授權海關辦理。其因外匯管理目的所認定的居住民地位，可與其他目的(如所得稅) 所認定者不同。居住民身分之決定，不僅基於地域原則，也基於人的原則。對於個人，已居住或意欲居住國內在一定年限 (如三年) 以上者為居住民；在該國設立之法人及非居住民設在該國之分支機構，均視為居住民。

1234

　　授權外匯銀行制度 (Authorized Banks System)： 由於外匯業務係透過銀行辦理，為確保外匯交易之合法性，實施外匯管理之國家，多規定辦理外匯業務之銀行必須經過授權。經授權辦理外匯業務之銀行，稱為授權銀行 (Authorized Banks)。限於授權銀行才能辦理外匯業務之制度，稱為授權銀行制度。

　　英國授權銀行係經財政大臣授權，因業務性質之不同，可分為授權外匯交易商（Authorized Exchange Dealers）、授權存券所（Authorized Depositories）、授權黃金交易商（Authorized Dealers in Gold）及授權黃金經紀商（Authorized Bullion Brokers）。

日本經大藏省授權之銀行，稱授權外匯銀行（Authorized Foreign Exchange Banks），分為A與B兩類。其為B類者，不得與國外金融機構建立通匯關係（Correspondent's Banking System），所以不能直接辦理出口押匯、開發進口信用狀及匯款業務。此外，收兌外幣之兌換商（Money Changers），亦應經大藏省許可。兌換商分為兩種，一為雙向，可買入並賣出；一為單向，只能買入不能賣出。

日本之授權銀行，依法負有兩項義務：(1)確認顧客交易之合法性；(2)定期或不定期向大藏省及日本銀行報告業務狀況。

1235

指定通貨制度（Designate or Prescription of Currency System）：為有效實施外匯集中制度，或為執行雙邊貿易協定之需要，實施外匯管理之國家，常會規定應收或應付貨幣之類別，稱為指定通貨（Designate Currencies）。通貨之指定（Prescription of Currency），在日本，權在大藏省，對外匯收入指定應收通貨（Receivable Currencies）；對外匯支出，指定應付通貨（Payable Currencies）。對於應付通貨，可指定較多的通貨類別。

1236

標準結算制度（Standard Methods of Settlement System）：為了有效控制外匯收支，實施外匯管理之國家，會規定出進口貿易使用標準結算法，非屬標準結算法者應經核准。

標準結算法，包括付款方式及其付款期間。為防止套匯，規定出口不能用記帳（Open Account），進口不能用預付款（Prepayment），且收支不能互抵（Netting），必須逐筆辦理結購與結售。為免任意延遲結匯影響資金控制，規定付款期間不能超過一定期限。如出口付款不能超過裝船後六個月或見票後五個月，進口付款不能超過到貨後四個月等是。

日本於 1980 年修正外匯貿易管理法，廢止標準結算制，改為特別結算制（Special Methods of Settlement），其為特別結算方法者，如記帳及互抵應經核准，非特別結算者完全自由。

1237

外匯許可制度（Foreign Exchange Licensing System）：指對外匯收支應經許可，通常僅限於外匯的結購及／或結售，但對特定的交易，如易貨協議（Barter-trade Agreement）或相對貿易（Counter Trade）等，也可規定應事先申請核准。

對出進口貿易的外匯管理，通常係與貿易管理一併執行。出進口貿易應辦理輸出入簽證，憑輸出入許可證辦理貨物通關及結匯，中央銀行也可利用輸出入許可證稽查並追繳外匯。非以標準結算方式出進口者，可授權簽證機構審核，也可規定經外匯管理機關核准後再辦理簽證。

對於勞務及資本收支，通常需要逐案核准，憑核准文件洽授權銀行辦理結匯。為簡化手續，對某些外匯支出，如出國旅行結匯、非居住民帳戶的收入及支出，可制定辦法，授權銀行逕行審核並結匯。

對於國際收支逆差的國家，可採取以管制匯出來管制匯入的政策，即對匯入款結售原則上不加限制或審核。惟如想再匯出時，在結售前必須先經核准，未經核准之匯入款不得匯出。對於國際收支順差的國家，會管制資金流入，特別是熱錢（Hot Money），可採取事先許可的方式，也可採取限制非居住民開設外在帳戶（External Accounts），限制其存款餘額，或收取負利息（Negative Interests）等。

1238

法定匯率制度（Official Exchange Rates System）：亦稱掛牌匯率制度（Posted Exchange Rates System），指外匯銀行買賣外匯之匯

率由中央銀行訂定並掛牌。如對結購或結售，因人或因物而訂定不同的匯率時，稱爲複式或多元匯率（Multiple Rates of Exchange）。

法定匯率制度多係爲配合外匯集中制度或雙邊貿易協定而實施。相對於法定匯率者爲市場匯率（Market Rate of Exchange），匯率由市場決定，不屬於外匯管理。

1239

出進口連鎖制度（Exports and Imports Tying or Linking System）：係一個貿易管理制度，也是一個外匯管理制度。指政府規定廠商輸出一定金額的商品時，有權輸入等值的商品；或輸入一定金額的商品時，必須輸出等值的商品。

1240

加工外銷外匯實績登記及轉讓制度（Registration and Transferring System of Foreign Exchange Derived from Exports of Processed Products）：指進口原料加工外銷後，其出口所得外匯可全額或部分辦理登記，供本身或轉讓他人進口特定或不特定貨物或原料，爲一鼓勵外銷之措施。外銷實績的轉讓收入，可補貼出口，爲一隱藏的複式匯率制度（Hidden Multiple Rates of Exchange System）。

1241

外匯申報制（Exchange Declaration System）：指企業及個人外匯收入及存放國外的存款等應定時申報的制度，通常屬於嚴格的外匯管理規定。惟我國於 75 年實施的有形貿易申報制，則係外匯管理自由化措施。有形貿易外匯結匯，只要申報即可，毋需經過核准手續。

第三節　我國外匯管理制度之演變*

1310　外匯管理之基本法令——管理外匯條例

1311

我國實施外匯管理的基本法令，原為管理外匯條例，係於民國37年12月訂定並經總統公布施行。惟因大局逆轉，致未能有效實施。38年6月臺灣省實施幣制改革，公布「臺灣省進出口貿易及匯兌金銀管理辦法」，為臺灣地區單獨實施外匯管理之濫觴。44年2月，行政院設外匯貿易審議委員會（簡稱外貿會）後，訂定「外匯貿易管理辦法」。57年底外貿會奉令撤銷，改由中央銀行設置外匯局，暨經濟部設置國際貿易局，分別執行外匯及貿易之管理工作。外匯局設置初期，仍依據「外匯貿易管理辦法」辦理，以迄59年12月管理外匯條例修訂實施。

1312

首訂管理外匯條例：本條例首訂於37年12月經立法院通過，38年1月經總統公布施行。其要點如次：

　⑴中央銀行為外匯業務機關。

　⑵實施出進口外匯連鎖制：依照條例規定，出口等所得外匯應交中央銀行或指定銀行換取等額之外匯移轉證（在發行金元券以前，稱為結匯證明書，簡稱結匯證），買賣外匯時憑外匯移轉證為之。外匯移轉證得自行使用或轉讓，其轉讓價格由買賣雙方洽定之。外匯移轉證之有效期間為六個月，逾期未使用者，應售予中央銀行或指定銀行，進口等所需外匯應經中央銀行核定數額以外匯移

＊本節可列為參考資料。

轉證交付之。

(3)實施外匯集中制: 除規定出口等外匯應交中央銀行或指定銀行外, 政府機關及公營事業之自有外匯亦應交存中央銀行或指定銀行。

(4)每人出國攜帶外國幣券總值以 100 美元為限。攜帶外國幣券入境沒有額度限制, 惟應按法定比率售予或存入中央銀行或指定銀行。

1313

修訂管理外匯條例: 59 年 12 月首次修訂管理外匯條例, 因為所有條文均經修正, 依法可謂另行訂定之條例。本條例要點如次:

(1)外匯指金銀外國貨幣、票據及有價證券(惟不包括金飾銀飾在內)。
　　與原條例規定外匯指在國內外以外幣收付之款項比較, 範圍顯然
　　有擴大。

(2)外匯管理機關有二: 財政部為外匯行政機關, 中央銀行為外匯業
　　務機關。財政部主管主要事項:
　　(a)會同中央銀行擬定新臺幣之基本匯率(註: 美元匯率), 報經行
　　　　政院核定後公布之。
　　(b)政府及公營事業外幣債權債務之監督與管理。
　　(c)國庫對外債務之保證、管理及其清償之稽催。
　　(d)軍政機關進口外匯及匯出款項之審核及發證。
　　中央銀行主管之主要事項:
　　(a)外匯調度。
　　(b)指定銀行辦理外匯業務並督導之。
　　(c)民間對外匯出入款項之審核。
　　(d)外匯之結購與結售。

(3)實施外匯集中制度: 規定出口等所得外匯應結售中央銀行或其指
　　定銀行, 由中央銀行或其指定銀行兌付新臺幣。進口等所需外匯
　　應向中央銀行或其指定銀行結購之 (註: 中央銀行依此訂定指定

銀行外匯清算辦法，將指定銀行買賣之外匯集中中央銀行)。

⑷准許人民持有外匯：除規定應予結售之外匯外，境內本國人及外國人得持有外匯，並得存入中央銀行或其指定銀行 (註：該項外匯可自由動用，毋需許可。以外幣現鈔或旅行支票存入者，得提出外幣現鈔；其以外匯存入者，得自由匯出)。

⑸訂定罰則：

　⒜非法買賣外匯者，其外匯及價金沒入；以非法買賣外匯為常業者，處二年以下有期徒刑或拘役，得併科與營業總額等值以下之罰金，其外匯及價金沒入。

　⒝應結售外匯而未結售、結售外匯有匿報行為者，或申請進口外匯時，有浮報行為者，分別就其不結售或匿報或浮報金額，處以二倍之罰鍰，並由中央銀行追繳其外匯。

　⒞經核准結匯之外匯，如其原因消滅或變更，致全部或一部之外匯無需支付者，應售還中央銀行或其指定銀行。違反者，處1,000元 (註：折計新臺幣 3,000 元) 以下之罰鍰，並由中央銀行追繳其外匯。

　⒟依本條例規定應追繳之外匯不以外匯歸還者，科以相當於應追繳外匯金額以下之罰鍰。

1314

　　再度修訂之管理外匯條例：由於國際收支由逆差轉為順差，為免因中央銀行無限制收購外匯造成通貨膨脹，67 年 12 月再度修訂管理外匯條例。其要點如次：

⑴廢除外匯集中制：出口等所得外匯應存入指定銀行，並得透過指定銀行在外匯市場出售或結售中央銀行或指定銀行 (註：此次修訂出口外匯可不結售，但仍應匯回。同時，也取消了中央銀行兌付新臺幣之義務)。

 (2)建立外匯市場，中央銀行與財政部之職責也配合修訂：財政部無
  須會同中央銀行擬訂新臺幣對美元之基本匯率，匯率改由市場決
  定。中央銀行負責調節外匯供需以維持有秩序之外匯市場。

 (3)明訂外國票據及有價證券，非經財政部核准，不得在境內買賣、
  交換、借貸、寄託、質押或移轉。

1315

 三度修訂管理外匯條例：由於國際貿易持續大幅出超，75 年 5 月修
訂管理外匯條例，其要點如次：

 (1)將金銀排除於外匯之外：外匯指外國貨幣、票據及有價證券，將
  金銀刪除，同時對金飾及銀飾攜帶出口之限制規定也一併刪除。

 (2)有形貿易之外匯管理由核准制改爲申報制：增訂第六條之一，明
  定「出口所得或進口所需外匯，出進口人應向中央銀行指定或委
  託之機構，依實際交易之付款條件及金額據實申報，憑以結匯」。
  自同年 8 月 18 日起，進口人向指定辦理結匯之銀行申報，出口人
  向辦理通關之海關申報。出進口稽核制度仍予維持，惟不再利用
  輸出入許可證辦理稽核。自此時起，輸出入許可證只做爲貿易管
  理使用，外匯與貿易管理正式分離。爲期出進口人能誠實申報，
  規定不爲申報或申報不實者，處以按行爲時匯率折算金額二倍以
  下之罰鍰，並追繳其外匯。

 (3)允許外匯收支互抵：修正第七條，增列「華僑或外國人投資之事
  業，具有高科技，可提升工業水準並促進經濟發展，經專案核准
  者，得逕以其所得之外匯抵付進口等所需支付之外匯」。惟本條並
  未正式付諸實施，因管理外匯條例於翌年再度修訂，停止實施第
  七條，所有企業均可實施外匯收支互抵。

 (4)對第七條外匯應先存入指定銀行才能結售之規定，修正爲應結售
  或存入，簡化手續。

⑸刪除未經核准外國票據、有價證券，不得在境內質押、轉讓等之規定。自此時起，外匯轉讓不再有明文法令之限制。

1316

　　四度修訂管理外匯條例：由於國際收支持續大量順差，外匯累積迅速，爲減少新臺幣升值壓力，開放外匯管理。立法院於 76 年 6 月通過增訂第二十六條之一：「本條例於國際貿易發生長期順差，外匯存底鉅額累積或國際經濟發生重大變化時，行政院得決定停止第六條之一、第七條、第十三條及第十七條全部或部分條文之適用。行政院恢復前項全部或部分條文之適用時，應送請立法院審議。」行政院於 7 月 9 日決定自 7 月 15 日起停止上述四個條文全部條文之適用。其影響如次：

⑴第六條之一停止適用後，出進口貨品所得外匯及所需外匯，免於申報，可逕行辦理結匯。不申報或申報不實之罰則也一併不再適用。

⑵第七條停止適用後，出口等所得外匯不須結售，不須匯回，也不再強迫存入不能任意動用之外匯存款戶。換言之，所得人可自由持有，自由運用，可存放國外，可用於對外投資，可採收支互抵，不再有外匯稽核與追繳。

⑶第十三條停止適用後，廠商及個人可自由向指定銀行結購外匯，結匯時無需提供憑證，結購外匯可自由持有或用於對外投資。

⑷第十七條停止適用後，已結購之外匯如未使用，毋需退匯，中央銀行不再追繳。

1317

　　五度修訂管理外匯條例：政府爲落實金融自由化政策於 84 年 7 月修訂管理外匯條例，全面實施外匯申報制並規定行政院於必要時得關閉外匯市場，其要點如次：

(1)第六條之一修訂後，新臺幣 50 萬元以上之等值外匯收支或交易，應依規定申報，其申報辦法由中央銀行定之。

(2)增訂第十九條之一，有下列情形之一者，行政院得決定並公告一定期間內採取關閉市場、停止或限制全部或部分外匯之支付，命令將全部或部分外匯結售或存入指定銀行，或爲其他必要之處置：(a)國內或國外經濟失調，有危及本國經濟穩定之虞；(b)本國國際收支發生嚴重逆差。

前項情事之處置項目及對象，應由行政院訂定外匯管制辦法。行政院應於前項決定十日內，送請立法院追認。如立法院不同意時，該決定應立即失效。

(3)爲配合上述修訂條文之執行，增訂第十九條之二，第二十條及第二十六條之一。

（請參閱附錄一：管理外匯條例）

1320 外匯收入之管理

1321

抗戰前後外匯收入之管理❹：我國管理外匯收入，始於 27 年 4 月，政府爲掌握外匯收入，規定桐油等貨品出口應結售外匯。35 年 3 月，開放外匯市場，規定出口商應將指定銀行結匯證明書送海關查驗後方准出口。37 年 5 月實施結匯證制度。同年 7 月發行金元券，一度停止實施。11 月恢復使用，改稱外匯移轉證。

1322

外匯集中制度時期：38 年 6 月臺省幣制改革，實施結匯證制度，出口外匯應結售，並發給若干成數結匯證。45 年 8 月，發布輸入原料加工

---

❹參閱張維亞著，《中國貨幣金融論》。

外銷輔導辦法，實施加工品外銷外匯登記制度。52 年取消結匯證，建立單一匯率制度，由中央銀行掛牌買賣。62 年 4 月取消加工外匯登記制度，匯率眞正單一化。依照規定，出口及勞務等所得外匯應予結售。

1323

　　建立外匯市場後：68 年 2 月建立外匯市場，出口等所得外匯匯入後，可予結售，也可存入外匯存款戶。75 年 8 月，有形貿易外匯實施申報制，出口所得外匯委託海關受理申報。

1324

　　實施匯入款之管制：爲防止熱錢（Hot Money）流入，以緩和新臺幣升值之壓力，自 76 年 3 月起實施匯入款之管制。依照「民間匯入款項審核辦法」，匯入款屬於出口貨款、運保費及國外投資本息，每筆金額超過 100 萬美元，其他匯入款每筆金額超過 1 萬美元者，應經中央銀行核准後始得辦理存入結售。

1325

　　外匯開放後：76 年 7 月 15 日外匯開放，外匯申報制停止實施，出口及勞務收入完全沒有限制。其他外匯收入之結售有限制，本國人（憑國民身分證）及外國人（憑外僑居留證）年滿二十歲者，一年內累積結售金額以 5 萬美元爲限。上項限額於 78 年 7 月提高爲 20 萬美元，9 月再提高爲 50 萬美元，11 月復提高爲 100 萬美元，79 年 7 月提高爲 200 萬美元，80 年 3 月提高爲 300 萬美元，82 年 8 月提高爲 500 萬美元，並適用於每個公司行號及團體，83 年 1 月起每個公司行號可結售額度提高爲1,000 萬美元。85 年 1 月再提高爲 2,000 萬美元，86 年 6 月再提高爲5,000萬美元。

1330　外匯支出之管理

1331

抗戰前後外匯支出之管理❺：外匯支出之管理，始於 27 年 3 月，華北偽組織成立聯合準備銀行，發行偽鈔調換法幣套取外匯。財政部頒布購買外匯請核辦法，中央銀行設立外匯審核處，審核進口及其他外匯之申請。

35 年 3 月外匯市場開放，公布中央銀行管理外匯暫行辦法，由中央銀行外匯審核處負責審核。由於外匯耗用過多，同年 11 月擴大進口許可制度。

1332

外匯集中制度時期：38 年 6 月臺省幣制改革時，對進口採自由申請制，憑結匯證結購外匯。39 年底實施進口審核制，42 年 4 月以後逐漸建立憑進出口實績核配外匯制度。44 年 2 月外貿會成立後，實施物資預算制度。48 年 1 月取消預算制，改為自由申請制。52 年取消結匯證，逐漸放寬進口。58 年元月中央銀行設立外匯局，進口方面憑輸入許可證辦理結匯，各種匯出款憑該局核發結匯通知書辦理結匯。對出國旅費等之結匯，逐漸擴大授權公營指定銀行審核結匯。隨著外匯存底增加，可結匯金額逐步提高，結匯手續日趨簡化。

1333

建立外匯市場後：68 年 2 月建立外匯市場後，進口等所需外匯可逕憑輸入許可證，由外匯存款匯出或結購支付。

1334

實施外匯申報制後：75 年 8 月，實施進口外匯申報制，進口人向指定銀行申報並憑以結匯，進口結匯不再使用輸入許可證。76 年 3 月，廢止運輸保險等各業勞務支出各項辦法，彙總訂定無形貿易支出結匯辦法，實施有實無名的申報制。對進口連帶發生之各項費用、運輸保險事業支

---

❺參閱張維亞著，《中國貨幣金融論》。

出、僑外人贍家匯款，以及技術報酬金，授權所有指定銀行憑申請人有
關證明文件逕行受理結匯，沒有金額限制。

1335

外匯開放後：76 年 6 月外匯開放，中央銀行廢止所有結匯辦法，彙
總訂定「民間匯出款項結匯辦法」，開放廠商及個人結匯，無需憑證。進
口及勞務所需外匯沒有額度限制。其他支出，每個廠商及個人每人每年
可匯出額度為 500 萬美元，80 年 3 月降為 300 萬美元，82 年 8 月再恢復
為 500 萬美元，83 年 1 月起，公司行號可結匯額度提高為 1,000 萬美元。
85 年 1 月再提高為 2,000 萬美元，86 年 6 月再提高為 5,000 萬美元。

1340　外匯市場之管理

1341

抗戰前後之管理❻：民國初年我國貨幣制度原為銀本位，惟世界主
要國家為金本位。我國舉借外債以關稅為擔保，以黃金價格折付。由於
金貴銀賤，我國以關稅收入現銀用以償付外債時有虧損。政府遂於 19 年
2 月實行關稅征金，進口稅按海關金單位計算，中央銀行發行關金兌換
券，進口商以市價購買繳付關稅。中央銀行利用關金之買賣及其價格之
決定，也就決定貨幣之匯價。

23 年 9 月，中央銀行規定上海標金掛牌以關金價為準，因而中央銀
行直接控制金市，間接控制匯價。同年 11 月，政府征收白銀出口平衡稅，
中央銀行與中國及交通兩行共同組成外匯平市委員會調節外匯供需。24
年實行法幣政策，白銀收歸國有，法幣與英鎊連繫，採釘住匯率政策。
法幣每元折合英鎊 14.5 便士，由三行無限制買賣外匯以維持匯價。25 年
春，由於銀價下落，乃與美國簽訂貨幣協定，由美國維持中美匯兌並提

---

❻參閱張維亞著，《中國貨幣金融論》。

高銀價, 法幣遂與英鎊及美金共同連繫, 法幣 100 元折合美金 29.75 元。

抗戰肇始, 匯價下落。27 年 3 月, 由中國、交通及匯豐三行相約參加外匯市場活動, 暗中維持匯價在 8 便士以上。28 年 3 月, 由中英共同出資 1,000 萬鎊, 成立外匯平衡基金委員會維持匯價。同年 6 月放棄釘住匯率政策, 30 年 9 月中美共同組織外匯平準基金委員會, 維持匯價於英鎊 3.2 便士, 美金 5.2 角。32 年底, 太平洋戰爭爆發, 基金無力維持, 遂予結束。

35 年 2 月外匯市場開放, 中央銀行負責外匯供需, 惟由於通貨膨脹, 匯價無法穩定。36 年 8 月, 實施複式匯率, 中央銀行設外匯平衡基金委員會調節外匯供需。37 年 5 月實行出口結匯證辦法, 同年 8 月發行金元券, 規定金銀外幣國有, 美元 1 元等於金元券 4 元, 廢除市場匯率。同年 11 月修訂辦法, 准許人民持有金銀及外幣, 惟禁止流通, 實行外匯移轉證, 恢復進出口連鎖制度。38 年 5 月上海失守, 金元券停止流通, 中樞遷往廣州, 改發銀元券, 恢復銀本位。

1342

外匯集中制度時期: 38 年 6 月臺省幣制改革, 發行新臺幣, 每 1 美元等於新臺幣 5 元, 實施出口結匯證制度, 並採法定匯率。39 年 2 月由於結匯證價格大漲, 遂放棄釘住匯率, 改採複式匯率。42 年 2 月, 進口加征防衛捐。由於官價、臺銀結匯證、商銀結匯證以及防衛捐適用範圍之不同, 形成複雜的複式匯率。47 年 4 月實行匯率改革, 簡化為二元匯率, 防衛捐改由進口關稅附征。50 年 6 月官價調整為 1 美元等於新臺幣 40 元。52 年 9 月廢除結匯證制度, 採單一匯率, 由中央銀行掛牌, 銀行買價為 40 元, 定為基本匯率 (Prime Rate), 銀行賣價為 40.10 元。60 年 4 月報國際貨幣基金 (IMF), 以基本匯率為平價 (Parity), 每一特別提款權(SDR), 等於新臺幣 40 元, 新臺幣每元含金量為 0.022168 公克。60 年 12 月, 新臺幣追隨美元貶值 8.57%, 重訂平價, 新臺幣每元含金量爲 0.0204628 公克，基本匯率不變，每一特別提款權等於新臺幣 43.4286 元。62 年 2 月美元再貶值 10%，新臺幣的基本匯率升值 5%，每一美元等於新臺幣 38 元，銀行買入匯率爲 37.90 元，賣出 38.10 元。63 年 12 月縮小買賣差距，買價 37.95 元，賣價 38.05 元。67 年 7 月再度調整基本匯率爲 1 美元等於新臺幣 36 元，銀行買入 35.95 元，賣出 36.05 元，同時放棄對美元之固定匯率，改採機動匯率，中央銀行每日掛牌，以迄 68 年 2 月建立外匯市場，匯率改由市場決定。

1343

　　即期外匯市場之管理：外匯市場建立時，沒有外匯經紀商，由五家大銀行（臺銀、中商銀、第一、彰化及華南）組成外匯交易中心，負責外匯買賣定價及仲介。依照中央銀行「指定銀行買賣即期外匯辦法」，由外匯交易中心與中央銀行代表組成匯率擬訂小組，每日會商訂定美元即期交易中心匯率及對顧客交易之買賣匯率，最高與最低差價爲 1 角，並通知各指定銀行，各指定銀行於當日九時公告；每日即期匯率變動幅度，不得超過前一營業日中心匯率上下 0.5%，稱爲上下限。對於美元以外之掛牌外幣，由匯率擬訂小組依照上述美元即期匯率，並參照國際市場各外幣開盤及收盤行市，並加預期因素訂定，並通知各指定銀行公告。對於未掛牌外幣，各指定銀行可依照上述方式自行訂定。指定銀行承做出口押匯，按照銀行買入匯率並扣除託收期間利息，亞洲地區七天計算，歐美地區按十二天計算。

　　各指定銀行在中央銀行規定額度內，得持有買超及賣超部位（Position），每日營業中，可在銀行間市場買賣外匯。每日終了時產生之淨部位（Net Position），可向中央銀行申請拋補。同年 8 月，中心匯率每日變動幅度放寬在不超過前一營業日中心匯率上下各新臺幣 0.25 元。69 年 3 月，中央銀行退出匯率擬訂小組，並取消中心匯率及上下限規定，改稱銀行與顧客買賣中價，每日變動幅度爲不超過前一營業日買賣中價上下各1%。70年8月12日，新臺幣匯率政策性貶值4.56%，由1美元值新臺幣36.24元調整爲38元，同時將每日匯率變動幅度調整爲不超過前一營業日買賣中價上下各2.25%；即期匯率之擬訂，改以外匯供需情況及新臺幣實質有效匯率指數（Real Effective Exchange Rate Index）作爲調整依據。71年9月恢復中心匯率，改按銀行間市場供求狀況，以銀行間美元交易之加權平均價格計算中心匯率，銀行間交易不得超過中心匯率上下各2.25%，並採取銀行與顧客交易議價制度：凡每筆交易金額未逾3萬美元者，銀行買賣價格不得超過中心匯率上下各新臺幣5分；每筆金額超過3萬美元者，議價範圍爲中心匯率上下各1角。

76年7月外匯開放，中央銀行廢止指定銀行買賣即期外匯辦法及買賣遠期外匯辦法，另訂定指定銀行買賣外匯辦法。即期外匯市場仍維持加權平均中心匯率制度，銀行間交易仍不得超過中心匯率上下各2.25%，銀行與顧客間交易未超過3萬美元者，仍維持減加新臺幣5分之限制，超過3萬美元者，議價範圍放寬爲上下各2角；另外增訂美元現鈔，議價範圍爲中心匯率上下各4角；其他各種幣制之匯率，由各銀行依照國際市場狀況自行訂定。

78年4月3日起，外匯市場自由化。中央銀行廢止指定銀行買賣外匯辦法，取消加權平均中心匯率制度及其議價之規定，銀行間交易沒有任何限制，銀行與顧客交易也不再受任何法令約束。爲便利銀行間交易及銀行與顧客間小額交易，外匯交易中心提出並經中央銀行同意作法如次：(1)以外匯交易中心爲基礎，成立外匯經紀商籌備小組（78年9月成立財團法人臺北外匯市場發展基金會，79年2月21日正式開始營業），從事銀行間外匯交易仲介業務，負責提供外匯市場資訊，並爲中央銀行搜集外匯交易資料；(2)由五家大銀行與四家每日輪值銀行，於每日上午十時議訂小額結匯議定匯率，適用於不超過3萬美元非現金美元交易，與顧客交易議價範圍爲上下各1角（同年7月將買賣差價縮小爲1角，適用金額降爲 1 萬美元),並通知各指定銀行配合辦理。如銀行間交易超過議定匯率爲時超過半小時,或成交金額超過前一營業日交易額 10% 時,重訂議定匯率,議價範圍擴大上下各 2 角;(3)超過 3 萬美元(後改爲 1 萬美元)之美元交易、現金交易、遠期外匯交易,以及其他外幣各項買賣匯率,由各指定銀行與顧客自行決定。

79 年 12 月 29 日取消小額議定匯率安排,由各銀行自行訂定買賣匯率並掛牌,惟買賣差價不得超過新臺幣 1 角,每日上午九時半電傳中央銀行外匯局。

1344

遠期外匯市場之管理:遠期外匯是進出口廠商的避險工具,但也常爲外匯市場管理下的犧牲者。在政府全力維護即期匯率時,常無法照顧遠期外匯市場。

35 年 3 月開放外匯市場時,中央銀行曾公布遠期匯率,未幾即因通貨膨脹物價上漲,即期匯率升高而中止。

38 年 6 月新臺幣發行後,十餘年間美元匯率由新臺幣 5 元升至 40 元,中央銀行對即期匯率照顧不暇,自然無力買賣遠期美元。況且,在 70 年代以前,在布列頓森林體制(Bretton Woods System)下,各國通貨對美元採固定匯率,所以其他通貨遠期匯率也就沒有需要。

60 年 12 月美元貶值 8.57%,其他通貨匯率風險大增。中央銀行在新臺幣對美元由弱勢變爲強勢下,於 61 年 4 月,開辦英鎊、馬克及瑞士法郎的遠期匯率買賣,由中央銀行掛牌並承擔匯率風險。依照中央銀行所訂指定銀行買賣遠期外匯辦法,採實需原則,限於出進口貿易,不包括金融性交易,指定銀行憑出進口文件承做,逐筆與中央銀行辦理清算。67 年 7 月,新臺幣對美元二次升值,8 月增加遠期美元外匯交易。68 年 2 月外匯市場成立後,遠期匯率改由外匯交易中心匯率擬訂小組議定並通知各指定銀行,各銀行按各期美元交易差額向中央銀行抛補。69 年 3

月，銀行可持有遠期美元部位，亦得向中央銀行抛補，中央銀行退出匯率擬訂小組。70 年 3 月底，美元遠期匯率掛牌由貼水方式（Discount）改爲升水方式（Premium），前者在反映美元利率高於新臺幣利率，後者則在反映新臺幣貶值的心理。73 年 5 月改變遠期匯率訂價方式，匯率擬訂小組依據各該銀行前一營業日與顧客遠期外匯交易價格加權平均求出參考匯率，由各指定銀行在參考匯率上下加減新臺幣 2 角之範圍內自行訂定，惟其買賣差價不得超過參考匯率 1%；對中央銀行抛補比率降爲 80%，承做銀行自行負擔 20% 之匯率風險。74 年 2 月抛補比率降爲 65%；同年 11 月再降爲 40%，承做案件可包括已核准之匯出入匯款，即有限度的金融性交易。75 年 8 月新臺幣升值壓力沈重，爲減輕指定銀行因承做遠期外匯而在即期市場抛補的壓力，中央銀行將抛補比率提高爲 90%，76 年 6 月再降爲 40%。

76 年 7 月外匯市場開放後，中央銀行廢止指定銀行買賣遠期外匯辦法，並在新訂指定銀行買賣外匯辦法中，規定指定銀行可依其資金成本自行訂定遠期匯率並買賣之，取消實需原則及其所有限制，同時中央銀行也不接受抛補。惟由於中央銀行對指定銀行買賣超部位之計算，由權責制改爲現金制，即指定銀行因買入遠期外匯而在即期市場賣出外匯時，列入賣超額度內，受不得超過 300 萬美元額度之限制，限制了指定銀行買入遠期外匯的能力。對於出口廠商賣出遠期外匯言，事實上關閉了市場。上項部位之計算，該年 10 月 1 日一度恢復權責制，但迅於 11 月 6 日再度變更現金制，遠期外匯市場也再度關閉。

80 年 11 月，外匯部位之計算，改按綜合部位（Overall Position），即期與遠期可相互沖銷，亦即恢復權責制。限於出進口貿易，憑交易文件辦理，並繳交保證金 7%，遠期外匯市場重新開放。82 年 3 月開放運輸業及保險業可辦理遠期外匯交易。同年 4 月，保證金比例由 7% 降爲 3%，並得以公債抵充。同年 6 月，三角貿易亦得辦理遠期外匯交易。84

年1月股利、佣金及技術報酬可辦理遠匯交易，85年1月起採負面列表，除個人勞務收支、移轉收支及利用自由結匯額度從事投資理財活動者外，均可辦理。

第四節　我國現階段外匯之管理

1410　管理架構

1411

自76年7月15日外匯開放後，暫時停止若干外匯管制，惟外匯管理架構仍存在，財政部為管理外匯的行政主管機關，負責軍政進口外匯及匯出款項之審核與發證等事項；中央銀行為掌理外匯業務機關，負責調節外匯供需以維持有秩序的外匯市場，並負責對民間匯出入款項的審核等事項；指定銀行制度未變，外匯交易必須經由指定銀行辦理；出入境之旅客每人攜帶外幣總值之限額，仍由財政部以命令定之；以非法買賣外匯為常業者，仍維持處以刑事、罰鍰、沒收外匯及價金之規定。

1412

為了維持金融安定，外匯開放後的外匯管理，中央銀行係依據中央銀行法及管理外匯條例未停止實施的條文執行，其重點在新臺幣與外幣間之兌換。與兌換無關的交易，如外幣與外匯或外匯與外匯的轉換，外幣借貸與投資等均無任何限制。只是因為中央銀行對指定銀行辦理外匯業務之限制，比外匯開放前更為嚴格，廠商及個人與指定銀行的外匯交易，仍受到若干限制。

1420　經常收支之管理

1421

有形貿易外匯之管理：外匯開放後，有形貿易外匯收支，完全自由化，沒有任何限制。其付款方式 (Type of Payment) 爲信用狀 (Letter of Credit, L/C)、付款交單 (Documents against Payment, D/P) 或承兌交單 (Documents against Acceptance, D/A) 者，因單據係透過銀行處理，係銀行之出進口外匯業務，只要依照承做銀行的規定辦理即可，不需要辦理其他任何手續。至於其他付款方式，如預付貨款 (Prepayment)、記帳 (Open Account)、寄售 (Consignment) 等，因單據不透過銀行，對銀行言只是匯款業務。爲了掌握資訊，中央銀行規定結購或結售外匯時，匯款人應塡製外匯收支或交易申報書，別無其他要求。

出口外匯收入，所得人可自由處理，可匯回結售，可存入外匯存款戶，可在國外銀行押匯，可將外匯留在國外存放或投資。其以匯款方式匯入結售者，應塡製「外匯收支或交易申報書」，塡明營利事業統一編號（廠商）或國民身分證統一編號（個人）或外僑居留證號碼，於結售外匯性質項下之出口貨品收入欄打鈎即可。個人辦理出口業務，爲配合貿易管理之規定，結售金額超過 10,000 美元者，結售外匯時應憑輸出許可證辦理。

進口外匯支出，可以外匯存款匯出或結匯匯出。以匯款方式結匯匯出者，應塡報「外匯收支或交易申報書」，塡明營利事業統一編號（廠商）或國民身分證統一編號（個人）或外僑居留證號碼，於結購外匯性質項下進口貨品支出欄打鈎即可。個人辦理進口業務，爲配合貿易管理之規定，結購金額超過 10,000 美元者，結購外匯時應憑輸入許可證辦理。

1422

勞務收支之管理：勞務收支亦稱無形貿易收支，指我國企業或個人對國外提供勞務或接受國外勞務而連帶發生的外匯收支，勞務項目包括運輸、保險、技術報酬、佣金、營建、三角貿易、商務及觀光旅遊等。投資及借貸的孳息收支，在國際收支統計上亦列爲勞務收支，惟在我國現階段外匯管理上列為其他支出，納入匯出入匯款限額管理。

勞務收支，可自由結售或結購，沒有額度限制。惟勞務收支均係以匯款方式支付，所以應填報「外匯收支或交易申報書」，填註營利事業統一編號，在提供勞務收入（或償付無形貿易費用）項下打鉤，並填註勞務性質。至於個人勞務收入，可比照上述規定辦理；其勞務支出則納入匯出匯款限額管理。

1423

移轉收支之管理：移轉收支指無償行為的外匯收支，如捐贈、賠償及瞻家匯款等是。應填報「外匯收支或交易申報書」，填註營利事業或國民身分證統一編號，在其他欄打鉤，並填註性質。無論公司、行號、團體或個人，均納入匯出入匯款限額管理。

1430 資本收支之管理

1431

資本交易按期間長短可分為長期資本與短期資本，前者包括直接投資，一年以上之借貸及分期付款出進口貿易；後者指投資組合（Portfolio Investment）、一年以下之借貸，以及承兌交單（D/A）等短期貿易信用。

1432

長期資本收支之管理：對內及對外直接投資，原則上應經經濟部投資審議委員會核准，在核准金額內，可結售或結購外匯，沒有其他限制。外國公司來臺設立分公司，經經濟部商業司認許者，可匯入營運資金。不屬上述範圍內之直接投資，應納入匯入（出）匯款限額管理。

分期付款出進口貿易，沒有限制。國外金融機構之借款、分期付款進口融資，以及國外母公司貸款，為期超過一年者，應依照「民營事業中長期外債餘額登記辦法」之規定，辦理外債登記。

　　國內企業在海外發行公司債，應經財政部證券管理委員會核准，發行收入外匯，原則上應用於對外支付，不得兌換新臺幣使用。如屬可轉換公司債(Convertible Bond)，能否轉換爲股票，應依轉換時有關規定。自82年10月起，中央銀行放寬限制：(1)保留原幣使用，不限定用途；(2)用於國內投資擴建新廠可全部兌成新臺幣；(3)國營事業民營化，釋出公股於海外發行存託憑證，所募集之資金得兌成新臺幣，兩者合計總額度爲50億美元。國際金融機構，如亞洲開發銀行，在臺發行債券，應經財政部證券管理委員會核准，發行收入可結匯匯出。86年6月發行可轉債及存託憑證所募集資金可匯回兌換新臺幣供中長期投資使用。

1433

　　短期資本收支之管理：短期貿易信用，沒有任何限制。短期借貸均納入匯出入匯款額度限制。

　　投資國外證券，不論廠商或個人，毋需核准，惟均納入匯出匯款額度限制。國外公司及／或證券商來臺發行臺灣存託憑證（Taiwan Depositary Receipts, TDR)，應經財政部證券管理委員會核准。

　　外國人投資臺灣證券市場，按照計畫係採三個階段逐步開放。第一階段已開放外國人可投資我國證券投資信託公司發行的受益憑證，後者再投資證券市場，屬於間接投資性質。第二階段已開放外國機構投資人來臺投資證券，每家限額爲6億美元，最低額爲500萬美元，總額度爲100億美元。所謂機構投資人指外國銀行、保險公司、基金管理機構及證券商。84年2月取消總額度限制，惟外資持股比例有限制。87年1月規定單一外資投資個股上限爲15%，全體外資持有任一公司股票上限爲30%。

　　我國公司如擬在國外發行海外存託憑證（Global Depositary

Receipts, GDR），應經財政部證券管理委員會核准❼。

1434

　　匯出入匯款之管理：我國現階段外匯管理重在新臺幣與外幣間之兌換，依照「外匯收支或交易申報辦法」，進口貨品及公司行號或團體勞務支出之結匯，以及經主管機關核准之對外投資案件，沒有額度限制，其他支出包括移轉支出、資本支出、投資孳息支出以及個人勞務支出，可在個人每人每年不超過 500 萬美元，公司行號每家不超過 5,000 萬美元之額度內辦理。依照「外匯收支或交易申報辦法」，出口貨品及勞務收入以及經主管機關核准之僑外人直接投資及證券投資外匯之結售，沒有額度限制；其他收入包括移轉收入、資本收入及投資孳息收入，可在個人每人每年不超過 500 萬美元，公司行號每家不超過 5,000 萬美元之額度內辦理。因為結售（購）時要申報，非本國廠商或個人，不能辦理申報，所以可有效阻擋國外熱錢（Hot Money）之流入，有利於外匯市場之穩定。

　　（請參閱附錄二：外匯收支或交易申報辦法、附錄三：外匯收支或交易申報書（結售外匯專用）、附錄四：外匯收支或交易申報書（結購外匯專用））

1440 指定銀行之管理

1441

　　指定銀行之意義：指定外匯銀行（Appointed Foreign Exchange Bank），簡稱指定銀行，指經中央銀行指定辦理外匯業務之銀行。依照

---

❼Depositary Receipts存託（券）憑證，指股票持有人，可將股票交付國際銀行保管，憑以發行憑證在國外買賣，投資人可享有原股票股東的一切權益。目前在國際上已發行者有American Depositary Receipts, Japanese Depositary Receipts及European Depositary Receipts等。

我國銀行法第四條但書之規定，銀行經營外匯業務，須經中央銀行之特許。依照管理外匯條例第五條第一款第二項之規定，中央銀行指定銀行辦理外匯業務，並督導之。所以銀行辦理外匯業務須經中央銀行核准，未經核准者(包括指定銀行之分行在內)，不得辦理外匯業務。其經核准辦理外匯業務之銀行，發給指定銀行證書。

我國銀行辦理外匯業務，通常係設置國外部，綜管並督導各分行辦理外匯業務。若干大銀行將國外部分成國外營業部及國外管理部，前者負責匯款業務、出口業務、進口業務、外幣放款及保證業務；後者負責外匯法令規章及外匯資金控管與調撥。

依照「中央銀行管理指定銀行辦理外匯業務辦法」(附錄五)，我國境內之銀行，包括外商銀行在臺分行在內，得申請指定爲辦理外匯業務銀行。指定銀行辦理外匯業務，應依照外匯管理法令及中央銀行之規定辦理，應隨時接受顧客申請買賣外匯，得向外匯市場買賣外匯，並得在規定額度內持有買超（Overbought）或賣超（Oversold）之部位（Position）。

指定銀行有兩個義務：(1)辦理外匯業務應依照有關規定，以確認外匯交易之合法性；(2)定期或不定期報告業務狀況，包括買賣外匯種類及金額（日報）、國外資產及國外負債之種類及餘額等。

1442

指定銀行之業務：指定銀行辦理下列外匯業務，應依照「指定銀行辦理外匯業務應注意事項」(附錄六) 之規定辦理：

(1)出口外匯業務：出口結匯、出口託收及應收帳款收買業務（Factoring），應憑廠商提供之交易單據辦理；出口信用狀之通知與保兌，應憑國外同業委託之文件辦理。

(2)進口外匯業務：開發信用狀、辦理託收、匯票之承兌及結匯，應憑廠商提供之交易單據辦理。開發進口信用狀保證金之收取比率，不得少於開狀金額的 10%。83 年 4 月起，改由銀行自行決定。

(3)匯出入匯款業務：匯出匯款應憑廠商或個人填具有關文件辦理，其以新臺幣結購者，應依「外匯收支或交易申報辦法」填具申報書辦理；其以外匯存款、外幣貸款、外幣現鈔等方式辦理匯出者，毋需填申報書可逕行匯出。

　　匯入匯款應憑廠商或個人提供之匯入匯款通知書或外幣票據或外幣現鈔辦理；其結售為新臺幣者，應依「外匯收支或交易申報辦法」填具申報書辦理；其存入外匯存款，轉匯他行或扣還貸款等，毋需填申報書可逕行辦理。凡在我國無住所或居留未滿六個月之外國人，其結售之外匯未滿十萬美元者，得逕憑申報書辦理。

(4)外匯存款：承做對象沒有限制，惟不得以支票存款及可轉讓定期存單（C/D）之方式辦理。此外，中央銀行外匯局於必要時，得規定轉存，依其規定比率轉存中央銀行。

　　外匯存款可以匯入匯款、外幣貸款、外幣票據、外幣現鈔或以新臺幣結購外匯存入。其以新臺幣結購者，應依「外匯收支或交易申報辦法」辦理。存款利率由指定銀行自行訂定公告。

(5)外幣貸款：承做對象以國內顧客為限，應憑廠商提供之交易文件辦理；非經中央銀行核准，不得兌換為新臺幣。惟外商銀行承做預售外匯外銷貸款（Export Promotion Loan, EPL），得在中央銀行規定額度內兌換為新臺幣使用。

(6)外幣擔保付款之保證業務：承做對象以國內公民營事業為限，應憑廠商提供之有關文件辦理。惟在保證事故發生需要結購外匯時，仍應按有關規定辦理。

(7)其他外匯業務：出口簽證及進口簽證業務，應按經濟部國際貿易局之有關規定辦理；外幣間保證金交易（Margin Trading）及利

率交換業務（Interest Rate Swap）及換匯業務（Swap）係各別
提出申請，依核定之原則辦理。83 年 3 月起，上項新種業務不需
事先申請核准，改為報備即可。

1443

外匯部位之限制：外匯部位（Foreign Exchange Position）指銀
行外幣資產與外幣負債之差額，或買入外幣與賣出外幣的差額，其買入
大於賣出者，為買超部位（Overbought Position），在外幣升值時有利，
外幣貶值時不利；其賣出大於買入者，稱賣超部位（Oversold Posi-
tion），在外幣貶值時有利，在外幣升值時不利。各國中央銀行為免境內
銀行因持有外匯部位太大（風險大）而影響銀行之營運，多按照銀行財
務營運狀況規定外匯部位的限額，通常買超部位與賣超部位相同，只規
定一個部位限額即可。

我國在實施外匯集中制度時期，銀行不能持有外匯。指定銀行為因
應辦理外匯業務，須向中央銀行申請購買外匯，並須承諾在中央銀行有
需要時售還中央銀行。所以在該時期內，指定銀行沒有外匯部位的問題。

68 年 2 月外匯市場建立後，指定銀行得持有外匯部位。其時，外匯
市場已呈顯供過於求，中央銀行為期匯率穩定，並不希望指定銀行賣出
外匯以增加新臺幣升值的壓力，所以對指定銀行外匯部位的規定，一開
始就是買賣超額度不一樣，買超大於賣超。每家銀行賣超額度為 50 萬美
元，其後陸續提高至 300 萬美元，78 年 12 月再提高為 600 萬美元。每家
買超額度在開始時為 150 萬美元，其後陸續提高按銀行業務量大小分為
3,000 萬美元、6,000 萬美元及 8,000 萬美元。73 年 8 月，中央銀行取消
買超額度（當時的背景：(1)美元在國際市場上強勢，新臺幣貶值；(2)國
內不景氣，放款風險高，指定銀行有新臺幣爛頭寸；(3)美元利率比新臺
幣高，所以指定銀行希望取消買超限制）。78 年 4 月 3 日外匯市場匯率自
由化，中央銀行恢復買超限制。五家大銀行每家為 5,000 萬美元，其餘

每家 2,000 萬美元。84 年 3 月部分銀行調高買賣超額度，84 年 12 月外匯部位分為 2,000 萬、3,000 萬、4,000 萬及 5,000 萬美元四級，買賣超金額相同。85 年 7 月外匯部位改由銀行自訂並商洽央行同意後實施，惟衍生金融商品業務（包括遠期、期貨、選擇權及交換）部分不得超過三分之一。

外匯部位也可分為即期部位（Spot　Position）與遠期部位（Forward Position），前者係由即期外匯交易產生，後者係由遠期外匯交易產生，兩者合計稱綜合部位（Overall Position）（註：應還包括現金部位）。如即期部位與遠期部位，大小相等方向相反，則綜合部位為零，可免受匯率變動的影響。銀行內部控制及各國中央銀行之規定，多係以綜合部位為準，惟我國曾有不同計算方式。76 年外匯開放時，遠期外匯市場自由化，取消實需限制，但規定指定銀行因承做買入遠期外匯而在即期市場賣出時，賣出外匯計入賣超額度，一般稱為現金制。同年 10 月，恢復綜合部位，一般稱為權責制。同年 11 月再度採用現金制，以迄 80 年 11 月為開放遠期外匯市場，改按綜合部位迄今。

1444

國外負債餘額之限制：在外匯市場新臺幣持續升值（美元貶值）或美元利率低於新臺幣利率時，出口廠商期望指定銀行能墊借美元兌換新臺幣，以避免匯率風險或謀取利差；同時進口商期望指定銀行墊借美元支付進口貨款，以謀取匯差及／或利差，此即所謂提前挪後原理（Principle of Leads and Lags）。此項作法，指定銀行借入美元貸放出進口廠商業務，一方面為外幣資產（國內），另一方面為外幣負債（國外），本身並無匯率風險，惟對外匯市場的影響，不是增加外匯供給(出口墊款)，就是減少外匯需求(進口墊款)，將使外匯市場供過於求的現象更加嚴重。因此，中央銀行限制指定銀行國外負債餘額，期望指定銀行墊借外幣時能有所節制。

中央銀行自 76 年 6 月起,規定各指定銀行每日國外負債金額不得超過 5 月底餘額,爲期二個月。8 月再延二個月。10 月 1 日的限制解除,旋於 10 月 3 日再恢復實施,以 10 月 2 日國外負債餘額爲限。78 年 8 月起以該年 6、7 月份平率均值調高 30%,79 年 6 月再提高 50%,80 年 11 及 12 月分別提高 10%(以應遠期外匯市場開放的需要),82 年 5 月再提高 15%,每一銀行最低額爲 5,000 萬美元,8 月再提高 15%,其後多次調高。86 年 5 月配合中央銀行法之修訂,取消限額,改採準備金方式管理,現行標準爲 0%。

(請參閱附錄五: 中央銀行管理指定銀行辦理外匯業務辦法)

1445

非指定銀行授權辦理部分外匯業務: 下列機構經中央銀行核准辦理部分外匯業務:

⑴若干信託公司辦理外幣貸款及外幣保證業務。

⑵授權臺灣銀行委託銀行或其他行業設置外幣收兌處, 辦理外幣現鈔及旅行支票之收兌業務。

⑶郵政儲金匯業局辦理國際匯兌、代售旅行支票及對大陸間接匯款業務。

⑷臺北市外匯市場發展基金會辦理外匯買賣及借貸之仲介業務 (自 83 年 7 月起基金會由臺北外匯經紀股份有限公司取代)。

⑸指定證券商辦理外幣證券之買賣業務。

⑹指定期貨經紀商辦理國外期貨之買賣業務。

⑺授權未設置國外部之銀行及指定銀行之非指定分行, 辦理外幣現鈔及旅行支票之買賣業務。

1450　其他外匯管理

1451

軍政機關外匯之管理：依照財政部「軍政機關外匯審核準則」，其現行規定：

(1)為配合貿易管理一元化政策，軍政機關進口物品所需輸入許可證（I/P），向經濟部國際貿易局申請。

(2)中央政府年度歲出預算內所需之外匯，依據中央政府總預算各機關外匯歲出數額估計表執行；省市政府所屬機構及其他機構應將年度歲出預算內所需之外匯，報由其上級主管機關查核，於規定日期內彙轉財政部審定後分別執行。

(3)軍政機關申請結購進口外匯或匯出匯款時，應按上述檢定之外匯配額範圍，敍明案情，並檢附相關文件，報由其主管機關核轉財政部審核發證。但金額在 100 萬美元以下者，得比照中央銀行所訂「外匯收支或交易申報辦法」之規定，於填妥民間匯出款項結購外匯申報書後，逕行向財政部指定之銀行辦理結購。

(4)軍政機關所經收之外匯，應隨時結售指定銀行。結售時得比照中央銀行所訂「外匯收支或交易申報辦法」，逕行辦理結售。

(5)財政部指定軍政機關結購結售外匯之銀行，計有臺灣銀行、中國國際商業銀行、交通銀行、中國農民銀行、中央信託局、臺北銀行、華南、彰化、第一、高雄銀行、世華、臺灣中小企業銀行、合作金庫及土地銀行等十四家。

1452

金融機構國外資產之管理：76 年 7 月外匯開放時，財政部為維持國內金融安定，防止國內金融機構因承擔過多匯率風險而影響營運，開始規定各類金融機構外幣風險的上限。現行規定：

(1)外幣風險上限指外幣資產扣減外幣負債後之餘額（絕對值）。

(2)外匯指定銀行依中央銀行所訂買賣超額度辦理。

(3)非指定銀行之銀行及信託投資公司，以不超過其前一年淨值 10%
　　為限。

(4)基層金融機構以不超過其前年淨值 5%為限。

(5)保險公司以不超過資金及各種責任準備金總額 4%為限。

又財政部規定信用合作社及農漁會信用部不得投資國外證券，惟在外幣風險限額內，得持有外幣存款或購買外匯信託憑證。外幣存款限存於國內外匯指定銀行。

1453

出入境攜帶金銀外幣及新臺幣之限制：出入境旅客攜帶外幣之限制，始於 35 年 2 月外匯市場開放，規定出境旅客攜帶外幣之限額為 200 美元，36 年降為 100 美元。37 年 8 月禁止黃金及白銀攜帶出境，金飾二市兩，銀飾二十市兩。38 年 6 月臺省幣改，金銀管理同前，依據法令為「臺灣省進出口貿易及匯兌金銀管理辦法」，外幣限額為 200 美元。外貿會時期，依據法令為「旅客出入國境攜帶金銀外幣及新臺幣限制辦法」，金銀外幣限量同前，增加攜帶新臺幣出入國境限額為 1,000 元。管理外匯條例修訂實施後，財政部依照該條例訂定「攜帶及寄送金銀外幣及新臺幣出入國境限制辦法」，金銀限制同前，外幣數額逐漸提高至 5,000 美元，新臺幣限額 4 萬元（機船服務人員外幣限額為 1,500 美元，新臺幣 2 萬元）。

75 年修訂管理外匯條例，金銀不再屬於外匯，行政院訂定「黃金進口及買賣辦法」，出入境規定未變。

81 年 7 月底，由於規範黃金買賣及出入境限制之法據為國家總動員法，為因應動員戡亂時期宣告終止，「黃金進口及買賣辦法」及「攜帶及寄送金銀外幣及新臺幣出入國境限制辦法」，均予廢止。金銀視同貨品進出口，納入貿易管理。財政部訂定「攜帶外幣出入國境限制辦法」，規定旅客出境攜帶外幣之限額爲 5,000 美元，機船服務人員爲 1,500 美元，超額部分沒入。84 年 3 月取消出境限制，惟超過 5,000 美元者應申報。中央銀行修正「中央銀行在臺灣地區委託臺灣銀行發行新臺幣辦法」，規定出入境限額爲 4 萬元，超額部分應予退還。

1460 新臺幣國際化問題

1461

新臺幣國際化之意義：新臺幣國際化指外國人可自由持有及使用新臺幣。在持有方面，指外國官方可以新臺幣爲國際準備，民間可作爲投資工具；在使用方面，指交易上可以新臺幣辦理結算，資本市場上可以新臺幣發行債券。

1462

新臺幣國際化之利弊：利：⑴以新臺幣辦理結算，我國廠商可免除匯率風險；⑵政府享有鑄幣權；⑶有利於國際金融中心之建立。弊：⑴增加新臺幣匯率之波動；⑵貨幣政策執行增加困難。

1463

新臺幣國際化之政策：⑴在外匯開放以前，因爲出口及勞務收入必須收取外幣，而且外國銀行開設新臺幣帳戶必須經財政部核准，所以新臺幣沒有國際化條件；⑵外匯開放時，政府仍採新臺幣不對外流通政策，財政部規定禁止國內金融機構接受在臺無居所的外國自然人及法人開設新臺幣帳戶，並禁止國內金融機構在國外開設新臺幣帳戶；⑶83 年 9 月政府爲推行國際金融中心之建立，改採新臺幣逐步國際化政策，准許外國人開設新臺幣帳戶。惟爲防止套利及熱錢（Hot Money）流入或流出，仍作若干限制：⒜新臺幣存款帳戶以活期存款及活期儲蓄存款爲限；⒝匯出入匯款原則上依照中央銀行民間匯出入匯款規定辦理申報，外國自然人需親自辦理申報；(c)外國金融機構不得以匯入匯款辦理結售；(d)每筆結匯金額超過 10 萬美元者應先經中央銀行核准；(e)指定銀行不得在國外開設新臺幣帳戶。

參考題目

一、解釋下列名詞

1. Foreign Exchanges (FX)
2. International Reserves
3. Convertible Currency
4. Key Currency
5. Legal Tender
6. Artificial Currency
7. Foreign Exchange Control
8. FX Collection and Repatriation System
9. FX Concentration System
10. Residential Status System
11. Authorized Bank System
12. Designate of Currency System
13. Standard Methods of Settlement System
14. FX Licensing System
15. Official Exchange Rate System
16. Exports and Imports Tying System
17. Registration and Transferring System of Foreign Exchanges Derived from Exports of Processed Products
18. FX Position
19. Hot Money
20. Hidden Multiple Rates System
21. Exchange Declaration System
22. 國外負債餘額

二、回答下列問題

1. 試述外匯之意義、類別及功能。
2. 試述外匯管理之意義、目的及其利弊。
3. 試述外匯集中制度之意義及其功能。

4.試述我國管理外匯條例幾度修訂之特點。

5.試簡述外匯自由化之意義並簡述我國現階段外匯管理之主要規定。

6.試述外匯部位之意義，及中央銀行對指定銀行持有外匯部位之規定。

7.試述國外負債之意義，及中央銀行對指定銀行國外負債餘額之限制。

8.試述新臺幣國際化之意義及其利弊，以及現階段政府的規定。

第二章　匯兌原理

本章內容

本章重點

1. 第一節說明匯兌之意義及國外匯兌與國內匯兌之差異。

2. 第二節說明通匯關係之意義、存款銀行業務及清算銀行業務。

3. 第三節說明結算之意義、結算方式、匯票之意義、功能、類別、匯票之承兌、轉讓（背書）及兌現，以及匯票、本票及支票在國際貿易上之適用。

4. 最後說明國際結算制度，對SWIFT、CHIPS、Fed Wire、BOJ-Net、CHAPS、Euroclear及Cedel有簡單扼要之介紹。

第一節　匯兌概說

2110　匯兌之意義

2111

匯兌（Exchange），指債務人與債權人，或資金供給人與資金需求人，不以現金之輸送，而係透過兩地間金融機構劃撥資金，藉以清結債權債務或資金供需之關係。所以國際匯兌之目的在結算國際間之債權債務關係。

2112

依照《辭海》解釋，匯指貨幣在甲地交付於乙地收取，也就是匯款（Remittance）；兌指以一種貨幣換取他種貨幣，也就是兌換（Exchange）。所以匯兌可包括國內外匯款及外國貨幣之買賣。

2120　國內匯兌與國外匯兌

2121

匯兌可分為國內匯兌（Domestic Exchange）與國外匯兌（Foreign Exchange），兩者原理相同，惟後者涉及兩個以上之國家，所以又稱為國際匯兌（International Exchange）。國外匯兌簡稱為外匯。

不同的國家使用不同的貨幣，所以國際匯兌對匯款人或受款人言，至少有一方使用的是外國貨幣（Foreign Currency）。例如我國與美國間的匯兌，使用美元。在美國為本國貨幣，國際匯兌與國內匯兌並無不同；在我國為外國貨幣，涉及外幣之買賣、匯率風險及外匯管制的規定。又如我國與日本間匯兌，亦多使用美元，對雙方均為外國貨幣，雙方均有外幣買賣、匯率風險及外匯管制的問題。

　　國際匯兌除了涉及外幣買賣、匯率風險及外匯管制問題外，由於各國風俗習慣及法令規定的差異，而且還有國際法規的規範，所以國際匯兌遠比國內匯兌複雜。

第二節　國際匯兌之基礎——通匯關係之建立

2210　通匯關係

2211

　　通匯銀行業務（Correspondent Banking）：每個銀行均要對其顧客提供完全服務。如其顧客從事國際經濟交易，就會發生國際匯兌業務，銀行就需要利用國外銀行的服務才能促使交易完成。例如，顧客需要將資金移轉或付與國外某人，銀行就需要利用國外當地銀行的服務，通知受款人並將資金交付受款人；又如顧客採信用狀方式進口，銀行就需要開發信用狀，並利用國外銀行的服務，將信用狀通知出口商，甚至於還需要國外銀行來保兌信用狀以增強開狀銀行的信用。同樣地，國外銀行也需要本地銀行提供服務。所以通匯銀行業務是銀行從事業務時，利用其他銀行的服務或對其他銀行提供服務，可分為下列幾類：

　　⑴匯出匯款業務：包括本地顧客將資金移轉國外，接受國外勞務需要支付報酬，對國外捐贈賠償等移轉支付，以及預付貨款（Prepayment）、記帳（Open Account）、寄售（Consignment）及分期付款（Installment）等方式進口的付款，本地銀行需要利用國外銀行的服務，通知並將資金、貨款交付受款人。

　　⑵匯入匯款業務：包括本地顧客對國外提供勞務獲得的報酬，國外支付的捐贈賠償等移轉收入，國外資金的流入，以及預收貨款、

記帳、寄售及分期付款等方式的出口收入，國外匯款銀行需要本地銀行的服務，通知並將資金、貨款交付受款人。

(3)進口外匯業務：包括本地顧客以信用狀（Letter of Credit, L/C）方式進口，銀行開發信用狀後需要國外銀行將信用狀通知出口商；在顧客的買賣契約中如規定開發保兌信用狀（Confirm L/C）時，尚需要國外銀行提供保兌；以及信用狀的付款、遠期匯票（Usance Bill）的承兌、讓購（Negotiation）及墊款等，均需要國外銀行提供服務。

如顧客係以付款交單（Documents against Payment, D/P）或承兌交單（Documents against Acceptance, D/A）方式進口，則國外銀行需要本地銀行提供服務，通知顧客辦理匯票的付款及／或承兌。

(4)出口外匯業務：付款交單及承兌交單方式出口時，本地銀行需要委託國外銀行向國外買方提示單據辦理付款及／或承兌。信用狀方式出口時，國外銀行需要本地銀行將信用狀通知出口商，還可能需要提供保兌。信用狀押匯後，如開狀銀行為通匯銀行，可直接求償，如非通匯銀行也可委託通匯銀行求償。

(5)其他服務項目：存款銀行提供短期墊款、長期融資、款項收付清算、證券買賣保管等，均係由其對通匯銀行提供服務，也均是通匯銀行業務。

銀行間存放款、信用狀保兌、及證券交易，也均屬授信業務，通常授信一方會訂定授信額度（Line of Credit），只能在額度內辦理。

2212

通匯銀行關係（Correspondent Banking Relationship）：從事國際匯兌業務之銀行，為期達成服務顧客的目的，就必須與國外銀行建立通匯關係，以便能取得國外銀行的服務。另一方面，在建立關係後，也可對外國銀行提供服務，以便能爭取外匯業務增加收益。通匯銀行越多，國際匯兌業務處理也越方便，同時對擴展匯兌業務也有幫助。有了遍及世界各地的通匯網路，一個銀行才能對其顧客有效地提供在其他國家的整套服務（A Full Range of Service）。

通匯關係事實上是雙方銀行相互代理，各對本地顧客提供服務。所以建立通匯關係時，雙方銀行應簽訂通匯契約或代理協議（Agency Agreement），並交換代理之事項及其費率表（Terms and Conditions）。爲確認對方指示之眞實性，雙方應交換鑑定文件（Control Documents），包括簽字樣本（Specimen of Authorized Signatures）及電報密押（Telegraphic Test Key）及環球電訊押碼（SWIFT Authenticated Key）。

2213

費率表（Terms and Conditions）：指對通匯銀行可提供之各項服務及其收費標準，包括存放款、光票及跟單匯票之託收、信用狀之通知與保兌，以及保證事項等（見表 2-1）。

2214

簽字樣本（Specimen of Authorized Signatures或Signature Book）：爲含有各個有權簽署人簽字的複製本（Facsimile），並說明其授權範圍，各種交易中，有權簽署人爲一人抑爲二人。即使單方開戶，簽字樣本雙方仍要交換，以憑鑑定匯款通知及信用狀等書面文件的眞偽。接受指示的銀行，必須確定他方銀行指示上的簽署是眞實的（Bonafide）。

2215

電報密押（Telegraphic Test Key）：爲一套密碼，可使接受電訊指示的銀行驗證其指示的眞實性。該項密碼，通常係由月別、日期及金額

表 2-1　大安商業銀行之費率表

DAH AN COMMERCIAL BANK

TAIPEI, TAIWAN
REPUBLIC OF CHINA,

TO OUR CORRESPONDENTS,

GENERAL TERMS AND CONDITIONS GOVERNING TRANSAC-TIONS FOR OUR CORRESPONDENTS AS OF AUGUST 1, 1993

I. GENERAL

(1)These terms and conditions are subject to change without prior notice.

(2)Out-of-pocket expenses such as stamp duty, telex, telephone, postage and correspondent fees, will be charged in addition to those conditions listed below.

II. LETTERS OF CREDIT

1.OPENING	- 0.25% for first 90 days, 0.125% for each subsequent 90 days or part thereof. Minimum NT$400.-
2.ADVISING	
A. FORWARDING CREDIT	- NT$400.-
B. AMENDMENT	- NT$200.-
3.CONFIRMATION	- 0.25% for each 90 days or part thereof. Minimum US$50. - or local equivalent if paid by beneficiary.
4.TRANSFER (w/o	- 0.1% of transferred amount.

subsititution)	Minimum NT$400.-
(w/subsititution)	- 0.15% of transferred amount.
	Minimum NT$600/maximum NT$2,000.-

5.AMENDMENT

A. INCREASE IN AMOUNT	- 0.25% for first 90 days, 0.125% for each subsequent 90 days or part thereof. Minimum NT$400.-
B. EXTENSION OF VALIDITY	- 0.125% for each 90 days or part thereof. Minimum NT$400.-
C. OTHER TERMS	- NT$400.-

6.NEGOTIATION

A. THROUGH US	- 0.1% (MIN. NT$500.-) plus transit interest (12 days).
B. THROUGH OTHER BANKS	- 0.2% (MIN. NT$1,000.-) plus transit interest (12 days).

7.CANCELLATION　　　　　- US$25.-

8.PAYMENT COMMISSION

A. RENEGOTIATION	- US$40.- flat
B. IMPORT BILLS	- Each item US$40.- plus discrepancy fee US$20.- if applicable.

9.ACCEPTANCE COMMISSION　　- 0.125% for each 90 days or part thereof. Min. US$40.-

III. COLLECTIONS

1.CLEAN BILLS　　　　- 0.15% for each item.
Min. NT$200.-
Plus registered mail charge if applicable.

2.DOCUMENTARY BILLS

A. INCOMING (D/A)	- 0.20% for each item. Min. NT$200.-
INCOMING (D/P)	- 0.15% for each item. Min. NT$200.-
B. OUTGOING	- 0.1% for each item. Min. NT$500.-

IV. GUARANTEE

LETTER OF GUARANTEE — - 0.25% for each three months part thereof.
Min. NT$800.-

V. OTHER SERVICES

1.COURIER SERVICE — - NT$1,300.-

2.SIGNATURE VERIFICATION — - NT$500.-

3.CREDIT INFORMATION — - Local NT$500.-
Outside Taiwan:
    By Mail   - NT$700.-
    By Telex or fax - NT$1,400.-
Such information will be supplied upon request without any responsibility on our part.

4.TRADE INFORMATION — - Free
By request we will furnish up-to-date information and possible trade contacts, such information is provided without any responsibility on our part.

的代碼，再加計一個固定數字（Fixed Number）組成❽。例如，某年元月 15 日，電報通知某通匯銀行："Pay for our account to Mr. ×××US$1,500,000"。經查密碼表，元月代碼 35，15 日代碼 24，100 萬元代碼 17，50 萬元代碼 68，固定數字 234，則合計數爲 378，密碼數即 378。

　　爲了安全起見，有的銀行調度資金時採雙重密碼，即利用上述密碼再編成另一組密碼發送。兩套密碼由不同的人負責保管使用。

2220　存款銀行業務

2221

　　存款帳戶：通匯銀行可分爲存款銀行（Depository Banks）與非存款銀行（Non-depository Banks）。爲了便利匯兌業務及資金調撥，辦理國際匯兌業務的銀行，必須在外國金融中心的通匯銀行中，選擇一家或多家，開設當地貨幣存款帳戶，存款備用。如在美國紐約及舊金山等地，開設美元存款帳戶；在東京開設日圓存款帳戶；在倫敦開設英鎊存款帳戶。

　　存款帳戶可分爲活期存款帳戶（Demand Account）與定期存款帳戶（Time Deposit），前者通常不計算利息，後者則按約定利率計算利息。活期存款帳戶多，有利於資金調度，但也是閒置資金（Idle Money）。

　　在國外銀行開設的存款帳戶，稱爲存放同業（Due from, Nostro Account 或 Our Account）；係外幣存款，但在本行帳上係以外幣及新臺幣兩種貨幣記載，所以稱爲雙重貨幣帳戶（Dual Currency Account）。外國銀行在本行開設的存款帳戶，稱爲同業存款（Due to, Vostro 或 Your Account）。

---

❽Robert D. Fraser, "*International Banking & Finance,*"p. 9-6.

2222

決定開設帳戶及存款之因素:

⑴開戶之目的, 在便利顧客在國外付款。所以顧客需要付款最多的地區, 也就是國際貿易數量較多的國家, 就應該開設帳戶。

⑵外匯交易員 (Dealers) 買賣借貸業務所需之通貨, 目前最多者為美元, 其次為馬克、日圓、英鎊及瑞士法郎等, 所以這些國家也需要開戶。

⑶存款多寡與通貨強弱有關, 為避免匯率風險, 對強勢通貨(Strong Currencies) 可多存款, 對弱勢通貨 (Weak Currencies) 要嚴密監控。

⑷存款金額以足以應付預期的需要為原則, 應儘量避免透支(Overdrawing), 以免負擔較高利息; 但也不能太多, 以免形成閒置資金 (Idle Money)。

招攬同業開戶, 可增加存款及外匯業務, 但同時也要提供服務, 包括透支 (Overdrawing)、墊款 (Advance)、承兌 (Acceptance)、貼現 (Discount)、信用狀之保兌 (Confirming)、保證業務 (Guarantee) 以及中長期分期償付貸款 (Term Loan) 等。為避免信用風險 (Credit Risk), 授信銀行均按存款客戶的信用訂定信用額度 (Line of Credit)。兩個通匯銀行間, 只要有一方在他方開戶就可完成資金移轉之目的。因為銀行接受非居住民 (Non-residents) (包括外國銀行) 開設新臺幣帳戶有若干限制, 所以國際匯兌以新臺幣辦理時, 只能依規定辦理。惟我國外匯銀行可在國外開設外幣帳戶, 如在美國開設美元帳戶, 在德國開設馬克帳戶, 在日本開設日圓帳戶是。如我國銀行之顧客匯款至美國, 使用美元, 我國銀行可通知美國存款銀行在我方存款中撥付受款人 (Charge或Credit Our Account); 反之, 美國匯款至我國, 美國銀行係將資金存入我方銀行的存款帳戶, 並通知我方銀行付款與受款人

(Credit Your Account)。受款人如決定兌換新臺幣，銀行就增加一筆外匯買賣業務；受款人如決定存入外匯存款帳戶，銀行將增加一筆外匯存款業務。如我國與日本間匯兌不使用日圓而使用美元時，雙方均需利用美國的存款帳戶，稱第三者帳戶(Third-party Account)。我方匯出時，應通知日本通匯銀行已將資金存入該通匯銀行在美國的帳戶；日方匯出時，作法相同。

2230　清算銀行業務

2231

清算銀行(Clearing Bank)在通匯業務上，指國外存款銀行受我方銀行委託辦理代收代付及票款清算業務的銀行。選擇清算銀行，重在其能提供迅速而收費低廉的服務。

下列收入款項，可委託清算銀行代收並存入我方存款帳戶：(1)出口押匯款；(2)付款交單（D/P）及承兌交單（D/A）之託收匯票；(3)買入光票（Clean　Bills）及光票託收之票據，包括旅行支票（Traveller's Check）在內；(4)其他外幣收入。

光票託收為量甚多，通常採現金袋（Cash Letter）方式辦理，即將託收之匯票、私人支票及旅行支票等裝在一個信封裡，附有一個標準格式的傳送信函（Transmittal Letter）並載明託收項目，以便清算銀行處理。

為簡化手續爭取時效，我方託收銀行會將空白託收通知書（Collection Instruction Letter）交付辦理託收方式之出口商，自行繕打並直接寄送指定之國外銀行辦理託收，此種作法稱直接託收（Direct　Collection）。

下列支出款項，可委託清算銀行在存款中扣付：

(1)電匯（T/T）、信匯（M/T）及票匯（D/D）之匯出匯款，後者以清算銀行爲擡頭人。

⑵開發信用狀之票款，通常開狀銀行會指定該清算銀行爲歸償銀行（Reimbursing Bank）。

⑶承兌交單（D/A）與付款交單（D/P）進口之票款。

⑷其他外幣支出。

清算銀行於代收代付款項辦妥後, 會寄送貸項報單（Credit Advice）或借項報單（Debit Advice），我方銀行可憑以勾稽並製作會計紀錄。

第三節　國際經濟交易之結算

2310　結算方式

2311

結算之意義: 國際經濟交易, 不論是買賣商品或勞務、借貸或贈與, 一經訂約或承諾, 即產生債權債務關係。契約之履行, 在貨幣方面就是匯兌, 債權債務關係之了結, 就是結算。結算（Settlement）, 指資金之移轉（Transfer of Funds）, 通常爲資金由甲銀行移轉與乙銀行。

國際間經濟交易, 早期盛行易貨交易（Barter Trade）, 自貨幣經濟發展後, 一方提供商品或勞務, 他方支付貨幣。資金由送款人（Sender）轉給受款人, 以完成資金移轉的過程稱爲結算。現階段國際經濟交易, 除了觀光客就地採購以現金付款, 以及交易雙方相互提供商品或勞務, 在收支互抵（Netting）後以差額結算外, 大多數交易係透過銀行以匯兌（Foreign Exchange）逐筆辦理結算。其由買方直接對賣方交付私人支票者, 賣方仍須透過銀行辦理託收。結算方式之類別如表 2-1:

表 2-1　結算方式之類別

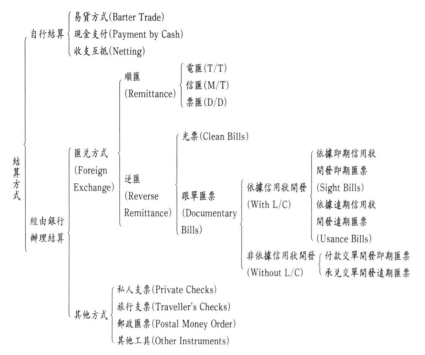

2312

　　順匯（Remittance）：即通常所謂之匯款，指債務人（匯款人）主動委託銀行將資金交付債權人（受款人），以清結債權債務或資金供需之方式。有形貿易採順匯方式者少，但由於銀行不經手單據，手續費低，最爲經濟。勞務交易及投資借貸，多採順匯。

　　順匯依匯出銀行通知匯入銀行之方式不同，可分爲三種：

　　⑴電匯（Telegraphic或Cable Transfer, T/T, T.T.），指匯出銀行以電報或電傳電報（Telex）通知匯入銀行將資金交付受款人。此種方式要負擔電報費用，惟迅速確實，當日付款沒有利息損失。所以大額匯款均以採用電匯有利。

　　⑵信匯（Mail Transfer, M/T, M.T.），指匯出銀行以信函（Remit-

tance Letter, Payment Order)，通知匯入銀行將資金交付受款
人。此種方式費用低，但需時較長。

(3)票匯 (Demand Drafts, D/D, D.D.)，指匯出銀行開發即期匯票
(Demand Drafts)，交付匯款人自行寄與受款人，由受款人憑匯
票洽匯入銀行付款。與信、電匯比較，信、電匯不能轉讓，票匯
可以轉讓。在實施外匯管理的國家，有時規定限用信、電匯，不
准使用票匯，以防止套匯。又對沒有通匯關係的地區匯款，或對
有通匯關係但沒有存款關係地區的匯款，需要經由與該地有存款
關係的銀行辦理轉匯。如對中南美地區可經由美國銀行轉匯，對
非洲地區可經由英國或法國銀行轉匯。採信匯與票匯均費時，如
採用票匯，匯票可由受款人處理。

2313

逆匯 (Reverse Remittance)：亦稱出票方式 (To Draw A Bill)，
指由債權人（受款人）開發匯票，委託銀行代向債務人收取資金。

依匯票是否附有單據 (Documents)，可分爲光票 (Clean Bills)
與跟單匯票 (Documentary Bills)；前者憑匯票付款，旅行信用狀
(Traveller Letter of Credit) 開發者即屬光票；後者附有單據，通常
爲代表物權的權利單證 (Document of Title)；國際貿易上代表物權的
單據爲提單 (Bills of Lading, B/L) 及其他貨運單證 (Shipping Docu-
ments)。出口廠商依照即期信用狀 (Sight L/C) 開發即期匯票 (Sight
Bills)；依照遠期信用狀 (Usance L/C) 開發遠期匯票 (Usance Bills)；
依照買賣契約以付款交單 (D/P) 方式付款者，開發即期匯票；買賣契
約以承兌交單 (D/A) 方式付款者，開發遠期匯票。

2314

匯票 (Bills of Exchange, B/E或Drafts)：依照我國票據法第二
條：稱匯票者，謂發票人簽發一定金額委託付款人，於指定到期日，無

條件付與受款人或執票人之票據。

匯票之功能有三：

⑴可作爲付款工具（Means of Payment），如在順匯中由銀行開發之匯票是。

⑵可作爲收款或結算工具（Means of Settlement），如在逆匯中由出口商開發之匯票是。

⑶可作爲借款或信用工具（Means of Credit），如由借款人開發，以銀行爲付款人，並經銀行承兌之銀行承兌匯票（Banker's Acceptance, B/A）是。

匯票之類別：

⑴依付款期限分，匯票可分爲即期匯票（Sight Bills）與遠期匯票（Usance或Time Bills）。即期匯票於提示時（Upon Presentation）、見票時（At Sight）或要求時（On Demand）立即付款；遠期匯票則係於一可確定之未來日期付款。常見者有：(a)見票日（承兌日）後若干日付款（×× days after sight, d/s）；(b)發票日後若干日付款（×× days after date, d/d）；(c)裝船日後若干日付款（×× days after shipping）；(d)指定日付款（Fixed Date）。順匯中銀行開發之匯票，及出口商在即期信用狀下或付款交單方式出口開發者均爲即期匯票。惟銀行開發者，習慣上稱Demand Drafts；出口商開發者，習慣上稱Sight Bills。出口商在遠期信用狀下或承兌交單方式出口開發者爲遠期匯票，銀行習慣上不開發遠期匯票。

　　承兌交單方式出口，出口商開發匯票以進口商爲付款人，經進口商承兌後稱爲商業承兌匯票（Commercial或Trade Acceptance）。在遠期信用狀下，出口商開發以開狀銀行或其指定之銀行爲付款人並經其承兌者爲銀行承兌匯票。所謂承兌

（Accepted）指在匯票正面加蓋"Accepted"，並由付款人簽署，填上日期，Accepted表示承諾兌付或接受付款之義務。

(2)出口匯票與進口匯票：出口商開發之匯票，對出口商、出口地押匯或託收銀行言，爲出口匯票（Export Bills）（見圖2-1）；該匯票經送達進口地，對進口商、開狀銀行或進口地託收銀行言，爲進口匯票（Import Bills）。出口商開發之匯票爲貿易匯票（Trade或Commercial Bills）；相對於借款人開發以銀行爲付款人的遠期匯票，稱爲融通匯票（Finance或Accommodation Bills）。

遠期匯票未到期，付款人不付款。如受款人（或執票人）需要資金融通，可洽銀行辦理貼現（Discount），其貼現費用或貼現息（Discount Charges）由受款人負擔。惟如信用狀內加列貼現費用由買方負擔（Discount Charges are for Account of Buyer）之條款，則賣方可按即期基礎押匯（Negotiation at Sight Basis），不負擔貼現費用。此種信用狀稱爲買方遠期信用狀（Buyer's Usance），上述條款稱爲買方遠期信用狀條款（Buyer's Usance Clause），係在買賣契約規定以即期匯票付款，但開狀銀行爲對買方提供資金融通，要求賣方開發遠期匯票但不要賣方吃虧的一種安排。

(3)有追索權匯票與無追索權匯票：有追索權（With Recourse），指付款人於付款後，有權向發票人及背書人請求償還票款。反之，無權請求償還者稱無追索權（Without Recourse）。通常付款人、開狀銀行及保兌銀行付款後無追索權，押匯銀行有追索權。在其他國家，讓購匯票無追索權者，即是購買匯票；有追索權讓購爲融資。

匯票與票匯的區別：票匯（D/D）指在順匯中由銀行開發即期匯票

出口匯票

DAH AN COMMERCIAL BANK

Exchange for ..U.S.$...100.000.00

At .... G.E.Days..... sight Pay this **FIRST** Bill of Exchange (second being unpaid)

to the order of DAH AN COMMERCIAL BANK

The sum of ..U.S..Dollar.One.Hundred.Thousand.Only.

Value received in reimbursement of drawing under Letter of Credit No. ..1.2.3.4.5.

Dated ..Dec..16..1994. Issued by ..Bank.of.New.York.

To ...Bank.of.New.York.

Taipei, Taiwan ..9/15..1..994.

Authorized Signature

FE-08 7/93

圖 2-1　出口匯票

匯款匯票

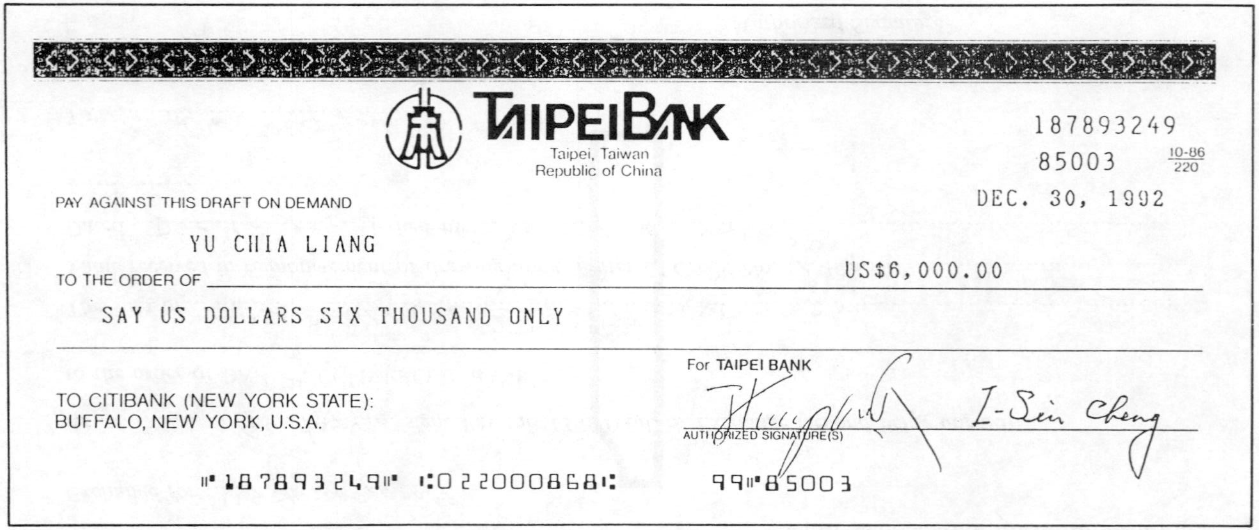

PAY AGAINST THIS DRAFT ON DEMAND

TO THE ORDER OF ＿＿＿＿ YU CHIA LIANG

SAY US DOLLARS SIX THOUSAND ONLY

TO CITIBANK (NEW YORK STATE):
BUFFALO, NEW YORK, U.S.A.

TAIPEIBANK
Taipei, Taiwan
Republic of China

187893249
85003

10-86
220

DEC. 30, 1992

US$6,000.00

For TAIPEI BANK

AUTHORIZED SIGNATURE(S)

I-Sin Cheng

⑈187893249⑈ ⑆0 20000868⑉

99⑈85003

圖 2-2　匯款匯票

的結算方式, 該項匯票亦稱匯款匯票(Bills of Remittance)(見圖2-2),
為匯票之一種。因係單張, 通常稱為單張匯票(Sola), 有別於出口商開
發之複本匯票(Set Bills)。銀行在其他銀行開設存款帳戶, 其動用存款
時, 通常係開發以存款銀行為付款人的匯票, 而不像一般存款人開發由
存款銀行提供的支票。上項匯票於存款銀行提示時, 存款銀行即自其存
款中扣付, 視同支票一樣處理, 故俗稱Sola Check。

2315

支票 (Check或Cheque): 我國票據法第四條: 稱支票者, 謂發票
人簽發一定之金額, 委託銀行、信用合作社或經財政部核准支票存款業
務之農會, 於見票時無條件支付與受款人或執票人之票據。支票為一種
特種匯票, 兩者同為委託他人付款, 兩者之差異:

(1)支票之付款人限於金融業, 發票人開發支票係基於存款, 利用支
　　票付款或提款,而且通常係由存款銀行印就空白支票供存戶使用。

(2)支票限於見票即付。

惟由於我國民間習慣開發遠期日付款之支票, 且票據法規定票載發
票日前, 執票人不得為付款的提示, 因此遠期支票事實上可合法存在。

國際經濟交易中使用支票結算者有:

(1)私人支票(Private Checks), 係由買方或勞務使用人開發, 惟受
　　款人 (或執票人) 仍須委託銀行向國外存款銀行收款。

(2)旅行支票 (Traveller's Checks), 係由國際著名的金融機構或旅
　　行機構發行之定額支票, 印妥面額, 如美元旅行支票, 票面分10、
　　20、50、100、500 及 1,000 元等六種, 供購買人使用。發行者承
　　諾對任何受款人 (Payee) 支付票面金額。

在支票讓購前如果遺失或被竊, 發行人負責償還買方, 惟需辦理遺
失或被竊手續。通常在使用地銀行或外幣收兌處 (Money Changers),
可以收兌, 對旅行者甚為方便, 具有現金功能, 但在遺失時尚有補救。

　　本票(Promissory Note)：我國票據法第五條，稱本票者，謂發票人簽發一定之金額，於指定之到期日，由自己無條件支付與受款人或執票人之票據。本票通常不是支付工具，惟我國票據法又規定本票上列載某銀行爲擔當付款人，如企業發行之商業本票（Commercial Paper）所採用者，於到期日亦可作爲支付工具，執票人可存入銀行帳戶，經由票據交換，由擔當付款人的銀行，在本票發行人的存款中扣付。依照美國統一商法（Uniform Commercial Code, UCC），可轉讓票據（Negotiable Instrument）有四種：(1)匯票（Draft）；(2)支票（Check）；(3)定存單（Certificate of Deposit, C/D）；(4)本票（Note）。匯票及支票爲命令，發票人命令（委託）他人付款，其發票稱爲Draw，發票人稱Drawer，付款人稱Drawee。支票係一種特種匯票，以銀行爲付款人，見票即付。定存單及本票爲承諾，發票人自己發票自己付款，其發票稱Make，發票人稱Maker，定存單爲一種特種本票，銀行簽發，銀行承認收進存款並承諾屆期償付。

　　在國際經濟交易中，出口商開發匯票；進口商開發支票；借款人開發本票，屆期另行付款，通常採電匯，貸款人在收到還款後，會將本票退還。

2316

　　票據之轉讓——背書：匯票、支票及本票均爲流通票據（Negotiable Instruments），在付款到期前，執票人可把票據權利轉讓給他人，其所採用的方式，稱爲背書（Endorsement, Indorsement）。所謂背書，指在票據背面記載被背書人（Endorsee）即受讓人的姓名（或商號）及背書年月日，並由背書人（Endorser）即執票人簽名。如票據無抬頭人，爲來人票據（Bearer Instruments），以交付即可轉讓，可免背書。

　　票據依背書而轉讓，但發票人有禁止轉讓之記載者，不在此限。背書人在票據轉讓時亦可記載「禁止轉讓」，票據仍可依背書而轉讓，但背書人對以後由背書而取得票據之人不負責任。

背書人得不記載被背書人及年月日而僅有簽名者，爲空白背書（Blank Endorsement），空白背書之票據，得以交付而轉讓。

如背書含有限制性，稱爲限制性背書（Restrictive Endorsement），如「不得再行轉讓」或「指定被背書人爲執行特定任務」是。最常見的是銀行委託國外通匯銀行代收票款如"Pay to ××× Bank for Collection"。

如背書加填如「無追索權」（Without Recourse）等文字，稱爲修改性背書（Qualified Endorsement）。所謂追索權（Recourse），指執票人在獲付款時，得向其前手追索。無追索權表示背書人不願負此責任。惟依照我國票據法第二十九及三十九條規定「匯票上有免除擔保付款之記載者，其記載無效」，所以無追索權之背書，在我國不生效力❾。

在國際貿易上，如出口商開發無追索權的匯票，通常係對開狀銀行言，一經付款，即不得追索。

常見的背書：Pay to the Order of XYZ Co.

　　　　　　　　ABC Co. (Signature)

　　　　　　　　May 2, 1994

內中被背書人爲XYZ Co.，背書人爲ABC Co.，背書日期即轉讓日期爲1994年5月2日，XYZ公司於取得票據後，得同樣轉讓他人。

2317

匯票之貼現與兌現：持票人於匯票未到期前，以匯票向銀行兌取票款，銀行於扣除到期前之利息後，以餘款支付之行爲稱爲貼現（Discount）。扣除之利息，稱爲貼現息或貼現費用（Discount Charge）。

持票人於匯票到期時，可持向付款人請求兌現或付款（Payment）；

---

❾參閱胡漢，《票據法講義》，p. 49。

如付款人爲銀行，如銀行承兌匯票（B/A）或匯款匯票（Bill of Remittance），可將匯票存入往來銀行帳戶，利用票據交換收取票款。

2320 國際結算制度

2321

國際資金之結算，最簡單的是收付雙方均在同一銀行開設存款帳戶，則兩個帳戶存款轉帳，即可達到資金移轉結算之目的。但國際間大額的外匯交易或歐洲美元貨幣市場交易，可能牽涉到兩個以上的國家及兩個以上的銀行；而且每日交易筆數多達數萬或數十萬筆，一般電報或電傳電報（Telex），已不夠使用，爲求迅速結算，需要利用國際結算制度，如SWIFT、Fed Wire、CHIPS及CHAPS等，均係銀行間傳遞資訊及付款指示所使用的銀行間網路（Interbank Network）。

2322

環球銀行財務通訊系統（Society for Worldwide Interbank Financial Telecommunication, SWIFT）：係 1973 年由十五個國家的二百三十九個銀行共同建立，爲一非營利事業，由銀行擁有的財團法人（Cooperative Society）於 1977 年開始營運，它是一個專業化資料處理及電訊系統（Specialized Data-processing and Telecommunication System），以自動化並具有高度安全性的方式，處理會員銀行的銀行間財務交易指示。

SWIFT係依據比利時法律登記，總部設在布魯塞爾，於布魯塞爾、阿姆斯特丹及紐約（Virginia的Culpepper）分別設立轉換中心，連結各參加國，各參加國分別設立一個或一個以上的集線中心（National Concentrators），由使用其服務的會員擁有，每一會員至少一股，股份所有權係按使用營運量比例分配，目前參加銀行已達一千多家，我國銀行係 1984 年加入，每年一次的會員大會，核定預算並選舉董事。任何國家或國家集團，在營運量超過1.5%者，有權提名一位董事，6%或以上者可提名兩位。

SWIFT將銀行區分爲兩類：會員（Members）與使用人。總行兼具兩種身分，分行及完全擁有的分支機構只是使用人。

SWIFT的目的：

⑴隨時可用：一天二十四小時，一週七天，SWIFT均可提供服務。

⑵快速：銀行對銀行資訊傳送可在幾秒鐘內完成。

⑶標準化：交易指示係以標準化資料格式（Format）轉入系統，可自動化處理而又能消除語言翻譯問題。

⑷可稽查：有詳細的交易紀錄及識別，可確保明確稽查報告。

⑸可監控：監控程序可供會員銀行在幾個階層上進行稽查及驗證。

⑹安全：SWIFT承擔完整、正確及保密的財務責任。

SWIFT的功能：

⑴就速度、成本及安全言，SWIFT是一個改良的國際交易處理系統。處理的交易包括顧客的匯款、銀行間資金調撥、外匯確認、借／貸確認、聲明、託收、跟單信用狀及銀行間證券交易。

⑵以SWIFT傳送信息比信函及Telex容易且快速。因爲它使用標準化格式，核准及授權手續簡單有效，這些步驟均在它的終端機上執行。一旦授權及認證完成，信息會自動發送。

⑶因爲它直接與收款銀行電腦主機連結，在受款一方指示執行更爲快速。

⑷SWIFT比任何其他傳遞方式成本較低，處理時間短花費少。

⑸Telex傳遞信息會發生中途竊聽及密碼被破解，SWIFT信息使用的電子密碼則不會發生這種情況。

⑹SWIFT與Eurobond結算系統的Cedel及Euroclear連結，可使歐元證券投資迅速結算。

2323

紐約清算所銀行間付款系統 (CHIPS, Clearing House Interbank Payments System)：係紐約清算所協會 (New York Clearing House Association, NYCHA) 所擁有的會員銀行間處理銀行間付款所採用的電腦網路，係 1970 年 4 月開始營運，現有約一百四十家參加銀行，內中二十二個為具有處理大量付款強大財務力量的結算銀行 (Settling Bank)，辦理日終結算。CHIPS可使每筆交易在當天付款，但係在日終，按參加者收付互抵，以淨額透過聯邦準備銀行結算。

由於：(1)CHIPS便宜，(2)SWIFT訊息可自動轉接CHIPS網路結算，作業方便，(3)CHIPS於日終結算(非即時支付)，在支付指示發出時沒有足夠資金，只要在日終前補足即可，因此，外匯及歐洲美元絕大部分係利用CHIPS結算，只有小部分利用Fed Wire。

CHIPS平均每日處理十萬至二十萬筆付款，金額可達 1 兆 (Trillion)美元。它是美國國際交易的中央結算系統，大部分歐洲美元交易係經由該系統辦理結算。

2324

美國聯邦電報系統 (Fed Wire)：係美國聯邦準備體系 (Federal Reserve System) 為美國境內銀行間匯兌所設計的付款與信息的制度，包括十二個聯邦準備銀行 (Federal Reserve Banks)。始於 1918 年，自 1970 年代電腦化，成為聯邦準備銀行與其會員銀行間即時支付的電腦網路。轉換中心設於Virginia之Culpepper。由於所有在美國的銀行，包括外國銀行在美國的分行，均需在所在地的聯邦準備銀行開戶存入準備金，稱為聯邦資金 (Fed Funds)。經由Fed Wire移轉資金，可立即借記匯出銀行(Originator Bank)並貸記受款銀行的帳戶完成交易。收款銀行可立即動用該筆資金。各個交易獨立，沒有收支互抵。

2325

日本央行金融網路系統（BOJ-Net, Bank of Japan Financial Network System）：為日本中央銀行（Bank of Japan）於 1988 年改造完成的金融機構間即時結算的網路，該系統包括現金電匯系統與證券電匯系統。參加機構 1990 年 12 月已有四百四十八家。在此以前，日本已於 1980 年 10 月成立集中清算所與 Gaitame-yen 電子清算系統，其功能類似於美國之 CHIPS。自 1989 年 3 月起, Gaitame-yen 的外匯清算系統透過 BOJ-Net 來完成轉帳的指示，透過付款銀行的電腦輸入，而在收款銀行的電腦輸出，同時也轉送日本中央銀行。每家銀行的淨部位均由日本央行的準備帳戶在日終時結算，此種方式類似美國之 CHIPS 與 Fed Wire 的結合。此外，因日本央行為日本國債交易上，獨家辦理登記與保管債券的機構，所以該網路有處理日本國債的功能。

2326

英國清算所自動化付款系統（Clearing House Automated Payments System, CHAPS）：係英國之銀行間電腦結算網路，1984 年 2 月開始營運，限定金額超過 1 萬英鎊，所以不適用大部分的個人支付，對公司財務人員超過 1 萬英鎊的交易，可做到同日結算。本系統核心是一個清算所銀行間通訊網路，清算所銀行及英格蘭銀行（Bank of England）均參加，稱結算銀行（Settlement Banks），與該系統電腦主機連結。CHAPS 的開發與管理係由倫敦清算銀行委員會（Committee of London Clearing Bankers）配合，並訂定營運規則。營業時間為 9:30 -15:00，下午 15:00 後每一銀行與英格蘭銀行間自動結算。

2327

歐元債券結算制度（Eurobond Settlement System）：由於歐元債券交易量大且遍及世界各大金融中心，所以國際間歐元債券之結算非常重要。現行結算制度共有兩個：Euroclear 與 Cedel。歐元清算制度（Euroclear），係由摩根銀行（Morgan Guaranty Trust Co.）設立的歐元債券的保管、交割及結算的電腦化網路，1972 年售予歐元清算制度公司（Euroclear Clearance System Public Limited Company），於比利時以合作社方式登記，惟仍由該行布魯塞爾分行代辦清算作業，在各大金融中心設有存券所（Depository）。參與者可在該行開立存款帳戶及債券保管帳戶。在兩個參與者發生交易時，以電報通知結算單位，對各個存券帳戶與美元存款帳戶辦理借貸記錄即可。

Cedel全名為Centrale de Livraison de Vateurs Mobilieres，係1970 年由總部設在盧森堡的國際銀團設立的有關歐元債券的保管、交割及結算的電腦化網路。參與者在存款銀行之一開設帳戶，兩個參與者發生交易時，以電報通知結算單位對各個證券及美元存款帳戶分別辦理借貸分錄。

2330　我國之結算制度

2331

我國銀行間資金之結算係透過銀行業在中央銀行開設之準備金帳戶辦理。其為票據者，係每日集中於各地票據交換所相互交換付款票據，淨收付資金則利用央行帳戶轉帳；其為電匯者，係利用央行同業資金系統辦理資金調撥。

中央銀行自 84 年 5 月起開辦同業資金調撥清算業務，依照中央銀行同業資金電子化調撥清算業務管理要點，主要內容：

⑴採美國Fed Wire與日本銀行金融網路系統（BOJ-Net）作法，由中央銀行與各銀行電腦連線建立之即時電子資金轉帳系統，銀行可利用終端機撥轉資金，包括存戶資金收付移轉及銀行在票據市場、同業拆款市場及外匯市場交易所產生之同業間資金收付清算業務。

⑵同業資金轉帳交易可分為二類：(a)即時轉帳，指收到交易指令時

立即執行生效之交易，(b)指定時點轉帳，指收到交易指令時先予
儲存，屆時（週一至週五下午四時，週六中午十二時卅分）再執
行生效之交易。其指示當日執行交易者，稱「指定當日時點轉帳」；
其指示於次日起六個月內任一營業日執行者，稱「指定日後時點
轉帳」。

(3)同業資金轉帳由轉出行啓動交易訊息，每筆最低金額爲新臺幣五
百萬元。

參考題目

一、解釋下列名詞

1. Exchange
2. Correspondent Banking
3. Correspondent Banking Relationship
4. Agency Agreement
5. Terms and Conditions
6. Control Documents
7. Due from, Nostro Account
8. Due to, Vostro Account
9. Clearing Banks
10. Settlement
11. Remittance
12. D.D.
13. M.T.
14. T.T.
15. Reverse Remittance
16. Bills of Exchange
17. B/A, Banker's Acceptances
18. Sight Bill
19. Time, Usance Bills
20. d/d, d/s
21. Export Bills
22. Import Bills
23. Finance Bills
24. Sola
25. Bills Without Recourse
26. SWIFT
27. CHIPS
28. Fed Wire
29. BOJ-Net
30. CHAPS
31. Euroclear
32. Cedel
33. Accepted
34. Endorsement, Indorsement
35. Blank Endorsement
36. Restrictive Endorsement
37. Qualified Endorsement
38. Discount

二、回答下列問題

1.試述匯兌之意義及國內外匯兌之異同。

2.試述通匯銀行業務之意義及其類別。

3.試述通匯銀行關係之意義及通匯銀行之類別。

4.試述國際經濟交易結算之意義及其類別。

5.何謂順匯？何謂逆匯？國際貿易付款方式中，何者為順匯？何者為逆匯？

6.試述匯票之意義及其功能，以及匯票承兌及背書之意義。

7.試述票匯與匯票之關係。

8.試述匯票、支票及本票之意義及其在國際經濟交易中之功能。

9.試述環球銀行財務通訊系統（SWIFT）之意義及其功能。

第三章　出進口貿易之匯兌業務

本章重點

1. 第一節說明付款方式之意義及類別，包括L/C、D/A、D/P及O/A等，以及其對買賣雙方風險分擔及資金融通之影響。

2. 第二節說明貿易條件之意義及其類別、貨運單據之意義及類別，對貿易條件解釋的國際規則——國貿條規（Incoterms）、貨運單據中提單及保險單有較詳細的介紹。

3. 第三節說明信用狀之意義、類別、功能、關係人，並以實例說明信用狀之內容、貨運單據之審查，以及信用狀法——統一慣例之意義及其主要內容。

4. 第四節說明出進口匯兌業務，包括匯款業務、信用狀開狀、通知、保兌及押匯業務，以及進出口託收業務及其相關國際法規——託收統一規則。

5.第五節説明進出口廠商之外幣融資，包括出口融資、進口融資及其他融資。又如學者另開設國際貿易實務課程，爲節省授課時間，本章可列爲參考教材。

6.第六節説明出進口外匯會計、銀行外匯會計及多國籍公司外幣折算之標準。

第一節　出進口貿易之付款方式

3110　付款方式之意義與類別

3111

付款方式（Types of Payment）：指買賣契約中規定買方付款或賣方收款之方式。

⑴信用狀（Letter of Credit, L/C）：指買方於訂約後一定期間內向銀行申請開發信用狀，賣方憑信用狀裝運貨物、開發匯票，檢附貨運單據（Shipping Documents），委託出口地銀行向開狀銀行收取貨款的方式。我國出進口貿易中，以信用狀方式付款者，約占60%。其他國家所占比例有的很低，如北歐國家，只占6%。

⑵付款交單（Documents against Payment, D/P）：爲託收（Collection）方式之一，指賣方依照買賣契約規定先行裝運貨物，開發匯票，委託出口地銀行向買方收取貨款，於買方付款時交付貨運單據。在某些地區，此種方式又稱爲貨到付款（Cash on Delivery, COD）。

⑶承兌交單（Documents against Acceptance, D/A）：爲託收方

式之一，指賣方依照買賣契約規定，先行裝運貨物，開發匯票，檢附貨運單據，委託出口地銀行向買方收取貨款，於買方承兌匯票時交付貨運單據，買方於匯票到期時付款。

(4)預付貨款（Prepayment）：指買方於貨物裝運前將貨款交付賣方，賣方於收到貨款後裝運貨物，並將貨運單據直接寄與買方。

(5)記帳（Open Account, O/A）：指賣方依照買賣契約規定先行裝運貨物，將貨運單據直接寄與買方，並在帳上記上一筆應收帳款；買方於收到貨運單據辦理提貨，並在帳上記上一筆應付帳款，俟約定日期到達時，再將貨款匯付賣方。此項付款方式，在北歐國家甚為流行，有的國家以記帳方式交易者占50%以上。

(6)分期付款（Installments）：指買方分若干年若干期支付貨款，通常適用於機器設備之交易。此項付款方式，通常會規定買方應於訂約後一定期間內先預付一部分貨款，如10%，稱為定金（Down Payment）；於一定期間內申請銀行開發信用狀，並憑信用狀押匯部分貨款，如10%；其餘貨款，則分為若干年若干期支付，如分十年二十期，每半年付款一次。

(7)在沒有買方時，賣方可採寄售或委託販賣（Consignment）方式：即賣方先將貨物運至進口地，委託代理商（Agent）代銷。代理商於售出後，扣除佣金及手續費後，再將餘款匯付賣方，此係拓展外銷市場的方式。在沒有賣方時，買方可採委託購買（Indent）方式，即委託國外代理商代為採購。

以上多項付款方式，對銀行言，信用狀係授信業務，D/P及D/A係託收業務，其他均為銀行之匯款業務。如分期付款需要銀行提供付款擔保時，則係銀行的外幣保證業務。

3112

付款方式與結算方式：付款方式係指買賣雙方間如何交付貨款，結算方式則是指銀行間資金之移轉方式。內中信用狀、付款交單與承兌交單，既是付款方式，也是結算方式。預付貨款與記帳是兩個完全不同的付款方式，但其銀行結算可能相同，如均可採電匯方式辦理。

3120 信用風險之分析

3121

信用風險（Credit Risk）：指買方不依約付款或賣方不依約交貨的可能性。任何付款方式，對於一方或雙方都存有若干信用風險。如果對賣方保護的過於周到，必將加重買方的負擔，將不利於賣方在市場上的競爭。所以賣方在決定付款方式時，必須衡量主客觀的條件，不能一味要求對自己完全有利的付款方式。

3122

對賣方言，預付貨款最好，裝船前即收到貨款，沒有信用風險。其次為信用狀，除買方有依約付款的義務外，更增加開狀銀行的保證，只要賣方能依照信用狀的規定辦理，開狀銀行將付款。惟開狀銀行本身的信用也要考慮，有的銀行沒有外匯也照開外幣信用狀；有的銀行完全聽命於買方，罔顧本身的義務。所以除非是世界上著名銀行開發的信用狀，信用狀方式付款，多少還會有點信用風險。

付款交單（D/P）可說是一種一手交貨（貨運單據）一手交錢的付款方式。如買方不付款，賣方可不交貨，仍保留貨物所有權，但通常仍會蒙失若干損失，如運費、手續費及進口地倉租保險等項目的負擔。

承兌交單（D/A）是先交貨後付款，付款期間越長，信用風險越大。記帳（O/A）方式出口，信用風險與承兌交單差不多，因為沒有承兌匯票，賣方不能依匯票索償，只能訴之於債權債務，費時費錢，甚為不利。但如買方信用可靠，則以記帳方式出口，單據不透過銀行，可減少銀行費用，對買方有利，也可以增加賣方競爭優勢。

寄售或委託販賣是一種推銷方式，沒有買方的信用風險，但有代理商的信用風險。至於分期付款，因為付款期限長達若干年，信用風險最高。最常見的排除信用風險的方法，是由買方提供銀行的付款保證，包括銀行保證函（Letter of Guarantee, L/G）、保證信用狀（Standby L/C）及銀行背書買方的本票（Promissory Note）。也有的國家利用輸出保險（Export Credit Insurance），由買方負擔保險費，取代銀行保證。

3123

對買方言，記帳方式最好，手續簡單、成本低，通常只適用於關係企業間或往來多年完全取得賣方信任者。其次為承兌交單，與記帳差不多，只是多了一張承兌匯票，增加銀行手續費。如果貨物品質不佳，兩者通常均可獲得賣方同意減價付款。付款交單，在賣方不交貨前，買方不付款，沒有不交貨的風險。信用狀方式可確定賣方必須依約裝運並提供所必需的單據，才能取得貨款，但不能保證賣方一定裝運，而且如賣方信用不良，貨物質量不符，甚或偽造貨運單據押匯，買方損失必定很大。至於預付貨款方式，對買方最為不利，通常只適用關係企業或可對賣方具有相當控制力者才可。

3130　資金融通之分析

3131

對賣方言，預付貨款為買方信用（Buyer's Credit），賣方可利用買方資金購買貨物或原料加工出口。信用狀為銀行信用（Banker's Credit），裝運前可利用信用狀辦理外銷貸款，裝運後可辦理押匯，資金融通方便。如能利用外商銀行之預售外匯外銷貸款（Export Promotion Loan, EPL），可同時解決資金融通與匯率風險兩個問題。

付款交單與承兌交單如符合輸出保險的條件，在辦理輸出保險後可獲得銀行貸款。記帳方式出口，通常不易取得融資，只能憑賣方的信用貸借週轉資金。

3132

　　對買方言，記帳方式及承兌交單均是賣方信用（Seller's Credit），買方可俟貨物售出後再償付進口貨款。信用狀係銀行信用，開狀時，買方只要繳交10%保證金，餘款俟贖單時支付，包括墊款利息。必要時，還可請銀行提供購料貸款或持買方遠期信用狀（Buyer's Usance）融通。信用狀下融資，因具自償性（Self-liquidating），利率較低。進口貨款，包括付款交單在內，均可洽請銀行以外幣貸款支付，爲期不得超過一百八十天，在美元利率低於新臺幣，或新臺幣對美元升值時，外幣墊款對買方均屬有利。

　　進口機器設備金額龐大時，可採分期付款，或洽本國銀行或外國銀行中長期貸款。融資來源，除中國輸出入銀行及各商業銀行外，世界各國爲輔助外銷多設有中長期融資機構，其融資條件可列爲採購的條件之一。

第二節　貿易條件與貨運單據

3210　貿易條件之意義與類別

3211

　　貿易條件（Trade Terms），亦稱商業用語，指國際貿易運輸上所使用的一些名詞，具有特定的含義。如FOB及CIF等，對買賣雙方成本及運輸風險的負擔，以及雙方的義務，包括由何方安排運輸並支付運費，設運輸安排未實現時該由誰負責，以及由誰承擔貨物在運送途中發生損害的風險等，均有不同的規定。惟由於這些用語，係由多年習慣上使用演變迄今，各國解釋難免發生疑問，易滋糾紛。國際商會（International

Chamber of Commerce, ICC) 有鑑於此，遂訂定貿易條件解釋的國際規則 (International Rules for the Interpretation of Trade Terms)，其副標題爲國際商業用語 (International Commercial Terms)，簡稱國貿條規 (Incoterms)。其後經多次修訂增減，1990 年修訂後，解釋的貿易條件有十三個，可分成四類如次，括號內簡稱爲國際標準組織 (International Standard Organization, ISO) 規定的代碼 (Code)。

(1)E-Term：於賣方工廠交貨，計有一個，即工廠交貨條件 (EX-Works, EXW)。

(2)F-Terms：賣方將貨物交付買方指定的運送人，計有三個：

　(a)運送人交貨條件 (Free Carrier, FCA)，係合併 1980 年國貿條規之 Free Carrier、FOR/FOT 及 FOB Airport 三個貿易條件，用於海運以外之運輸或多式運輸。

　(b)出口港船邊交貨條件 (Free Alongside Ship, FAS)。

　(c)出口港船上交貨條件 (Free on Board, FOB)。

　　後兩者用於海運。

(3)C-Terms：賣方訂定運送契約，但不承擔交貨後的風險及附加費用，計有四個：

　(a)運費在內條件 (Cost and Freight, CFR)，一般稱爲 C&F。

　(b)運保費在內條件 (Cost, Insurance & Freight, CIF)。

　(c)運費付訖至——條件 (Carriage Paid to, CPT)。

　(d)運保費付訖至——條件 (Carriage & Insurance Paid to, CIP)。

　　前兩者用於海運，後兩者用於海運以外之運輸或多式運輸。

(4)D-Terms：賣方於目的地交貨，負擔將貨物運至目的地全部成本及風險，計有五個：

　(a)國境交貨條件 (Delivered at Frontier, DAF)，適用於陸地鄰

國間運輸。

(b)卸貨港船上交貨條件（Delivered EX Ship, DES）。

(c)卸貨港碼頭完稅交貨條件（Delivered EX Quay Duty Paid, DEQ）。

　　以上兩項適用於海運；

(d)輸入國未完稅交貨條件（Delivered Duty Unpaid, DDU）。

(e)輸入國完稅交貨條件（Delivered Duty Paid, DDP）。

　　以上兩項適用各種運輸方式。

3212

我國國際貿易常用的貿易條件：

(1)CIF（Cost, Insurance and Freight... Named Port of Destination）：運保費在內條件，指賣方負責洽訂艙位並支付至目的地的海上運費，辦理海上保險並支付保險費，負責於起運港大船上交貨及交貨前的風險，買賣雙方風險分界點爲起運港大船欄杆。本條件有三個特性：

(a)賣方應繳付代表三個契約的單據：代表貿易契約的商業發票（Commercial Invoice）、代表運送契約的提單（Bill of Lading, B/L）及代表保險契約的保險單（Insurance Policy）。

(b)賣方負責洽船並支付海上運費，但其交貨地點在出口港。在裝貨後及在運輸途中發生風險以及所產生的費用，如拖救費用，應由買方負擔。所以買方必要時可指定運輸船舶或其條件。

(c)賣方負責辦理保險並支付保險費，惟受益人卻爲買方。如貨物在運送途中發生損失，應由買方向保險公司索賠（必要時，賣方可提供協助）。由於保險類別（範圍）及保險金額多寡與保險費有密切關係。對受益人保障越大，賣方所需支付的保險費就越高。所以買賣雙方必須在買賣契約及／或信用狀內規定保險類別及保險金額。否則，依照國貿條規 (Incoterms) 及統一慣例 (UCP) 之規定，賣方只要以CIF加10%投保平安險 (FPA) 即可，不一定符合買方的需要，買方應予注意。

(2)FOB (Free on Board... Named Port of Shipment)：船上交貨條件，指賣方於起運港買方指定之大船上交貨。賣方負擔裝船及裝船前的費用及風險；有關洽訂艙位、海上運送及保險，以及交貨後之風險，均由買方負擔。買賣雙方的風險分界點爲起運港的大船欄杆。

(3)C&F (Cost and Freight... Named Port of Destination)：運費在內條件，指賣方負責洽訂艙位並支付海上運費，負責於起運港大船上交貨，以及交貨前的費用及風險；買方負責海上保險，以及交貨後的費用及風險。買賣雙方的風險分界點爲起運港的大船欄杆。

　　C&F與FOB比較，賣方多了海上運輸洽船及支付運費的義務；與CIF比較，賣方少了海上保險及支付保險費的義務。三者雖然運輸與保險義務不同，但交貨地點均在出口港，買賣雙方的風險分界點相同，均爲起運港的大船欄杆。

(4)FAS (Free Alongside Ship... Named Port of Shipment)：船邊交貨條件，指賣方於起運港買方指定的大船船邊交貨。有關洽訂艙位、裝船、海上運輸及保險等手續及費用，以及交貨後的風險及費用，均由買方負擔。我國自美國進口原棉常採用此項貿易條件；美國出口商只要依約將貨物存放船邊碼頭倉庫即可，其他事項均由我方進口商負責。

　　與FOB比較，兩者對裝船費用及風險負擔不同。FOB由賣方負責，FAS則由買方負責。此在定期船影響不大，大宗物資傭船時裝船費用很大。又交貨地點在碼頭上，並未離開國境，所以FAS

應視爲國內貿易。

3213

　　非定型化貿易條件：指未納入國貿條規解釋，但亦常爲出進口業者使用的貿易條件。常用者，計有：

　　⑴C&I（Cost and Insurance）：成本及保險費在內價，由賣方負責辦理保險及支付保險費。

　　⑵FOB&C、C&F&C及CIF&C：爲各項貿易條件加代理商佣金（Commission）。如FOB C5，指FOB價格包含佣金5%；C&F C10，爲C&F價格包含佣金10%。

　　⑶FI、FO、FIO及FIOST：爲傭船運輸中，傭船人與船東簽訂傭船契約（Charter Party）中使用的條件，買賣契約及信用狀亦常利用。FI（Free In），指船方裝船免責，由貨方負責裝船；FO（Free Out），指船方卸貨免責，由貨方負責卸貨；FIO（Free In & Out），指船方裝卸貨均免責，只負責海上運輸；FIOST（Free In, Out, Stored and Trimming），指船方對裝貨、卸貨、堆積及平艙均免責。

3220　貨運單據之意義與類別

3221

　　貨運單據之意義：貨運單據（Shipping Documents），指賣方於貨物裝運後，依據信用狀或買賣契約規定應交付買方的一切文件。貨運單據功能有二：⑴保障買方及關係人的權益，如提單、保險費及檢驗證明等是；⑵配合國家政令所需要者，如海關發票及產地證明等是。

3222

　　貨運單據類別（如表 3-1）：

表 3-1　貨運單據類別

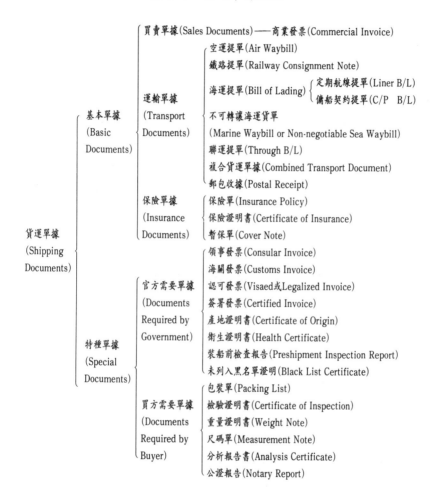

3223

　　提單(Bills of Lading, B/L)：在我國海商法中稱載貨證券，指船舶運送人所簽發證明交運貨物已收取或已裝載在船上，並約定將貨物於目的地交與受貨人的有價證券。

　　提單的功能有三：

　　⑴作爲運送人（Carrier）收到交運貨物的收據（Receipt）。

⑵作爲運送人與託運人（Shipper)間之運送契約（Contract of Carriage Affreightment)。

⑶作爲代表貨物所有權的物權憑證（Document of Title)。

提單之類別：

⑴依照貨物是否已裝載，可分爲：(a)備運提單（Received for Shipment B/L)，指船公司於收到貨物時所發的提單。如信用狀規定爲"On Board" B/L，則應於裝船後在提單上加蓋"On Board"戳記，塡載裝載船舶名稱及日期，並予簽署，銀行始受理押匯。(b)裝運提單（Shipped或On Board B/L)，指船公司於貨物已裝載在船上後所簽發之提單，內中會記載裝運船舶名稱。

⑵依照提單是否可轉讓，可分爲：(a)可轉讓或指示式提單（Negotiable或Order B/L)，指提單受貨人(Consignee)欄，記載有"To Order"字樣者。開狀銀行爲確保債權，通常會要求受貨人欄記載"To Order"或"To Order of Issuing Bank"。(b)不可轉讓提單（Non-negotiable B/L或Sea Waybill)，指提單受貨人欄沒有"To Order"字樣而記載"Unto Buyer"或買方名稱。買方沒有提單也可提貨，空運提單均屬此類。爲確保開狀銀行債權，空運提單受貨人欄，信用狀應規定以開狀銀行爲受貨人。又1993年統一慣例，對不可轉讓海運提單，稱爲Non-negotiable Sea Waybill或Marine Waybill。

⑶依照提單是否有不當批註，可分爲：(a)清潔提單（Clean B/L)，指提單上沒有不當批註者；(b)不潔提單(Unclean B/L)，指船公司於提單上批註如"One Box Broken"或"Two Boxes Smashed"等類似文字，銀行將拒絕受理押匯。

⑷陳舊或過期提單（Stale B/L)，指押匯時已超過信用狀規定提示（Presentation）的期限者。如信用狀未有規定，則依照統一慣

例（UCP）規定爲二十一天。裝船後超過二十一天始辦理押匯者，銀行將拒絕受理。

⑸運輸承攬業提單（Forwarder或Forwarding Agency B/L），指運輸承攬業（Forwarders）簽發之提單，因只有收據之作用，除非信用狀別有規定，原則上銀行將不受理押匯。依照統一慣例規定,由國際商會核可之承攬業協會國際聯合會（FIATA, International Federation of Forwarding Agents Association）聯合運送提單或係運輸承攬人以運送人身分簽發者不在此限。

⑹傭船契約提單（Charter Party B/L），指依據傭船契約（Charter Party)所簽發的提單，銀行將拒絕受理押匯。對於大宗物資交易，賣方必需以傭船運輸時，信用狀應規定傭船契約提單可以接受（Charter Party B/L are Acceptable），以便利賣方押匯。

⑺簡式提單（Short Form或 "Model B" B/L），指提單背面空白，非如一般提單記載運送人免責事項之提單，銀行將受理押匯。

⑻複合或多式運送單據（Combined or Multimodal Transport Document, CTD），指海陸空聯運時，由複合運送人（Combined Transport Operator）所簽發的提單，常見於貨櫃運輸（Container Transportation），如信用狀別無規定，銀行將受理押匯。

3224

　　保險單（Insurance Policy）或保險證明書（Certificate of Insurance）：係保險公司確認保險契約成立及其契約內容之憑證。在運輸途中承保事故發生而使保險標的（貨物）遭受損害時，可獲得保險公司補償，對授信銀行（開狀銀行及押匯銀行）非常重要。

　　保險單可分爲兩類:

⑴確定保險單（Definite Policy），指投保時，運送船舶名稱及裝運數量等資料均已載明的保險單。通常出口商投保之保險單及進口

商接到出口商裝運通知（Shipping Advice）後投保的保險單均屬此類。

(2)不確定保險單(Indefinite Policy)，指未載明運送船舶名稱及裝運數量等資料的保險單。進口商於接到裝運通知前投保時之保險單即屬此類，通常稱爲待報單(To be Declared, TBD Policy)。進口商於收到裝運通知後，應將有關資料向保險公司申報，由保險公司於原發保險單上黏單，或另行簽發保險證明書憑以辦理押匯。

國際貿易上通常使用的保險單有三種：

(1)協會貨物險條款（Institute Cargo Clauses）。

(2)協會兵險條款（Institute War Clauses）。

(3)協會罷工險條款（Institute S.R.C.C. Clauses，新式稱Institute Strike Clauses）。

目前國際間通行的協會貨物險保險單格式有新舊兩種，舊式稱Ship Good, S.G. Policy，新式稱Companies Marine Policy。

協會貨物險條款，係指倫敦保險人協會(The Institute of London Underwriters) 所制定的保險單條款。舊式保險單分爲三類：

(1)平安險（Free of Particular Average, FPA），亦稱單獨海損不賠。

(2)水漬險（With Average, WA），亦稱單獨海損賠償。

(3)一切險或全險（All Risks）。

各類保險單均有十四個條款，內中第五個條款，如採用平安險條款（FPA Clause），全部十四個條款即構成協會貨物險條款平安險(Institute Cargo Clauses, FPA)；如第五個條款採用水漬險條款（WA或Average Clause），全部十四個條款即構成協會貨物險條款水漬險(Institute Cargo Clauses, WA)；如第五個條款採用一切險條款（All

Risks Clause)，全部十四個條款即構成協會貨物險條款一切險（Institute Cargo Clauses, All Risks）。

各類保險單的範圍，大致如表 3-2：

表 3-2　各類保險單之範圍

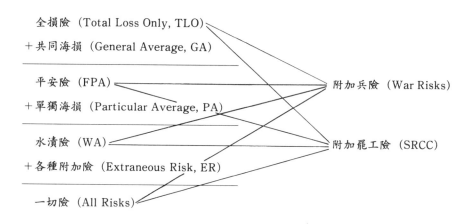

（在理論上，附加險（ER）應由水漬險附加，但實務上，平安險亦可附加。）

新式保險單係倫敦保險人協會應聯合國貿易發展會議（United Nations Conference on Trade and Development, UNCTAD）之建議，新訂海上貨物保險單（Companies Marine Policy）格式及其條款，自 1982 年 1 月 1 日起施行，期以取代原有之保險單。

新式協會貨物險條款保險單也分為三類：

(1)協會貨物險條款 A（Institute Cargo Clauses A）。

(2)協會貨物險條款 B（Institute Cargo Clauses B）。

(3)協會貨物險條款 C（Institute Cargo Clauses C）。

三者均含有十九個條款，不同者：

(1)危險條款（Risk Clauses），條款 A 相當於原先之一切險，採涵蓋式，除列舉的不保條款外，承保被保險標的物一切滅失或毀損的危險；條款 B 及條款 C，採列舉式，前者承保項目較後者多，前者相當於原先之水漬險，後者相當於原先之平安險。因承保範圍採列舉式，不再有單獨海損賠與不賠之觀念。

(2)一般不保條款(General Exclusion Clause)，條款 A 有七項，條款 B 及條款 C 各列有八項，增加之一項爲「任何人員的不法行爲引起被保險標的物的全部或部分蓄意性的損害或毀損」。

第三節　信用狀

3310　信用狀之意義與功能

3311

信用狀之意義：信用狀（Letters of Credit, L/C)，依照我國銀行法第十六條，本法稱信用狀，謂銀行受客戶之委任，通知並授權指定受益人，在其履行約定條件後，得照一定款式，開發一定金額以內之匯票或其他憑證，由該行或其指定之代理銀行負責承兌或付款之文書。

信用狀是一種文書(Instrument或Arrangement)。上述定義中之銀行指開狀銀行（Issuing Bank)，委任之客戶（Customer)爲信用狀申請人（Applicant)，即進口商或買方。受益人（Beneficiary)爲出口商或賣方。通常信用狀規定賣方應開發匯票（Bill of Exchange或Draft)，但有些國家爲避免繳納匯票印花稅，會要求以收據（Receipt)取代匯票，即所謂其他憑證。如果規定開發即期匯票(Sight Bills)，開狀銀行見票即付；如果規定開發遠期匯票（Usance Bills)，開狀銀行見票承兌，俟匯票到期時付款。如果信用狀使用貨幣爲他國貨幣，開狀銀行可能指定由該貨幣發行國家之通匯銀行(Correspondent Bank)代爲承兌或付款。惟不論由開狀銀行或其指定之銀行承兌或付款之先決條件

是出口商必須依照信用狀之規定履行各項條件，包括開發匯票、檢附之
貨運單據，以及裝運及押匯之時間，均需符合規定。

3312

信用狀之功能：

(1)對賣方之功能：(a)信用狀具有銀行的信用保障（Credit Secu-
rity），不論進口商信用如何，只要出口商能符合信用狀之規定，
開狀銀行必將付款。(b)由於有銀行信用，所以出口商容易獲得且
較爲優惠的資金融通，包括裝船前的外銷貸款及裝船後的出口押
匯。(c)接到信用狀後交易確定，出口商可安心生產或進貨。

(2)對買方之功能：(a)買方可確定賣方會在何時之前裝船，以及會提
供那些必要的單據。(b)由於信用狀爲具有自償性（Self-liquidat-
ing)的融資，買方易於獲得銀行融資，如信用狀爲外幣付款，且
外幣利率低時，外幣融資對買方更爲有利。

3320　信用狀之關係人

3321

關係人：基本關係人有三（如圖 3-1)：

(1)信用狀申請人（Applicant），即買方；在國際貿易上爲進口商；
對開狀銀行言，又稱爲受信人（Accredited或Accountee Party)。

(2)受益人（Beneficiary），依照信用狀，享有開發匯票權利者，即賣
方。在國際貿易上爲出口商。

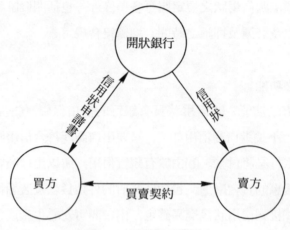

圖 3-1　信用狀之關係人

(3)開狀銀行（Issuing Bank）。

三者之關係如次：

(1)如果買賣契約規定以信用狀方式付款，則買方首先要向銀行申請開發信用狀；如不申請開狀即屬違約，賣方可不裝運貨物，並得請求賠償損失。

(2)買方申請開狀時，應填具開發信用狀申請書（Application for Commercial Letter of Credit），說明信用狀之內容，並填具信用狀約定書（Commercial Letter of Credit Agreement），以保障開狀銀行之權益。開狀銀行應依申請書之指示開發信用狀，並於貨運單據提示時審查是否符合信用狀規定；買方則應依約定繳付保證金及手續費，並應償付銀行因開發信用狀而發生之費用及利息。

(3)開狀銀行開發信用狀後應通知賣方，並將副本送交買方。賣方依信用狀規定裝運貨物、開發匯票並檢附貨運單據請求開狀銀行付款。惟如賣方並未裝運貨物，或並未符合信用狀或買賣契約之規定，賣方不對開狀銀行有任何義務；但因賣方違反買賣契約，買方可請求賠償損失。

3322

其他關係人：

(1)通知銀行(Advising Bank)，指接受開狀銀行之委託，將信用狀轉達信用狀受益人之銀行，通常爲開狀銀行在出口地之通匯銀行，負有鑑定信用狀眞僞之義務。如信用狀規定通知費用 (Advising Charges)由受益人負擔時，可向受益人收取；否則，可要求開狀銀行支付，最後將由買方負擔。

(2)保兌或確認銀行 (Confirming Bank)，指開狀銀行以外之銀行，應開狀銀行之要求，對信用狀負責付款，爲開狀銀行之通匯銀行，通常爲出口地銀行或國際著名大銀行，以能獲得賣方信任爲前提。保兌銀行通常也是通知銀行。

(3)押匯銀行 (Negotiating Bank)，指應受益人之要求，買入 (外幣匯票) 或貼現 (國幣匯票)，受益人依照信用狀規定開發之匯票之銀行，係受益人之往來銀行。如信用狀指定押匯銀行，而該銀行並非受益人之往來銀行時，受益人仍可洽其往來銀行辦理押匯，該往來銀行再將貨運單據及押匯文件送指定押匯銀行轉送開狀銀行求償，此種作法稱爲轉押匯 (Renegotiating)。

(4)歸償銀行(Reimbursing Bank)，係開狀銀行之清算銀行(Clearing Bank)，應開狀銀行之要求，對押匯銀行歸償押匯款。

(5)付款銀行 (Paying或Drawee Bank)，指依信用狀規定，擔當匯票付款人 (Drawee或Payer) 之銀行。如係遠期匯票，該銀行負責承兌，即承兌銀行 (Accepting Bank)。

3323

信用狀交易業務處理程序與各關係人間之關係 (如圖 3-2)：

(1)買賣雙方簽訂買賣契約，規定以信用狀方式付款。

(2)買方向開狀銀行申請開發信用狀。

(3)開狀銀行開發信用狀，並將信用狀寄送通知銀行。

(4)通知銀行將信用狀轉達受益人(賣方)。如需要保兌，通知銀行將對受益人保兌，即成爲保兌銀行。

(5)賣方將貨物交付運送人。

(6)運送人對賣方簽發提單 (B/L)。

(7)受益人檢附貨運單據辦理押匯。

(8)押匯銀行於審查匯票及貨運單據符合信用狀規定後，對受益人支付押匯款。

(9)押匯銀行將貨運單據寄送開狀銀行，如信用狀指定押匯銀行，則押匯銀行應將單據交指定之押匯銀行，並由後者將貨運單據寄送開狀銀行，開狀銀行應審查匯票及貨運單據是否符合信用狀規定。

(10)押匯銀行依信用狀規定向指定之歸償銀行求償，或請求指定之付款或承兌銀行付款或承兌。如無歸償銀行，也無付款銀行，則押匯銀行應直接向開狀銀行求償。

(11)買方對開狀銀行付款。

(12)開狀銀行將貨運單據交付買方。

(13)買方憑提單辦理提貨。

(14)歸償銀行或付款銀行於付款後，貸記開狀銀行存款帳。

3330 信用狀之類別

3331

依信用狀是否可撤銷，可分爲：可撤銷信用狀 (Revocable L/C)
與不可撤銷信用狀 (Irrevocable L/C)。前者，開狀銀行可隨時予以修
改 (Amend) 或取消 (Cancelled)，且毋需事先通知受益人。對於不可

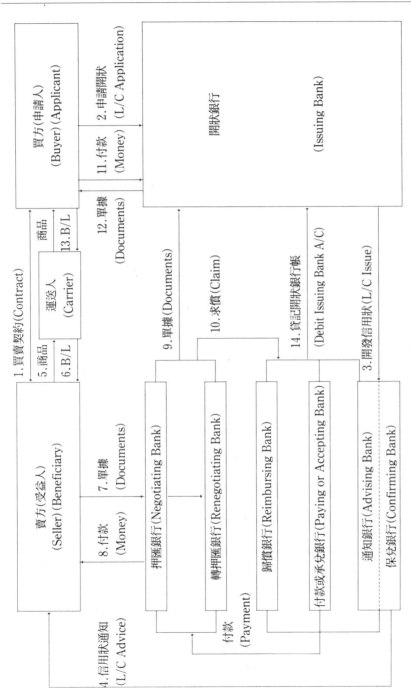

圖 3-2 信用狀交易程序圖

撤銷信用狀，非經各關係人（包括受益人）同意，不得修改或取消。又依照 1993 年統一慣例（UCP）之規定，信用狀如未標明爲可撤銷或不可撤銷，視爲不可撤銷。此與 1983 年及其以前統一慣例之規定正相反。

3332

依開狀銀行之承諾，信用狀可分爲：

⑴即期付款信用狀（Sight或Sight Payment L/C），開狀銀行承諾於見票即爲付款。對於不開匯票之信用狀，開狀銀行於提示單據時即付款。

⑵延期付款信用狀（Deferred Payment L/C），開狀銀行承諾於一可確定的日期付款，毋需開發遠期匯票，可以稱之爲無匯票之遠期信用狀（Usance L/C Without Draft）。

⑶承兌信用狀（Acceptance L/C）或遠期信用狀（Usance L/C），規定受益人應開發遠期匯票，開狀銀行承諾予以承兌（以開狀銀行爲付款人）或付款（以申請人爲付款人）。

⑷讓購或押匯信用狀（Negotiation L/C），開狀銀行承諾，無論開發即期匯票或遠期匯票，對發票人或善意執票人（Bona Fide Holders）付款；信用狀規定其他銀行讓購如未獲讓購，開狀銀行負責讓購且無追索權（Without Recourse）。

就匯票言，開發即期匯票者爲即期信用狀，開發遠期匯票者爲遠期信用狀。遠期匯票經銀行承兌者，稱銀行承兌匯票（Banker's Acceptance）。在匯票未到期前，持票人如需資金融通，可洽銀行貼現並負擔貼現費用。惟如信用狀規定貼現費用由買方負擔（Discount Charges are for Account of Buyer）時，出口商可按票面金額或即期基礎押匯，此種信用狀稱買方遠期信用狀（Buyer's Usance），通常係因爲買賣契約規定即期付款，而開狀銀行又要對買方融通時所做之安排。對出口商言，貨款並未減少，只是匯票責任延期解除而已，而上述條款，稱爲買方遠期信用狀條款 (Buyer's Usance Clause)。反之，沒有上述條款之遠期信用狀，稱爲賣方遠期信用狀 (Seller's Usance)。

又所謂讓購或押匯信用狀，受益人可洽其往來銀行讓購匯票或押匯，該押匯銀行爲匯票之善意執票人 (Bona Fide Holders)。開狀銀行在信用狀內有下列或類似承諾："We hereby engage with drawers and bona fide holders that..." (兹對發票人及善意執票人承諾)。如開狀銀行指定銀行對匯票承兌或付款，稱直接信用狀 (Straight L/C)，信用狀內有下列或類似承諾："We hereby engage that..."，則其他銀行不會受理押匯。

3333

依信用狀有否經其他銀行保兌，可分爲：

(1)保兌或確認信用狀 (Confirmed L/C)，指信用狀經另一銀行保證付款，該銀行會在信用狀通知書上加列類似下列文字："At the request of our correspondent, we confirm this credit, and thereby undertake that all drafts drawn under and in compliance with the terms of the credit will be duly honored by us." (兹應通匯銀行之要求，本行對本信用狀保兌，所有依照本信用狀開發並符合本信用狀規定之匯票，本行承諾屆時將予兌付)。信用狀經保兌後，對出口商增加保障，但也將增加進口商的開狀成本，因保兌銀行要收取保兌費用 (Confirmation Charges)。

(2)未經其他銀行保兌之信用狀爲未保兌信用狀 (Unconfirmed L/C)，亦稱通知信用狀 (Advised Credit)，通知銀行只是通知，沒有任何承諾。有的信用狀上列載"Confirmed and Irrevocable Credit"，指開狀銀行自己保兌，仍爲未保兌信用狀。

3334

依信用狀所在地, 可分爲:

(1)進口信用狀（Import L/C），指信用狀在進口地，對進口商及開
狀銀行言爲進口信用狀，爲開狀銀行之進口外匯業務。

(2)出口信用狀（Export L/C），指信用狀到達出口地後，對通知銀
行、出口商及押匯銀行言爲出口信用狀，爲押匯銀行之出口外匯
業務。

3335

依信用狀押匯是否附有單據, 可分爲:

(1)跟單信用狀（Documentary Credit），指受益人押匯時應檢附規
定的單據，最常見的有商業發票（Commercial Invoice）、提單
（B/L）及保險單（Insurance Policy）等。出進口貿易使用者
即屬此類。

(2)無跟單或光票信用狀（Clean或Open L/C），指受益人押匯時毋需
提供單據之信用狀，只要開發匯票即可。旅行信用狀（Traveller's
L/C）及保證信用狀（Standby L/C）屬於此類。旅行信用狀爲
因應出國旅行需要而開發以申請人爲受益人，押匯時簽發匯票，
並提供簽字式樣證明書（Letter of Indication），以憑鑑定簽署
之眞僞。信用狀之抬頭人（Addressee），爲開狀銀行之代理銀行。
目前由於旅行支票（Traveller's Check）及信用卡（Credit Card）
使用方便，旅行信用狀已不多見。

保證或擔保信用狀，係爲因應履約需要而開發，受益人認爲
信用狀申請人違約時，可開發匯票及聲明書（Statement），向開
狀銀行求償。主要用途: (1)押標金（Bid Bond）; (2)履約保證金
（Performance Bond）; (3)預付款保證（Prepayment Guar-
anty）; (4)國外借款保證; (5)分期付款保證。聲明書內容爲說明

申請人違約事項，不具物權（Title）性質，但可視爲押匯單據，所以1983年修正統一慣例時已納入跟單信用狀。

3336

其他信用狀：

⑴可轉讓信用狀（Transferable L/C），指信用狀受益人可將開發匯票之權益轉讓他人使用的信用狀。信用狀內載有下列或類似文字"This is a transferable credit"，信用狀如無"transferable"字樣，即不爲可轉讓信用狀。

⑵循環或回復使用信用狀（Revolving L/C），指信用狀在使用後可恢復使用之信用狀，信用狀必須載明"Revolving"，否則即不爲可回復使用之信用狀。回復使用權之歸屬有兩種：⑴自動回復（Automatically Reinstate），指於特定期間可自動回復使用，權在出口商，對出口商有利；⑵開狀銀行通知回復使用始可回復，權在進口商，對進口商有利。

回復使用時，信用狀未用餘額可累積使用者，稱爲累積回復使用信用狀（Cumulative Revolving Credit）。

⑶紅條款信用狀（Red Clause L/C），亦稱打包放款信用狀（Packing L/C），指信用狀加列條款，准許受益人於貨物裝運出口前，可開發光票（Clean Bills）或收據，預支部分貨款，俟出口時於押匯款中扣還，所以又稱爲預支信用狀（Anticipatory Credit）。設出口商未能裝運出口，無法償還預支款時，融資銀行可逐向開狀銀行求償。紅條款信用狀原係因該項條款係以紅字記載，惟目前只要信用狀含有允許出口商預支貨款者，均稱爲紅條款信用狀。如："The negotiating bank is hereby authorized to make advances to the beneficiary up to the aggregate amount of ××× dollars or the remaining unused balance against the beneficiary's receipt stating that the advances are to be used to pay for the purchase and shipment of the merchandise covered by this credit and the beneficiary's undertaking to deliver to the negotiating bank the documents stipulated in the credit. The advances with interest are to be deducted from the proceeds of the drafts drawn under this credit. We hereby undertake the payment of such advances with interest should they not be repaid by the beneficiary prior to the expiration of this credit." 又綠條款 (Green Clause L/C) 係紅條款信用狀之變體，用於澳大利亞羊毛出口貿易，規定進口商應以銀行名義將貨物存倉，以迄裝運出口。

(4)對開、轉開或背對背信用狀(Back-to-back L/C)，亦稱抵銷信用狀(Countervailing L/C)，指信用狀受益人以國外開來之信用狀爲擔保，請求其往來銀行依照原始信用狀(Original或Master L/C) 條件，開發以他人爲受益人之另一個信用狀。第二個信用狀 (Secondary或Subsidiary L/C) 的金額可低於原始信用狀金額，裝船及押匯有效期間可提前，其餘條件應相同。

　　如對開信用狀之開狀銀行及兩個受益人，均在同一地點時，稱爲本地信用狀 (Local L/C)。

(5)委託購買證 (Authority to Purchase, A/P)，指進口地銀行應進口商之要求，開發給出口地銀行之文書，委託該銀行購買出口商開發給進口商的匯票。因開發對象並非出口商，故對出口商沒有任何承諾。

　　如開狀銀行委託出口地銀行對出口商付款，稱委託付款證 (Authority to Pay)。

3340　信用狀之內容

3341

茲舉例說明信用狀內容如次（如表 3-3）：

一般事項：

⑴開狀銀行名稱：本例爲道亨銀行有限公司（Grindlays Dao Heng Bank Limited）。

⑵開狀時間：1979 年 12 月 4 日。

⑶信用狀性質：本例爲不可撤銷押匯信用狀（Irrevocable Negotiation Credit），也是不可撤銷跟單信用狀（Documentary Credit Irrevocable）。

⑷信用狀開狀銀行編號（Credit Number of Issuing Bank）爲 LC 52791615660，通知銀行編號（Credit Number of Advising Bank），本例通知銀行編號在右下角 79/21793。

⑸通知銀行（Advising Bank）爲彰化商業銀行（Chang Hwa Commercial Bank Ltd.）。

⑹受益人（Beneficiary），本例爲ABC Trading Co. Ltd.。

⑺申請人（Applicant），本例爲Tai Sun Woolen Co. Ltd.。

⑻信用狀金額（Amount），本例爲US$26,000。

⑼信用狀有效期（Expiry Date），1980 年 1 月 10 日，爲在臺灣押匯的最後一日，逾期信用狀失效。

3342

有關匯票的規定：

⑽見票後九十天付款（90 days sight），付款人爲Tai Sun Woolen Co. Ltd.，匯票上應記載係依據道亨銀行第LC 52791615660 號信用狀開發。

表 3-3　信用狀

ORIGINAL □

Grindlays DaoHeng Bank Limited (1)

MONGKOK BRANCH
284 NATHAN ROAD, MONGKOK
KOWLOON, HONG KONG

Cable Address DAO HENG Hongkong
Telex Number HX73345 HX73610 HX74716

(2) Date 4th December, 1979.

IRREVOCABLE
NEGOTIATION CREDIT (3)

DOCUMENTARY CREDIT IRREVOCABLE (Branch Address)

Advising Bank (5)	Credit Number of Issuing Bank LC52791615660 (4)	Credit Number of Advising Bank

Advising Bank (5)

The Chang Hwa Commercial Bank Ltd.,
Taipei, Taiwan.

Applicant

(7)　Tai Sun Woollen Co. Ltd.,
248 Apliu Street,
G/Fl., Shamshuipo,
Kowloon, Hong Kong.

Amount US$26,000.- (United States dollars
(8)　twenty six thousand.)

Beneficiary (6)

A B C Trading Co. Ltd.,
P. O. Box No.1234
Taipei, Taiwan.

Expiry
Date 10th January, 1980
In Taiwan (9) for negotiation

Dear Sir(s),
We hereby issue in your favour this documentary credit which is available by negotiation of your draft at ...90 days sight...

drawn on ...Tai Sun Woollen Co. Ltd.,...(10)...." of Grindlays Dao Heng Bank Ltd.

bearing the clause: "Drawn under Documentary Credit No. ...LC52791615660.........." of Grindlays Dao Heng Bank Ltd.
accompanied by the following documents; (11)
(a) Signed invoices in quadruplicate.
(b) Full set clean "on board" ocean bills of lading made out to Order, endorsed to Grindlays Dao Heng Bank Ltd., marked
(12) "FREIGHT prepaid." .... "claused notify applicant Tai Sun

Woollen Co. Ltd., 248 Apliu Street, G/Fl., Shamshuipo, Kowloon, Hong Kong.
(c) Policy or Certificate of insurance in duplicate, endorsed to the order and benefit of the Grindlays Dao Heng Bank Ltd.,

HEAD OFFICE 7-19 BONHAM STRAND EAST
HONG KONG

(13) issued in the currency of the credit (or the CIF value of the shipment plus ....ten............ per cent covering marine risks as per institute cargo clauses (All Risks) with extended cover including warehouse to warehouse, institute war clauses and institute S.R.C.C. clauses.

(14) (d) Packing lists in quadruplicate.

(15) (e) Beneficiary's certified copy of telex to telex No.'64118 LSTCL HX' advising buyer the name of carrying vessel and its sailing date, number of packages, Covering quantity shipped, this L/C number immediately after shipment.

(16) Ten thousand (10,000) Lbs. 1/11.4mm knot yarn, 85% acrylic 15% nylon, raw white in bank, Art. No.S-3002 @US$2.60 per Lb.

(17) As per San Fong Co. Ltd. Contract No. T-3450/79.
CIF Hong Kong.

Despatch/Shipment from Taiwan (18)	Partial Shipments (19)	Transhipments (20)
to Hong Kong latest 31st December,1979.	permitted	prohibited

Special Conditions

(21)(1) All documents must be airmailed to us in ONE registered cover.

(22)(2) All bank charges outside Hong Kong are for account of beneficiary.

(23)(3) 5% more or less both on amount and quantity are acceptable.

(24)(4) B/L must show F.I. term if shipment not effected by container vessel.

Advising bank's notification

•(5) Drafts drawn under this Credit are to be negotiated at sight basis, discount charges are for account of drawees. (25)

We hereby engage with drawers and/or bona fide holders that drafts drawn and negotiated in conformity with the terms of this credit will be duly honoured on presentation and that drafts accepted within the terms of this credit will be duly honoured at maturity.

The amount of each draft must be endorsed on the reverse of this credit by the negotiating bank.

(27) Yours faithfully,

For Grindlays Dao Heng Bank Ltd.

Place, date, name and signature of the advising bank

Name and signature of the issuing bank

3343

押匯時應檢附的單據：

⑾商業發票四份。

⑿有關提單的規定：全套淸潔已裝船之海洋提單（Full set clean "on board" ocean bills of lading）；做成指示式（made out to order），背書給道亨銀行（endorsed to Grindlays Dao Heng Bank Ltd.），註記運費已付（marked freight prepaid），提單被通知人欄爲申請人（claused notify applicant）及其地址。

⒀有關保險單的規定：兩份（duplicate），背書給道亨銀行指示式（endorsed to the order and benefit of the Grindlays Dao Heng Bank Ltd.），保險貨幣爲信用狀貨幣，保險金額爲裝運的CIF價值加10％，按照協會貨物險條款（一切險）（as per institute cargo clauses (All Risks)）投保海上保險，並延伸爲倉庫至倉庫，協會兵險條款（institute war clauses）及協會罷工險條款（institute S.R.C.C. clauses）。

⒁包裝單四份（Packing lists in quadruplicate）。

⒂受益人於裝運後應立即電傳No. '64118 LSTCL HX'告知買方裝運船舶名稱、開航日期、件數、裝運數量及本信用狀號碼，電傳副本由受益人簽證作爲第五個單據。

3344

其他規定：

⒃裝運貨物爲一萬磅毛紗。

⒄貿易條件爲CIF香港。

⒅裝運自臺灣至香港，最後裝運日期爲 12 月 31 日。

⒆分批裝運許可（Partial shipment permitted）。

⒇轉運禁止（Transhipment prohibited）。

3345

特別條款：

(21)所有單據一次航空掛號寄給開狀銀行（All documents must be airmailed to us in one registered cover)。

(22)香港以外所有的銀行費用由受益人負擔（All bank charges outside Hong Kong are for account of beneficiary)。

(23)數量及金額均許可有 5%之增減（5% more or less both on amount and quantity are acceptable)，所以裝運數量自9,500 磅至 10,500 磅均可，發票金額爲$24,700 至$27,300。

(24)如果未裝貨櫃輪，提單上應顯示F.I.條件（B/L must show F.I. term if shipment not effected by container vessel)。

(25)依本信用狀開發之匯票可按即期基礎押匯，貼現費用由付款人負擔（Drafts drawn under this credit are to be negotiated at sight basis, discount charges are for account of drawees)。本條爲買方遠期信用狀條款（Buyer's Usance Clause)。

3346

開狀銀行之承諾及對押匯銀行之指示：

(26)本條爲開狀銀行之承諾事項：兹對發票人及／或善意執票人保證，匯票開發與押匯符合信用狀條件於提示時將予兌付，按信用狀條件承兌的匯票到期時將予付款（We hereby engage with drawers and/or bona fide holders that drafts drawn and negotiated in conformity with the terms of this credit will be duly honored on presentation and that drafts accepted within the terms of this credit will be duly honored at maturity)。

(27)對押匯銀行之指示：押匯銀行應將每次匯票金額在信用狀背面背

書（The amount of each draft must be endorsed on the reverse of this credit by the negotiating bank）。

3347

本信用狀適用統一慣例之規定：

⒄本信用狀適用統一慣例：如別無明文規定，本信用狀遵循國際商會 1974 年修訂本《跟單信用狀統一慣例》（1974 年修訂本）（出版品編號 290）（Except so far as otherwise expressly stated this documentary credits is subject to the "*Uniform Customs and Practice for Documentary Credits*" (1974 Revision) International Chamber of Commerce (Brochure No.290)）。按《統一慣例》曾經多次修訂，1983 年修訂，出版品編號 400；1993 年再修訂，出版品編號 500，自 1994 年 1 月 1 日起實施。

3350　貨運單證之審查

3351

　　開狀銀行及／或保兌銀行保證付款之前提是匯票開發及貨運單據之提示應符合信用狀之規定，所以出口商、押匯銀行、開狀銀行及進口商均要審查，內中尤以押匯銀行之審查最為重要。

　　出口押匯係臺灣特有之作業方式，指出口商於貨物裝運後開發匯票，並檢附貨運單據洽本地往來銀行向開狀銀行收取貨款，即所謂逆匯。於匯款尚未到達前，以貨運單據為質押，請該往來銀行墊款，出口押匯即將押款與匯款合而為一的作業方式。

3352

　　押匯銀行為確保融資之押匯款能獲得償付，應採嚴格符合主義（The Doctrine of Strict Compliance）。

3353

審查要點:

⑴一般審查:

　⒜押匯是否係在信用狀有效期間內辦理、裝運日期是否符合規定。

　⒝單據之提示有無超過信用狀規定的期限,如信用狀無特別規定,
　　限期爲裝船後二十一天。

　⒞各種單據之內容是否彼此一致。

⑵匯票:

　⒜匯票格式是否符合法律規定（出口國或進口國）, 包括"Draft"
　　字樣、無條件付款、付款地、發票時間及地點、到期日及付款
　　人, 均與信用狀規定符合, 並由開票人簽署。

　⒝匯票金額及期限是否符合信用狀規定。

　⒞信用狀有發票條款（Drawn Clause）, 匯票記載是否符合。

⑶商業發票:

　⒜應經受益人簽署。

　⒝應以申請人爲發票抬頭人。

　⒞發票貨幣及各個項目之金額是否與信用狀符合。

　⒟發票記載貨物名稱必須與信用狀規定完全符合。

　⒠如信用狀有其他規定,如要記載信用狀號碼,是否如規定記載。

⑷運送單據一般規定:

　⒜運輸方式（海運或其他）是否符合規定。

　⒝是否由特定運送人或代理人簽發。

　⒞如係由運輸承攬業非以運送人或代理人身分簽發, 銀行只接受
　　FIATA複合運送單據。

　⒟是否爲「淸潔」單據。

　⒠如非信用狀別有規定, 銀行將拒絕傭船契約及裝載於甲板上之
　　單據。

(f)貨物名稱是否與信用狀規定相背。

(5)海運提單（Bills of Lading）：

(a)是否由指名運送人或其代理人簽發。

(b)是否已裝船（On Board）。

(c)是否檢附成套提單全部。

(d)受貨人（Consignee）及被通知人（Notify Party）是否正確。

(e)提單是否已簽署，並均如規定背書。

(6)其他運送單據：

(a)如信用狀規定為郵包,郵政收據有無加郵政戳記及時間與地點。

(b)空運提單（Air Waybill）有無經航空公司或其代理人簽署；提示者是否為正本第三聯（Original No. 3 for Shipper）。

(c)空運受貨人名稱及地址是否與信用狀規定相符。

(7)保險單：

(a)必須為保險單或保險證明書，要保書（Cover Note）銀行將予拒絕。

(b)保險類別（保險貨幣）及金額是否與信用狀規定相符，是否為全套，是否要背書。

(c)保險日期不得遲於裝船日期。

(8)其他單據：

(a)如有必要，是否有提供產地證明書（Certificate of Origin），是否為貨物原產地簽發。

(b)如有必要，包裝單（Packing List）有否提供，內容是否與信用狀規定相符，標誌（Mark）是否與提單一致。

(c)其他如重量證明書、檢驗證明書及領事或海關發票等是否與信用狀規定相符。

3360　統一慣例

3361

　　統一慣例（UCP）爲跟單信用狀統一慣例與實務（Uniform Customs and Practice for Documentary Credits）的簡稱，係國際商會（International Chamber of Commerce, ICC）爲統一國際間對信用狀處理之方法、習慣、術語解釋，以及各當事人責任之文件。

　　統一慣例有信用狀法（Law of Letters of Credit）之稱，但本身並非國際法，並無強制力，其效力有賴於各當事人同意採用，是以開狀銀行均在信用狀內規定如下列或類似文句："Except so far as otherwise expressly stated, this documentary credit is subject to the Uniform Customs and Practice for Documentary Credits (19×× Revision.) International Chamber of Commerce (Publication No. ×××.)"（如別無明文規定，本信用狀適用統一慣例(19××修訂)，國際商會出版品編號×××），目前適用者爲 1993 年修訂，出版品編號 500。

3362

　　1993 年修訂統一慣例共計四十九條，包括七大部分：

　　(1)總則及定義，包括第一至第五條。

　　(2)信用狀的類別及通知，第六至第十二條。

　　(3)義務及責任，第十三至第十九條。

　　(4)單據，第二十至第三十八條。

　　(5)雜項規定，第三十九至第四十七條。

　　(6)可轉讓信用狀，第四十八條。

　　(7)收益之讓渡，第四十九條。

3363

統一慣例的主要內容:

(1)統一慣例適用於一切跟單信用狀,在其可得適用之範圍內,包括擔保信用狀 (Standby L/C) (第一條) (註:因擔保信用狀不需貨運單據,所以有很多條款不適用)。

(2)信用狀指開狀銀行循申請人之請求並依其指示而開發之文書,以此項文書,開狀銀行或授權另一銀行,對受益人或其指定之人,憑特定單據履行付款、承兌或讓購。又一個銀行設在另一個國家之分行,視爲另一銀行 (第二條) (註:此係新規定)。

(3)信用狀與買賣契約或其他契約是分立的交易。信用狀之開發可基於這些契約,但銀行與這些契約無關,也不受其約束 (第三條)。

(4)信用狀作業中,各方處理者爲單據而非貨物、勞務及/或其他履約行爲 (第四條)。

(5)信用狀應明確指示爲可撤銷或不可撤銷。如未指示視爲不可撤銷 (第六條) (註:以前各版規定爲未指示視爲可撤銷)。

(6)信用狀通知銀行接到信用狀並無通知之義務,惟如決定辦理通知,就應以合理的注意檢查信用狀外表的眞實性;惟如決定不辦理通知,必須立即告知開狀銀行;如通知銀行無法檢查信用狀外表上的眞實性,而又決定通知時,應告知受益人信用狀的眞實性無法查證(第七條) (註:此項規定,說明通知銀行有檢查信用狀眞僞的義務;對非通知銀行開來的信用狀無法檢查眞僞時,應告訴受益人)。

(7)開狀銀行對可撤銷信用狀,隨時可修改或取消,而且無需通知受益人 (第八條)。

(8)開狀銀行及保兌銀行的義務: (a)如信用狀規定即期付款 (Sight Payment),見票就付款; (b)如信用狀規定延期付款 (Deferred Payment),於到期日付款; (c)如信用狀規定承兌,應承兌由受益人開發之匯票並於到期日付款；(d)如信用狀規定讓購，如無銀行辦理讓購時，由開狀銀行付款，且無追索權（第九條）。

(9)信用狀分即期付款、延期付款、承兌及讓購，所有信用狀必須明確顯示是何種信用狀（第十條）。

(10)除非電傳載明「明細後送」（Full Details to Follow）或類似文句，電傳信用狀視為有效的信用狀（第十一條）。

(11)銀行必須以合理的注意審查信用狀的所有單據，以確定是否在表面上符合信用狀規定的條件。開狀銀行及保兌銀行應在合理的期間內，不超過收到單據後的七個營業日審查單據，決定是否接受單據並通知寄送單據者(註：押匯銀行或受益人)(第十三條)(註：七天限期為新規定)。

　　對於有瑕疵的單據（Discrepant Documents），開狀銀行及保兌銀行可拒絕受理，但應在限期內通知押匯銀行，並載明有關瑕疵以及退還單據抑或留候處理。如未依規定辦理，開狀銀行及保兌銀行即不得主張單據與信用狀規定不合（第十四條）。

(12)銀行對單據的有效性不負責任。包括單據的格式、正確性、偽造或法律效力；對於單據象徵貨物的品質、數量、價值或存在，亦均不負責（第十五條）。

　　對於信息傳遞延誤或滅失所致之後果，銀行不負責任（第十六條）。

　　對於天災人禍，非銀行所能控制之事由，即不可抗力(Force Majeure)而使銀行營業中斷所致之後果，銀行不負責任。如信用狀逾期失效，銀行於恢復營業後，也不會對信用狀付款、承兌或讓購（第十七條）。

(13)銀行為達成申請人的指示而利用其他銀行之服務時，由申請人負擔費用及風險（第十八條）。

⑭開狀銀行如擬由押匯銀行向歸償銀行（Reimbursing Bank）求償，應對歸償銀行指示；歸償銀行的費用由開狀銀行負擔（第十九條）。

⑮除非信用狀別有規定，下列單據只要顯示經予簽署，必要時註記為正本，銀行將予接受：(a)由複印（Reprographic）、自動化（Automated）或電腦化（Computerized）方法製作的單據；(b)碳紙複寫的單據。單據簽署可用手寫、複製（Facsimile）、打洞（Perforated）、蓋印（Stamp）、作符號（Symbol）或任何其他可鑑定機器或電子方法辦理（第二十條）。

⑯除非信用狀別有規定，銀行將接受載明單據簽發日期先於信用狀開發日期的單據（第二十二條）。

⑰除非信用狀規定禁止轉運，銀行將接受標示貨物將會轉運的海運提單（Marine/Ocean Bills of Lading）或不可轉讓海運提單（Non-negotiable Sea Waybill），即使信用狀禁止轉運，銀行將接受裝在貨櫃（Container）、拖車（Trailer）或子母船（LASH Barge）的單據（第二十三及二十四條）。

⑱除非信用狀別有授權，銀行將只接受由運輸承攬業（Freight Forwarders）簽發而在表面已標明下列性質的運送單據：(a)運送承攬業的名稱作為運送人或多式運送營運人（Multimodal Transport Operator）且經簽署；(b)運送人或多式運送營運人的名稱作為代理人並經簽署（第三十條）。

⑲除非信用狀別有規定，銀行將接受下列性質的運送單據：(a)運送單據上載有「託運人自行裝貨點數」（Shipper's Load and Count）或「託運人稱內裝」（Said by Shipper to Contain）；(b)標明發貨人為信用狀受益人以外的第三者(第三十一條)，按此類提單稱第三者提單（Third Party Bill of Lading）。

⒇清潔提單（Clean B/L）指未載有明示貨物及／或包裝有瑕疵狀況的條款或註記。除非信用狀別有規定，銀行將拒絕接受有該項註記的運送單據（第三十二條）。

⒇除非信用狀特別授權，銀行將拒絕接受下列性質的保險單據：(a)由經紀人簽發的投保通知單（Cover Notes）；(b)簽發日期遲於裝載日期的保險單。

　　除非信用狀別有規定，保險單必須以信用狀相同貨幣表示；保險金額最低為CIF加10%（第三十四條）。

㉒商業發票必須由信用狀受益人簽發，以信用狀申請人為抬頭，並經簽署。商業發票所載貨物的說明必須與信用狀規定相符。所有其他單據，貨物說明可使用與信用狀規定不相符之一般用語（第三十七條）。

㉓如信用狀金額、數量或單價使用大約（About）等類似用語時，解釋為容許不超過上下10%。除非信用狀規定不得增減，不超過5%之差異應屬許可，惟發票金額不得超過信用狀金額，且此項寬容不適用於數量以件數計算者（第三十九條）。

㉔除非信用狀別有規定，分批開票及／或分批裝船應屬許可（第四十條）。

㉕若信用狀規定在一定期間分期裝運，如任一期未裝運，除非信用狀別有規定，信用狀即停止該期及以後各期的使用（第四十一條）。

㉖如信用狀未規定運送單據提示的期間，銀行將拒絕接受遲於裝運後二十一天提示的單據。無論如何，單據的提示不得遲於信用狀的有效日期（第四十三條）。按遲於規定期間的提單稱陳舊提單（Stale B/L）。

㉗單據提示的最後一日如為銀行例假日，可順延一日。但此項順延不適用於最後裝運日期（第四十四條）。

(28)信用狀必須明白表示可轉讓（Transferable）時，信用狀始可轉讓。信用狀轉讓以一次爲限，第二受益人不得再轉讓（第四十八條）。

第四節　出進口匯兌業務

3410　匯款業務

3411

匯入業務：付款方式爲預付、記帳、委託購買、委託販賣（寄售）以及裝船後分期付款部分，出口廠商均係以匯入匯款方式辦理，不論是電匯（包括Telex及SWIFT）、信匯或票匯，或私人支票或旅行支票等，如果出口廠商要結售外匯，應於塡具「外匯收支或交易申報書」後辦理。如不結售，不論是存入外匯存款，抑或逕行匯出，可逕依銀行規定手續辦理。

電匯方式匯入時，銀行應先鑑定電報之密押；信匯方式匯入時，應先鑑定付款委託書有權簽字人之簽署，以確定匯入款之眞實性。然後登記「匯入匯款記錄簿」，塡製「匯入匯款通知書」（Advice of Inward Remittance），通知受款人領款。

票匯方式匯入時，如其金額超過一定標準時，如200美元，匯出銀行會寄送票匯貸項通知書或匯票副本，以憑核對匯票，並登記匯入匯款記錄簿。

受款人領款時，應持憑「匯入匯款通知書」或匯票正本，提示身分證明文件。銀行於付款時，掣發「買匯水單」（Exchange Memo），付款後應將受款人之收據，寄送匯出銀行以示匯款解訖。匯票並應加蓋付訖戳記備存。

由於匯入匯款係以外匯匯入，匯出銀行已先將款項存入我方在國外之存款帳戶，所以銀行在受理結售外匯時，可以買入匯率折計新臺幣付款，毋需扣除利息。但如係以私人支票或旅行支票買入者，銀行除對於賣出人的信用沒有問題時才會同意買入外，也要扣除託收期間的利息。

3412

匯出業務：付款方式為預付、記帳、委託購買、委託販賣以及裝船後分期付款部分，進口廠商均係以匯出匯款方式辦理；不論是電匯（包括Telex及SWIFT）、信匯或票匯，或以旅行支票支付，如果進口廠商要結購外匯，應填具「外匯收支或交易申報書」；如以外匯存款匯出，則毋需填申報書。

進口廠商匯出匯款，應填「匯出匯款申請書」（Application for Outward Remittance），說明匯款金額、匯款方式、匯款用途、受款人名稱及地址，並由匯款人簽署。其以新臺幣結購者，按當日銀行賣出匯率折計新臺幣付款。匯出匯款業務，因為銀行不經手貨運單據，所以只收取匯款手續費及郵費，其以電匯匯出者，加收電報費。

3420　信用狀業務

3421

進口業務：開發進口信用狀係銀行授信業務，作業程序與貸款相同。通常銀行係先辦理徵信，依徵信結果，訂定授信額度（Line of Credit）。授信額度除總額度外，並按業務性質，如抵押貸款、信用貸款、開發信用狀及出口押匯等，分別訂定分額度。

進口廠商在授信額度內，可隨時申請開狀，填寫「開發信用狀申請書」（Application for Commercial Letter of Credit），說明信用狀之內容，包括受益人名稱及地址、信用狀金額、是否保兌、傳遞方式為電報或郵寄、信用狀有效期間、有關匯票的期限、各項貨運單據之性質及份數、裝運港及目的港、最後裝運日期、分批裝運及轉運是否禁止，並由申請人簽署。為確保開狀銀行的權益，開狀申請人尚須填寫「開發信用狀約定書」(Commercial Letter of Credit Agreement)。

開發信用狀例須繳納保證金(Advance Deposits或Margin)，其標準視信用狀性質、貨品內容、進口廠商及國外買方信用而定，惟不得低於中央銀行規定的最低標準，目前為開狀金額的 10%，自 83 年 3 月起，保證金標準由開狀銀行自定。

信用狀可分保兌（Confirmed L/C）與未保兌（Unconfirmed L/C），由於我國外匯充裕，銀行信用卓著，通常均不需開發保兌信用狀。惟如申請人應國外買方之要求申請開發保兌信用狀時，開狀銀行應告知通知銀行或在信用狀副本上加註"Please Add Your Confirmation"，以便通知銀行遵辦。

信用狀之傳遞，分為郵寄及電傳。電開信用狀通常為內容完整之電報(Full Cable)，國外買方可逕憑電報辦理押匯。如果不欲買方僅憑電報押匯，應在電報上加註「詳文後送」(Full Details to Follow) 或「本信用狀只在收到郵寄證實書後有效」(This credit will only be effective on receipt of such mail confirmation)。銀行並應在郵寄之信開信用狀內，加蓋「郵寄電報證實書」(Mail Confirmation)。

開發信用狀手續費，信用狀有效期間以三個月為一期（不足三個月者以一期計算），每期按信用狀金額 0.25% 計算，每超過一期者加收 0.125%，最低收費新臺幣 400 元。賣方遠期信用狀（Seller's Usance）不管匯票期限，以信用狀有效期限為準，第一期(九十天)0.40%；九十一至一百八十天，0.525%；最低收費新臺幣 400 元。買方遠期信用狀（Buyer's Usance）則兼顧信用狀有效期間及匯票期限（如表 3-4）。

表 3-4

匯票期限 信用狀有效期間	90 天	120 天	150 天	180 天
一期（90 天）	0.25%	0.30%	0.35%	0.40%
二期(91 至 180 天)	0.375%	0.425%	0.475%	0.525%

修改信用狀手續費，超過原信用狀有效期間，一期（三個月）0.125%，最低新臺幣 300 元；增加信用狀金額者，比照開狀計收，最低新臺幣 300 元。

開發信用狀郵電費：⑴信函分：港澳新臺幣 300 元，亞洲地區 450 元，其他地區 500 元；⑵簡電（Brief Cable）及 SWIFT：港澳 300 元，亞洲地區 450 元，其他地區 500 元；⑶詳電（Full Cable）：港澳 700 元，亞洲地區 1,000 元，其他地區 1,200 元。修改信用狀郵電費 300 元（以上各項費率，各家銀行不盡相同，且會隨時調整）。

3422

出口業務：信用狀下之出口業務有三：信用狀之通知、保兌與押匯。

⑴銀行收到國外通匯銀行寄來的信函信用狀，應鑑定信用狀之簽署；收到電開信用狀，應鑑定密碼，以確定信用狀是眞實的，然後繕打信用狀通知書或泮書（Covering Letter），檢附信用狀正本通知受益人。對於非通匯銀行寄來的信用狀，無法鑑定眞僞，銀行在通知受益人時，應在通知書內說明無法鑑定眞僞，以提醒受益人及押匯銀行注意。

有的銀行辦理通知時，係以本行之信用狀格式繕打信用狀內容，稱爲通匯銀行信用狀（Correspondent Letter of Credit），惟通知銀行並不因而負任何責任，甚至於亦得拒絕受理押匯。

通知銀行收取通知費用 (Advising Charges)，有兩種方式，一爲定額的, 如每件新臺幣 200 元；一爲按信用狀金額比例收取，有最低與最高金額之限額。通知業務係受開狀銀行之委託，依理應向開狀銀行收取，最後轉嫁由申請人負擔。惟由於信用狀通常均會規定開狀地區以外的所有銀行費用，均由受益人負擔之條款 (All Banking Charges out of ×××, are for Account of Beneficiary)，所以通知銀行可向受益人收取。

(2)信用狀需要保兌 (Confirm)，係因爲出口商對國外開狀銀行的信用不瞭解。開狀銀行如要求通知銀行保兌時，須以正式信函通知，或在信用狀副本上註明 "Please Add Your Confirmation" 字樣。由於保兌係一種對開狀銀行的授信業務，例須事先洽商，並訂定授信額度，在額度內可隨時辦理保兌。

通知銀行同意保兌時，應在信用狀通知書或通匯銀行信用狀內承諾保兌，如 "At the request of our correspondent, we confirm this irrevocable credit, and thereby undertake that all drafts drawn under and in compliance with the terms of this credit will be duly honored by us." (茲應通匯銀行之要求，本行保兌本不可撤銷信用狀，所有依據本信用狀開發並符合本信用狀規定之匯票，本行保證屆時將予兌付)。

保兌費用 (Confirming Charges) 通常係比照開狀費用收取, 因保兌係應開狀銀行要求，所以保兌費用應向開狀銀行收取，最後轉嫁由進口商負擔。惟有時開狀銀行會指示保兌費用向受益人收取, 如受益人同意負擔保兌費用，通知銀行即承擔保兌責任。

(3)出口押匯是銀行對出口商的授信業務。出口商依照信用狀的規定，裝運貨物、開發匯票、檢附貨運單據，洽出口地銀行收取貨款，即所謂逆匯 (Reverse Remittance)。於貨款尙未匯回前，以貨運單據爲質押，洽請銀行墊款。此種集押款與匯款合而爲一的作業，稱爲出口押匯。

在國外，出口地銀行有兩種作業方法，一是逆匯，於收到貨款後付與出口商；一爲讓購（Negotiation），買進優良顧客合乎條件的匯票，沒有追索權（Without Recourse），如果匯票遭到拒付，損失由讓購銀行負擔。

我國銀行的作法與國外不同。出口商於填具「出口押匯申請書」（Application for Negotiation of Drafts under L/C）內承諾如:「本公司負責保證貴行於三個月以內收妥貨款並負責保證決不使貴行因買入上項票據而致遭受任何損害。上項票據如發生退票拒付等情，不論爲匯票金額全部或一部，本公司於接獲貴行通知後，願立即如數以原幣加息償還，並願負擔一切因此而支出之費用」。所以押匯銀行對出口商是有追索權的（With Recourse）。

出口商辦理出口押匯時，應填具「出口押匯申請書」，說明押匯內容及申請事項，申請書並附押匯銀行之審核事項，以便押匯銀行依照信用狀規定逐項審核；填製印鑑登記卡並簽具委託書以利押匯銀行將押匯款撥存客戶帳戶。此外，第一次在該行辦理押匯時，應填具「質押權利總設定書」（General Letter of Hypothecation, L/H），旨在保障押匯銀行之權益。

銀行受理押匯後，應依照嚴格符合原則（The Doctrine of Strict Compliance），審查匯票及貨運單據與信用狀規定確無不符，然後繕打押匯通知書（Negotiation Advice）或泮書（Covering Letter），連同匯票與貨運單據寄送開狀銀行求償。如果信用狀有歸償條款（Reimbursement Clause），匯票及貨運單據寄送開狀銀行，另向歸償銀行（Reimbursing Bank）求償。如果爲時超過一定期間（如十五天）尚未接到存款銀行的進帳通知（Credit Advice），可發出催詢函(Tracer)，向開狀銀行或歸償銀行求償。

3430 託收業務

3431

出進口託收之處理程序：如買賣契約規定以託收方式（Collection）付款，其處理程序為：

(1)出口商於裝運貨物後，開發匯票，檢附貨運單據洽請出口地銀行代收貨款。

(2)出口地銀行將匯票及貨運單據寄送進口地通匯銀行，請其代向進口商收取貨款。

(3)如係付款交單（Documents against Payment, D/P），於進口商付款後交付貨運單據；如係承兌交單（Documents against Acceptance, D/A），於進口商承兌匯票後交付貨運單據，俟匯票到期時，進口商再付款。

(4)進口地銀行收到貨款後，再依照出口地銀行之指示，將貨款撥付指定之銀行帳戶並通知出口地銀行，後者於收到國外存款銀行之貸項通知（Credit Advice）後，再將貨款以原幣交付出口商，可存入外匯存款帳戶，或以當時匯率買入外匯。

3432

託收統一規則 (Uniform Rules for Collection)：係國際商會 (International Chamber of Commerce, ICC)於 1979 年將商業票據代收統一規則（Uniform Rules for the Collection of Commercial Paper)修訂而成，旨在界定託收之意義，及各當事人之責任，以便於銀行處理託收業務，現行本為 1994 年修訂，1995 年實施，ICC出版品編號

爲 522 號。其要點如次:

(1)託收(Collection)指銀行依所受指示處理單據,以期獲得承兌或付款,或依其他條件交付單據。

(2)單據(Documents)指財務單據(Financial Documents)與商業單據(Commercial Documents)。(a)財務單據指匯票、本票、支票、付款收據或其他用以收取款項之類似文書;(b)商業單據指發票、裝運文件、物權憑證及其他類似文書,或非屬財務單據之其他任何單據。

(3)商業票據(Commercial Paper)之託收,包括光票託收(Clean Remittance)與跟單託收(Documentary Remittance)。

(4)託收業務之關係人:(a)出口商係委託人(Principal),稱爲顧客,係託收業務中之債權人;(b)出口地銀行爲當地代收銀行(Local Collecting Bank),稱寄單銀行(Remitting Bank),係出口商之代理人;(c)進口地銀行爲國外代收銀行(Foreign Collecting Bank),稱爲代收銀行(Collecting Bank),係出口商之複代理人;(d)向付款人提示之代收銀行爲提示銀行(Presenting Bank);(e)國外進口商爲被發票人(Drawee)或付款人(Payer),係託收業務中之債務人。

(5)託收銀行之責任:(a)銀行應以善意盡相當之注意以辦理託收業務;(b)銀行對所收受之單據,應就外觀上審查其是否與託收指示相符;(c)銀行對任何信息、信函或單據在寄送過程中延遲及／或遺失所產生之結果,或對專門術語翻譯或解釋之錯誤,不負任何義務或責任;(d)銀行負責審查匯票承兌之格式表面上顯示完整而正確,但對任何簽字之眞僞,或對任何簽字人之權限,不負責任。

3433

出口託收(Export Collection):出口託收爲銀行之出口業務,但非銀行之授信業務。

(1)出口商委託銀行辦理託收時，應填具「託收申請書」(Application for Collection或Application for Documentary Bills for Collection)，詳列有關託收之事項，包括附屬單據之名稱及份數。

對於遠期匯票（Usance或Time Bills），如未說明爲D/A或D/P，按D/P辦理。如遇付款人（進口商）拒絕付款或拒絕承兌時，是否應作成拒絕證書(Protest)，以便保障執票人追索之權利。即期匯票應做成拒絕付款證書（Protest for Non-payment）；遠期匯票拒絕承兌時應做成拒絕承兌證書（Protest for Non-acceptance）；爲減少託收費用，出口商可指示免除。只對屆期之承兌匯票拒絕付款時，應做成拒絕付款證書以便行使追索權。

(2)出口地託收銀行將單據寄送進口地通匯銀行辦理託收時，應填送託收通知書(Collection Advice, Transmitting Letter或Covering Letter)，詳列託收指示，包括對於票款之處理。

對於信用狀下之申請押匯案件，因單據提示與信用狀規定不符，或出口商非銀行顧客缺乏徵信資料時，銀行不欲辦理出口押匯，可採託收方式處理。

3434

進口託收(Import Collection)：進口託收爲銀行之進口業務，如無墊款則非銀行之授信業務。

進口地託收銀行辦理進口託收業務，應依照出口地託收銀行之託收通知書之指示辦理，繕打「進口託收單據通知書」通知進口商。依照託收統一規則之規定，對付款交單者，銀行應立即爲付款之提示，不得遲延。惟臺灣地區習慣上可俟運送船舶到港後提示，銀行可從其習慣。

進口商付款時，可按當日銀行賣出匯率，以新臺幣結購或以外匯存款支付。如需銀行以外幣墊付時，應按授信程序辦理，惟墊款期間不得超過一百八十天。

3435

　　光票託收（Clean Bills Collection）：光票指以外幣付款之銀行匯票（Bank's Drafts）、旅行支票（Traveller's Checks）、銀行本票（Bank Cashier's Checks）、銀行支票（Bank's Checks）、郵政匯票（Postal Money Orders）、公庫支票（Treasury Checks）、到期之債券及息票（Matured Bonds & Coupon），以及私人或公司行號開發之匯票、支票或本票。銀行一般均採託收方式，惟對於信用良好的顧客，銀行可採買入方式並扣除託收期間利息。顧客在申請託收時，應填具「光票申請書」（Clean Bills Application）；於結售外匯時，應填「外匯收支或交易申報書」，如係出口貨款或勞務收入，沒有額度限制；其他性質收入，應納入每人（廠商）不得超過 500（5,000）萬美元之限額。

　　銀行受理託收後，應於光票背書填寫銀行名稱，並作成限制背書（Restrictive Endorsement），如"Pay to the Order of ×××Bank for Collection"。繕打「光票託收委託書」（Covering Letter），連同光票郵寄國外通匯銀行，通常為指定之清算銀行（Clearing Bank）辦理託收。

第五節　　出進口融資業務[10]

3510　出口融資

3511

　　我國由一個逆差國家轉變為順差國家，出口大幅度成長是關鍵，而

---

[10]融資業務並非匯兌業務，惟外幣貸款是外匯業務。

出口融資對出口成長則有相當的貢獻。

在早期，我國實施外匯集中制度，出口廠商於辦理出口押匯時可立即取得新臺幣且不扣利息，押匯銀行第二天向中央銀行（在中央銀行復業前爲臺灣銀行）申報並收回墊付之新臺幣，俟若干日後再將國外開狀銀行支付的外匯繳付中央銀行，此係中央銀行對出口廠商的無息墊款。70 年代我國大幅出超後，無息墊款停止實施。目前出口押匯，亞洲地區銀行扣七天利息，歐美地區扣十二天利息；也有的銀行按實際收到外匯的天數計算，多退少補。

爲推廣輸出，前行政院外匯貿易審議委員會（簡稱外貿會）曾訂定「外銷貸款通則」，對外銷廠商在產製銷售過程中所需原料及其週轉資金，由臺灣銀行提供低利貸款。外銷貸款分臨時性週轉貸款與計畫性週轉貸款兩種；前者按照信用狀金額七折貸放；後者按外銷廠商前一年外銷實績核定貸款額度，在額度內循環使用。

外貿會撤銷後，中央銀行業務局訂定外銷貸款貼現要點，對承做外銷貸款之本國指定銀行提供再融通資金。該項貸款辦法已於民國 81 年 8 月廢止。

目前低利外銷貸款已不再存在，出口廠商可自多家銀行取得週轉資金貸款，利率按銀行資金成本計算。其有出口信用狀者，因銀行可承做押匯業務，貸款條件略微優惠。

3512

外商銀行在臺分行因新臺幣資金不足，可依照中央銀行外匯局「外國指定銀行以預售外匯方式辦理外銷貸款辦法」辦理外銷貸款。貸款期間以一百八十天爲限，利息以外幣利率計算，本息於出口押匯時扣還。此項貸款等於新臺幣貸款加預售遠期外匯，除可獲資金融通外，並可消除匯率風險，在美元貶值新臺幣升值期間，頗受出口廠商歡迎。

3513

對於機器設備或其他資本財之輸出，可洽中國輸出入銀行，依該行「中長期輸出入融資及保證辦法」申請輸出融資；期間以七年爲限。

3520　進口融資

3521

目前進口均係以外幣計價付款，進口廠商可洽借外幣購料貸款及開發信用狀，如買賣契約規定以即期信用狀付款，必要時可洽請往來銀行開發買方遠期信用狀（Buyer's Usance，參 3332 節）、即期信用狀（Sight L/C）、承兌交單（D/A）及付款交單（D/P），可洽請銀行以外幣墊付。此在外幣貶值新臺幣升值期間，對進口廠商極爲有利。

3522

進口機器設備或其他資本財，可洽請中國輸出入銀行融資。如係自美國進口，可洽借美國進出口銀行（Import and Export Bank of United States）融資；其他國家對於資本財輸出也多有融資機構。此外，也可利用中央銀行業務局對生產事業進口機器外幣資金轉融通，或 6 億美元貸款轉融通。如果金額龐大，也可洽借歐元市場中長期分期償還貸款（Term Loan）。

3530　其他融資

3531

中央銀行（外匯局）100 億美元外幣資金轉融通：國內投資包括公共建設投資、十大新興工業及八大關鍵性技術投資、國家六年建設計畫投資，以及經政府核定之其他投資計畫；國外投資包括天然資源開發及高科技之取得等，可利用上項融資。

3532

大規模建廠或國外併購，需要資金龐大，除上述融資管道外，企業也可發行公司債(Corporate Bond)。近年來我國很多大企業在國外(瑞士)發行可轉換公司債(Convertible Bond)，利息可低至1%p.a.左右。

第六節　出進口貿易之外匯會計

3610　出口業務會計

3611

預收貨款：設某出口商預收出口貨款US$10,000，立即以當日匯率26.45元售予銀行，扣除手續費40元，餘款存入銀行帳戶：

Dr.銀行存款	NT$264,460
Cr.預收貨款	NT$264,460

貨物裝運出口時：

Dr.預收貨款	NT$264,460
Cr.銷貨收入	NT$264,460

3612

D/A、D/P出口託收：貨款US$10,000出口時會計分錄：

Dr.應收帳款	US$10,000
Cr.兌換	US$10,000
Dr.兌換	NT$264,500
Cr.銷貨收入	NT$264,500

貨款收妥時，立即以26.45匯率售予銀行，並扣除手續費NT$300：

Dr.銀行存款	NT$264,200	
銀行費用	NT$300	
Cr.兌換		NT$264,500
Dr.兌換	US$10,000	
Cr.應收帳款		US$10,000

3613

　出口押匯: 通常可視爲貨款收妥, 將貨款US$10,000, 立即以26.45匯率售予銀行並扣除手續費:

Dr.銀行存款	NT$264,200	
Cr.銷貨收入（扣手續費NT$300）		NT$264,200

3620　進口業務會計

3621

　預付貨款: 貨款US$10,000, 匯率26.55, 並支付手續費40元:

Dr.預付貨款	NT$265,540	
Cr.銀行存款		NT$265,540

貨物到達時:

Dr.進貨	NT$265,540	
Cr.預付貨款		NT$265,540

3622

　D/P託收進口: 貨款US$10,000, 匯率26.55, 銀行手續費NT$300:

Dr.進貨	NT$265,800
Cr.銀行存款	NT$265,800

3623

D/A託收進口：貨款US$10,000，匯率26.55，承兌時支付手續費NT$300，會計分錄：

Dr.進貨	NT$265,800
Cr.兌換	NT$265,500
銀行存款	NT$300
Dr.兌換	US$10,000
Cr.應付貨款	US$10,000

屆期付款時：

Dr.應付貨款	US$10,000
Cr.兌換	US$10,000
Dr.兌換	NT$265,500
Cr.銀行存款	NT$265,500

3624

開發即期信用狀：開狀金額US$10,000，開狀時預結10%保證金，匯率26.55，並支付銀行手續費NT$300：

Dr.存出保證金	NT$26,550
預付費用	NT$300
Cr.銀行存款	NT$26,850

贖單時，信用狀餘額US$9,000，結購匯率26.65，計NT$239,850，

支付銀行墊款利息，自國外出口商押匯之日起至贖單共計三十天，按8% p.a.利率計算，計NT$239,850×8%×30/360＝NT$1,599，兩者合計 NT$241,449：

Dr.進貨	NT$268,299	
Cr.存出保證金		NT$26,550
預付費用		NT$300
銀行存款		NT$241,449

3630　外匯銀行外匯會計

3631

出口押匯：貨款US$10,000，出口商要求扣付國外代理商佣金3%，保險費US$100，匯率26.45，按10%p.a.利率扣付十二天押匯息 10,000×26.45×10%×12/360＝NT$881.67，銀行手續費10,000× 26.45×0.2%＝NT$529，郵電費NT$400：

Dr.出口押匯	US$10,000	
Cr.應付代收款（佣金）		US$300
應付代收款（保險費）		US$100
兌換		US$9,600
Dr.兌換(9,600×26.45)	NT$253,920	
Cr.手續費收入		NT$529
郵電費收入		NT$400
利息收入		NT$881.67
支票存款		NT$253,738.94

佣金及保險費付款時分錄：

Dr.應付代收款（佣金）	US$300	
應付代收款（保險費）		US$100
Cr.存放同業（國外）		US$400

國外收款報單到達時：

| Dr.存放同業（國外） | US$10,000 | |
| 　Cr.出口押匯 | | US$10,000 |

3632

開發即期信用狀：開發即期信用狀 US$10,000，存入保證金 US$1,000，匯率 26.55，開狀手續費 0.2%，匯費NT$400，開狀時：

Dr.應收信用狀款項	US$10,000	
Cr.信用狀款項		US$10,000
Dr.支票存款	NT$27,481	
Cr.兌換—即期		NT$26,550
手續費收入(10,000×0.2%×26.55)		NT$531
匯費收入		NT$400
Dr.兌換—即期	US$1,000	
Cr.存入保證金		US$1,000

國外報單到達，顯示國外出口商全部押匯，押匯款已由本行國外存款扣付，本行除通知客戶贖單外，並作下列分錄：

| Dr.信用狀款項 | US$10,000 | |
| 　Cr.應收信用狀款項 | | US$10,000 |

Dr.進口押匯　　　　　　　　　　US$9,000

　　存入保證金　　　　　　　　　　　　　　US$1,000

　　Cr.存放同業—國外　　　　　　　　　　US$10,000

　　客戶贖單時，按當日匯率26.55償付進口押匯，並支付由國外押匯日起至贖單日止墊款利息計 $9,000 \times 26.55 \times 8\% \times 15/360 =$ NT$796.50：

Dr.兌換—即期　　　　　　　　　US$9,000

　　Cr.進口押匯　　　　　　　　　　　　　US$9,000

Dr.支票存款　　　　　　　　NT$239,746.50

　　Cr.兌換—即期（9,000×26.55）　　　NT$238,950

　　利息收入　　　　　　　　　　　　　NT$796.50

3640　外幣折算

3641

　　多國籍公司的外幣折算：多國籍公司（Multinational Corporation, MNC）將國外分支機構財務報表編製彙總報表時，其對外幣折算（Foreign Currency Translation）之方法有三種[11]：

(1)現行匯率法(Current Rate Method)，指以現行匯率將國外分支機構的全部資產與負債予以折算；至於損益項目，仍按實際發生時匯率折算；股東權益（Equity）按取得時匯率折算。

(2)貨幣性與非貨幣性法（Monetary and Nonmonetary Method），亦稱暫時方法(Temporal Method)，指國外分支機構的貨幣性資產與負債（包括現金、有價證券、應收帳款、長短

---

[11]參閱金融研訓中心，《國際金融理論與實務》，p. 255。

期負債等）按現行匯率折算；非貨幣性資產與負債（包括折舊及
銷貨成本等）則按取得時匯率折算。

(3)流動性與非流動性法（Current and Noncurrent Method），指
流動性資產與負債按現行匯率折算；非流動性資產與負債則按取
得時之匯率折算。

3642

美國公司的外幣折算：美國係依照獨立機構財務會計標準委員會
（Financial Accounting Standards Board, FASB）。所公布的折算
標準辦理，該會於 1975 年以第八號公報（Statement of Financial
Accounting Standards），稱FASB #8或SFAS #8, 係採貨幣性與非貨
幣性法。該項公報自 1976 年 7 月起生效，規定損益必須顯示在每季的損
益表中，如對匯率風險（Exposure）未作避險，會招致很大損失，該會
於 1981 年 12 月發布第五十二號公報（FASB #52或SFAS #52）取代第
八號公報標準。其要點：

(1)先確定國外分支機構的功能貨幣（Functional Currency）與報表
貨幣（Reporting Currency）。前者指國外分支機構營運的貨幣，
如國外分支機構原料來自母國，產品回銷母國，則其功能貨幣為
母國貨幣；如原料及銷售均在當地，則當地貨幣為功能貨幣；後
者指母公司製作報表所用的貨幣。

(2)折算原則是將功能貨幣計值的資產負債，於報告日以現行匯率折
算為報告貨幣。

(3)對於國外分支機構的損益項目，以平均匯率將功能貨幣折算為報
告貨幣。

(4)上項折算損益不列入當期損益，而係以股東權益（Equity）的第
二部分來報告，惟國外分支機構所在地為高度通貨膨脹的國家為
例外。

3643

英國公司的外幣折算：英國係由會計標準委員會（Accounting Standards Committee）於1974年公布SSAP #6（Statement of Standard Accounting Practice），1975 年略加修正稱爲ED 16（Exposure Draft），1980 年 10 月擴大爲ED 27，1983 年 4 月修訂爲SSAP #20，與美國FASB #52大同小異。

3644

其他標準：國際會計標準委員會（International Accounting Standards Committee, IAST），於 1983 年 7 月公布IAST 21，與美國FASB #52大致一致。

我國採用貨幣與非貨幣法❶❷。

---

❶❷參閱金融研訓中心，《國際金融理論與實務》，p. 256。

參考題目

一、解釋下列名詞

1. Types of Payment
2. Letters of Credit, L/C
3. Documents Against Payment, D/P
4. Documents Against Acceptance, D/A
5. Collection
6. Prepayments
7. Open Accounts, O/A
8. Installments
9. Consignment
10. Indent
11. Buyer's Credit
12. Seller's Credit
13. Banker's Credit
14. Buyer's Usance
15. Trade Terms
16. Incoterms
17. Ex-works, EXW
18. Free Carrier, FCA
19. FOR/FOT
20. Free Alongside Ship, FAS
21. FOB Airport
22. Free on Board, FOB
23. Cost and Freight, C&F, CFR
24. Cost, Insurance and Freight, CIF
25. Carriage Paid to, CPT
26. Carriage and Insurance Paid to, CIP
27. Delivered at Frontier, DAF
28. Delivered Ex Ship, DES
29. Delivered Ex Quay Duty Paid, DEQ
30. Delivered Duty Unpaid, DDU
31. Delivered Duty Paid, DDP
32. Cost and Insurance, C&I
33. FOBC5
34. FI, FO, FIOST
35. Shipping Documents
36. Bills of Lading, B/L

37. On Board B/L
38. Negotiable B/L
39. Consignee
40. Marine Waybill
41. Clean B/L
42. Stale B/L
43. Forwarding Agency B/L
44. Charter-party B/L
45. Model B B/L
46. Combined, Multimodal Transport Documents, CTD

47. Insurance Policy
48. Certificate of Insurance
49. TBD Policy
50. S.G. Policy
51. Companies Marine Policy
52. Institute Cargo Clauses, FPA
53. Institute Cargo Clauses, WAS
54. Institute Cargo Clauses, All Risks

55. Institute S.R.C.C. Clauses
56. Institute War Clauses
57. Institute Cargo Clauses (A)
58. Institute Cargo Clauses (B)
59. Institute Cargo Clauses (C)
60. Issuing Bank
61. Advising Bank
62. Confirming Bank
63. Negotiating Bank
64. Reimbursing Bank
65. Irrevocable L/C
66. Sight L/C
67. Deferred Payment L/C
68. Usance L/C
69. Negotiation L/C
70. Confirmed L/C
71. Import L/C
72. Export L/C
73. Documentary Credit
74. Clean L/C
75. Traveller's L/C
76. Stand-by L/C
77. Transferable L/C
78. Revolving L/C
79. Red-clause L/C
80. Back-to-back L/C
81. Local L/C
82. Authority to Purchase, A/P
83. The Doctrine of Strict Compliance
84. U.C.P.
85. Uniform Rules for Collection
86. Export Collection

87. Import Collection　　　　　　　88. Clean Bills Collection

二、回答下列問題

1. 試述付款方式之意義及其類別，並說明何者爲順匯，何者爲逆匯。

2. 試比較各種付款方式對出進口廠商的信用風險。

3. 試比較各種付款方式對出進口廠商的資金融通。

4. 試述國貿條規（Incoterms）及貿易條件之意義及其關係。

5. 試述CIF之意義、特性及買方應注意之事項。

6. 試述貨運單據之意義及其類別。

7. 試述提單之意義及其功能。

8. 試述新舊保險單之主要差異。

9. 試述信用狀之意義及其功能。

10. 試述信用狀主要關係人間之關係。

11. 試述統一慣例之意義及其主要內容。

12. 試簡述出進口廠商應如何辦理匯入匯款、匯出匯款、開發進口信用狀、出口押匯、
出口託收及進口託收業務。

13. 試述出口押匯之意義及其與國外Negotiation之差別。

14. 試述國外分支機構會計報表折算之方法。

第四章　國際貨幣制度與匯率

本章重點

1. 第一節說明貨幣之意義、功能、貨幣本位及本位貨幣之意義，貨幣制度與國際貨幣制度之意義及類別，特別是對國際金本位制度、布列頓森林體制及歐洲貨幣制度運作及其演變，以及國際貨幣基金及特別提款權有較詳細之介紹。

2. 第二節說明匯率及匯率制度之意義及類別，並介紹現行國際匯率制度及我國匯率制度之演變。

3. 第三節說明決定匯率之因素，對國際收支之意義、編製原則、失衡及其調整，通貨膨脹及利率對匯率之影響，以及我國國際收支之狀況、提前與延後原理以及中央銀行之干預，均有較詳細的介紹。

4. 第四節說明匯率對國民經濟的重要性，國家政策對匯率之影響，以及著名的馬婁條件之意義。

第一節　國際貨幣制度

4110　貨幣與貨幣制度

4111

　　貨幣（Money），指社會一般接受作爲經濟交易（商品與勞務）交換媒介（Medium）的物質。早先的貨幣本身就是可銷商品（Saleable Commodity），兼具媒介功能，稱爲商品貨幣（Commodity Money）。近代史上的商品貨幣是黃金與白銀。

　　如貨幣的使用係由政府指定，以法律規定強制流通，稱爲法償貨幣（Legal Tender Money），債務人以法償貨幣償付債務（包括繳付稅捐），債權人不得拒絕。

4112

貨幣的功能：

(1)交換的媒介（Medium of Exchange）或付款的工具（Means of Payment）：爲商品付款或債務結算普遍接受的東西。係貨幣原始的功能，交易人以貨幣買賣其他商品。農民有多餘糧食而需要布匹，不再以貨易貨(Barter Trade)，而係以賣出糧食，取得貨幣，再以貨幣購買布匹，這是貨幣經濟的特徵。

(2)記帳的單位(Unit of Account)：也是價值的標準(Standard of Value)：貨幣爲一切商品或勞務價值計算的準繩，價值的彙總及增減變化，均以貨幣多少來表示。

(3)價值的儲藏（Store of Value）：貨幣保留而備將來使用，就是價值的儲藏。如果將貨幣存在銀行還有利息收入，即是貨幣孳生貨幣。

如果一國貨幣可做為國際間經濟交易的媒介，國際貿易或投資借貸的記價單位，並可作為投資工具或國際準備的貨幣，就是國際貨幣（International Money），其中最重要的就是美元。

4113

貨幣制度（Monetary System）：一國流通的貨幣不只一種，以法律規定各種貨幣間的等價關係，其所形成的體系，稱為貨幣制度。

建立貨幣制度，首先要先確定本位貨幣（Standard Money）與貨幣本位（Money Standard）。本位貨幣指由政府選定作為貨幣體系基礎的貨幣，如我國貨幣的本位貨幣為元，採十進制，元以上為十元、百元及千元等；元以下為角與分。一個 100 元的貨幣等於一百個 1 元的貨幣，彼此具有等價關係。

貨幣本位指貨幣制度中本位貨幣的類別（Type），基本類別為商品本位（Commodity Standard）與不兌換紙幣（Fiat Money）。一國貨幣與任何商品維持固定等價關係，即以該商品名稱為其本位名稱。其與黃金維持固定等價關係，即每單位貨幣含若干重量黃金，稱為金本位（Gold Standard）；其與白銀維持固定等價關係，即每單位貨幣含有若干重量白銀，稱為銀本位（Silver Standard）。其國內流通者為紙幣，且不與任何商品維持固定等價關係者，稱為紙本位（Paper Standard）。

目前世界各國貨幣均為紙本位，不與金銀或任何其他商品維持固定等價關係。

4120 國際貨幣制度之意義

4121

國際貨幣制度（International Monetary System）：指國際間對經濟交易結算使用貨幣及其匯率之安排。近代史上產生之國際貨幣制度，計有一次世界大戰前之金本位制度（Gold Standard System），二次大戰後之布列頓森林體制(Bretton Woods System)，70 年代後之浮動匯率制度（Floating Rate System），以及 80 年代歐洲共同市場國家的歐洲貨幣制度（European Monetary System）。

4122

　　國際貨幣制度需要解決兩個問題：一是貨幣間匯率如何決定，一是匯率變動的範圍。

　　在金本位下，黃金是各國使用的貨幣，也是國際經濟交易結算使用的貨幣。匯率由各國貨幣的含金量來決定，稱爲金平價(Gold Parity)；匯率可自由波動，但不會超過一定範圍，即黃金輸出點（Gold Export Point）與黃金輸入點（Gold Import Point）。

　　在布列頓森林體制下，國際經濟交易結算使用美元，美元對黃金維持固定比率，美國聯邦準備銀行對外國中央銀行以每盎斯 35 美元買賣黃金，各國貨幣訂定對美元（及黃金）之平價（Par Value），並負責維持其匯率在平價上下各 1%之範圍內。

　　歐洲貨幣制度是先創造一個人爲共同貨幣，即歐洲貨幣單位(European Currency Unit, ECU)，各國貨幣訂定對ECU的中心匯率（Central Rates），從而計算出各國貨幣間之中心匯率，各國並維持匯率在中心匯率上下一定範圍內：以前有兩個標準，一爲 2.25%，一爲 6%；自 1993 年 8 月 1 日起，擴大爲中心匯率上下各 15%。

　　浮動匯率制度是沒有制度的制度，各國貨幣間沒有平價或中心匯率，匯率可自由波動，也沒有任何限制，各國貨幣當局沒有干預外匯市場的義務。至於國際經濟交易結算使用美元或任何其他貨幣均可。

4130　金本位制度

4131

　　金本位制度（Gold Standard System）：指一國本位貨幣(Standard Money）以一定量黃金表示的貨幣制度。金本位制度首先建立於英國，英國於 1816 年制訂金本位法案（Gold Standard Act），發行 1 鎊金幣（Gold Sovereign），其他國家相繼採行，美國 1853，德國 1871，比利時、法國、義大利及瑞士 1874，荷蘭 1875，奧地利 1892，俄國 1898，日本 1897。自十九世紀末葉至第一次世界大戰前，世界主要國家均採行金本位，國際經濟交易結算使用黃金，也使用英鎊，也可稱為黃金－英鎊本位制（Gold-Sterling Standard System）。金本位制度先後採用的有三種形態：即金幣本位（Gold Coin Standard）、金塊本位（Gold Bullion Standard）與金匯兌本位（Gold Exchange Standard）。

(1)金幣本位亦稱金正貨本位（Gold Specie Standard），為金本位之最初形態。其特色：

(a)黃金為國內支付工具，也是國際支付工具。

(b)各國發行金幣，同時也發行紙幣，紙幣不論數量可自由兌換金幣。

(c)人民可持有黃金，有權要求造幣廠以金塊鑄造金幣，亦可將金幣熔化成金塊使用，沒有任何限制。

(d)貨幣當局保證以固定價格無限制買入及賣出黃金。

(e)黃金可自由輸出及輸入，沒有任何限制。

(2)金幣本位因第一次世界大戰爆發而中止實施，戰後各國亟欲恢復金本位，惟由於黃金存量有限，不再發行金幣流通。英國於 1925年實施金塊本位，其後各國也相繼採行，以迄 30 年代因世界經濟大恐慌而相繼放棄。金塊本位制之特色：

(a)各國不發行金幣，國內只有紙幣流通，各國貨幣當局以黃金為發行準備，紙幣可兌換金塊。

(b)貨幣當局以固定價格買賣黃金。

(c)黃金事實上已在國內停止流通，因黃金可出口或進口，紙幣可兌換黃金出口，國際經濟交易結算可使用黃金。

1929 年世界經濟大恐慌開始，資本流出之國家，因為沒有足夠的黃金可供兌換出口，金塊本位制遂予放棄。

(3)金匯兌本位係在國際金本位制度下，不實施金本位之國家，為應國際經濟交易結算所採行之制度。這些國家不發行金幣，不買賣黃金，而係以金本位國家貨幣為發行準備，貨幣當局以一定價格買賣金本位國家的貨幣，可確保其貨幣的信用。實行金匯兌本位的國家，可解決黃金不足的困難，以外匯作為貨幣準備並有利息收入。

4132

金本位平價之決定：金本位貨幣制度下，各國貨幣價值之比率，係以各國貨幣含金量計算，稱為金平價（Gold Parity），或鑄幣的法定平價(Mint Parity或Mint Par of Exchange)。例如在 1925 至 1931 年間，英美兩國均實行金本位。在美國，依照金本位法（Gold Standard Act of 1900），1 美元重 25.80 grains，純度為 0.900，含金量為 23.22 grains，1 盎斯重 480 grains，所以每盎斯黃金值 20.672 美元。同期間在英國，每 1 英鎊重 123.274 grains，純度為 11/12，含金量為 113.00116 grains，兩國貨幣含金量之比例為 113.00116÷23.22＝4.8665，所以 1 英鎊等於 4.8665 美元。計算式如次：

$$£1=\frac{123.274\times 11\times 10}{12\times 25.8\times 9}=\text{US\$}4.8665$$

4133

匯率之波動範圍：在金本位時期，國際經濟交易結算使用英鎊及黃金。通常進出口廠商買賣英鎊匯票，其價格即英鎊匯率，隨市場供求變動而變動，但不會超過一定範圍，稱為黃金點（Gold Points）。超過此點，買賣雙方則以運送黃金交付有利，不會買賣英鎊匯票。決定黃金點之因素：⑴黃金價格，⑵黃金提煉費，⑶運輸費用，⑷保險費用，⑸利息損失，⑹包裝處理費用。

茲以英美兩國間結算爲例，說明如次：某美國進口商需支付英國出口商 1 萬英鎊。該進口商可以 48,665 美元自美國聯邦準備銀行購買黃金 2,354.38 盎斯，運送倫敦可自英格蘭銀行兌換 1 萬英鎊，設運保費及利息損失等共計 266 美元，總成本爲 48,931 美元。如果英鎊匯率高於此點，美國進口商不會購買英鎊匯票而代以運送黃金結算，所以英鎊匯率最高不會超過 4.8931 美元。此點爲美國黃金輸出點（Gold Export Point），也是英國黃金輸入點（Gold Import Point）。

反之，倫敦某進口商可以 1 萬英鎊自英格蘭銀行買入 2,354.38 盎斯黃金，設運保費及利息等費用共計 55 英鎊，總成本爲 10,055 英鎊，運往紐約可自聯邦準備銀行兌得 48,665 美元，則英鎊匯率爲$48,665÷10,055＝$4.8399。如英鎊匯率低於 4.8399，英國進口商以運金交付有利，美國出口商以接受黃金比收入英鎊匯票爲有利，所以英鎊不會低於$4.8399，此點爲英國之黃金輸出點，也是美國之黃金輸入點。

4134

黃金流動對價格之調節功能（Gold-specie-flow Mechanism）：金本位制度下，黃金是貨幣，黃金可自由出進口。如果國際收支失衡，得以黃金之輸出入辦理結算，由於黃金之輸出入，使貨幣供給額（Money Supply）有增減變化，透過貨幣增減對物價、所得及利率之影響，可校正國際收支之失衡。此種經由黃金輸出入可自動達成國際收支調整之功能，是金本位制度之最大特色（如圖 4-1）。

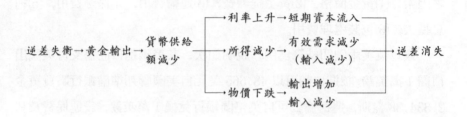

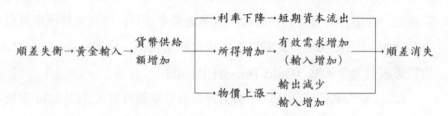

圖 4-1　黃金流動對價格之調節

4135

　　金本位之崩潰：第一次世界大戰期間，爲適應戰時經濟之需要，金本位停止實施。戰後重建金本位制度，各國貨幣不是高估就是低估，國際收支被扭曲。復由於各國政府對物價及工資等之管制，黃金流動與物價調節之功能無從發揮,金本位制度之運作並非順利。至 1930 年代開始，世界經濟大恐慌，國際資金大量流動，各國沒有足夠的黃金可供輸出，遂相繼放棄金本位，實施外匯管制，競相貶值本國貨幣，以期爭取外銷市場，國際貨幣制度一片紊亂。

4140　布列頓森林體制

4141

　　布列頓森林體制(Bretton Woods System, 簡稱布體制)：指二次大戰末期，非共國家於 1944 年集會於美國 New　Hampshire 州之

Bretton Woods，達成建立戰後國際金融制度之協議，包括設立國際貨幣基金（International Monetary Fund, IMF）及國際復興開發銀行（International Bank for Reconstruction and Development, IBRD），一般稱世界銀行(World Bank)，以及建立以美元黃金匯兌爲本位的戰後國際貨幣制度。該制度主要內容如次：

⑴美元對黃金訂定平價(Par Value)，每盎斯黃金值 35 美元。美國對其他國家官方持有美元可自由兌換黃金，其他國家政府亦得以黃金向美國換取美元。

⑵其他國家貨幣訂定對黃金及美元之平價，並維持其對美元之匯率在平價上下 1%之範圍內。事實上，若干工業國家維持其匯率在平價上下 0.75%之範圍內。

⑶設置國際貨幣基金(IMF)，對國際收支發生逆差國家提供短期融通，並協調各國維持國際匯率之穩定。

⑷如各國國際收支發生基本不平衡，可調整平價。惟調整幅度超過10%，應經國際貨幣基金同意，旨在防止戰前各國競相貶值之歷史重演。

4142

國際貨幣基金（International Monetary Fund, IMF，簡稱基金）：係二次大戰後依照布列頓森林協議（Bretton Woods Agreement）於 1945 年 12 月 27 日成立的國際貨幣組織，旨在經由國際貨幣合作以促進匯率穩定。依照國際貨幣基金協定（International Monetary Fund Agreement），基金之資金來自會員國之攤額(Quotas)，攤額大小依照各國國民所得、對外貿易額及國際準備決定。攤額中 25%或該國黃金及美元準備之 10%（兩者孰低爲準），以黃金或美元繳納，稱爲黃金部門（Gold Tranche）；其餘以本國貨幣繳納。一國國際收支發生逆差時，可自基金獲得融通，動用基金攤額中之黃金部門，不受任何限制；超過者越多限制越多，此項權利稱爲提款權（Drawing Rights），自特別提款權（Special Drawing Rights, SDRs）創立後，改稱一般提款權（General Drawing Rights）。

4143

　　特別提款權(Special Drawing Rights, SDRs)：係基金爲解決國際流動性不足問題所創造的國際準備資產，爲基金特別提款帳戶（SDR Account）的帳上信用，同時也是基金的記帳單位（Unit of Account）。1970 年開始按照各國在基金的攤額比例分配，共分配 214 億單位。SDR 價值，在創立時與黃金連結，一個SDR相當於 1 美元之含金量 0.888671 公克，但不能兌換黃金，故稱紙金(Paper Gold)。1971 年 12 月美元貶值，一個SDR等於 1.08571 美元；1973 年 2 月美元二次貶值，一個SDR 等於 1.20635 美元。1974 年 7 月起改採標準籃(Standard Basket)，由十六個國家貨幣加權平均計算其價值；1978 年 7 月修正通貨組合。1981 年 1 月起將十六個貨幣縮減爲五個，與計算SDR之利率組合（Interest Rate Basket)一致。SDR的價值以 1981 年 4 月 30 日匯率爲例，計算如次（SDR 1＝US$1.198579）：

幣　別 (Currency)	權　數 (Percentage Weight)	通貨含量 (Currency Amount)	匯　率 (Exchange Rate)	等值美元 (US$ Equivalent)
美　元 (US Dollar)	42	0.54	1.00	0.5400
馬　克 (DM)	19	0.46	2.2145	0.207722
日　圓 (￥)	13	34	215.13	0.158044
英　鎊 (£)	13	0.071	2.1404	0.151968
法國法郎 (F. Fr.)	13	0.74	5.2540	0.140845
合　計	100			1.198579

依照基金規定，各國通貨所占權數每五年調整一次，以反映各國經
濟力量之消長：

幣　別	1981.1.1	1986.1.1	1991.1.1	1996.1.1	
				權數百分比 (Percentage Weight)	通貨單位金額 (Amount of Currency Units)
美　元	42	42	40	39	0.582
馬　克	19	19	21	21	0.446
日　圓	13	15	17	18	27.2
英　鎊	13	12	11	11	0.813
法國法郎	13	12	11	11	0.105
合　計	100	100	100	100	

資料來源：國際貨幣基金。

　　SDRs與一般提款權比較，有下列特色：(1)參加國不必事先繳納黃
金或美元，即可獲得分配，且可完全記入國際準備，而一般提款權只有
黃金部門才能記入國際準備；(2)動用時不受限制，惟以其分配之SDRs
易取其他國家貨幣，應按照SDR的利率組合支付利息。

　　SDRs除具有官方功能外，民間也有用以作爲存款、借貸、發行債券
及信用卡的價值標準，其變動風險比單一貨幣爲低。

4144

　　史密松甯協議(Smithsonian Agreement)：1971年8月15日，美
國尼克森總統宣布新經濟政策，停止黃金與美元之兌換，美元匯率浮動，
一般稱爲尼克森震撼（Nixon Shock）。同年12月17日至18日，十國
財金首長集會於美國華盛頓史密松甯博物館（Smithsonian Institute），
協議多邊調整各國匯率，稱爲中心匯率（Central Rates），匯率波動幅
度由平價上下各1%調整爲中心匯率上下各2.25%；金價由每盎斯35

美元調整爲 38 美元，美元對黃金貶值 7.89%。

1973 年 2 月，美元二次貶值 10%，金價由 38 美元調整爲 42.22 美元，中心匯率停止實施，各國匯率開始浮動。

4145

布體制之崩潰：戰後實施之布體制，係建立在黃金與美元之兌換關係上。當時，美國擁有世界黃金存量之 80%，經濟力量龐大，國際收支狀況良好，世界各地普遍有美元不足 (Dollar Shortage) 的現象，對美元信心十足，俗稱美金。自 60 年代以來，由於美國對外援助及參與越戰，以及西歐國家及日本，在美國之援助下經濟復興，造成美國國際收支連年逆差，美國之負債已遠超過其黃金存量，國際外匯市場對美元信心動搖，美元匯率常陷入不穩定，至 1971 年尼克森總統宣布停止黃金與美元之兌換後，布體制遂告崩潰。

4150 歐洲貨幣制度

4151

歐洲貨幣制度 (European Monetary System, EMS)：係歐洲經濟共同體或共同市場 (European Economic Community, EEC)，簡稱歐體或歐市國家，於 1979 年 3 月建立。在浮動匯率時代，爲期以聯合浮動，並藉匯率干預及龐大信用制度之協助，爲共同市場建立一個貨幣穩定區 (Zone of Monetary Stability)。

按歐洲共同市場係依照 1957 年羅馬條約 (Treaty of Rome) 於 1958 年 1 月 1 日成立。原始參加國爲德國、法國、義大利、荷蘭、比利時及盧森堡。1973 年 1 月 1 日，英國、愛爾蘭及丹麥加入；1981 年 1 月 1 日希臘加入；1986 年 1 月 1 日西班牙及葡萄牙加入；奧地利、瑞典及芬蘭於 1995 年 1 月 1 日加入後，共有會員國十五個。

在1971年底史密松甯協議後，匯率波動幅度擴大，各國對美元之波動幅度上下共計4.5%，非美元貨幣間爲9%。歐洲共同市場國家爲穩定彼此間匯率，協議自1972年起實施匯率波動幅度較狹的歐洲制度（European System of Narrow Exchange Rate Margin），縮小彼此間波動幅度爲2.25%，對美元則採聯合浮動，因此形成所謂「坑道中的蛇」（Snake in the Tunnel）。

同時，荷比盧（Benelux）三國，實施1.5%更狹窄的波動幅度，形成蛇中之蟲（The Worm），該項制度於1976年終止（如圖4-2）**⓭**。

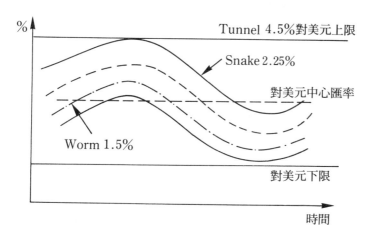

圖 4-2 Snake & Worm

1973年2月中心匯率停止實施後，美元匯率浮動，共同市場國家仍採聯合浮動，波動幅度仍爲2.25%，故稱爲「沒有坑道的蛇」（Snake Without Tunnel）。因爲此項制度沒有強制性，可自由進出，如法國曾二度退出，實施效果不大。因共同市場國家準備實施強有力的歐洲貨幣制，「蛇」於1978年底停止。

⓭參閱Weisweiller, *"How the Foreign Exchange Market Works,"* p. 74.

4152

歐洲貨幣制度運作之要點如次：

(1)創造歐洲通貨單位（European Currency Unit, ECU）：係由共同市場之歐洲貨幣合作基金（European Monetary Cooperation Fund, EMCF）創造之共同市場記帳單位，為該制度之中心。各會員國以其黃金及美元準備之 20％換取，其價值係由一籃固定數目的共同市場各國通貨組成，各國通貨權數決定標準為：(a)國內生產毛額(GDP)，(b)區內相互貿易額，(c)在歐洲貨幣制度下短期及中長期融通制度內的配額。各國通貨權數，每五年調整一次（如表 4-1）。

(2)匯率穩定機能（Exchange Rate Mechanism, ERM）：為歐洲

表 4-1　ECU 籃內各通貨所占比率

通貨別	ECU中含量	所占比率
德國馬克	0.6242	30.3
法國法郎	1.332	19.0
英國英鎊	0.08784	13.0
義大利里拉	151.8	10.15
荷蘭基爾德	0.2198	9.4
比利時法郎	3.301	7.6
西班牙皮索	6.885	5.3
丹麥克郎	0.1976	2.45
愛爾蘭鎊	0.008552	1.1
葡萄牙	1.393	0.8
希臘	1.44	0.8
盧森堡法郎	0.130	0.3
合計		100.0

註：彙總ECU中各國通貨含量乘以當日美元匯率之積，即得ECU之美元匯率。

貨幣制度限制各會員國通貨彼此波動範圍之制度。共同市場會員
國參加者，應訂定其通貨與ECU之中心匯率(Central Rate)，透
過該中心匯率計算出會員國通貨彼此間的中心匯率，中心匯率上
下各2.25%或6%(1993年8月1日起擴大為15%)，為匯率波動
之上下限（Margin）。各會員國匯率的中心匯率及上下限作成一
表，稱為平價柵（Parity Grid）（如表4-2）。此外，並將上下限
之75%，訂為乖離指標(Divergence Indicator)，匯率超過此點
時，貨幣當局即應採取矯正之行動。乖離指標之計算式：$0.75 \times$
2.25%（或6%）× (1－該通貨在ECU中之權數)。如英國於1990
年10月加入ERM時，波動幅度為中心匯率上下各6%，其乖離指
數為：$0.75 \times 6\% \times (1-0.126)=3.933\%$。

自1979年ERM運作以來，希臘迄今尚未參加，英國於1990
年10月8日參加，於1992年9月14日退出。中心匯率調整十四
次，義大利波動幅度原為6%，1990年1月改為2.25%，1992年
9月14日退出ERM運作。1993年8月2日，上下波動幅度一律
擴大為中心匯率上下各15%(荷蘭與德國仍維持2.25%)，奧地利
與芬蘭分別於1995年1月及1996年10月加入ERM，義大利於
1996年11月重返ERM，希臘於1998年3月加入ERM。

上述計算上下限之公式為：$XP-P/X=2\,aP$❶，內中P為
中心匯率，a為波動幅度2.25%或6%或15%，XP為上限，
P/X為下限。以英鎊為例，對馬克中心匯率為2.95馬克，波動幅
度為6%：$X^2-0.12X-1=0$，$X=1.061798$，上限為$XP=$
$1.061798 \times 2.95=3.1320$馬克，下限為$P/X=2.95 \div 1.061798$
$=2.7780$。如波動幅度為2.25%，則$X=1.022753$；如波動幅度

表 4-2 ERM Parity Grid—Bilateral Central Rates and Selling and Buying Rates from 2/8/93

		Bfr/Lfr 100 =	DKr 100 =	FFr 100 =	DM 100 =	1£ 1 =	Fl 100 =	Esc 100 =	Pta 100 =
Belgium-Lux.	S	-	627.880	714.030	2395.20	57.7445	2125.60	24.2120	30.2715
	C	-	540.723	614.977	2062.55	49.7289	1830.54	20.8512	26.0696
BFr/LuxFr	B	-	465.665	529.660	1776.20	42.8260	1576.45	17.9570	22.4510
Denmark	S	21.4747	-	132.066	442.968	10.6792	393.105	4.47770	5.59850
	C	18.4938	-	113.732	381.443	9.19676	338.537	3.65618	4.82126
DKr	B	15.9266	-	97.9430	328.461	7.92014	291.544	3.32090	4.15190
France	S	18.8800	102.100	-	389.480	9.38950	345.650	3.93700	4.92250
	C	16.2608	87.9257	-	335.386	8.08631	297.661	3.39056	4.23911
FFr	B	14.0050	75.7200	-	288.810	6.96400	256.350	2.91990	3.65050
Germany	S	5.63000	30.4450	34.6250	-	2.80000	(103.058)	1.17400	1.46800
	C	4.84857	26.2162	29.8164	-	2.41185	88.7526	1.01094	1.26395
DM	B	4.17500	22.5750	25.6750	-	2.07600	(76.4326)	0.87100	1.08800
Ireland	S	2.33503	12.62610	14.3599	48.1696	-	42.7439	0.486881	0.608731
	C	2.01090	10.8734	12.3666	41.4757	-	36.8105	0.419295	0.524232
1£	B	1.73176	9.36403	10.6500	35.7143	-	31.7007	0.361092	0.451462
Netherlands	S	6.34340	34.3002	39.0091	(130.834)	3.15450	-	1.32266	1.65368
	C	5.46286	29.5389	33.5953	112.6730	2.71662	-	1.13906	1.42413
Fl	B	4.70454	25.4385	28.9381	(97.0325)	2.33952	-	0.98094	1.22644
Portugal	S	556.890	3011.20	3424.80	11481.10	276.938	10194.30	-	145.180
	C	479.590	2593.24	2949.37	9891.77	238.495	8779.18	-	125.027
Esc	B	413.020	2233.30	2540.00	8517.90	205.389	7560.50	-	107.670
Spain	S	445.418	2408.50	2739.30	9191.20	221.503	8153.70	92.8760	-
	C	383.589	2074.15	2358.98	7911.72	190.755	7021.83	79.9828	-
Pta	B	330.342	1786.20	2031.50	6812.00	164.276	6047.10	68.8800	-

註：英國、義大利及希臘未參加ERM。

資料來源：*Financial Times.*

為 15%，則X＝1.1612。

　　會員國間匯率以對馬克匯率最為重要。在匯率達到干預點時，雙方貨幣當局均有義務進場干預。干預時可用會員國通貨或美元。歐洲貨幣合作基金對國際收支逆差國家也可提供融資。

4153

歐洲經濟貨幣聯盟（Economic and Monetary Union, EMU）：係 1991 年 12 月歐洲共同市場為達成進一步統合，於荷蘭Maastricht集會簽訂歐盟條約（Treaty on European Union），亦稱馬斯垂特協約（Maastricht Agreement），經歐市各國通過後已於 1993 年 11 月 1 日起實施（自此，歐市或歐洲共同體改稱歐盟，EU）。分三個階段完成：

(1)第一個階段自 1990 年 7 月 1 日起，為準備階段，各國均加入匯率穩定機能（ERM）。

(2)第二個階段自 1994 年 1 月 1 日起，設立歐洲貨幣機構（European Monetary Institute, EMI），取代歐洲貨幣合作基金，後經決定，該機構設於德國，各國應致力於拉近彼此經濟水準，包括通貨膨脹率、利率及政府預算赤字。於多數國家達到標準後，即可進入第三階段。歐洲貨幣機構攤額之分配，各國人口及國內生產毛額（GDP）各占 50%。

(3)第三個階段自 1997 年 1 月 1 日起實施，推動固定匯率制度，籌設歐洲中央銀行（European Central Bank, ECB），採單一貨幣。

4154

單一貨幣：歐元（Euro），符號為€，ISO 代碼 EUR。

於歷經 92/93 年ERM危機EMU前途無望之時，1995 年 12 月歐盟馬德里高峰會是一個轉捩點。該會議決議：(1)明訂自 1999 年 1 月 1 日起實施EMU第三階段：建立單一貨幣，並定名為Euro，一個Euro等於一個ECU；(2)確認會員國加入單一貨幣應符合之標準，於 1998 年上半年確定參加國名單，並成立歐洲中央銀行（European Central Bank, ECB）；(3)第三階段採漸進方式，過渡期爲三年半。

會員國加入單一貨幣之標準：(1)匯率穩定：加入ERM爲期二年，且未貶值；(2)物價穩定：通貨膨脹率不超過三個最低國家平均數1.5%；(3)利率穩定：長期利率不超過三個最低國家平均數加2%；(4)財政健全：預算赤字不超過GDP之3%，負債餘額不超過GDP之60%。

過渡期：自1999年1月1日起三年中以非現金方式引進Euro，在外匯市場、金融市場及股票市場同時轉換以 Euro 交易，商品同時以當地國貨幣及 Euro 標示價格。各國貨幣與 Euro 之兌換率於1998年底公布，固定且不可撤銷。Euro 採間接報價，即一個Euro等於若干其他貨幣。1998.12.31 公布之兌換率，一個 Euro 等於1.95583德國馬克，6.55957法國法郎，1936.27義大利里拉，166.386西班牙比塞塔，2.20371荷蘭盾，40.3399 比利時法郎及盧森堡法郎，13.7603 奧地利先令，200.482葡萄牙埃斯庫多，5.94573 芬蘭馬克，及 0.787564 愛爾蘭鎊。

自2002年1月1日起，Euro紙幣及硬幣開始流通，各國貨幣開始以上述兌換率向銀行兌換Euro。自2002年7月1日起，各歐元國貨幣不再流通，將爲Euro永久取代。

1996年12月都柏林高峰會簽訂「穩定及成長公約」，對於加入單一貨幣國家財政赤字超過GDP 3%者，明定處罰標準。

1998年5月布魯塞爾高峰會確定加入單一貨幣之國家計有德、法、義、荷、比、盧、西、葡、奧、芬及愛爾蘭等十一個國家。1998年7月1日歐洲中央銀行成立，設於法蘭克福，第一任總裁爲前荷蘭央行總裁杜森柏格(Wim Duisenberg)。歐洲央行、央行總裁、副總裁及各會員國央行總裁，構成歐洲中央銀行體系（ECBS），負責制定歐元國貨幣政策並維持物價穩定，自1999年1月起開始運作，各國央行放棄貨幣政策，僅負責執行ECB貨幣政策。

第二節　匯率制度

4210　匯率之意義

4211

匯率 (Exchange Rate)：指兩國貨幣交換之比率（Rate of Exchange），也是一國貨幣以他國貨幣表示的價格（The Price of One Currency Expressed in Terms of Another Currency）。

不同的國家有不同的通貨，不同的通貨間就有不同的匯率，所以每一種貨幣均有很多個匯率。惟自二次大戰後，每一個外匯市場的美元匯率，通常是最重要的，它是外匯市場中最活躍的，交易量最大，買賣差價也最低。所以外匯市場交易員（Dealers）偏愛以美元買賣其他貨幣。每一國家之外匯市場只決定其本國貨幣與美元之匯率，非美元貨幣間匯率，稱交叉匯率(Cross Rate)，也只是一個計算問題。所以匯率的決定與變動問題，也就是一個美元匯率決定與變動的問題。

以我國而言，新臺幣對美元的匯率，稱爲基本匯率（Prime Rate），係由臺北外匯市場決定。新臺幣與其他通貨間匯率，則係利用國際市場各國貨幣對美元的匯率，與新臺幣對美元的匯率套算即可。如臺北市場 1 美元等於新臺幣 25 元，紐約市場 1 英鎊等於 1.50 美元，則 1 英鎊等於新臺幣 37.50 元。

4212

衡量一國貨幣匯率升貶之標準：

⑴對特定通貨（如美元）之升貶。外匯市場上報導一個貨幣匯率之
　變動，通常以美元爲準。如新臺幣對美元價值的升高就是升值，
　對美元價值的降低就是貶值。

⑵對一籃貨幣的升貶。自 70 年代匯率浮動以後，很多國家貨幣不再
　釘住美元，而改採釘住一籃貨幣，如特別提款權（SDRs）。

⑶對所有外國貨幣整體的升貶。由於外國貨幣太多，計算困難，通
　常以匯率指數（Exchange Rate Index）爲代表。

4213

匯率指數（Exchange Rate Index）：通常係依照主要貿易對手國
（一般爲十個左右）通貨價值以貿易量加權計算的數字與基期數字的比
較結果，稱爲有效匯率指數（Effective Exchange Rate Index），或貿
易加權匯率指數（Trade Weighted Exchange Rate Index）。

有效匯率（Effective Exchange Rate）爲一國貨幣對多個外國貨幣
的平均價值，係將一國貨幣對各個外國貨幣雙邊名目匯率（Nominal
Exchange Rate），依其占本國總貿易量的比例加權計算而得。如選定基
期，與基期（100）比較，並以指數方式表示，稱爲有效匯率指數。有效
匯率指數再按物價指數調整後，稱實質有效匯率指數（Real Effective
Exchange Rate Index），由於其含有購買力平價，所以又稱爲購買力平
價有效匯率指數（Effective Exchange Rate Index of Purchasing
Power Parity）。理論上言，實質有效匯率指數較佳，但各國物價指數之
資訊均有嚴重落後現象，做到確實有效並不容易。

有效匯率可分爲出口有效匯率（Export Effective Exchange
Rate）、進口有效匯率（Import Effective Exchange Rate）與出進口
（雙邊）有效匯率（Export and Import Effective Exchange Rate）：

$$出口有效匯率 = \frac{對 A 國出口值}{全國出口總值} \times 對 A 國匯率 + \frac{對 B 國出口值}{全國出口總值} \times 對 B 國匯率 + \cdots$$

$$進口有效匯率 = \frac{對 A 國進口值}{全國進口總值} \times 對 A 國匯率 + \frac{對 B 國進口值}{全國進口總值} \times 對 B 國匯率 + \cdots$$

$$雙邊有效匯率 = \frac{對A國貿易值}{全國貿易值} \times 對A國匯率 + \frac{對B國貿易值}{全國貿易值} \times 對B國匯率 + \cdots$$

指數的編製，因基期、選樣（對手國及其權數）及計算方法之不同，可能有不同之結果。我國編製新臺幣匯率指數且對外公布者，計有四家：

⑴經建會（前身為經設會）指數，於 1974 年開始編製新臺幣實質有效匯率指數。現行匯率指數以 1992 年為基期，選樣為十七個國家（美國、日本、德國、英國、加拿大、香港、新加坡、澳大利亞、韓國、法國、荷蘭、義大利、菲律賓、泰國、馬來西亞、印尼及中國大陸），以雙邊貿易比重為權數，採幾何平均法。

⑵外匯市場發展基金會（前身為外匯交易中心）指數，始於 1982 年開始編製，選樣為九個國家，現行指數以 1979 年為基期，以雙邊貿易比重及出口比重為權數，採算術平均法（自 1994 年 7 月起改由臺北外匯經紀股份有限公司編製）。

⑶《工商時報》指數，始於 1985 年，以平均出口比重（世界市場比重與雙邊出口比重加權平均）及雙邊貿易比重兩種指數，採幾何平均法。

⑷《經濟日報》指數，以前編有效匯率指數，自 1990 年開始改編實質有效匯率指數，選樣為九個貿易對手國家，以 1989 年所占出口比重為權數，以 1979 年為基期，採幾何平均法。

新臺幣匯率指數超過 100，通常認為新臺幣有高估現象，不利出口貿易競爭，新臺幣應予貶值。反之，指數低於 100，通常認為新臺幣有低估現象，新臺幣有升值空間。事實上，此種看法並不正確，主要要看經濟狀況，如果我們經濟狀況比別人好，即使匯率指數超過 100，也不一定就沒有競爭能力，因為指數為平均數，如果指數為 100，與基期比較，顯示新臺幣對某些國家貨幣貶值，對另一些國家貨幣升值。這好比賽跑，我們正好跑在當中，前後都有人而已！在國際經濟舞臺上，一國貨幣就像股票市場的股票一樣，經濟表現好的貨幣價格就會上漲。如果我國經濟表現名列前茅，而排名硬要排在當中或以下，實在也沒有什麼道理。

指數只是一個平均數，對各個廠商的感受因貿易地區而異。近年來新臺幣對美元升值，對日圓及馬克貶值，對以美國為出口市場的廠商會感到競爭壓力太大；對以日本或德國為出口市場的廠商壓力就不一樣。

由於我國對美國貿易所占比重很高，而且新臺幣對美元匯率為基本匯率，所以美元本身價值的高低對我們也有很大的影響。測量美元價值的指數有二個[15]：

(1)FRB Index：係由美國聯邦準備銀行所編製，以 1983 及 84 年的貿易量為權數，內中德國占 19.4%，日本 17.4%，法 12.1%，英 11.7%，加拿大 9.6%，義大利 9.3%，荷蘭 7.6%，比盧 6.4%，瑞士及瑞典各 3.3%。

(2)IMF Index：係由國際貨幣基金依多邊匯率模式（Multilateral Exchange Rate Model）編製，依照 1977 年資料為權數，內中日 21.3%，加 20.3%，德 13.0%，法 10.1%，義 7.5%，英 5.1%，澳 4.9%，荷 3.2%，瑞典 2.7%，比盧 2.4%，瑞士 1.7%，其他 7.9%，合計 100%。

又美國紐約棉花交易所（New York Cotton Exchange）附屬金融交易所（Finex）上市買賣美元指數期貨（US Dollar Index Futures）及指數選擇權（Index Options），稱USDX，係利用十個貿易合夥貿易量加權幾何平均，內中德 20.8%，日 13.6%，法 13.1%，英 11.9%，加 9.1%，義 9%，荷 8.3%，比 6.4%，瑞典 4.2%，瑞士 3.6%。

---

[15]參閱Jeff Madura, *"International Financial Management,"* p. 87.

4220　匯率制度

4221

匯率制度(Exchange Rate System)：指匯率水平的決定及其調整的安排，歷史上採用的匯率制度如表 4-3 匯率制度：

表 4-3　匯率制度

4222

法定匯率（Official Rates）：亦稱官價，指一國實施外匯管制時，政府基於政治經濟因素而訂定的匯率。通常係先訂定對某一主要國家貨幣的匯率，稱基本匯率(Prime Rate)，再以此匯率訂定對其他貨幣的匯率。法定匯率有強制性，銀行買賣外匯應以此為準，特別是在買入外匯方面，政府以法定匯率收購外匯。匯率之調整，是一個經濟問題，視國際收支狀況而定；但也是一個政治問題，國幣貶值通常係在政府交替時決定。

買賣外匯不論對象、貨物、來源或用途，只適用一個匯率者，稱為單一匯率（Unitary Rate）；因人因物或交易性質之不同而適用不同之匯率，稱複式或多元匯率(Multiple Rates)；買賣外匯除支付等值的國幣外，尚有其他收入或成本，稱隱藏的複式匯率（Hidden Multiple Rates）。

4223

　　市場匯率（Market Rates）：亦稱市價，指由外匯市場供給與需求決定匯率，適用供求律（Law of Supply and Demand）。當外匯供過於求時，外幣價格下落；外匯求過於供時，外幣價格上漲。當政府訂定法定匯率，並禁止外匯自由交易時，市場匯率即成為黑市匯率（Black Market Rates）。

　　匯率由市場供求決定，但其波動限制在一定之範圍內者，稱固定匯率（Fixed Rates），歷史上採行的固定匯率制度有三個：即一次世界大戰前後的金本位（Gold Standard）、二次大戰後的布體制（Bretton Woods System），以及 70 年代以後浮動匯率時代若干國家採行的釘住一個貨幣或一籃貨幣的制度。

　　在金本位下，兩國貨幣以含金量為平價（Parity），匯率波動受黃金點（Gold Points）之限制。在布體制下，對美元之平價（Par Value）由政府決定，政府強制干預市場，以限制匯率波動不得超過平價上下 1% 之範圍。釘住匯率制（Pegged Rate System）為布體制崩潰後若干國家實行的固定匯率制度，貨幣當局使本國貨幣與一個主要國家貨幣或一籃貨幣維持一個接近固定比率的關係。如係定時調整，以使貨幣緩慢貶值或升值，則稱為爬行釘住匯率制（Crawling Pegged Rate System）。

　　實施浮動匯率制度，沒有平價，也沒有變動幅度的自然限制（金本位的黃金點）或人為的上下限（平價上下 1%），也不與任何國家貨幣或一籃貨幣維持固定關係，可說是一種沒有制度的制度（Non-system）。貨幣當局沒有義務進入外匯市場買賣外匯。但如果貨幣當局對匯率變動仍作若干限制，或限制某些外匯的供求，或者貨幣當局不願意匯率變動太大，特別是不願意外幣貶值（國幣升值）太大，而經常進入市場買賣

外匯；雖然沒有明白規定的上下限，但在貨幣當局心目中，仍有一個干
預的底線；不同階段可能有不同的底線，這樣一個直接或間接干預市場
的匯率制度，稱為管理的浮動匯率制度（Managed Floating Rate Sys-
tem），有時也被稱為骯髒的浮動匯率制度（Dirty Floating Rate Sys-
tem）。反之，若外匯供求沒有任何限制，國際貨幣當局心目中也沒有底
線，任由市場供求決定匯率；或只在大家共同認為市場升貶過頭（Over-
shooting）時才進場干預，稱為自由的浮動匯率（Freely Floating Rate
System）。

4224

　　現行國際匯率制度：自 1973 年 3 月，十國及瑞士集會巴黎，協議採
行浮動匯率制度，一般稱為浮動匯率時代開始。1976 年國際貨幣基金修
訂基金協定，正式認可浮動匯率制度。

　　主要國家貨幣匯率對美元浮動，但並非世界所有國家貨幣都是浮動。
依照《1993 年國際貨幣基金匯兌年報》（*Annual Report of Exchange
Arrangement and Exchange Restrictions*），世界一百七十九個國家
中，採行之匯率制度：

(1)採釘住匯率（Pegged Rates）者八十八個，其中釘住美元者二十
　六個，釘住法國法郎者十四個，釘住其他貨幣者十七個，釘住通
　貨組合（Composite of Currencies）者三十一個，包括釘住特別
　提款權（SDRs）者三個。

(2)採有限浮動（Limited Flexibility）者十三個，內中共同市場九
　國採聯合浮動（Cooperative Arrangement），對單一貨幣浮動者
　四個。

(3)較自由浮動（More Flexible Arrangement）者七十八個，內中
　按一組指標調整（Adjusted According to a Set of Indicators）
　者三個，其他管理浮動（Managed Floating）者二十七個，獨立

浮動（Independent Floating）者四十八個。

由上述可知，現行國際匯率制度是一個多種類型固定與浮動相混合的制度。就國家個數言，採用固定匯率者多；但就主要貨幣言，則多採浮動匯率，所以仍稱爲浮動匯率時代。

4225

我國之匯率制度：大體上可分爲兩個階段：(1)在外匯市場建立前，採法定匯率 (38 年 6 月至 68 年 1 月)，其中 38 年 6 月至 39 年 1 月爲單一匯率，39 年 2 月至 49 年 7 月爲複式匯率，49 年 7 月至 68 年 1 月爲單一匯率。(2)外匯市場建立後採市場匯率，68 年 2 月至 78 年 4 月 2 日爲管理的浮動匯率，78 年 4 月 3 日起爲自由的浮動匯率。茲分述如次：

(1) 38 年 6 月臺省實施幣制改革，發行新臺幣，1 美元值新臺幣 5 元，並實施進出口連鎖的結匯證制度。其後，由於通貨膨脹物價上漲，結匯證市價大幅上揚，遂於 39 年 2 月放棄釘住匯率，改採二元匯率：規定進口機器設備原料及重要物資適用官價，一般進口適用公營事業結匯證價。其後經多次變更，演變成複雜的多元匯率。47 年 4 月實施匯率改革，將多元匯率簡化爲二元匯率。49 年 7 月恢復單一匯率。50 年 6 月將官價調整爲 40 元，52 年 9 月廢除結匯證制度，實行眞正的單一匯率。62 年 2 月美元二次貶值，新臺幣對美元升值 5%，基本匯率調整爲 1 美元值新臺幣 38 元。67 年 7 月由於國際收支順差過大，基本匯率調整爲 36 元，並實施機動調整。

(2) 68 年 2 月外匯市場建立，由五家大銀行組成外匯交易中心，負責匯率訂價，中央銀行並限制匯率波動幅度。71 年 9 月採行銀行間美元交易加權平均價計算中心匯率制度。此一時期由於匯率波動有限制，可稱爲管理的浮動匯率制度。78 年 4 月 3 日起，中央銀行廢止指定銀行買賣外匯辦法，取消加權平均中心匯率。期初實

施小額議定匯率制度，至79年12月29日取消小額議定匯率制
度，匯率完全自由化。目前對資本交易及銀行業務尚有一些限制，
大體上已可視爲自由的浮動匯率制度。

第三節　影響匯率變動之因素

4310　決定匯率的因素

4311

匯率是外匯的價格，決定於外匯的供給與需求。而決定外匯供求的
因素很多，也包括匯率本身，惟大體可概括爲三項：國際收支、預期心
理與中央銀行之干預。

4320　國際收支

4321

國際收支 (International Balance of Payments)：指一國在一定
期間內，通常爲一年，與其他國家經濟交易之總金額❿。非經濟交易，如
文化交流，或不以貨幣金額計算者，均不包括在內。國際收支之範圍比
貿易收支 (Balance of Trade) 廣，因爲它還包括貿易外收支，如勞務
及資本交易是。與外匯收支 (Foreign Exchange Receipts and Pay-
ments)比較，國際收支還包括不以外匯結算的經濟交易，如易貨交易及
實物捐贈賠償等是；此外，兩者統計基礎也不同，國際收支採權責基礎
(Accrual Basis)，而外匯收支採現金基礎(Cash Basis)。國際收支與
國際借貸 (Balance of International Indebtedness) 也不同，前者相

---

❿嚴格定義應爲居住民 (Residents) 與非居住民 (Non-residents) 間之經濟交
　易。

當於一個企業之損益計算書（Income Statement），表現一國在一定期間內與國外交易之結果；後者相當於一個企業的資產負債表（Balance Sheet），表現在特定日期（通常爲年底）對國外債權債務餘額的狀況。

4322

編製原則：國際收支爲國際收支平衡表（Statements of Balance of Payments）之簡稱，此表之編製在表現一國收入與支出之狀況，其編製原則有二：

(1)複式簿記原則（Principle of Double Entry Bookkeeping）：指對每一筆經濟交易均以借方（Debit）與貸方（Credit）兩個分錄記載之。記入借方者，包括商品進口、勞務支出、移轉支出及資本外流；記入貸方者，包括商品出口、勞務收入、移轉收入及資本內流。

(2)借貸原則（Principle of Debiting and Crediting）：國外資產之增加及國外負債之減少，列入借方；國外資產之減少及國外負債之增加，列入貸方。理論上，借貸雙方總和平衡，惟因編製資料之欠缺，無法平衡。所以國際收支平衡表特增加「錯誤與遺漏」（Net Errors and Omissions）項目，予以平衡之。

4323

國際收支帳（Balance of Payments Accounts）：指各項經濟交易統計分析時所歸屬之帳戶。可分爲自主性交易帳戶（Autonomous Transaction Accounts）與調節性交易帳戶（Accommodating Transaction Accounts）。自主性交易指由於國際間價格、所得或利率之差異而引發的經濟活動，包括：(1)商品出進口；(2)勞務收支；(3)移轉收支，以上合稱經常帳（Current Accounts）；(4)長期資本收支及若干短期資本收支，以上合稱資本帳（Capital Accounts）。調節交易帳指記載爲適應國際收支之考慮或爲彌補其他項目之不足而進行之活動，包括若干短期資本收支及準備帳戶之變動。如因經常交易直接發生之資本交易，如貿易融資及一般銀行貸款，屬於自主性交易；爲彌補國際收支而發生之資本交易，如國際貨幣基金之融資，中央銀行國外存款之增減，屬於調節性交易。

通常所謂國際收支平衡，係指國際收支帳借貸雙方總和相等；國際收支不平衡或失衡（Disequilibrium），則指自主性交易借貸雙方不相等。如貸方超過借方，或自主性收入大於支出，稱爲順差（Favorable Balance）或盈餘（Surplus）；如借方大於貸方，或自主性支出大於收入，稱爲逆差（Unfavorable Balance）或虧絀（Deficit）。

4324

國際收支失衡之影響及其調整：短期國際收支失衡影響不大，中央銀行可利用準備帳戶及國際借貸調整之，即以干預外匯市場方式，提供外匯供給或需求。長期國際收支失衡問題很大，如長期順差，對內可造成通貨膨脹，對外產生國際間貿易磨擦；如長期逆差，會帶來通貨貶值之壓力。所以國際收支長期失衡，必須設法調整，以期能恢復均衡。其調整方法：

(1)自動調整：指經濟本身有一種力量可促使國際收支恢復均衡。在金本位下，國際收支失衡產生黃金流動，因而造成貨幣供給之增減，因貨幣供給增減，經由其對物價、利率及所得變化，可影響出進口貿易之增長及資本流動，最後可促使國際收支恢復均衡。

(2)經由利率調整：國際收支順差時，可促使利率下降，中央銀行也可主動降低利率，促使資本外流，縮小順差；國際收支逆差時，可促使利率上升，中央銀行也可主動提高利率，促使資本內流，縮小逆差。

(3)經由匯率調整：國際收支大體上可反映在外匯市場之供求。順差時外匯市場會供過於求；如中央銀行不干預市場，本國貨幣即會升值, 有利進口, 不利出口, 可促使順差縮小; 逆差時外匯市場會求過於供, 如中央銀行不干預市場, 本國貨幣即會貶值, 有利出口, 不利進口, 可促使逆差縮小。經由匯率變動調整國際收支失衡, 是倡導浮動匯率者最重要理由之一, 也是國際收支逆差國家壓迫順差國家促使貨幣升值之最重要理由。

(4)經由所得調整: 順差時國民所得提高, 因而增加國民消費, 包括對進口貨的消費, 有利進口增加; 反之, 逆差時因國際貿易入超, 工廠關閉, 工人失業, 國民所得下降, 消費能力減低, 進口減少。

(5)經由物價變動調整: 順差時會造成通貨膨脹物價上漲, 不利出口, 有利進口; 反之, 逆差時會造成通貨緊縮物價下跌, 不利進口, 有利出口。

(6)經由外匯貿易管制: 逆差時, 政府可管制進口鼓勵出口並限制資本外流以減少逆差; 順差時, 政府可放寬進口並限制資本 (特別是投機資金) 內流以減少順差。

4325

影響國際收支之因素: 構成國際收支之主要項目爲貿易收支與資本收支。貿易收支取決於經濟發展、國民所得及通貨膨脹狀況等; 資本收支主要決定於國內外經濟及投資之環境, 以及利率之高低。茲就通貨膨脹及利率的影響說明如次:

(1)通貨膨脹對匯率之影響: 通貨膨脹 (Inflation) 指貨幣供給額 (Money Supply) 之增加超過生產力的增加, 因而造成太多的貨幣競逐太少的貨物 (Too Much Money Chasing Too Few Goods)。因貨幣供給增加, 六至九個月後會使人民所得增加, 因而消費增加, 六至九個月後會使需求增加, 所以一年至一年半以後會導致物價上漲❶貨幣對內之購買力降低。如其他因素不變, 物價上漲會提高本國產品成本, 不利出口, 有利進口, 將導致國際收支惡化。如貿易對手國也有通貨膨脹，其對貿易的影響，則取決於相對膨脹率（Relative Inflation Rates）。兩國間預期即期匯率變動率（Expected Rate of Change of the Spot Exchange Rate），等於兩國間預期通貨膨脹率之差異（Expected Inflation Rate Differential），此項理論，稱為購買力平價論（Purchasing Power Parity Theory, PPPT）。茲說明如次：

基於一價法則（Law of One Price），設無貿易障礙且運費不計，經由匯率換算後兩國物價相等。即 $P_A = S \cdot P_B$，內中 P_A 及 P_B 為AB兩國的物價，S 為即期匯率，此為絕對購買力平價論（Absolute Form of PPPT）。惟由於貿易管制及運費關稅等因素，一價法則不存在，上式可變為：$P_A(1+\dot{P}_A) = S(1+\dot{S}) \times P_B(1+\dot{P}_B)$，式中 $\dot{P}_A$ 及 $\dot{P}_B$ 分別代表AB兩國年通貨膨脹率，$\dot{S}$ 為匯率的預期變動率。以 $P_A = S \cdot P_B$ 代入上式可得：$\dot{S} = (\dot{P}_A - \dot{P}_B)/(1+\dot{P}_B)$，取其近似值，即得：$\dot{S} = \dot{P}_A - \dot{P}_B$，該式表示：兩國間預期即期匯率變動率，等於兩國間預期通貨膨脹率之差異（如圖 4-3）。

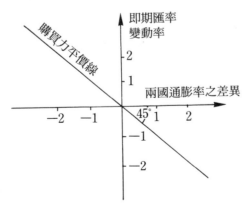

圖 4-3　通貨膨脹對匯率之影響

❶參閱Powers & Castelino, "*Inside the Financial Futures Markets,*" p. 91.

(2)利率對匯率之影響: 利率爲使用資本之報酬, 其高低與通貨膨脹率有關。通貨膨脹率越高, 利率越高。依照費雪效果 (Fisher Effect), 各國的名目利率 (Nominal Exchange Rate), 應等於投資人所必需的實際報酬率或實際利率 (Real Rate)❶, 加上預期通貨膨脹率。如圖 4-4 所示, $I_A = I_r + \dot{P}_A$, $I_B = I_r + \dot{P}_B$。在自由經濟下, 各國實際利率趨向相等, 由此可求得 $I_A - I_B = \dot{P}_A - \dot{P}_B$。此式表示兩國利率差異等於兩國預期通貨膨脹率之差異, 如圖 4-5 費雪效果線所示。上式也可改寫爲: $I_A - \dot{P}_A = I_B - \dot{P}_B$, 表示在消除通貨膨脹率後, 兩國利率相等。

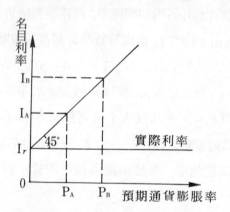

圖 4-4　通貨膨脹與利率之關係

---

❶眞實利率＝〔(1＋名目利率)／(1＋通貨膨脹率)〕－1, 如名目利率爲 10%, 通貨膨脹率爲 5%, 則眞實利率爲 4.76%, 低於 5%。原因是通貨膨脹降低了本金的購買力。也降低了利息的購買力。(參考 Bishop & Dixon, "*Foreign Exchange Handbook*," p. 66.)

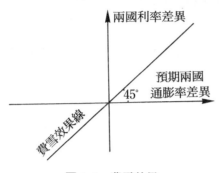

圖 4-5　費雪效果

將 $\dot{S} = \dot{P}_A - \dot{P}_B$ 與 $I_A - I_B = \dot{P}_A - \dot{P}_B$ 兩式合併，即得：$\dot{S} = I_A - I_B$，表示預期即期匯率變動率等於兩國間利率差異，此種關係稱爲國際費雪效果（International Fisher Effect），如圖 4-6。

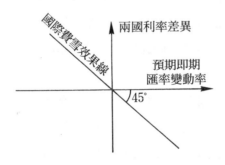

圖 4-6　兩國利率差異對匯率之影響

4326

　　我國之國際收支：我國國際收支原本多爲逆差，惟自 1950 及 1960 年代積極發展工業並拓展外銷以後，自 1970 年代即轉變爲順差，但至 1980 年代後期，由於新臺幣升值，對外投資大幅增加，以及國內投資環境惡化之關係，國際收支亦常出現逆差。依照中央銀行依據IMF第五版國際收支手冊所編我國收支統計，我國國際收支具有下列特點：(1)有形貿易爲順差，通常均在 100 億美元以上；(2)勞務收支爲逆差，通常均在

70 億美元以上；(3)所得收支，包括薪資所得及投資所得，每年淨收入約 30 億美元；(4)近年來金融帳中，對外直接投資遠大於外人來臺投資，證券投資收支均有增加趨勢，惟 86 年由於東亞金融風暴影響，外人投資股票市場爲淨流出（表 4-4）。

4330 預期心理

4331

市場參與者對匯率走勢的預期，對外匯市場的供求，會產生兩個影響：變更外匯供給或需求的時間與投機資金的流動。

4332

預期會變更外匯供給或需求的時間，即所謂提前及延後原則 (Principle of Leads and Lags)。如預期某一外國貨幣貶值時，以該外幣計值的出口商，會設法提前結售該外國貨幣；以該外幣計值的進口商，會設法延遲結購該外國貨幣，因此會造成外匯市場上該外國貨幣供給增加及需求減少的現象，該外國貨幣勢必要貶值。如預期某一外國貨幣升值時，以該外幣計值的進口商，會設法提前結購該外國貨幣；以該外國貨幣計值的出口商，會設法延遲結售該外國貨幣，因此會造成外匯市場上該外國貨幣需求增加及供給減少的現象，該外國貨幣勢必要升值。所以即使原本爲供求接近平衡的外匯市場，因預期升貶的心理，經由外匯供求的提前或延後，會使外匯市場的供求極不平衡，最後會迫使外國貨幣升值或貶值，使預期成爲事實。

4333

預期升貶會導致資本流動，影響外匯市場的供求。如預期某一國貨幣會貶值，資金會自該國流出，經由貸借或出售有價證券取得該國貨幣再用以結購外匯，增加外匯需求，構成貨幣貶值的壓力。如 1992 年 9 月 17 日因市場預期瑞典幣會貶值，外匯市場瘋狂抛售瑞典幣，瑞典政府被

表 4-4　國際收支

單位：百萬美元

項　　目	1993	1994	1995	1996	1997
經　常　帳	7,042	6,498	5,474	11,027	7,776
商品出口	84,778	92,719	111,214	115,462	121,725
商品進口	−73,328	−80,870	−97,979	−97,894	−107,272
商品貿易淨額	11,450	11,849	13,235	17,568	14,453
勞務收入	13,314	13,205	15,016	16,260	17,144
勞務支出	−21,210	−21,070	−24,053	−24,381	−24,880
勞務收支淨額	−7,896	−7,865	−9.037	−8,121	−7,736
所得收入	6,802	7,125	8,119	7,757	8,120
所得支出	−2,634	−3,586	−4,620	−4,517	−5,729
所得收支淨額	4,168	3,539	3,499	3,240	2,391
移轉收入	1,831	2,168	2,312	2,498	2,898
移轉支出	−2,511	−3,193	−4,535	−4,158	−4,230
移轉收支淨額	−680	−1,025	−2,223	−1,660	−1,332
資　本　帳	−328	−344	−650	−653	−314
資本帳收入	0	0	0	0	0
資本帳支出	−328	−344	−650	−653	−314
金　融　帳	−4,629	−1,397	−8,190	−8,802	−8,154
對外直接投資	−2,611	−2,640	−2,983	−3,843	−5,222
外資來臺直接投資	917	1,375	1,559	1,864	2,248
證券投資—資產	−1,332	−1,997	−2,236	−4,368	−6,729
股權證券	−1,069	−1,608	−2,121	−3,239	−4,650
債權證券	−263	−389	−115	−1,129	−2,099
證券投資—負債	2,399	2,902	2,729	3,256	−1,554
股權證券	2,181	1,545	2,073	2,185	−2,232
債權證券	218	1,357	656	1,071	678
其他投資—資產	−7,248	−7,512	−8,064	−11,594	−2,504
其他投資—負債	3,246	6,475	805	5,883	5,607
誤差及遺漏	−544	−135	−565	−470	−36
合　　計	1,541	4,622	−3,931	1,102	−728
準　備　帳	−1,541	−4,622	3,931	−1,102	728

資料來源：中央銀行金融統計月報。

迫將利率提高爲年率 500%，仍然無濟於事，最後不得不放棄干預，任由瑞典幣自由波動。如預期某一國貨幣升值，熱錢（Hot Money）會流向該國，以外國貨幣兌換該國貨幣，增加對該國貨幣的需求，構成該國貨幣升值的壓力。如 70 年代多次美元危機，外匯市場拋售美元購買馬克，德國政府雖曾規定對非居住民（Non-residents）的馬克存款課征負利息（Negative Interest），但無濟於事，最後仍然造成馬克升值。按熱錢（Hot Money）爲主要由外國人持有的資金，爲了投機會突然轉換爲另一國貨幣❶。

在外匯市場上也有所謂慣性定律的適用，即如無外力加入，漲時續漲，跌時續跌。對於人類行爲與市場變化的關係屬於技術分析（Technical Analysis），心理上的抗拒線（Resistance Level）及支持線（Support Level）對短期間匯率變動也有影響。

4334

與國際收支比較，預期心理因素的影響是短期性的。國際收支的調整需要較長的時間，在外匯市場未充分反映出國際收支調整結果的期間，經由預期的影響，升貶值常會成階段性的重複發生。

預期的形成，通常係由於匯率升貶的條件已具備，經由出進口廠商的提前與延後的操作，以及投機資金的流動，會加速匯率升貶值的實現。預期心理對匯率的影響，通常是漲時助漲，跌時助跌，且常會造成升貶過度（Overshooting），最後拉回整理，形成外匯市場劇烈震盪。

民國 76 年前後，新臺幣成階段式的升值，共識有很重的影響。在每一次升值達某一水準後，市場認爲新臺幣升值已足夠，持有外匯者不願再降價出售，需要外匯者紛紛進場購買外匯，外匯市場供求狀況改觀，新臺幣就會停止升值。但在經過一個相當期間後，市場發現外匯仍然供

---

❶參閱Weisweiller, "*How the Foreign Exchange Market Works,*" p. 200.

過於求，此種感覺形成共識後，那就會開始另一階段的新臺幣升值。

新臺幣對美元匯率，自民國 74 年 9 月 21 日之 40.53 元起，持續升值至 81 年 7 月 9 日的 24.50 元(79 年上半年因對外投資熱衷，資金大量外流，造成新臺幣一時貶值爲例外)，基本上是因爲我國國際收支大量順差，而對外貿易大量出超，則是形成國際收支順差的原因。國際收支順差，外匯市場供過於求，新臺幣就會有升值的壓力。

4340　中央銀行的干預

4341

中央銀行的干預(Intervention)：通常指中央銀行對外匯市場提供大量的供給或需求，以期影響匯率的走勢。在沒有外匯管理的國家，這是惟一可行的干預手段。近年來外匯市場強大，單憑一國中央銀行的力量，常無法遂行干預的目的，所以近年來國際間盛行聯合干預，但干預之時機也很重要，如市場已有共識，認爲匯率不合理，干預會發生引發（Trigger)的效果。如市場未形成共識，即使央行聯合干預，有時也不會發生預期的效果。中央銀行聯合干預最成功的一次是 1985 年 9 月 22 日五國會議決定壓低美元匯率，美元遂在各個外匯市場普遍下跌，至 1987 年已下跌 35%。這是因爲美國雷根總統當政，美元匯率過分高估，而美國經濟及國際收支並不足以支持如此高估的美元（美元高估係由於美國財政赤字使利率上升，加上聯邦準備銀行爲對付通貨膨脹放任利率上升，因利率上升誘致短期資金大量流入而使美元在外匯市場上堅挺)。因外匯市場已形成美元高估的共識，所以聯合干預的決定才會發生引發的效果。

中央銀行干預市場可利用其持有的外匯準備，或政府設立的外匯平準基金（Exchange Stablization Fund），也可與其他中央銀行簽訂換匯協定（Swap Agreements），隨時可動用他國貨幣。另一來源爲國際貨幣基金的資金，包括特別提款權 (SDRs) 在內。

上述中央銀行進場買賣外匯的方式，稱爲直接干預 (Direct Intervention)。廣義的干預，尚包括旨在影響匯率走勢的其他措施，其中最重要的是對外匯市場供求及匯率變動的限制。按中央銀行以行政命令限制外匯市場的供給或需求，或限制匯率變動的幅度，通常稱爲外匯管制 (Foreign Exchange Control或Restrictions)，包括對企業或個人結購或結售外匯的限制，對外匯銀行營運、持有外匯部位 (Foreign Exchange Position) 及國外資產或負債的限制。此外，中央銀行提高利率以誘導資金流入，政府實施高關稅及／或進口限制，均會影響外匯市場的供求。

4342

外匯管制的重心在於穩定匯率[20]，如果中央銀行能不管匯率，則一切外匯管制均可廢除。

中央銀行干預外匯市場的理由，通常不外下列幾項：(1)使匯率變動平滑(Smoothing)，可降低金融市場的恐懼，並避免投機操作；(2)基於經濟或政治原因，設定隱含的匯率波動範圍，或基於國際協議，如歐洲共同市場各國匯率機能 (ERM) 規定，超出範圍就進場干預；(3)對臨時性干擾的反應，如油價上漲會迫使本國貨幣貶值，央行干預可避免匯率受突發事件的影響。

4343

中央銀行干預市場會影響貨幣市場：如央行爲避免國幣升值，在外匯市場買入外匯，放出國幣，會造成貨幣市場資金寬鬆，利率下降。央行雖然握有國幣發行權，有積極干預市場的能力，但大量買入外匯，會造成通貨膨脹及物價上漲，顯非中央銀行所能承受，這是央行干預市場

---

[20]參閱于政長，〈外匯管理與外匯市場〉，《臺灣經濟金融月刊》，81 年 2 月 20 日。

的上限。如央行爲避免國幣貶值而在外匯市場賣出外匯收回國幣，會使貨幣市場資金緊湊，利率上升。央行持有外匯準備，有能力賣出外匯，且央行可與他國央行訂定換匯協議（Swap Agreements），動用他國貨幣在外匯市場賣出，但可利用的數量仍有限制，這是央行干預的下限。

如央行干預外匯市場，同時在貨幣市場作反向操作，以期維持貨幣供給額（Money Supply）不變，此種干預的方式，稱爲沖銷式干預（Sterilized Intervention）。反之，不在貨幣市場作反方向操作者，稱爲非沖銷式干預（Non-sterilized Intervention）。我國中央銀行在民國76年前後干預外匯市場買入美元放出新臺幣，多半會同時發行定存單等措施，以收縮貨幣市場資金。此種聯合操作，雖有減輕及延緩通貨膨脹壓力的效果，但最後仍然造成通貨膨脹及物價上漲。

4344

外匯市場非常重視中央銀行對外匯市場的態度：⑴央行干預或不干預都會影響外匯市場的預期；⑵央行干預會影響外匯市場的供求。

經由操作的規模、時機與透明度，中央銀行對當前市場狀況的態度提供間接資訊。央行是否認爲市場失序（Disorderly）？是否認爲波動太大？對經濟是否有影響？儘管各方對央行態度的解釋可能不同，但在決定買賣外匯前，誰也不能忽略央行的態度。

自1973年匯率浮動以後，各國央行干預市場理由不一，程度也不同，但央行追求的主要目標，在對抗失序市場。匯率大幅波動、銀行不願雙向報價、買價與賣價差距明顯擴大，以及匯率持續在同一方向變動，均是市場失序的徵候，市場參與者就應該注意中央銀行的態度。

4345

中央銀行干預市場的作法：

⑴有限干預（Limited Intervention）：央行雖然認爲市場有失序現象，但非不得已仍不干預。因爲經濟問題應以經濟手段解決，

只有在經濟基本不平衡問題解決後，匯率問題才能解決。大部分情形下，外匯市場干預最多只能做到爭取時間以利政策調整。

(2)經常干預（Frequently Intervention）：有些央行經常進場干預，但不在影響長期趨勢，只是希望匯率能平滑變動。其觀點主要是認為外匯市場缺乏深度，匯率會在一天之內有大幅度的變動，所以干預屬於一種震盪吸納（Shock Absorber）。持續進場進行干預以維持一個有秩序的市場，但不會在短期間內累積買入或賣出太多的外匯。

第四節　匯率與國民經濟之關係

4410　匯率的重要性

4411

匯率是一國貨幣以他國貨幣表示的價格，在國民經濟中，屬於最重要價格之一。任何重要價格的改變，對於一國經濟會有深遠的影響，匯率尤其如此。經由匯率，國內商品價格可轉化為外國價格，可決定國貨是否可出口；國外商品價格也可轉化為本國價格，可決定外國貨品是否可進口。匯率一變，很多商品價格都會跟著調整，競爭能力也跟著變；匯率變動影響不同企業的生產與利潤，以及消費者的相對成本；對生產者、消費者及投資人是買國貨或外國貨、出口或進口、投資國內或投資國外，會帶來一連串的後續決定。

很多國家因為國際收支問題，經濟低成長，高通膨，低出口，通貨貶值，又形成國際收支問題，造成惡性循環（Vicious Circle）。反之，也有國家高經濟成長，高出口，貿易大量順差，低通膨，通貨升值，形成良性循環（Virtuous Circle）。

4412

在金本位時代，由兩國貨幣之含金量比率決定匯率非常客觀。金本位之後，就沒有客觀標準，一般以在一定期間內，能維持國內充分就業兼顧國際收支平衡的匯率爲均衡匯率(Equilibrium Exchange Rate)。高於均衡匯率者爲通貨高估(Currency Over Valuation)，低於均衡匯率者爲通貨低估（Currency Under Valuation）。

通貨高估不利出口，有利進口，但有助於壓制通貨膨脹；通貨低估有利出口，可促進生產及就業並提高國民所得，惟不利於物價與通貨膨脹的控制。

4420　國家政策對匯率之影響

4421

貨幣政策(Monetary Policy)：中央銀行採寬鬆政策時，可在貨幣市場買入票券放出貨幣，將促進利率下降，刺激生產及投資，增加國民所得；但由於利率下降，會促使資金外流，不利於國際收支，會使匯率趨向貶值。反之，中央銀行採緊縮政策時，可在貨幣市場賣出票券收回貨幣，將促使利率上升，不利生產及投資；但由於利率上升，會促使資金內流，有利於國際收支，會使匯率趨向升值。

4422

財政政策(Fiscal Policy)：政府採擴張政策增加支出時，發行債券，會刺激利率上升，因生產下降，不利經常收支，但因資本內流有利資本收支，如後者影響大於前者，將促使匯率升值，如1981～85年間之美元是。

4430　馬婁條件（Marshall-Lerner Condition）

4431

　　爲了提高生產及就業，可採取匯率貶值以增加出口，但是否能增加出口外匯收入改善經常收支，尚須視出口需求的國外價格彈性與進口需求的國內價格彈性而定，如兩者之和大於一，稱爲馬婁條件，可改善經常收支，否則經常收支會更惡化。

　　馬婁條件係Alfred　Marshall與Abba　Lerner所創，其式爲$\eta_x + \eta_m > 1$，內中η_x爲出口需求的國外價格彈性，η_m爲進口需求的國內價格彈性。(讀者如欲瞭解公式之來源，請參閱Keith Pilbeam, "*International Finance,*" pp. 58-59。)

參考題目

一、解釋下列名詞

1. International Money
2. Standard Money
3. Money Standard
4. Legal Tender
5. International Monetary System
6. Gold Parity
7. Gold Points
8. Gold Standard System
9. Gold Specie Standard
10. Gold-specie-flow Mechanism
11. Gold Exchange Standard
12. Bretton Woods System
13. Par Value
14. International Monetary Fund, IMF
15. Special Drawing Rights, SDRs
16. Smithsonian Agreement
17. Central Rates
18. European Monetary System, EMS
19. European Currency Unit, ECU
20. Exchange Rate Mechanism, ERM
21. Economic and Monetary Union, EMU
22. Maastricht Agreement
23. Exchange Rate Index
24. Real Effective Exchange Rate Index
25. Exchange Rate System
26. Official Rates
27. Fixed Rate
28. Floating Rate
29. International Balance of Payments
30. Current Accounts
31. Capital Accounts
32. Purchasing Power Parity

Theory, PPPT

33. Principle of Leads and Lags 34. Intervention

35. Sterilized Intervention 36. Treaty of European Union

37. Pegged Rate System 38. Crawling Pegged Rate System

39. Law of One Price 40. Exchange Stablization Fund

41. Swap Agreement 42. Currency Over Valuation

43. Currency Under Valuation 44. Marshall-Lerner Condition

45. Euro

二、回答下列問題

1. 試述貨幣之意義及其功能。

2. 試述國際貨幣制度之意義及其應解決之問題。

3. 試述金本位制度之意義及其崩潰。

4. 說明在金本位制度下，黃金流動對價格之調節功能。

5. 試述布列頓森林體制之主要內容及其崩潰原因。

6. 試述特別提款權（SDRs）之意義及其價值之計算。

7. 試述歐洲貨幣制度之意義及其運作。

8. 試述歐洲經濟貨幣聯盟之意義及其實施計畫。

9. 試述匯率制度之意義及其類別。

10. 試簡述世界各國現行之匯率制度。

11. 試述影響匯率變動之因素，以及應如何判斷新臺幣匯率之走勢。

12. 何謂國際收支失衡？其影響如何？如何調整？

13. 試述購買力平價論之意義。

14. 試述費雪效果及國際費雪效果之意義。

15. 說明預期心理對匯率之影響。

16. 說明Principle of Leads and Lags之意義及其對匯率之影響。

17. 說明中央銀行干預外匯市場的動機及其干預的方式。

18. 試述匯率對國民經濟的影響，以及國家政策對匯率的影響。

19. 試述馬婁條件之意義。

第五章　外匯市場

本章重點

1. 第一節說明外匯市場之意義、類別、外匯市場形成條件、外匯市場參與者及外匯市場交易之貨幣。

2. 第二節說明即期市場之意義、功能及報價方式，銀行間市場報價、經紀人市場報價，交叉匯率之意義及其計算。

3. 第三節說明遠期外匯市場之意義、功能及報價方式，利率平價論之意義及遠期匯率之計算。

4. 第四節說明換匯匯率之意義及其功能。

5. 第五節說明我國外匯市場之特性、保證金交易，以及與我國外匯市場有密切關係之外幣拆款市場及境外金融市場。

6. 第六節説明企業之外匯風險、企業之外匯管理、避險操作、外匯投機、出進口廠商應如何利用外匯市場。

7. 本章末除對學者提供參考題目外，並介紹若干計算題，計算題之答案附在本書最後。

第一節　外匯市場概説

5110　外匯市場之意義及類別

5111

外匯市場之意義：外匯市場（Foreign Exchange Markets），指買賣外匯的場所，其特徵是該一市場以貨幣買賣或交換貨幣。

5112

外匯市場有兩種類型（Type）：外匯交易所市場（Foreign Exchange Bourse）與店頭市場（Over-the-counter, OTC Market）。前者屬於正式的市場（Official Market），有固定的場所，外匯交易人員定時集會，訂定（Fixing）外匯買賣的價格。某些歐洲國家，如德國、法國、義大利、荷蘭、比利時及挪威、瑞典等國有此一市場，通常中央銀行也參加，協助定價。惟限於即期交易（Spot Transaction），且交易量不大。如果外匯市場沒有重大波動，該一定價將適用於該日對顧客數量不大的交易。

店頭市場爲一非正式市場（Unofficial Market），沒有固定場所，外匯交易人員利用電話、電報、交換電報（Telex）或路透社 2000（註：路透社 2000（Reuter 2000）係路透社開發之外匯交易系統，使用人可利用電腦終端機報價及交易。）等交易，所以又稱爲櫃臺市場（OTC Market）。

　　店頭市場又可分爲顧客市場（Customer's Market）與銀行間交易市場（Interbank Market）。顧客市場是銀行對企業或個人提供外匯買賣服務的零售市場，也是銀行利潤的來源。銀行在顧客市場交易可能有買超（Overbought）或賣超（Oversold），可利用銀行間市場予以抛補（Covering）或軋平（Square）。銀行間市場爲一批發市場，各國銀行間市場均有最低交易金額。

5113

外匯市場形成之三條件：

⑴商業國際化（Internationalization of Commerce）：如果國與國之間沒有經濟交易，也就沒有外國貨幣的買賣，也就不需要外匯市場。跨國經濟交易，必定有一方或雙方使用外國貨幣，就會有外匯交易。外匯買賣是一種引伸需求（Derived Demand），經濟交易量越大，外匯市場規模越大。

⑵貨幣國家化（Nationalization of Currency）：每一個國家均有其自己的貨幣，美國爲美元（Dollar），英國爲英鎊（Pound Sterling），德國爲馬克（Deutsche Mark），日本爲圓（Yen）。英國與德國間的經濟交易，如果使用馬克，英國有外匯交易；如果使用英鎊，德國有外匯交易；如果使用美元，兩個國家都有外匯交易。如果歐洲共同市場（European Economic Community, EEC）建立單一貨幣後，則共同市場國家內部經濟交易將不再產生外匯交易。

⑶外國貨幣國際化（Internationalization of Foreign Currency）：貨幣國際化指一國貨幣可供他國人民持有及使用，也就是可兌換貨幣（Convertible Currencies），才能成爲外國外匯市場買賣的標的。外匯市場的基本功能就是以本國貨幣買賣外國貨幣，而這些外國貨幣可自由取得及自由使用，爲外匯交易的先決條件。二

次大戰後只有美元爲可兌換貨幣，所以世界各國外匯市場買賣的只有美元。1958 年底歐洲國家貨幣成爲可兌換貨幣後，外匯市場交易標的多樣化。自 70 年代以後各國相繼解除外匯管制（De-regulation of Foreign Exchange Control），外匯市場成長迅速，在實施外匯管理的國家，對經常帳（Current Account）以外的外匯交易多有所限制。通常採實需交易（Underlying Trans-actions）原則，外匯市場均不會很大；在外匯管制解除後，外匯市場會大幅膨脹。在幾個國際金融中心的外匯市場，實需交易所占比例通常只有一成左右。

5120 外匯市場的參與者（Participants）

5121

商業銀行（Commercial Banks）：即外匯銀行（Foreign Exchange Banks），在實施外匯管理的國家，稱爲授權銀行（Authorized Banks），爲對顧客提供外匯買賣、借貸、存放以及收付整套服務的銀行，爲外匯市場的中堅。

外匯交易是零和遊戲（Zero-sum Game），而商業銀行多半是贏家，也贏了中央銀行，因爲後者干預市場不在謀利[21]。

對企業或個人言，商業銀行是外匯市場的做成者（Market Makers），掛出買價及賣價，接受顧客買賣外匯，構成顧客市場（Cus-tomer's Market）。顧客買賣外匯的差價（Spread），通常比銀行間市場差價大，也有的銀行以銀行間買價及賣價，減加5點（Points）（參5222節），作爲對顧客的買價及賣價。銀行在顧客市場產生之部位（Position），可在銀行間市場拋補（Cover）；如爲多頭，可在銀行間市場賣出；如爲

---

[21]Euromoney, *"Foreign Exchange,"* p. 31.

空頭，可在銀行間市場補進。銀行對顧客交易實際價格，取決於很多因素：⑴顧客對銀行之重要性；⑵交易的性質與金額；⑶貨幣交割的結算日（Settlement Date），如適逢星期日或假日，應按利率調整；⑷銀行之部位狀況，如為多頭，可降低賣價；如為空頭，可提高買價；⑸市場波動性（Volatility），波動越劇烈，銀行風險越高，差價越大。

銀行間市場是一個多層市場（Multi-tiered Market），在市場中心（Core）是少數幾個大銀行，為銀行間市場的做成者，隨時準備對其他詢價銀行報出買價（Bid Rate）與賣價（Offered Rate）的雙向報價，並以此價格做成適當數量的交易。

5122

經紀商（Brokers）：為銀行間市場的仲介者。經紀人自各銀行取得報價轉達其他詢價銀行促成交易。經紀人不為自己報價，也不持有部位（Position），其收入來自仲介交易成功後收取佣金。佣金比例視幣別及交易金額而異，主要通貨交易額每 100 萬美元界於 10 美元至 50 美元。

銀行間市場直接成交者，約占 55%，經由經紀人成交者，約占 45%。經紀商最瞭解市場狀況，銀行報價前通常先與經紀人交換市場資訊。經由經紀商交易的優點有二：⑴在成交前不暴露身分；⑵買賣金額龐大時，經紀人可同時利用數個交易員（Dealers）完成交易，而不會促使市場價格變動。

5123

顧客（Customers）：包括公私企業、機關團體及個人，為銀行服務之對象，也是銀行營業收入之主要來源。銀行向顧客買入外匯，再對其他顧客賣出，買賣差價為銀行服務之報酬，也是價格變動風險報酬。

5124

中央銀行（Central Banks）：中央銀行為貨幣管理機關，貨幣市場及外匯市場之監督者，控制利率，干預匯率變動，同時也代理若干政府

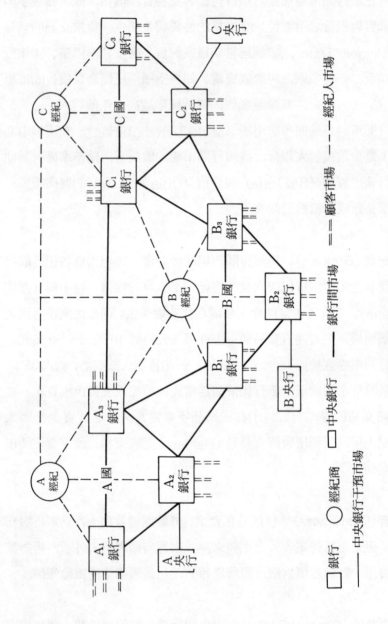

圖 5-1　國際外匯市場結構⑳

㉒參閱Euromoney, "Basic Handbook of Foreign Exchange," p. 29.

機關及外國中央銀行買賣外匯，是外匯市場的干預者，也是商業銀行的顧客。各國中央銀行作法不盡相同，通常係直接與當地商業銀行交易。在干預市場時，有時也經由經紀商。中央銀行通常以顧客身分請銀行報價。在歐洲只有少數中央銀行在銀行間市場持續做成雙向價格，在實施外匯定價（Fixing）的國家，中央銀行常安排定價，並積極參與㉓。

5130 外匯市場交易之貨幣

5131

外匯市場買賣之貨幣，通常為可兌換貨幣（Convertible Currencies）。非兌換貨幣（Non-convertible Currencies），銀行在國家政策規定下，向顧客買入後，通常不會對顧客賣出，而係交付貨幣發行國家之銀行兌換為可兌換貨幣。

二次世界大戰後，除美元外，幾乎所有其他貨幣均成為非兌換貨幣，不能在外國外匯市場上買賣。1958 年底西歐國家貨幣變成可兌換貨幣，外匯市場始逐漸發展起來。1980 年代，英國及日本等相繼廢除外匯管制後，國際資金可自由流動，外匯市場隨即澎湃發展。目前國際外匯市場上，美元仍然是最重要的貨幣，幾乎所有外匯市場均以當地貨幣與美元之交易最為活躍，惟美元以外貨幣也在逐漸增加。

5132

外匯市場交易之貨幣，有習慣稱呼：Cable代表英鎊，Funds為加元，Swissy為瑞士法郎，Copey為丹麥幣，Stocky為瑞典幣，Oslo為挪威幣，Paris為法國法郎，Florins或Guilders為荷蘭幣㉔。

5133

國際標準組織（International Standard Organization, ISO）及

㉓參閱Ian Gillespie, "*Reading in Currency Management,*" p. 28.
㉔參閱Euromoney, "*Basic Handbook of Foreign Exchange,*" p. 87.

SWIFT使用之代碼（Code）有兩種，標準代碼及數字代碼，其中字母代碼已廣爲銀行間交易使用（見2322節）。

第二節　即期外匯市場

5210　即期市場之意義

5211

即期外匯市場（Spot Foreign Exchange Market）：亦稱現匯市場，指成交日後兩個營業日雙方交割貨幣的外匯市場，惟在美國，美元與加元之交易爲次日交割。

5212

交割日（Value, Settlement或Delivery Date）：指買賣雙方分別交付貨幣的日子，爲買賣貨幣兩個發行國家銀行的營業日。該日是否爲買賣所在地銀行的營業日則不論。歐美及日本，星期六及星期日爲銀行休息日；對中東回教國家，星期五爲銀行休息日，則順延至星期日。

實務上，交割日短於一週者，均可視爲即期市場交易。

5213

即期市場的功能：

(1)顧客市場：(a)提供買賣外匯服務，(b)爲利潤之來源。

(2)銀行間市場：(a)拋補部位，(b)利用換匯（Swap）作資金調撥。

5220　即期市場報價

5221

即期市場報價有兩種方式：

(1)直接報價（Direct Quotation）：亦稱價格報價法（Price Quotation)，指以每單位外國貨幣值若干本國貨幣的報價方式。世界大部分國家的外匯市場均採此種方式。在歐洲(英國除外)，如在德國，1 美元值若干馬克；在法國，1 美元值若干法郎；統稱歐洲方式（European Term）。

(2)間接報價（Indirect Quotation）：亦稱數量報價法（Volume Quotation），指以每單位本國貨幣值若干外國貨幣的報價方式。英國、愛爾蘭、澳大利亞及紐西蘭等國外匯市場採用此種方式。又稱為外國方式（Foreign Term）。印度亦為間接匯率國家，惟因盧比（Rupee）幣值低，以 100 Rupee為單位[25]，如 1944 年 4 月 14 日，R 100＝US$3.212。在美國，國內外匯市場採直接報價，以每單位外國貨幣值若干美元美分方式表示，稱美國方式(American Term)。惟美國的銀行對外國銀行的報價，除間接報價的貨幣外，亦採用歐洲方式。所以美國銀行在國內市場為直接報價，在國際市場為間接報價（英澳等例外）。在 1978 年以前美國經紀人報價係採美國方式[26]。

直接報價與間接報價互為倒數，稱倒數匯率（Reciprocal Rate）。如：£1＝US$1.5365；在倫敦市場，美元為外幣，為間接報價；在紐約，英鎊為外幣，為直接報價。其倒數匯率為：US$1＝£0.6508。

由於匯率係以一單位A通貨等於若干單位B通貨表示的價格（An exchange rate is the price of one currency expressed in terms of another currency），所以前者稱基礎、商品或參考通貨（Base、Commodity或Reference Currency），後者稱相對通貨（Term或Counter Currency）（參表 5-1）。

---

[25]參閱Anthony, "*Foreign Exchange in Practice,*" p. 2.
[26]參閱Ian Gillespie, "*Reading in Currency Management,*" p. 21.

表 5-1　匯率表

Foreign Exchange

Currency Rates

Wednesday, April 27, 1994

The New York foreign exchange selling rates below apply to trading among banks in amounts of $1 million and more, as quoted at 3 p.m. Eastern time by Bankers Trust Co., Dow Jones Telerate Inc. and other sources. Retail transactions provide fewer units of foreign currency per dollar.

Country	US$ equiv.		Currency per US$	
	Wed.	Tues.	Wed.	Tues.
Argentina (Peso) ················	1.01	1.01	.99	.99
Australia (Dollar) ·············	.7180	.7180	1.3928	1.3928
Austria (Schilling) ·············	.08514	.08446	11.74	11.84
Bahrain (Dinar) ···············	2.6518	2.6522	.3771	.3771
Belgium (Franc) ···············	.02909	.02890	34.38	34.60
Brazil (Cruzeiroreal) ···········	.0008347	.0008518	1198.01	1174.00
Britain (Pound) ···············	1.5060	1.5060	.6640	.6640
30-Day Forward ··············	1.5044	1.5045	.6647	.6647
90-Day Forward ··············	1.5024	1.5024	.6656	.6656
180-Day Forward ·············	1.5002	1.5001	.6666	.6666
Canada (Dollar) ···············	.7267	.7281	1.3760	1.3735
30-Day Forward ··············	.7255	.7270	1.3783	1.3756
90-Day Forward ··············	.7236	.7250	1.3820	1.3794
180-Day Forward ·············	.7206	.7220	1.3877	1.3850
Czech. Rep. (Koruna)				
Commercialrate	.0339225	.0339225	29.4790	29.4790
Chile (Peso) ···················	.002404	.002404	415.90	415.90
China (Renminbi) ·············	.115063	.115063	8.6909	8.6909
Colombia (Peso) ···············	.001193	.001193	838.25	838.25
Denmark (Krone) ·············	.1523	.1518	6.5661	6.5878
Ecuador (Sucre)				
Floatingrate ················	.000467	.000467	2141.01	2141.01
Finland (Markka) ·············	.18479	.18353	5.4117	5.4486
France (Franc) ···············	.17441	.17364	5.7335	5.7590
30-Day Forward ··············	.17410	.17330	5.7438	5.7702

90-Day Forward	.17371	.17290	5.7567	5.7837
180-Day Forward	.17337	.17253	5.7680	5.7960
Germany (Mark)	.5990	.5965	1.6695	1.6765
30-Day Forward	.5981	.5956	1.6719	1.6790
90-Day Forward	.5972	.5946	1.6744	1.6817
180-Day Forward	.5969	.5941	1.6754	1.6832
Greece (Drachma)	.004084	.004067	244.85	245.90
Hong Kong (Dollar)	.12944	.12943	7.7258	7.7260
Hungary (Forint)	.0097485	.0097220	102.5800	102.8600
India (Rupee)	.03185	.03185	31.40	31.40
Indonesia (Rupiah)	.0004628	.0004628	2160.99	2160.99
Ireland (Punt)	1.4624	1.4563	.6838	.6867
Israel (Shekel)	.3336	.3336	2.9980	2.9980
Italy (Lira)	.0006220	.0006193	1607.72	1614.73
Japan (Yen)	.009775	.009728	102.30	102.80
30-Day Forward	.009789	.009742	102.16	102.65
90-Day Forward	.009823	.009775	101.80	102.30
180-Day Forward	.009883	.009835	101.18	101.68
Jordan (Dinar)	1.4174	1.4174	.7055	.7055
Kuwait (Dinar)	3.3613	3.3613	.2975	.2975
Lebanon (Pound)	.000591	.000591	1690.99	1690.99
Malaysia (Ringgit)	.3713	.3713	2.6930	2.6935
Malta (Lira)	2.5873	2.5873	.3865	.3865
Mexico (Peso)				
Floatingrate	.3030303	.3030303	3.3000	3.3000
Netherland (Guilder)	.5330	.5305	1.8760	1.8849
New Zealand (Dollar)	.5747	.5740	1.7400	1.7422
Norway (Krone)	.1379	.1373	7.2498	7.2844
Pakistan (Rupee)	.0328	.0328	30.45	30.45
Peru (New Sol)	.4726	.4726	2.12	2.12
Philippines (Peso)	.03670	.03670	27.25	27.25
Poland (Zloty)	.00004454	.00004464	22453.00	22403.00
Portugal (Escudo)	.005824	.005802	171.71	172.34
Saudi Arabia (Riyal)	.26667	.26667	3.7500	3.7500
Singapore (Dollar)	.6431	.6431	1.5550	1.5550
Slovak Rep. (Koruna)	.0306748	.0303951	32.6000	32.9000
South Africa (Rand)				
Commercialrate	z	.2788	z	3.5863

Financialrate ⋯⋯⋯⋯⋯⋯⋯	z	.2128	z	4.7000
South Korea (Won) ⋯⋯⋯⋯	.0012390	.0012390	807.10	807.10
Spain (Peseta) ⋯⋯⋯⋯⋯⋯	.007330	.007299	136.43	137.00
Sweden (Krona) ⋯⋯⋯⋯⋯	.1287	.1276	7.7724	7.8393
Switzerland (Franc) ⋯⋯⋯	.7020	.6991	1.4245	1.4305
30-Day Forward ⋯⋯⋯⋯⋯	.7020	.6991	1.4246	1.4304
90-Day Forward ⋯⋯⋯⋯⋯	.7024	.6994	1.4236	1.4298
180-Day Forward ⋯⋯⋯⋯⋯	.7042	.7010	1.4201	1.4266
Taiwan (Dollar) ⋯⋯⋯⋯⋯	.037864	.037864	26.41	26.41
Thailand (Baht) ⋯⋯⋯⋯⋯	.03965	.03965	25.22	25.22
Turkey (Lira) ⋯⋯⋯⋯⋯⋯	.0000308	.0000288	32509.47	34678.28
United Arab (Dirham) ⋯⋯⋯	.2724	.2724	3.6710	3.6710
Uruguay (New Peso)				
Financial⋯⋯⋯⋯⋯⋯⋯⋯⋯	.210260	.210260	4.76	4.76
Venezuela (Bolivar)				
Floatingrate ⋯⋯⋯⋯⋯⋯	.00870	.00870	115.00	115.00
	———			
SDR ⋯⋯⋯⋯⋯⋯⋯⋯⋯⋯⋯	1.41319	1.40916	.70762	.70964
ECU ⋯⋯⋯⋯⋯⋯⋯⋯⋯⋯⋯	1.15650	1.15180	⋯⋯	⋯⋯

Special Drawing Rights (SDR) are based on exchange rates for the U.S., German, British, French and Japanese currencies. Source: International Monetary Fund.

European Currency Unit (ECU) is based on a basket of community currencies. z-Notquoted.

資料來源： *The Asian Wall Street Journal*, Thursday, April 28, 1994.

5222

買 (出) 價 (Bid Rate) 與賣 (要) 價 (Offer Rate)： 銀行報價通常爲雙向報價(Two-way或Double-barreled Quotation)，即同時報出買 (出) 價與賣 (要) 價。如：£1＝US$1.5360/70，在紐約，英鎊爲外幣，銀行擬以 1.5360 美元買入 1 英鎊，以 1.5370 美元賣出 1 英鎊； 兩個報價中前爲買價，後爲賣價，即買低賣高 (Buy Low, Sell High) ❷❼ 原則。在倫敦，美元爲外幣，銀行擬以 1 英鎊買入 1.5370 美元，1 英鎊

---

❷❼參閱H. E. Evitt, "*A Manual of Foreign Exchange*," p. 88.

賣出 1.5360 美元，即買高賣低（Buy High, Sell Low）原則。兩個報價的差價(額)（Spread），即 1.5370－1.5360＝0.0010 美元，爲報價銀行一買一賣兩次交易的利潤，也是價格變動的風險報酬（Risk Premium）。

目前銀行電腦螢幕報價通常採歐洲方式，即除英鎊等外，1 美元等於若干他國貨幣，取五位數，其最後一位數，一般爲小數點下第四位，稱爲點（Point）或 Pip[28]；1 點爲萬分之一美元或百分之一美分。上項報價的差價爲 10 點，如成交金額爲 500 萬英鎊，買賣各一次，報價銀行利潤爲 5,000 美元。

以美國方式報價時，即一單位外幣等於若干美元，有所謂一加三經驗法則（Rule of Thumb 1＋3）[29]，如 1993 年 10 月 8 日《華爾街日報》所載，£1＝$1.5365，小數點第一位有數字，所以取小數點下四位；¥1＝$0.009434，小數點第三位有數字，所以取小數點下六位；Li 1＝$0.0006309，小數點第四位有數字，所以取小數點第七位。

5223

認識報價的規則[30]：

⑴規則一（Rule 1），找出基礎通貨（Base Currency），基礎通貨亦稱商品、參考或單位通貨（Commodity、Reference 或 Unit Currency），指國際市場報價中買賣每單位的通貨。買賣英鎊時，英鎊爲基礎通貨，即每單位英鎊等於若干美元；國際市場報價作爲基礎通貨，除英鎊外，尚有澳元（A$）、紐元（NZ$）、印度盧

---

[28]參閱 Steve Anthony, *"Foreign Exchange in Practice,"* p .8; Euromoney, *"Foreign Exchange,"* p. 30; Robert Morris Associates, *"A Primer on Foreign Exchange,"* p. 106; Woodhead-fanlkner, *"Foreign Exchange Today,"* p. 94, Pip 爲 Point 的十分之一。

[29]參閱 Paul Bishop & Don Dixon, *"Foreign Exchange Handbook,"* p. 143.

[30]參閱 Euromoney, *"Foreign Exchange,"* p. 55.

比(Rupee)，惟後者以 100 爲單位。買賣其他通貨時，美元爲基礎通貨。

(2)規則二(Rule 2)，市場做成者(Market Maker)，買入基礎通貨的價格在左邊，賣出基礎通貨的價格在右邊。因爲外匯交易係以貨幣買賣貨幣，相對於基礎通貨者爲Term通貨，買入價格在右邊，賣出價格在左邊。反之，對市場使用者（User）言，買入基礎通貨價格在右邊，賣出基礎通貨價格在左邊。

例：US$1＝DM 1.6025/35，基礎通貨爲美元，指報價銀行擬以 1.6025馬克買入 1 美元，並以 1.6035 馬克賣出 1 美元。對詢價銀行言，買入美元價格爲 1.6035 馬克，賣出美元價格爲 1.6025 馬克。

5230　銀行間市場

5231

銀行間報價，有若干慣例：

(1)採互惠原則，即甲銀行向乙銀行詢價，乙銀行報價後，如乙銀行向甲銀行詢價，甲銀行亦應報價。

(2)習慣上報價爲五位數，包括小數點下第四位。

(3)一般報價只有價格沒有數量，買賣基礎通貨的數量爲整數（Round　Amount），一般報價銀行可接受的數量稱市場數量（Market Amount），因時代而異，各個外匯市場亦不同。如 50 年代爲 1 萬美元，60 年代爲 100 萬美元，交易商習稱 1 美元(One Dollar) [31]；80 年代以後，有的市場介於 100 萬美元至 500 萬美元，有的市場介於 500 萬美元至 2,000 萬美元，因時因地而異。如果詢價銀行希望成交數量大於市場數量，可於詢價時表明。如

---

[31] Euromoney, *"Foreign Exchange,"* p. 19.

"Spot Mark in 50 Dollars (or in Large)"，表示即期馬克5,000萬美元(或大額)。如詢價銀行希望成交數量低於市場數量，可說明如："Spot Mark in Up to 5 Dollars (or in Small)"，表示最多為500萬美元（或小額）。

5232

例：1993年10月8日（星期五）銀行A向銀行B以電話或Telex詢價，經過如次：

Bank A:"Hi, friends, how about spot mark please?"

Bank B:"25/35."

Bank A:"At 25, I sell 5 dollars."

Bank B:"OK, done, I buy 5 million dollars at 1.6025 for 12 Oct. and sell you 8,012,500 marks. My dollars to chase New York please, for you?"

Bank A: "My marks to Deutsche Bank Frankfult. Thanks for deal and bibi."

茲說明如次：

⑴A銀行為詢價銀行（Calling Bank），為市場使用者（User）；B銀行為報價銀行（Quoting Bank），為市場做成者（Market Maker）。匯率對B銀行有利，但要不要成交則由A銀行決定。

⑵A銀行要求B銀行報馬克的即期匯率(Spot)，習慣上為美元對馬克的匯率，美元為基礎通貨，馬克為被報價通貨，亦為Term Currency。

⑶在市場波動不大時，報價銀行只報小數，不報大數（Handle），本日省略的大數為1.60。

⑷B銀行報價「25/35」，前者實際價格為1.6025馬克，為B銀行買入美元賣出馬克的價格,對A銀行言為賣出美元買入馬克的價格。

後者實際價格爲 1.6035 馬克, 爲 B 銀行賣出美元買入馬克的價格, 對 A 銀行言爲買入美元賣出馬克的價格。

(5) A 銀行接受 B 銀行的買入報價 (Bid), 願以 1.6025 馬克賣出 500 萬美元。

(6) B 銀行同意, 以 1.6025 馬克價格買入 500 萬美元, 交割日爲 10 月 12 日 (星期二), 賣出 8,012,500 馬克。買入之美元請 A 銀行存入 B 銀行在紐約大通銀行帳戶。並請 A 銀行告知馬克應存在那裡。

(7) A 銀行告知馬克存入法蘭克福的德意志銀行帳戶, 並爲此項交易向 B 銀行道謝, 結束對話。

做爲市場做成者, 決定其報價的因素很多, 主要爲市場趨勢及本身部位 (Position) 狀況:

(1) 市場供求狀況: 如目前 Dollar/Mark 市價爲 1.6025/35, 惟市場上有美元供過於求的現象, 市場做成者可調整報價爲 1.6020/30, 表示美元價格下跌, 馬克上漲。反之, 如美元有供不應求的現象, 市場做成者可調整報價爲 1.6030/40, 表示美元上漲, 馬克下跌。

(2) 就銀行部位管理言, 除非銀行對市場趨勢有預期且有意累積部位, 否則銀行會抛補 (Covering) 手中的部位, 即在銀行持有多頭 (Long Position) 時, 降低買價及賣價。因買入價格比市價低不易成交, 賣出價格比市場低, 容易成交, 可軋平多頭部位; 本例可報出 1.6020/30, 如因此做成賣出美元交易, 設原先以 1.6025 買入, 現以 1.6030 賣出, 5 點差價, 每 100 萬美元可賺 500 馬克。

如銀行爲空頭 (Short Position), 可提高買價及賣價, 如 1.6030/40。因賣價提高不易賣出, 買價提高則容易買入, 有利於軋平空頭部位。如因而成交, 設原先賣價爲 1.6035 馬克, 現以 1.6030 補入, 5 點差價, 每 100 萬美元可賺 500 馬克。

5240　經紀人市場

5241

　　經紀人市場，經紀人自銀行取得報價再對其他銀行報價。銀行對經紀人報價，沒有義務報雙向價格，而且大多不做雙向報價。銀行通常只報出特定數量基礎通貨的買價及／或賣價。

　　經紀人自不同的銀行接到買價與賣價，然後就其最高的買價與最低的賣價報出。如A銀行報價 1.6026/36，B銀行報價 1.6030/40，C銀行報價 1.6034/44，則經紀人報價為 34/36，1.60 可省略。

5242

　　例：

Bank A:(a)"What's your offer for dollar/marks?"

　　　　(b)"What do you pay for dollar/marks?"

　　　　(c)"What are dollar/marks?"

Broker: (a)"I pay 25."

　　　　(b)"I sell at 35."

　　　　(c)"Dollar/mark are 25/35."

Bank A:(a)"At 25, I give you 3 (或Yours 3 at 25). Can do 5."

　　　　(b)"At 35, I take 3."

Broker: "5 done. I'm still bidding或Can do 7."

Bank A:"No more, thanks."

　　說明：

⑴A銀行詢價可採三個方式，(a)式只問經紀人美元／馬克賣價，(b)式只問經紀人美元／馬克買價，(c)式問美元／馬克買價及賣價。

⑵經紀人手中的價格：(a)買價為 1.6025 馬克，(b)賣價為 1.6035 馬克，(c)雙向報價為 1.6025/1.6035。

(3)A 銀行同意: (a)以 1.6025 馬克賣出 300 萬美元, 市場數量為 300 萬美元, 並可做到 500 萬美元。(b)以 1.6035 馬克買入 300 萬美元。

(4)經紀人同意 500 萬美元成交, 並表示可繼續買入或可做到 700 萬美元。

(5)A 銀行表示夠了, 並致謝意。

5243

經紀人報價可連同數量一併報出。如:

(1)"Dollar/mark 25-35 on 5", 表示市場做成者以 1.6025/1.6035 買賣 500 萬美元。

(2)"25-35, 2 to 10 或 2 by 10", 表示市場做成者以 1.6025 馬克買入 200 萬美元, 以 1.6035 馬克賣出 1,000 萬美元。

(3)"25-35, 2 to 10, one man's market", 表示市場做成者為一個人。

(4)"25-35, 2 to 10, two sellers", 表示 1,000 萬美元係兩個市場做成者要賣出的數量。

(5)如詢價銀行決定賣出美元, 則經紀人可宣稱"25 was hit for 2", 即詢價銀行以 1.6025 馬克賣出 200 萬美元。

(6)如詢價銀行決定買入 500 萬美元, 則經紀人可宣稱"35 was paid (或given) for 5", 即詢價銀行以 1.6035 馬克買入 500 萬美元。

5244

銀行間直接交易與經由經紀人交易比較如下:

(1)兩者互補, 各有優點。以紐約市場為例, 直接交易占 55%, 經紀人市場占 45%。

(2)直接交易的優點: (a)詢價銀行確定會找到市場, 對報價可能不滿意, 但確定可做成交易。(b)可建立與其他銀行的人際關係, 而互惠關係是直接交易的基礎。

直接交易的缺點：(a)與很多銀行往來，需要很多人力。(b)信用評估（Credit Evaluation）有困難。因規模不等，建立完全互惠基礎幾乎不可能。(c)對報價銀行言，因對手可能買或賣，常會使報價銀行無法控制部位；即使做出較差的報價，但仍有成交的可能。特別是下午後段時間，銀行幾可能無法再尋找對手軋平部位。

(3)經紀人市場優點：(a)銀行不一定要做成市場，銀行可只對特定通貨報出特定數量的買價或賣價。(b)在成交前，經紀人對報價銀行匿名（Anonynity）。如詢價銀行的信用額度（Line of Credit）已滿，報價銀行可不接受交易，或通知經紀人另找對手。大體上，不同規模的銀行只能在相等基礎上利用經紀人市場。(c)一個經紀商雇用多個交易員（Dealers），對於一個大額交易，如1億美元，可分由數個交易員同時找尋市場成交，為時甚短且不會影響市場價格。

經紀人市場缺點：(a)對特定通貨可能沒有市場。(b)買賣雙方平均支付經紀費。費率因通貨別及交易金額而異，通常不超過賣價萬分之一。如每100萬美元之交易，佣金為25美元，換匯交易（Swap）只收取一次[32]。

5250　交叉匯率

5251

交叉或套算匯率（Cross Rates）：指利用第三者匯率導出的匯率。由於世界各個外匯市場均為美元外匯市場，美元以外兩個通貨間匯率，通常均是利用各個通貨與美元的匯率算出，所以沒有美元的兩個通貨間

---

[32] 參閱 Ian Gillespie, *"Reading in Currency Management,"* p. 22.

匯率，即是交叉匯率。交叉通貨交易在外匯市場交易中約占10%❸。

交叉匯率的計算，通常採用連鎖規則（Chain Rules）❹：

(1)首先要確定何者爲基礎通貨，何者爲相對通貨，求每單位基礎通
　　貨等於若干相對通貨，應將基礎通貨放在等號右邊，相對通貨放
　　在等號左邊。

(2)將基礎通貨與美元匯率的美元放在第二個等式的右邊，相對通貨
　　放在第二個等式的左邊。

(3)將相對通貨與美元匯率的美元放在第三個等式的左邊，相對通貨
　　放在第三個等式的右邊。

(4)將等式右邊的數字相乘，除以等式左邊的數字，即得交叉匯率。

交叉匯率通常係利用銀行間中間匯率計算。

表 5-2　交叉匯率表
CURRENCY CROSS RATES

	US$	A$	Pound	C$	FFr	DM	HK$	Yen	S$	SwFr
U.S.	....	1.5179	0.6508	1.3314	5.6243	1.6036	7.7280	105.9996	1.5654	1.4045
Australia	0.6588	....	0.4288	0.8771	3.7053	1.0564	5.0912	69.8325	1.0313	0.9253
Britain	1.5365	2.3323	....	2.0457	8.6417	2.4639	11.8740	162.8684	2.4053	2.1580
Canada	0.7511	1.1401	0.4888	....	4.2244	1.2045	5.8045	79.6163	1.1758	1.0549
France	0.1778	0.2699	0.1157	0.2367	....	0.2851	1.3740	18.8467	0.2783	0.2497
Germany	0.6236	0.9466	0.4059	0.8302	3.5073	....	4.8192	66.1013	0.9762	0.8758
Hong Kong	0.1294	0.1964	0.0842	0.1723	0.7278	0.2075	....	13.7163	0.2026	0.1817
Japan	0.0094	0.0143	0.0061	0.0126	0.0531	0.0151	0.0729	....	0.0148	0.0132
Singapore	0.6388	0.9696	0.4158	0.8505	3.5928	1.0244	4.9366	67.7125	....	0.8972
Switzerland ...	0.7120	1.0808	0.4634	0.9479	4.0045	1.1418	5.5023	75.4717	1.1146	....

Interbank rates at 3 p.m. New York time, October 8, 1993.
劃線者爲外匯市場上最重要的匯率。

---

❸參閱Steve Anthony, "*Foreign Exchange in Practice,*" p. 9.
❹參閱Euromoney, "*Foreign Exchange,*" p. 81.

5252

例一：已知英鎊與美元的匯率及馬克與美元的匯率，求 1 英鎊等於多少馬克？

£1＝US$1.5365　　US$1＝DM 1.6036

(1)英鎊爲基礎通貨，馬克爲相對通貨。DM?＝£1

(2)英鎊與美元匯率的美元放在等式右邊。£1＝US$1.5365

(3)馬克與美元匯率的美元放在等式左邊。US$1＝DM 1.6036

(4)等式右邊的數字相乘除以等式左邊數字。

$$£1＝\frac{1×1.5365×1.6036}{1×1}＝DM2.4639$$

例二：已知US$1＝DM 1.6036，US$1＝¥105.9996，求馬克與日圓之匯率。

以馬克爲基礎貨幣匯率

(1)¥?＝DM 1

(2)DM 1.6036＝US$1

(3)US$1＝¥105.9996

$$(4)DM1＝\frac{1×1×105.9996}{1.6036×1}＝¥66.1010$$

以日圓爲基礎貨幣匯率

(1)DM?＝¥100

(2)¥105.9996＝US$1

(3)US$1＝DM 1.6036

$$(4)¥100＝\frac{100×1×1.6036}{105.9996×1}＝DM1.5128$$

例三：已知£1＝US$1.5350/60，US$1＝DM 1.6030/40，求英鎊與馬克的匯率。

買價（Bid Rate）

(1)DM?＝£1

(2)£1＝US$1.5350

(3)US$1＝DM 1.6030

(4)£1＝$\dfrac{1\times1.5350\times1.6030}{1\times1}$＝DM2.4606

賣價（Offered Rate）

(1)DM?＝£1

(2)£1＝US$1.5360

(3)US$1＝DM 1.6040

(4)£1＝$\dfrac{1\times1.5360\times1.6040}{1\times1}$＝DM2.4637

答：£1＝DM 2.4606/37

說明：一爲直接匯率，一爲間接匯率時，Bid乘Bid得Bid，Offer乘Offer得Offer。

例四：已知US$1＝DM 1.6030/40，US$1＝SFr 1.4040/50，求瑞士法郎與馬克間匯率。

1.以瑞士法郎爲基礎貨幣之匯率

買價（Bid Rate）

(1)DM?＝SFr 1

(2)SFr 1.4050＝US$1

(3)US$1＝DM 1.6030

(4)SFr1＝$\dfrac{1\times1\times1.6030}{1.4050\times1}$＝DM1.1409

賣價（Offered Rate）

(1)DM?＝SFr 1

(2)SFr 1.4040＝US$1

(3)US$1＝DM 1.6040

$(4)SFr1=\dfrac{1\times1\times1.6040}{1.4040\times1}=DM1.1425$

答： SFr 1＝DM 1.1409/25

2.以馬克爲基礎貨幣之匯率

買價（Bid Rate）

⑴SFr?＝DM 1

⑵DM 1.6040＝US$1

⑶US$1＝SFr 1.4040

$(4)DM1=\dfrac{1\times1\times1.4040}{1.6040\times1}=SFr\ 0.8753$

賣價（Offered Rate）

⑴SFr?＝DM 1

⑵DM 1.6030＝US$1

⑶US$1＝SFr 1.4050

$(4)DM1=\dfrac{1\times1\times1.4050}{1.6030\times1}=SFr\ 0.8765$

說明：兩個均爲直接匯率時，求Bid Rate時，分子爲Bid Rate，分母爲Offered Rate；求Offered Rate時，分子爲Offered Rate，分母爲Bid Rate。

第三節　遠期外匯市場

5310　遠期外匯之意義

5311

遠期外匯（Forward Exchange）：指當日約定於一未來特定日期，雙方以一定價格交付一定量通貨的契約。在這個契約中，通貨數量、價格及交付日期均已確定，惟約定日期未到達前，雙方均不需交付貨幣。

例：1993 年 10 月 8 日（星期五），雙方訂定買賣三個月期英鎊 1,000,000 鎊契約，匯率（即價格）爲 1.5329 美元。則即期交割日（Spot Value Date）爲 10 月 12 日（星期二），三個月遠期契約交割日（Forward Value Date）爲 1994 年 1 月 12 日（星期三），賣方交付 100 萬英鎊，買方交付 1,532,900 美元。

5312

遠期外匯交割日：遠期外匯契約通常以一個月的倍數計算，銀行間報價最常見的爲 1、2、3、6 及 12 月。其非以整月（Even Maturity）計算者，稱爲畸零期（Odd 或 Broken Date），銀行例不主動報價。遠期外匯契約的交割日，係以即期交割日加若干月。如逢周末及假日，則順延一日。惟如因順延而須在次月交割時，則採倒算以該月之最後一個營業日爲交割日，稱月末規則（End-end Rule）。

例：1993 年 11 月 25 日（星期四）成交，即期交割日爲 11 月 29 日（星期一），一個月遠期契約交割日爲 12 月 29 日（星期三），二個月遠期契約交割日爲 1994 年 1 月 31 日（星期一），三個月遠期契約交割日爲 1994 年 2 月 28 日（星期一）。

遠期期限通常以一年爲限，美元對英鎊、馬克或日圓可長達五年或更久，也曾有過長達十七年之紀錄[35]。

5313

選擇遠期契約（Option Forward Contract）：指遠期契約一方，可在交割期選擇交割日的契約。如出進口廠商對外幣收付日期不完全確定時，可與銀行訂定此種契約。如某出口廠商預計五、六個月後會裝運出口，可與銀行訂定賣出六個月期遠期外匯契約，惟自五個月至六個月中

---

[35]Euromoney, *"Foreign Exchange,"* p. 33.

任一天均可交付外匯。

5314

遠期外匯功能： 避險與投資

⑴出口廠商簽訂以外幣（如美元）計價的外銷契約，為避免外幣對
　新臺幣貶值的匯率風險，可與銀行訂定賣出遠期外匯契約。因外
　銷契約的外匯部位為多頭（Long Position），如圖 5-2 的 LL′線，
　匯率上升時有利，下降時有損失；賣出遠期契約為外匯部位空頭，
　如圖 5-2 的 SS′線，匯率下降時有利，上升時有損失。兩個部位損
　益互抵，出口廠商收入不受匯率變動的影響。

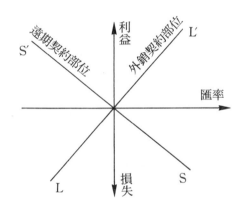

圖 5-2　出口廠商外匯部位分析

　　對投資（機）人言，因沒有外幣外銷契約，沒有外幣貶值的
風險。如預期外幣會貶值，可與銀行訂約賣出遠期外匯契約。如
外幣貶值，投資（機）人可以低價買入沖銷原賣出契約，高賣低
買之差價即其利潤。

⑵進口廠商簽訂以外幣（如美元）計價的購貨契約，為避免外幣對
　新臺幣升值的匯率風險，可與銀行訂定買入遠期外匯契約。因購

貨契約的外匯部位為空頭（Short Position），如圖 5-3 的SS′線，匯率下降時有利，上升時有損失；買入遠期契約的外匯部位為多頭，如圖 5-3 的LL′線，匯率上升時有利，下降時有損失。兩個部位損益互抵，進口廠商成本不受匯率變動之影響。

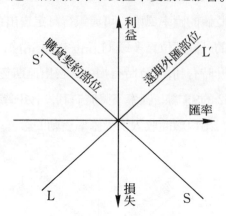

圖 5-3 進口廠商外匯部位分析

對投資（機）人言，因為沒有購貨契約，沒有匯率風險。如預期外幣會升值，可與銀行訂定買入遠期外匯契約。如外幣升值，投資（機）人可以高價賣出沖銷原買入契約，高賣低買的差價即其利潤。

5320　遠期外匯報價

5321

遠期外匯報價有兩種方式：

(1)直接或單純報價法（Outright Forward Method），指直接報出遠期外匯買賣的匯率，銀行對非銀行顧客採用此種方式報價。如六個月USD/DEM遠期匯率為 1.6470/1.6485。

(2)報點數法（Points Method），指銀行報出遠期匯率與即期匯率之差額，高或低若干點(Points)。如遠期匯率較即期匯率貴，遠期差額(Forward Margin)爲正，稱爲升(伸)水(Premium, pm)，即期匯率加升水等於遠期匯率。如遠期匯率較即期匯率便宜，遠期差額爲負，稱爲貼水(Discount, dis)，即期匯率減貼水等於遠期匯率。如遠期匯率與即期匯率相同，遠期差額爲零，稱爲平價(Flat或At Par)。銀行間市場換匯(Swap)交易，採用此種方式報價，此項遠期差額稱爲換匯匯率(Swap Rates)。惟銀行雙向報價有時沒有正負號，應加應減，其識別原則是：直接匯率時前高後低，基礎通貨爲貼水，應相減；前低後高，基礎通貨爲升水，應相加。如爲間接匯率，前高後低，相對通貨爲升水，應相減；前低後高，相對通貨爲貼水，應相加（由於遠期差額大於即期差額，所以前高後低，必須相減，遠期差額才會更大；前低後高，必須相加，遠期差額才會更大）。

5322

例：1993 年 1 月 20 日，A 銀行向 B 銀行詢價，其過程如次：

A銀行："Hi friends, how's your spot and forwards dollar-mark please?"

B銀行："One moment please..."

"Spot 1.6100/10, 76.2/77.2, 138/140, 205/208, 370/375, 490/500, 580/590."

A銀行："At 370 I buy and sell 10 dollars."

B銀行："OK, that's done. I sell 10 million dollars for value 22 January at 1.6100 and buy 10 million dollars value 22 July at 1.6470. My marks to Deutsche Frankfurt please and my dollars at maturity to Chase New York."

> A銀行: "OK, I will take my dollars at Chase New York as well and my marks to our nostro with your Frankfurt office."
>
> B銀行: "That will be done. Thanks for the deal and good day."

說明:

(1)如別無特別要求,報價銀行報出遠期匯率的順序爲1、2、3、6、9及12月(如報出五個數字,即是1、2、3、6及12月)。

(2)遠期交易中基礎通貨數量爲整數,相對通貨數量亦得爲整數,此與即期交易通常以基礎通貨數量爲整數不同。

(3)報價匯率中,如無即期匯率,則在遠期交易中所適用的即期匯率由報價銀行決定,當然不能偏離當時市場匯率。

(4)A銀行同意370價格,爲B銀行報價中之六個月買入遠期匯率,A銀行爲買入即期美元並賣出遠期美元;數量爲1,000萬美元。

(5)B銀行則爲賣出即期美元並買入遠期美元,因成交日爲1994年1月20日 (星期四),即期交割日爲1月24日 (星期一),遠期交割日爲7月25日 (星期一),370/375爲前低後高,美元爲升水,所以遠期匯率1.6100+0.0370=1.6470。在即期交易中,B銀行爲賣出美元買入馬克,所以告知A銀行馬克應存入德意志銀行法蘭克福總行。在遠期交易中,B銀行爲買入美元賣出馬克,所以告知A銀行在到期時美元存入紐約大通銀行。

(6)A銀行爲買入即期美元,告知B銀行存入紐約大通銀行;A銀行爲買入遠期馬克,告知B銀行存入A銀行在B銀行法蘭克福分行的帳戶。

(7)本例事實上爲一換匯(Swap)交易。

5323

認識報價規則❸：

⑴確定何者爲基礎通貨(Base Currency)，何者爲相對通貨(Counter-currency)：本例中，美元爲基礎通貨，馬克爲相對通貨。

⑵確定升水抑貼水，相加抑相減：前低後高，基礎通貨爲升水，應相加；前高後低，基礎通貨爲貼水，應相減。本例中，370/375，前低後高，美元爲升水應相加，遠期匯率爲 1.6100＋0.0370＝1.6470。

⑶確定報價銀行適用之匯率：報價銀行賣出基礎通貨即期買入遠期，適用左邊的數字，本例爲 370，並由 A 銀行指出。報價銀行買入基礎通貨即期賣出遠期，則應適用右邊的數字，即 375。

⑷瞭解詢價銀行付多收少的原則：美元爲基礎通貨，美元利率低，美元爲升水，美元數量一定時，則遠期交割馬克的數量應比即期多。因詢價銀行爲市場使用人(User)，賣出遠期馬克時，應適用較大的數字；買入遠期馬克時，應適用較小的數字。本例 A 銀行爲賣出遠期美元買入遠期馬克，應用 370 較小的數字。

5330　利率平價論

5331

　　利率裁定(Interest Rate Arbitrage)，亦稱套利，指投資人將資金自一國貨幣市場移向另一國貨幣市場謀取較高報酬之操作。例如，因英國利率高於美國，美國投資人可在美國貨幣市場借入美元，在外匯市場以美元購買英鎊，再於英國貨幣市場投資，惟此項操作有匯率風險，如投資到期時英鎊貶值，將英鎊投資本利和兌換成美元，可能得不償失。爲免除匯率風險，投資人可在購買英鎊時，同時賣出遠期英鎊。此種沒

---

❸參考 Euromoney, *"Foreign Exchange."*

有風險的操作,如投資英國報酬仍大於美國,則資金將會繼續流向英國。由於買入即期英鎊者多,英鎊即期匯率將上升; 由於賣出遠期英鎊者多,英鎊遠期匯率將下跌。在買入即期賣出遠期的差額,即換匯成本(Swap Cost) 等於兩國利率差異時, 投資人所獲高利率的利益, 將爲避險裁定操作之成本所抵銷, 資金將停止流動。此即所謂利率(息)平價論(Interest Rate Parity Theory, IRPT), 在均衡時, 無匯率風險, 投資於兩國的報酬相等。

5332

例: 設某美國投資人有資金A元, 美國利率爲I_a, 則投資於美國一年之本利和爲$A(1+I_a)$; 設英鎊匯率爲S, 則A元資金可購買$\dfrac{A}{S}$英鎊, 英鎊利率爲I_b, 則英鎊投資一年本利和爲$\dfrac{A}{S}(1+I_b)$, 爲避免匯率風險, 以F遠期匯率賣出一年期遠期英鎊本利和$\dfrac{A}{S}(1+I_b)\cdot F$, 即得投資英國之美元本利和, 如與投資美國本利和相等, 則:

$$A(1+I_a)=\frac{A}{S}(1+I_b)\cdot F \quad\cdots\cdots\cdots\cdots\cdots\cdots\cdots\cdots\cdots\cdots\cdots\cdots\cdots(1)$$

$$(1+I_a)=\frac{F}{S}(1+I_b)$$

$$\frac{F}{S}=\frac{1+I_a}{1+I_b} \quad\cdots\cdots\cdots\cdots\cdots\cdots\cdots\cdots\cdots\cdots\cdots\cdots\cdots\cdots(2)$$

$$\frac{F-S}{S}=\frac{(1+I_a)-(1+I_b)}{1+I_b}=\frac{I_a-I_b}{1+I_b}$$

取其近似值, 即得

$$\frac{F-S}{S}=I_a-I_b \quad\cdots\cdots\cdots\cdots\cdots\cdots\cdots\cdots\cdots\cdots\cdots\cdots\cdots(3)$$

(3)式左邊爲匯率差異百分比, 等式右邊爲利率差異百分比。利率高者, 遠期匯率爲貼水; 利率低者, 遠期匯率爲升水。匯率差異與利率差異等值，則一個變動，不論原因，另一個也會變動，以抵銷其變動。

又上述利率應採用歐洲美元市場利率，沒有存款準備及存款保險等成本。

如投資期間為三個月，遠期匯率及利率亦均為三個月，則(3)式應變更為：$\dfrac{F-S}{S}=\dfrac{I_a}{4}-\dfrac{I_b}{4}$

5340　遠期匯率之計算

5341

遠期匯率之定價：

由上(2)式 $\dfrac{F}{S}=\dfrac{1+I_a}{1+I_b}$，可求得 $F=S\cdot\dfrac{1+I_a}{1+I_b}$ ‥‥‥‥‥‥‥‥‥‥‥(4)

決定遠期匯率之因素有二：即期匯率與兩國利率，所以遠期匯率是兩國利率的函數。

(4)式中，I_b代表基礎通貨利率，I_a為相對通貨利率，匯率與利率期間應配合，即匯率為三個月，利率亦應為三個月，如果以天數計算(4)式可改寫為：

$F=S\cdot\dfrac{1+I_a\times d/dpy}{1+I_b\times d/dpy}$ 式中，d為天數，dpy（days per year）為一年天數，如英鎊為三百六十五天，美元、馬克及日圓等三百六十天。

又匯率及利率均有 Bid 與 $Offer$ 兩種，計算遠期匯率 Bid 及 $Offer$ 公式：

$$F_{Bid}=S_{Bid}\times\frac{1+I_{a(Bid)}\times d/dpy}{1+I_{b(Offer)}\times d/dpy}$$

$$F_{Offer}=S_{Offer}\times\frac{1+I_{a(Offer)}\times d/dpy}{1+I_{b(Bid)}\times d/dpy}$$

茲舉例說明如次：

例一：已知：Spot Rate US\$1＝DM 1.6622/30

九十一天歐洲美元利率 4.06/4.18

九十一天歐洲馬克利率 9.36/9.68

求：九十一天美元／馬克遠期匯率。

$$F_{Bid}=1.6622\times\frac{1+9.36\%\times91/360}{1+4.18\%\times91/360}=DM1.6837$$

$$F_{Offer}=1.6630\times\frac{1+9.68\%\times91/360}{1+4.06\%\times91/360}=DM1.6863$$

例二：已知：Spot Rate £1＝US\$1.7773/80

九十一天歐洲美元利率 4.00/4.12

九十一天歐洲英鎊利率 10.50/10.62

求：九十一天英鎊／美元遠期匯率。

$$F_{Bid}=1.7773\times\frac{1+4.00\%\times91/360}{1+10.62\%\times91/365}=US\$1.7494$$

$$F_{Offer}=1.7780\times\frac{1+4.12\%\times91/360}{1+10.50\%\times91/365}=US\$1.7506$$

5342

遠期交叉匯率（Forward Cross Rates）：

⑴由遠期差額（Forward Margin）求遠期交叉匯率。

例：已知：Spot Rate USD/DEM 1.6257/67　GBP/USD 1.5388/98

三個月遠期差額USD/DEM 204/206　GBP/USD 138/134

求：三個月GBP/DEM之遠期交叉匯率及遠期差額。

第一步求即期交叉匯率：Bid 1.6257×1.5388＝DM 2.5016

Offer 1.6267×1.5398＝DM 2.5050

GBP/DEM Spot Rate £1＝DM 2.5016/50

第二步求遠期匯率： USD/DEM 1.6257　1.6267
　　　　　　　　　　　　　+ 204　+ 206
　　　　　　　　　　　　　1.6461　1.6473

　　　　　　　　　GBP/USD 1.5388　1.5398
　　　　　　　　　　　　　− 138　− 134
　　　　　　　　　　　　　1.5250　1.5264

第三步求遠期交叉匯率： GBP/DEM　Bid　1.6461×1.5250＝DM 2.5103

Offer 1.6473×1.5264＝DM 2.5144

第四步求 GBP/DEM 之遠期差額： Bid　2.5103−2.5016＝87 points

Offer 2.5144−2.5050＝94 points

GBP/DEM Forward Margin 87/94

⑵由利率求遠期交叉匯率。

例： 已知： Spot Rate USD/DEM 1.6550/60　GBP/USD 1.7773/80

九十天歐洲美元利率 4.00%−4.12%

九十天歐洲馬克利率 9.81%−9.93%

九十天歐洲英鎊利率 10.50%−10.62%

求： 九十天 USD/DEM 遠期匯率，九十天 GBP/USD 遠期匯率，九十天 GBP/DEM 遠期匯率。

三個月 USD/DEM Bid Rate $f_{Bid}=1.6550\times\dfrac{1+9.81\%\times90/360}{1+4.12\%\times90/360}=$ DM1.6783

Offer Rate $f_{offer}=1.6560\times\dfrac{1+9.93\%\times90/360}{1+4.00\%\times90/360}=$ DM1.6803

三個月 GBP/USD Bid Rate $f_{Bid}=1.7773\times\dfrac{1+4.00\%\times90/360}{1+10.62\%\times90/365}=$

USD1.7492

Offer Rate $f_{offer} = 1.7780 \times \dfrac{1+4.12\% \times 90/360}{1+10.50\% \times 90/365} = $ USD1.7510

三個月GBP/DEM Bid Rate £1 = 1.6783 × 1.7492 = DM 2.9357

Offer Rate £1 = 1.6803 × 1.7510 = DM 2.9422

答：三個月USD/DEM 1.6783/1.6803

三個月GBP/USD 1.7492/1.7510

三個月GBP/DEM 2.9357/2.9422

第四節　換匯市場

5410　換匯交易

5411

換匯（Swap），指同時以某一通貨買進並賣出另一通貨兩個交割日不同的交易。通常爲一個即期交易加上一個遠期交易，即買入即期並賣出遠期，或買入遠期並賣出即期；前者稱賣出換匯(Swap Is Sold)，後者稱買入換匯（Swap Is Bought）；兩個不同交割日的遠期交易也可，如買入近日遠期並賣出遠日遠期，或買入遠日遠期並賣出近日遠期，惟並不多見。

銀行間市場直接遠期外匯交易（Outright Forward）不多，大部分均是換匯交易，所以又稱爲換匯遠期(Swap Forward)，以示有別於直接遠期。

5412

換匯交易係與同一對手同時做了兩個交易。如果同時，或差不多同時，與兩個對手分別做一個即期及一個遠期，兩者大小相等，方向相反，期間相同，與換匯效果相同，一般稱爲拼湊的換匯（Engineering Swap），此種操作，在銀行調度資金或規避風險上非常重要。相對的，與同一對手所做的換匯，稱爲單純換匯（Pure Swap）。

5413

換匯交易中，基礎通貨的數量通常是整數，數量大小視通貨別及市場規模而異。在銀行間市場，美元與英鎊的換匯交易，英鎊數量爲整數，通常爲 100 至 300 萬英鎊；美元與其他通貨的換匯交易，美元數量爲整數，通常爲 100 至 500 萬美元，國際金融中心外匯市場可達 1,000 萬美元。至於相對通貨之數量，則決定於即期匯率與兩國利率差異。

5414

換匯交易是一個外匯交易，也是一個貨幣市場交易。如美元與馬克的換匯交易，換入（Swap In）即期美元者，相當於借入美元，同時換出（Swap Out）馬克，相當於貸出馬克；換出美元者，相當於貸出美元，同時換入馬克，相當於借入馬克。所以外匯市場的換匯交易，事實上也是一個貨幣市場的借貸交易。

5420 換匯匯率

5421

因爲換匯交易，本質上係雙方相互質借不同的貨幣，在償還時，基礎通貨（如美元）數量不變，則相對通貨（如馬克）的數量決定於美元與馬克的利率差額（通常以歐元市場利率計算）。如果美元利率比馬克高，借入馬克貸出美元者，利息收支上吃了虧，所以償還馬克時，可支付比即期匯率較少數量的馬克以求補償；其對手借入美元貸出馬克，利息收支上占了便宜，收回馬克時少收一點作爲補償。反之，如馬克利率比美元高，則在償還時，支付馬克的數量就比即期匯率多。而遠期匯率與即期匯率的差額，稱爲換匯匯率（Swap Rate）。即：Swap Rate＝Forward Rate－Spot Rate＝Forward Margin, 因換匯匯率是差額而非比值 (Ratio), 所以不是眞正的匯率。

5422

換匯匯率報價, 可分爲買價 (Bid) 與賣價 (Offer); 前者爲報價銀行在換匯交易中買入遠期基礎通貨願意收入或支付的差額, 後者爲報價銀行在換匯交易中賣出遠期基礎通貨願意收入或支付的差額。基本原則是: 報價銀行要支付時, 適用較小的數字; 對手要支付時, 適用較大的數字。

由於銀行間遠期外匯市場交易事實上爲換匯交易, 所以遠期外匯市場中遠期匯率升水或貼水的識別原則, 也就是換匯交易得失 (Gain or Cost) 的原則。如美元對馬克的即期匯率爲 1.5530/40, 馬克利率高於美元, 遠期匯率爲 1.5570/85, 換匯匯率爲 40/45, 前低後高, 美元爲升水, 馬克爲貼水。換回原來的通貨時, 要多支付馬克。報價銀行期初換出美元, 要多收入馬克, 所以適用 45 點; 報價銀行期初換入美元, 要少支出馬克 (Cost), 所以適用 40 點 (對手爲Gain)。

設如美元利率高於馬克, 換匯匯率爲 45/40, 即期匯率爲 1.5530/40, 遠期匯率爲 1.5485/00, 美元爲貼水, 馬克爲升水, 則換回原來的通貨時, 要少支付馬克。報價銀行期初換出美元時, 要多收回馬克, 適用 40 點(即 1.5500, 只減少 40 點); 報價銀行期初換入美元時, 要少支付馬克, 適用 45 點 (即 1.5485 減少 45 點)。

5423

換匯匯率報價通常依下列順序: (1)Overnight (O/N), (2)Spot Next (S/N), (3)Spot against One Week (S/W), (4) 1, 2, 3, 6 及 12 月。因爲Overnight係在Spot之前, 如爲升水時, 應以Spot減Forward Margin; 如爲貼水時, 應以Spot加Forward Margin。

5430　換匯市場的功能

5431

對於銀行的功能:

⑴銀行在對顧客買賣遠期外匯時，可做成一個拼湊的換匯交易以規避匯率風險；即買入遠期時賣出即期，賣出遠期時買入即期。因為顧客遠期交易常屬單向市場 (One-way Market)，即在外幣升值國幣貶值時，進口廠商紛紛買入遠期外匯避險，而出口廠商很少賣出遠期外匯，銀行必定為遠期空頭部位；在外幣貶值國幣升值時，出口廠商紛紛賣出遠期外匯避險，而進口廠商很少買入遠期外匯，銀行必定為遠期多頭部位。在這樣一個單行市場，銀行無法利用銀行間市場拋補，所以只能利用即期外匯市場與貨幣市場操作來規避承接出進口廠商拋出的匯率風險。茲舉例說明之：在新臺幣升值（美元貶值）時，我國出口廠商對銀行賣出六個月期遠期美元 100 萬美元，匯率為 26.50；銀行為規避風險可自國外借入 100 萬美元，為期六個月，並在即期市場賣出，匯率亦為 26.50，將所得新臺幣 26,500,000 元貸放為期六個月。六個月後出口廠商以出口所得 100 萬美元交付銀行，銀行用以償還國外借款；同時，銀行收回貸放的新臺幣 26,500,000 元交付出口廠商，所以六個月後不論美元匯率為何，出口廠商與銀行均不受影響。

⑵便利資金調度：如 A 銀行新臺幣資金充裕，美元缺乏，而有借入美元貸放三個月的業務需要，但該銀行不願或不能以新臺幣買入美元，以免美元買超部位過多。同時，B 銀行美元資金充裕，新臺幣資金缺乏，但有貸放新臺幣三個月的業務需要，而該行不願或不能以美元兌換新臺幣使用，以免美元賣超部位太多。此時該兩銀行可做換匯交易，即期交易中，A 銀行換入美元換出新臺幣，

B銀行換入新臺幣換出美元；三個月後A銀行償還美元收回新臺幣，B銀行償還新臺幣收回美元。兩銀行均在不影響外匯部位原則下，解決了融資的問題。

(3)維持既有外匯部位：如某銀行認爲美元會升值，累積了一定量美元多頭部位，因而使新臺幣資金緊縮，該行可做換匯交易，將多餘美元換入新臺幣使用，俟美元升值後再賣出美元。又如某銀行認爲美元（相對新臺幣）會貶值，累積了一定量美元空頭部位，因而使美元資金緊縮，該行可做換匯交易，以新臺幣換入美元使用，俟美元貶值後再買入美元。

5432

對於顧客的功能：廠商或個人對銀行所做固定日期遠期外匯交易，希望提前或延後結清時，可利用一個換匯交易予以提前滿期（Rollback）或延後滿期（Rollover）。一個固定日期遠期外匯交易加上一個換匯交易，相當於一個選擇期遠期外匯交易（參閱5313節），其避險效果可能不足，惟其避險成本則較便宜[36]。

(1)某一出口商預期六個月後可裝船出口收進100萬美元，爲避免美元貶值之匯率風險，對銀行賣出六個月遠期美元，惟六個月滿期尚未出口，預計需時一個月始能出口，可與銀行做一個展期一個月的換匯交易（Rollover），即買入即期並賣出一個月遠期，將屆期的遠期契約延後一個月交割。

(2)某一進口商預期六個月後需結購100萬美元，爲避免美元升值的匯率風險，自銀行買入六個月遠期美元。惟至五個月時就需要結購該項美元，遂與銀行做一個提前一個月的換匯交易（Rollback），即買入即期並賣出一個月遠期，一方面達成結購外匯的需

---

[36]參閱Weisweiller, "*How the Foreign Exchange Market Works,*" p. 30.

要，另一方面也沖銷了尚未到期的遠期外匯契約。

⑶對國外投資者,其匯率風險與出口廠商相同；自國外借入外幣者,其匯率風險與進口廠商相同。其為避險所做賣出或買入遠期外匯契約,其到期日與外匯實際收付時間不配合時,均可利用換匯交易以達成將遠期契約延後（Rollover）或提前（Rollback）的目的。

⑷外匯市場投資人, 如遠期契約已到期而不想結清,可與銀行做一個展期換匯(Rollover)；如遠期契約未到期而想提前結清,可與銀行做一個提前換匯（Rollback）。

5433

對中央銀行的功能:

⑴60 年代以來, 外匯市場波動, 中央銀行間訂有多個互換協議（Swap Agreements）, 在必要時, 中央銀行可動用他國貨幣干預市場。如美國與德日英法等若干國家以及國際清算銀行(Bank for International Settlements, BIS) ❸訂有互換協議, 隨時可以美元換取該些國家貨幣以供在外匯市場上拋售。

⑵中央銀行干預外匯市場, 最常利用的為即期外匯市場, 但有時也會利用遠期外匯市場及換匯市場。

例如, 在 60 年代美元危機時, 德國央行曾與商業銀行以低於市場匯率做換匯交易, 旨在增加即期市場美元需求。設美元利率為 6%, 馬克利率為 4%, 換匯匯率應為 2%, 但如德國央行為 1.5%承做換匯交易,商業銀行借入馬克結購美元投資的無風險操作總成本為 5.5%, 而美元投資收益為 6%, 淨賺 0.5%（以上均為年息）。

---

❸BIS成立於 1930 年 5 月, 作為德國賠款楊氏計畫（Young Plan）有關賠款的受託人, 總部設於瑞士巴塞爾（Basle）, 會員為三十六個中央銀行, 可稱為中央銀行之中央銀行, 主要任務在促進國際金融合作。

(3)實施外匯管理之國家，中央銀行可與外商銀行在該國分行做換匯交易。由中央銀行提供本國貨幣，可供外商銀行在該國分行辦理國幣授信業務；外商銀行提供外匯，可充實中央銀行之外匯準備。通常為期三個月，三個月後可續做。

第五節　我國之外匯市場

5510　我國外匯市場之特性

5511

我國現行外匯管理政策，不鼓勵新臺幣國際化，對外國銀行開設新臺幣帳戶仍存有若干限制。所以我國銀行不能與國外銀行作新臺幣與外幣間之交易，只能做外幣與外幣之交易，為量不多。因此我國外匯市場只是一個地區性市場。

5512

自民國76年外匯開放後，經常收支已無任何限制，惟資本收支仍有若干限制；而且對指定銀行之營運與操作，有很多嚴格的限制；復以中央銀行密切監視新臺幣匯率變動，不許可大幅漲跌，投機機會不多，因此市場業務量不大，只能說是一個淺碟子式的市場。

5513

按國際金融中心外匯市場交易量，以紐約為例，銀行與顧客交易(通常為實需性質)，所占比例不足十分之一；其餘九成以上均為銀行間交易。我國外匯市場仍以實需為主，銀行間交易量不如銀行與顧客交易量多。

5514

國際外匯市場雖以即期為主，惟換匯交易所占比例相當高。以紐約爲例，即期占 64%，換匯占 30%，遠期占 6%。即期交易中，銀行間交易占 95%，與顧客交易只占 5%；換匯交易中，銀行間交易占 94%，與顧客交易只占 6%；惟遠期交易中，銀行間交易只占 39%，與顧客交易則占 61%（詳表 5-3）。

表 5-3　外匯市場業務組成表

	合計	銀行間交易	與顧客交易	合　　計	
				銀行間交易	與顧客交易
即期交易	64%	95%	5%	60.80%	3.20%
直接遠期	6%	39%	61%	2.34%	3.66%
換匯交易	30%	94%	6%	28.20%	1.80%
合　　計	100%			91.34%	8.66%

資料來源：Euromoney, *"Foreign Exchange."*

國際外匯市場銀行間投機性交易量爲純屬以貿易與投資爲目的的需求十倍以上❸；以貨幣分，均以美元爲主，如表 5-4。

表 5-4　國際外匯市場銀行間投機性交易量

	平均每日交易量（億美元）	英鎊／美元	美元／馬克	美元／日圓	美元／瑞士法郎	其他
倫敦	1.870	33.3%	27.3%	18.7%	12.7%	8%
紐約	1.290	14.8%	33.6%	25.0%	11.7%	14.9%
東京	1.150	n.a.	n.a.	72.2%	n.a.	27.8%*

＊包括美元／英鎊、美元／馬克與美元／瑞士法郎之交易。

資料來源：Euromoney, *"Foreign Exchange."*

5515

我國外匯市場，就現有資料可分析其特性如次：

(1)民國78年銀行與顧客交易中，買進外匯685億美元，賣出外匯622億美元，總計1,244億美元。買進外匯中，美元占95%，賣出外匯中美元占91%，總計中美元占94%。其他貨幣交易量較多者，依次為馬克、英鎊、澳元、瑞士法郎及港幣。

(2)銀行間市場以即期交易為主，其次為換匯，如表5-5(單位：百萬美元)。

表 5-5　銀行間各類外匯交易比較表

年度	即期交易	%	換匯交易	%	遠期交易	%	合計	%
79年	32,095	83.0	6,100	15.8	485	1.2	38,686	100
80年	23,027	87.0	3,427	13.0	-	-	26,454	100
81年	27,160	78.7	4,180	12.1	3,161	9.2	34,501	100

資料來源：臺北外匯市場發展基金會。

(3)依照中央銀行83年3月2日發布新聞稿，民國82年臺北外匯市場每日平均交易量為1,229百萬美元，為民國68年外匯市場成立時之十倍多。包括(a)銀行對顧客市場715百萬美元，內中即期700百萬美元，遠期15百萬美元；(b)銀行間市場254百萬美元，內中即期150百萬美元，遠期4百萬美元，換匯20百萬美元，美元與馬克交易40百萬美元，美元與日圓交易40百萬美元；(c)國際金融業務（OBU）260百萬美元，內中即期200百萬美元，遠期10百萬美元，換匯交易50百萬美元。

---

❸參閱Euromoney, *"Foreign Exchange,"* p. 26.

(4)依照中央銀行83年5月3日發布，83年4月臺北外匯市場全體外匯交易量，如表5-6（單位：百萬美元）。

表5-6　臺北外匯市場全體外匯交易量

	即期	遠期	換匯	保證金交易	選擇權	期貨	合計
新臺幣對外幣業務	21,029.1	466.8	1,486.0	-	-	-	22,981.9
第三種貨幣業務	19,500.4	4,500.8	10,812.2	2,570.3	687.7	114.7	38,186.1
合計	40,529.5	4,967.6	12,298.2	2,570.3	687.7	114.7	61,168.0

說明：

(1)上項交易統計包括境內金融業務（Domestic Banking Units, DBU）56,634.2百萬美元，及境外金融業務（Offshore Banking Units, OBU）4,533.8百萬美元。

(2)3月全月交易量除以營業日（二十二天），即得平均每日交易量2,780百萬美元。

(3)剔除銀行間交易重複計算部分後，全月交易量淨額55,623.5百萬美元，平均每日交易量2,528百萬美元。

(4)保證金交易及選擇權等新種外匯業務，目前限於外幣與外幣間交易，故沒有新臺幣與外幣間交易。此外，新種外匯業務中尚有利率交換及遠期利率協議；後者3月份每日交易量800萬美元。

(5)依交易對象分，銀行與顧客交易占40.6%；銀行間交易占59.4%，內中與國內銀行間交易占10.0%，與國外銀行間交易占49.4%。

(6)依幣別分，第三種貨幣（外幣與外幣間）交易占62.4%，內中美元對日圓占22.5%，美元對馬克占18.1%。新臺幣對外幣交易（狹義的外匯市場）占 37.6%，內中與新臺幣匯率有關之銀行間市場交易占 4.3%（平均每日交易量爲 1 億 1 千萬美元），銀行與顧客交易占 33.3%。

5516

我國外匯市場係建立於民國 68 年 2 月，期初係由五家大銀行組成外匯交易中心，負責定價並仲介銀行間外匯交易。79 年 2 月成立財團法人臺北外匯市場發展基金會，由該會臺北外匯銀行聯誼會仲介銀行間外匯業務。83 年 7 月，臺北外匯經紀股份有限公司成立，爲正式的外匯經紀商，取代外匯市場發展基金會，仲介銀行間外匯交易。

依照外匯買賣交易準則：

(1)交易類別：(a)即期交易，包括美元對新臺幣及美元對第三種貨幣；
　　(b)遠期交易，限美元對新臺幣；(c)換匯交易，限美元對新臺幣。

(2)交易單位：(a)即期交易中美元對新臺幣以 100 萬美元爲標準單位，美元對第三種貨幣，以 200 萬美元爲標準單位；(b)遠期交易及換匯交易尚無限制。

(3)交易時間：美元對新臺幣交易，週一至週五爲上午九時至下午四時，週六爲上午九時至十二時三十分；美元對第三種貨幣，週一至週五爲上午八時至十一時，下午十二時三十分至五時。

(4)報價：美元對新臺幣之即期交易以 5 點（小數點下第四位）爲累進單位，在交易完成前，經紀人不得透露報價銀行名稱。

(5)交割日：即期交易以成交後第二個營業日爲交割日。

(6)手續費率：美元對新臺幣即期及遠期交易，以成交金額百萬分之十計收，由買賣雙方平均負擔。未滿 100 萬美元者，以 100 萬美元計收，即最低 10 美元。美元對新臺幣之換匯交易，成交天數七日以內者，以成交金額百萬分之五計收；超過七日者，以成交金額百萬分之三十計收，均由買賣雙方平均負擔之。美元對第三種

貨幣即期交易，以成交金額百萬分之五十計收，由買賣雙方平均
負擔，未滿 50 萬美元者，按 50 萬美元計收。

(7)計收手續費之匯率：以成交日前一個月最後一個營業日銀行間市
場美元兌新臺幣收盤價格為準。

5520 保證金交易

5521

保證金交易（Margin Trading），係遠期外匯交易之變體，因其作
法與期貨交易（Futures）類似，所以也可稱為銀行櫃臺市場（OTC
Market）的外幣期貨（Foreign Currency Futures）。在簽約時，銀行
同意在滿期前可以一個相反的交易予以沖銷了結或平盤。適用於個人或
企業投資，也可適用於在指定銀行沒有信用額度，無法辦理遠期外匯交
易的中小企業對匯率避險。

由於我國實施外匯管理，指定銀行辦理遠期外匯交易有若干限制，
所以指定銀行自新加坡引進此項外匯業務（其他國家不流行此項業務）。
中央銀行規定如下：

(1)限於外幣買賣外幣，不得辦理新臺幣與外幣間交易。指定銀行所
做，通常係以美元買賣其他外幣。

(2)保證金不得低於百分之十。換言之，買賣金額不得超過保證金之
十倍，仍然可以發揮以小博大的功效（Leverage）。

(3)顧客以新臺幣結購或結售外幣，應依中央銀行「外匯收支或交易
申報辦法」之規定辦理，即每年不得超過 500 萬美元。

5522

保證金交易可分為即期（Spot）與遠期（Forward）兩種。前者必
須在兩個營業日內做一個相反的交易沖銷了結，後者可在滿期前任一時
間內做一個相反的交易沖銷了結。每日定時銀行按市場收盤價結算盈虧，

並貸借保證金帳戶。如保證金帳戶餘額不足以彌補虧損時，銀行會通知追加保證金（Margin Call）。爲了減少保證金追加的麻煩，投資人通常在銀行開設另外一個帳戶，並授權銀行可以直接調撥兩個帳戶資金。

5523

　　遠期保證金交易在滿期前，投資人可與銀行做換匯交易（Swap），將遠期契約提前（Rollback）或延後（Rollover）交割。延後交割時，包括即期與新的遠期兩個交易，即期部分稱爲補償契約（Compensation Contract）。其結算盈虧有兩個方式處理，一是以現金（Cash）交付，一是將盈虧滾在遠期交易價格內，即以原始匯率將遠期契約展期，稱爲原始匯率展期交易（Historical Rate Rollover Transaction）。茲舉例說明如次：（註：84年3月中央銀行不准指定銀行承做此項業務）

　⑴銀行應顧客要求承做一筆保證金交易，在遠期契約交割日（Value Date）前兩個營業日，遠期契約變成即期契約，該顧客不想交割，要求以原始匯率將契約延期（Rollover），銀行處理如次：

　　原始資料（Historical Data）

　　功能通貨：美元

　　買賣之外幣：馬克

　　銀行之業務：買入遠期

　　外幣數額：200萬馬克

　　匯率：1:1.6550

　　功能通貨金額：US$1,208,459.20

　　交割日：1993年4月29日

　　當前資料（Current Data）

　　展期日：1993年4月27日

　　展期期間：由即期交割日起算三個月

　　當前即期匯率：1.5860/70

當前遠期差額（Forward Points）：140/142

當前美元三個月利率：6.45/50%p.a.

顧客馬克外匯差價（Spread）：0.0005

顧客存款三個月利率差價（Spread）：0.125%

顧客放款三個月利率差價：0.75%

　　顧客以美元買賣馬克，美元爲功能通貨（Functional Currency），馬克爲外幣。原始到期日爲 4 月 29 日，所以必須在 4 月 27 日前訂定展期契約。

(a)計算補償交易得失（Compensation Gain or Loss）：

銀行賣出即期馬克其匯率爲 1.5860－0.0005＝1.5855

銀行原始交易買入：DM 2,000,000÷1.6550＝US$1,208,459.20

銀行補償性交易賣出：DM 2,000,000÷1.5855＝US$1,261,431.70

淨損失：$1,208,459.20－$1,261,431.70＝－$52,972.50（顧客虧損）

(b)計算融資成本／所得（Finance Lost/Earning）：本例中，顧客補償性交易爲虧損，滾入遠期延後交付應計算利息，適用銀行放款利率 6.50%＋0.75%＝7.25%p.a.（如果顧客有所得時，適用銀行存款利率 6.45%－0.125%＝6.325%p.a.）。

　　顧客融資成本＝$52,972.50×7.25%×91/360

　　　　　　　　＝US$970.80

(c)決定新的遠期匯率：銀行賣出遠期馬克即買入遠期美元，適用匯率爲 1.5860＋0.0140＝1.6000。

　　DM 2,000,000÷1.6000＝$1,250,000

(d)計算以原始匯率展期之美元金額及其匯率。

$1,250,000-$52,972.50-$970.80=$1,196,056.70

DM 2,000,000÷1,196,056.70=1.6722

(2)茲舉例說明提前了結（Rollback）之處理程序：

原始資料：原始交割日 1993 年 6 月 29 日，其餘資料同前。

當前資料：提前了結日期為 1993 年 4 月 27 日，交割日為 4 月 29 日。

(a)計算補償性交易得失：

銀行原始買入：DM 2,000,000÷1.6550=US$1,208,459.20

銀行補償性賣出：DM2,000,000÷1.5995=US$1,250,390.70

(1.5860＋0.0140－0.0005=1.5995)

顧客得失：$1,208,459.20－$1,250,390.70＝－$41,931.50

（虧損）

(b)計算未來得失的現值（Present Value）：由於立即結算損失，適用存款利率 6.45%－0.125%＝6.325%p.a.（如顧客為利得，則適用 6.50%＋0.75%＝7.25%p.a.）。

$41,931.50－($41,931.50×6.325%×91/360)=$41,261.10

(c)決定正常即期匯率。

DM 2,000,000÷1.5860=US$1,261,034

(d)計算以原始匯率提前了結之功能通貨金額及匯率。

$1,261,034－$41,261.10=$1,219,772.90

DM 2,000,000÷$1,219,772.90=1.6396

5530 市場報導

5531

臺灣各個報紙均有臺北外匯市場的報導，特別是《經濟日報》與《工商時報》，除以新聞報導重大消息外，每日並刊載各種參考匯率，大體也代表實際交易價格。

　(1)美元對新臺幣匯率，含即期及遠期、買入及賣出。遠期匯率分一、
　　二、三、四及六個月，部分銀行且掛牌買賣十天期。

　(2)其他外幣對新臺幣匯率，包括馬克、英鎊、瑞士法郎、日圓、澳
　　元、奧地利、比利時、法國、加拿大、荷蘭、新加坡、南非、瑞
　　典及港幣等十四種貨幣之買入及賣出匯率。

　(3)世界各主要外匯市場本國貨幣對美元之匯率，含開盤價、下午價
　　（東京、雪梨及漢城市場已結束，爲收盤價），及前一日收盤價。

　(4)新臺幣實質有效匯率指數，計有《經濟日報》、《工商時報》及臺
　　北外匯經紀股份有限公司編製之出口及雙邊貿易兩種指數。

　(5)其他：如黃金價格及銀樓業買賣外幣價格等。

5532

　　國際市場報導外匯市場動態之主要報紙，計有紐約《華爾街日報》
（*Wall Street Journal*）、倫敦《金融時報》（*Financial Times*）及
《亞洲華爾街日報》（*The Asian Wall Street Journal*）。由於時區相
同，《亞洲華爾街日報》在臺灣極爲暢銷。主要內容爲國際重要財經新聞
及資料，包括：

　(1)各主要貨幣間之交叉匯率（Currency Cross Rates）。

　(2)紐約市場各國貨幣對美元之匯率（Currency Rates）。

　(3)香港之亞洲各國匯率（Asian Currency Rates）。

　(4)特別提款權匯率（IMF Exchange Rates）。

　(5)歐洲通貨單位匯率（ECU Values）。

　(6)人民幣匯率（Yuan Exchange Rates）。

　(7)外幣期貨及美元指數期貨價格（Currency Futures）。

　(8)外幣期貨及美元指數期貨選擇權價格（Futures Options）。

　(9)外幣選擇權價格（Currency Options）。

5540 我國之外幣拆款市場[39]

5541

外幣拆款市場（Foreign Currency Call Market）為銀行間外幣資金短期借貸市場。在實施外匯集中制度時期，指定銀行不能任意持有外匯。為應辦理外匯業務需要，也只能向中央銀行結購外匯。外匯市場建立後，指定銀行在中央銀行規定額度內可持有外匯部位，但因為在 70 年代美元處於弱勢，指定銀行多不願意持有太多美元，而其他強勢貨幣如馬克與日圓，借貸需求也不多。及至 80 年代，在雷根執政前期，美元成為強勢貨幣，1984 年 8 月中央銀行取消買超額度限制，很多指定銀行買入數億美元，惟多係直接存放國外銀行，及至 1985 年後期，美元成為弱勢貨幣，新臺幣開始持續升值，該些銀行匯兌損失不貲，所以指定銀行對持有外匯部位非常慎重，如有外幣需求，可向國外銀行借入。因此，銀行間外幣拆款市場也就無從建立。

5542

中央銀行為發展臺北成為國際金融中心，於民國 77 年 3 月指定中國商銀等籌備外幣拆款市場，78 年 8 月正式成立，由外匯交易中心仲介，79 年 2 月財團法人臺北外匯市場發展基金會成立，取代外匯交易中心，83 年 7 月臺北外匯經紀商股份有限公司成立，再取代基金會之仲介業務。

5543

為活潑市場，於市場成立初期，限於美元拆借，中央銀行提供 30 億美元作為種籽資金。同年 10 月再增撥 10 億美元；79 年 5 月增加馬克拆借，中央銀行並增撥 5 億馬克及 10 億美元；同年 11 月，增加日圓拆借；

---

[39] 因我國實施外匯管理，外幣買賣、外幣借貸均屬外匯業務，所以外幣拆款市場併在本章討論。

80 年 8 月中央銀行再增撥 20 億美元，83 年 8 月再將種籽資金提高爲
100 億美元、10 億馬克及 100 億日圓。

5544

外幣拆款市場成立初期，參加交易者爲國內外匯銀行。79 年 8 月增
加本國銀行的國外分行及外商銀行的國外總行及其他分行。80 年 2 月起
與新加坡安培（Astley & Pearce）經紀商連線，擴大外幣拆款市場幣別
及網路，拆借一方爲我國會員銀行即可。同年 4 月日本三菱銀行加入市
場，提供日圓資金；同年 8 月與香港經紀商連線，市場網路更形擴大。

5545

依照財團法人臺北外匯市場發展基金會臺北外匯銀行聯誼會外幣拆
款交易準則：

(1)該聯誼會爲拆款交易仲介人。

(2)市場參與者包括參加該會爲會員之外匯指定銀行，內中本國銀行
含其國外分行，外商銀行含其總行及其分行；經與該會連線合作
之國外外匯經紀商撮合而爲會員銀行接受之國外銀行；經該會主
動邀請參加之國外銀行。以上交易中至少一方應爲該會會員。

(3)交易幣別：國內外匯指定銀行掛牌之各種貨幣。

(4)交易單位：美元爲 100 萬元，馬克爲 100 萬馬克，日圓爲 1 億日
圓；其他幣別依國際交易習慣。

(5)拆放期間最長以一年爲限。

(6)利率升降幅度以 1/32% 一檔爲原則，利息計算依國際慣例。

(7)交易手續費由借方負擔，依成交金額按年率萬分之二以新臺幣計
收。美元對新臺幣匯率，以成交日前一個月最後一個營業日銀行
間市場收盤價格爲準；其他貨幣對美元匯率，以成交日前一個月
最後一個營業日紐約收盤價爲準。

5546

依照中央銀行《金融統計月報》，82 年度外幣拆款交易量爲 2,115 億美元，64 億馬克，5,445 億日圓；拆款期間以隔夜（Overnight）爲主，在美元中占 88%，在馬克中占 53%，在日圓中占 46%。

5550 我國之境外金融市場⓴

5551

民國 72 年政府公布國際金融業務條例，翌年公布國際金融業務條例施行細則，6 月我國之境外金融市場正式成立。

辦理境外金融業務單位（Offshore Banking Unit, OBU），爲國際金融業務分行，截至 83 年 3 月底止，已開業者計有三十八家，內中本國銀行十九家，外商銀行十九家。資產總額爲 285 億美元，資本來源及運用均以金融機構爲主，分別占 90% 及 70%。就地區言，資金來源中來自境外者占 55%，境內者占 26%，OBU 占 9%。就來源地區言，以亞洲地區爲主，占 83%。就期限言，不超過三個月者占 90%。資本去路中，存放境內者占 45%，境外者占 15%，OBU 占 10%。就地區言，亞洲占 79%。就產業別言，一般商業占 48%，金融機構占 14%，運輸業占 12%。就期限言，三個月以下占 90% 以上。

5552

依照國際金融業務條例之規定，辦理境外金融業務可享有下列優惠：

(1)稅捐優待：免征營業稅及營利事業所得稅，各種憑證免征印花稅；支付存款利息，免扣繳稅（Withholding Tax），但對居住民之放款，則應依所得稅法規定辦理（扣繳 15%）。

(2)金融管制之例外，免提存款準備，存款利率自行決定。

⓴因我國實施外匯管理，境外金融也是外匯業務，所以我國之境外金融市場併在外匯市場討論。

(3)除依法院裁判或法律規定者外，對第三人無提供資料之義務。

5553

國際金融業務分行可經營下列業務：

(1)收受非居住民（Non-residents）及金融機構之外匯存款。

(2)在國際金融市場吸收及運用資金。

(3)外幣買賣及匯兌。

(4)外幣放款及其債務管理及記帳業務；辦理上述業務，不受管理外匯條例、利率管理條例、銀行法及中央銀行法等有關規定限制。

此外，可承辦境外客戶之外幣信用狀開發、通知及押匯；外幣保證、外幣票據貼現及承兌；以及外幣保證金交易、利率交換、遠期利率協定、金融期貨及選擇權等新種業務。

5554

國際金融業務分行之業務限制：

(1)不得辦理外幣與新臺幣間之交易及匯兌業務。

(2)不得辦理直接投資及不動產投資業務。

(3)辦理外匯存款，不得收受現金，亦不得准許兌換爲新臺幣提出。

第六節　企業與外匯市場——企業之外匯管理

5610　企業之外匯風險

5611

風險之來源爲從事國際經濟交易：出口廠商以外幣計價有外幣相對新臺幣貶值的風險，進口廠商以外幣計價有外幣相對新臺幣升值的風險；企業以外幣借貸投資就有匯率變動之風險。企業即使沒有直接的外匯交易，其使用的原料與器材爲進口貨，或其產品間接外銷或經加工後外銷，亦均有匯率變動之風險。

目前我國新臺幣對外流通性很低，一切經濟交易均以外幣計價，均有匯率變動之風險。但即使交易對方亦願接受以新臺幣計價，匯率風險由對方承受，我方仍有外匯風險（Foreign Exchange Risks），即在新臺幣升值時，國外進口商因負擔過重而改向他國進口，或國外出口商因收入過低而提高新臺幣價格，此即所謂經濟風險（Economic Risk或Exposure）或市場風險（Market Risk）。

5612

外匯風險的類別：

⑴經濟風險（Economic Risks）：指匯率變動對未來收支產生的影響，不論以外幣計價或以國幣計價均有。依照財務原理，企業經營的目標在使未來稅後現金流量乘以匯率折計國幣的貼現值，扣除投資金額後的淨值最大，其公式爲[41]：

$$NPVA = -I + \frac{(ACF_1)(FX_1)}{1+r} + \frac{(ACF_2)(FX_2)}{(1+r)^2} + \cdots$$
$$+ \frac{(ACF_n)(FX_n)}{(1+r)^n} + \frac{(S)(FX_n)}{(1+r)^n}$$

式中$NPVA$爲按匯率調整後淨現值（Net Present Value Adjusted for Exchange Rate Change），I爲原始投資（Initial Investment），ACF爲調整後現金流量（Adjusted Cash Flow），FX爲外匯匯率（Foreign Exchange Rate）。

由上式可知，在匯率變動時會影響淨現值。

⑵財務風險（Financial Risks）：經濟風險影響企業之市場活動，財

---

[41]參閱Ton Gregory Taylor and F. John Mathls, *"A Primer on Foreign Exchange,"* p. 81.

務風險則會影響企業之損益。名目匯率按通貨膨脹率調整後爲眞
實匯率，名目匯率變動而眞實匯率未變時不產生經濟風險，但仍
會產生財務風險。

因匯率變動是否會影響現金流量，財務風險可分爲交易風險
（Transaction Risks）與折算風險（Translation Risks）。

交易風險之產生，源於其交易使用之貨幣非其功能通貨
（Functional Currency），後者通常指本國貨幣。風險產生之時
機有二，一是投標或報價，一是簽訂契約。在投標或報價時，企
業本身已受報價之約束，惟交易風險主要係來自簽訂契約。其以
外幣訂約者，自訂約起至外幣收到期間，出口廠商即承擔外幣相
對新臺幣貶值的風險。進口廠商即承擔外幣相對新臺幣升值的風
險。以國幣計價，沒有交易風險，但有經濟風險。在國幣升值時，
出口商可能喪失國外市場。在國幣貶值時，國內消費者可能改購
國貨，國產品含有進口原料者也可能漲價，對使用該些國產品者，
即有間接風險（Indirect Exposure）。

折算風險係多國籍公司（Multinational Corporations,
MNC)國外投資機構的資產負債，爲彙總目的折算本國貨幣，通
常稱報告通貨（Reporting Currency），編列年度彙總財務報表
時因匯率變動而產生匯兌損失的風險。因係評估國外資產負債產
生，所以又稱爲會計風險（Accounting Risks）或資產負債表風
險（Balance Sheet Risks）。如資產與負債相等，資產與負債之
得失可相互抵銷，即無折算風險。

5613

避險哲學(Hedging Philosophy)：指企業對風險處理之態度，可分
爲三類：

⑴完全不避險(Hedging Nothing)：有兩類企業不作避險，一爲不

瞭解風險的存在或不知如何避險；一爲知道有風險存在但認爲在長期間內匯兌損益會相互抵銷。

(2)完全避險（Hedging Everything）：認爲企業之利潤來自營運，不應因承擔匯率損益而影響營運績效，所以對每一交易均應採避險措施，將避險成本視爲營運成本的一部分。

(3)選擇性避險（Hedging Selectively）：比較風險大小與避險成本以決定是否避險。如潛在匯兌損失大於避險成本，則採避險措施。

事實上，完全不避險，可能因一時匯兌損失太大而危及企業的營運；完全避險而不計成本，將提高成本而不利市場競爭，所以企業除應採取長期的匯兌風險管理技術策略外，對個案的風險，可比較潛在匯兌損失與避險成本，使兩者的總和爲最小。

5620　企業之外匯管理

5621

風險管理技術：可分爲財務性與非財務性兩類：

(1)非財務性的管理技術：指未涉及現金流動的方法，旨在降低經濟風險。例如：

　(a)在採購方面，避免長期依賴以強勢貨幣國家爲原料及成品的供給來源。

　(b)拓展市場應注意未來競爭能力，對強勢貨幣地區，應訂定長期拓展計畫。

　(c)對國外投資計畫，應注意生產地點及眞實匯率的可能變動。在弱勢貨幣地區生產較爲有利，惟也難免有折算風險。

(2)財務性的管理：指影響現金流量的方法，旨在降低交易風險。例如：

　(a)債務管理（Debt Management）：如利用外幣交換（Currency

Swap）將某一貨幣的債務轉換爲另一貨幣的債務；增加外幣借款，以平衡該一外幣的淨部位（Net Position）；利用提前與延後原理（Principle of Leads and Lags）重訂債務付款期間，以規避短期匯率變動的風險。

　　(b)調整產品價格、調整存貨數量、變更計價通貨，以及以租賃取代買賣交易等，均爲中長期避險策略。

5622

避險操作：

(1)外匯買賣可適用提前與延後原理，在外幣相對新臺幣升值時，進口廠商應儘速結購外匯，必要時可先行結購暫存於外匯存款戶以待日後匯出；出口廠商可延後結售，必要時可先存入外匯存款戶以待日後結售。反之，在外幣相對新臺幣貶值時，可作相反操作，即出口廠商應儘速結售，進口廠商可延後結購，必要時可洽銀行辦理外幣墊款。

　　買賣外匯時應選擇銀行，所謂貨比三家不吃虧，賣出外匯時要找出價高的銀行，買入外匯時要找要價低的銀行。惟企業也應注意與銀行的關係，因爲很多外匯業務，必須在信用額度（Line of Credit）內銀行才承做，如外幣貸款、外銷貸款、出口押匯、開發進口信用狀與買賣遠期外匯等是，而買賣外匯也是培養銀行關係建立信用額度必要之手段，有時也不能錙銖必較。

(2)遠期外匯（Forward Exchange）是企業規避匯率風險之最重要工具。出進口廠商在以外幣簽訂契約後即有匯率風險（Exposure），爲規避風險，出口廠商可對銀行賣出遠期外匯，進口廠商可自銀行買入遠期外匯。

(3)外幣借款：可分爲短期借款與長期借款。短期借款包括開發遠期信用狀、外幣購料貸款，以及託收方式進口之外幣墊款，大多與進口結匯有關。在出口商方面，也可洽借外幣，如預售外匯外銷貸款(Export Promotion Loan, EPL)，於出口押匯時扣還。長期貸款主要為進口機器設備、擴建廠房或對外投資等需要大筆資金，可向銀行洽借聯貸（Syndicate Loan），也可發行公司債，包括可轉換公司債（Convertible Bonds）。

外幣借款為外匯空頭（Short Position），所以有外幣升值的匯率風險，但如有外匯多頭（Long Position），如出口廠商有外幣應收帳款或外銷契約，兩者風險可以相互抵銷，外幣借款成為避險的工具。所以每當新臺幣升值時，外商銀行的預售外匯外銷貸款，會成為出口廠商競取的對象，因為它可以填補資金與匯率風險兩個缺口（Gap）。

外幣貸款與賣出遠期外匯對出口商均有避險的功能，究以何者有利，可比較 $(A/S)(1+I_a) \times F$ 與 $A(1+I_b)$。式中 A 代表新臺幣金額，S 與 F 分別代表美元即期匯率與遠期匯率，I_a 與 I_b 分別代表美元與新臺幣利率。如 $(F/S)(1+I_a) > (1+I_b)$，出口廠商以賣出遠期外匯為有利；如 $(F/S)(1+I_a) < (1+I_b)$，則以借款為有利，稱為出口商借款裁定（Exporter's Borrowing Arbitrage）。

進口廠商為規避外幣升值的風險可買入遠期外匯，也可先借入新臺幣預購外匯存入外匯存款備用。如 $(F/S)(1+I_a) < (1+I_b)$，以買入遠期外匯為有利；如 $(F/S)(1+I_a) > (1+I_b)$，則以借款有利，稱進口商借款裁定（Importer's Borrowing Arbitrage）。

外幣借款有匯率風險，可利用通貨交換（Currency Swap）規避。以交通銀行與亞洲開發銀行(Asian Development Bank, ADB) 交換一案（見 6645 節）為例，交銀在歐元市場借入美元，亞銀在臺灣市場借入新臺幣，兩相交換後，交銀規避了美元的匯率風險，亞銀規避了新臺幣的匯率風險。

(4)外幣存款與外幣投資：廠商及個人如有多餘資金亦可結購外幣投資國外或以外匯存款方式持有。投資人選擇外幣投資，主要目的在獲取高利率報酬，惟利率高者，通常爲弱勢貨幣，投資人即需負擔較大的匯率風險，是否可以賣出遠期外匯方式避險？

　　依照利率平價論（Interest Rate Parity Theory, IRPT，見5330節），高利率的利益將爲賣出遠期外匯的匯兌損失所抵銷。在自由外匯市場裡，規避匯率風險的投資收益各國相等，規避匯率風險的借款成本各國也相等。所以要做外幣投資就要承擔匯率風險。如果投資高利率的外國貨幣，在投資屆期時未貶反升，則投資人可獲得利差與匯差兩種利益。

5623

　　外匯投機：如非爲實需而買賣外匯即是外匯投機，如預期美元升值而買入美元，俟其升值後再賣出即會獲利；或因預期美元貶值而賣出遠期美元，俟美元貶值後再買入遠期美元，沖銷後差額，即其利潤。惟外匯市場變動無常，如實際變動與預期相反時，即會蒙受重大損失，在外匯市場投機風險很高，不可不愼重。

5630　出進口廠商與外匯市場

5631

　　出進口報價如能使用新臺幣，則出進口交易與國內交易相同，與外匯市場無關。但國際交易使用何種貨幣主要決定於兩個因素：(1)方便的資金融通，(2)活潑的即期與遠期外匯市場。我國廠商偏愛使用美元，即因爲美元融資方便，而且美元即期及遠期外匯市場最爲活潑。如改用新臺幣，國外貿易對手無法在國外取得新臺幣的融通；在沒有活潑的新臺幣外匯市場下，國外對手只能以委託方式要求其往來銀行買賣新臺幣；在沒有建立新臺幣的遠期外匯市場前，國外對手也不易規避新臺幣的匯率風險。所以，即使准許外國人自由持有及使用新臺幣，短期間內出進口廠商也不可能大量使用新臺幣計價。換言之，短時間內仍然是有出進口貿易就有外匯交易，也就離不開外匯市場。

5632

自民國76年外匯開放後，出進口廠商可以自行決定付款方式（見3110節），因付款方式不同，資金融通、匯率風險及信用風險也不同，所以廠商在報價或接受報價時，必須瞭解我國外匯銀行可提供那些服務，包括開發信用狀、出口押匯、外幣貸款以及遠期外匯交易等，市場越好，越值得利用。

5633

如廠商同時有出口與進口，則最好使用同一貨幣如美元，可使匯率風險相互抵銷。設廠商出口地區分散，如使用不同貨幣，特別是美元與其他貨幣升貶相反，亦可產生規避匯率風險的效果，此種操作稱爲築巢法（Nesting）。

5634

企業是外匯市場的使用人，是外匯銀行的顧客，也是外匯銀行外匯業務利潤的主要來源。企業應建立良好的銀行關係，妥善利用外匯市場以謀取最大利益。

參考題目

一、解釋下列名詞

1. Foreign Exchange Market
2. Interbank Market
3. Convertible Currency
4. Spot Market
5. Value Date
6. Direct Quotation
7. European Term
8. American Term
9. Indirect Term
10. Reciprocal Rates
11. Double-barreled Quotation
12. Points
13. Base, Reference Currency
14. Counter, Term Currency
15. Long Position
16. Short Position
17. Cross Rates
18. Chain Rules
19. Forward Market
20. Forward Exchange Rate
21. Option Forward Contract
22. Outright Forward
23. Points Method
24. Forward Margin
25. Premium, pm
26. Discount, dis
27. At Par
28. Swap Rates
29. Interest Rate Arbitrage
30. Interest Rate Parity Theory, IRPT
31. Forward Cross Rates
32. Swap
33. Rollover
34. Rollback
35. Swap Agreements
36. Margin Trading
37. Foreign Exchange Risks
38. Economic Risks
39. Financial Risks
40. Transaction Risks
41. Translation Risks
42. Functional Currency

43. Reporting Currency
44. Accounting Risks
45. Balance Sheet Risks
46. Hedging Philosophy
47. Currency Swap
48. Principle of Leads and Lags
49. Export Promotion Loan, EPL
50. Syndicate Loan
51. Convertible Bond
52. Exporter's Borrowing Arbitrage
53. Importer's Borrowing Arbitrage
54. Nesting

二、回答下列問題

1. 試述外匯市場形成的條件。
2. 試比較銀行間直接交易與經由經紀人交易的利弊。
3. 試述遠期外匯之意義及其功能。
4. 試述利率平價論之意義並請導出其關係式。
5. 試述換匯交易之意義及其功能。
6. 試述我國外匯市場之特性。
7. 試述企業外匯風險之來源及其類別。
8. 試述企業外匯風險管理技術之類別。

三、計算題

1. 70 年代以前, 1 美元等於新臺幣 40 元, 1992 年某日 1 美元等於新臺幣 24.50 元。
   求：⑴Reciprocal Rate, ⑵美元對新臺幣貶值之比率, ⑶新臺幣對美元升值之比率。

2. 1992 年 4 月 8 日, £1＝US$1.7490, US$1＝DM 1.6282, US$1＝¥132.75。
   求：⑴英鎊與馬克及日圓之交叉匯率。
   　　⑵馬克與日圓之交叉匯率。

3. 60 年代, US$1＝DM 4.20, US$1＝¥360, £1＝US$2.80。與 1992 年 4 月 8 日比較, 求：⑴美元對馬克及日圓貶值之比率。
   　　　　　　⑵馬克及日圓對美元升值之比率。
   　　　　　　⑶美元對英鎊升值之比率。

4.銀行報價,£1＝US$1.6550/60。

　求：⑴在紐約,銀行買入£1,000,000 之價格。

　　　在紐約,銀行賣出£1,000,000 之價格。

　　　在紐約,顧客買入£1,000,000 之價格。

　　　在紐約,顧客賣出£1,000,000 之價格。

　　　在紐約,顧客買賣£1,000,000 之損益。

　　　⑵在倫敦,銀行買入US$1,000,000 之價格。

　　　在倫敦,銀行賣出US$1,000,000 之價格。

　　　在倫敦,顧客買入US$1,000,000 之價格。

　　　在倫敦,顧客賣出US$1,000,000 之價格。

　　　在倫敦,顧客買賣US$1,000,000 之損益。

5.市場報價£1＝US$1.6550/60。⑴某美國銀行擬軋平其多頭部位,下列三個價格

　中應採何者? ⑵設擬軋平其空頭部位時應採何者? ⑶軋平後之利潤。

　⑴£1＝US$1.6545/55, ⑵£1＝US$1.6550/60, ⑶£1＝US$1.6554/64。

6.某英國銀行報價£1＝US$1.6550/60,計買入US$5,000,000,問成本多少? 設該

　行於報價£1＝US$1.6545/55 時賣出, 試計算其盈虧。

7.銀行間市場£1＝US$1.6550/60, 設顧客市場之加減碼 (Margin) 為 0.0005。

　求：⑴美國顧客買入£1,000,000 之成本。

　　⑵美國顧客賣出£1,000,000 之收入。

　　⑶美國銀行買賣£1,000,000 之淨利。

　　⑷英國顧客買入US$1,000,000 之成本。

　　⑸英國顧客賣出US$1,000,000 之收入。

　　⑹英國銀行買賣US$1,000,000 之淨利。

8.經紀人自銀行取得下列報價, 問經紀人的報價是多少?

　銀行A： US$1＝¥125.60/65

　銀行B： US$1＝¥125.62/67

　銀行C： US$1＝¥125.63/68。

9.某銀行自經紀人取得下列報價, 問該行擬賣出瑞士法郎應找那個經紀人?

經紀人A： US$1＝SF 1.5430/33

經紀人B： US$1＝SF 1.5430/32

經紀人C： US$1＝SF 1.5431/33

經紀人D： US$1＝SF 1.5432/34。

10. 銀行A報價A$1＝US$0.7630/35，銀行B報價A$1＝US$0.7636/41，問在此種情形有無裁定機會？如可裁定，則澳洲銀行以A$5,000,000 裁定可獲利若干？美國銀行以US$5,000,000 裁定可獲利若干？

11. 已知Spot Rate A$1＝¥100.00/20，三個月Swap Rate 200/190。

求： (1)澳洲進口商對 10 億日圓之進口成本（三個月後）。

(2)澳洲出口商對 10 億日圓之出口收入（三個月後）。

12. 已知 Spot Rate US$1＝¥135，US$1＝DM 1.7350，三個月Swap Rates分別為－1.20 及－0.0150

求： (1)馬克與日圓Spot Cross Rate。

(2)馬克與日圓三個月Forward Cross Rate。

13. 已知Spot Rate US$1＝DM 1.6500，六個月美元利率爲 10%p.a.，馬克利率爲 6%p.a.，求Forward Rate及Forward Margin。

14. 已知Spot Rate £1＝US$1.8090/00，三個月£利率 11.00/12.00%p.a.，美元利率 6.00/7.00%p.a.，求遠期匯率。

15. 已知Spot Rate A$1＝US$0.7100/05，九十二天A$利率 14.0%－14.5%（365天），九十二天US$利率 7.5%－7.75%（360 天），求遠期匯率。

16. 某英國公司借入SF10,000,000，爲期六個月，利率3.5%p.a.，以Spot Rate £1＝SF 2 兌換爲英鎊。爲避免匯率風險買入遠期外匯，Forward Margin 爲－0.0500，求有效利率及其避險成本。

17. 一美國公司需資金 500 萬美元，爲期二百七十四天，有兩個選擇：(1)以 9.5% p.a.借入美元，(2)以 4.5%p.a.借入馬克。

(1)已知Spot Rate US$1＝DM 1.8650，二百七十四天Forward Rate 1.8540，求借款成本。

(2)計算DM借款可避險的Forward Rate，並與實際Forward Rate比較，後者是否有利?

18. Spot Rate £1=US$1.5000, US$1=¥140, 美國投資經理對六個月之美元資
金 100 萬元之投資有三個選擇: (1)直接投資美元 10%p.a., (2)買入日圓投資
6%p.a.不避險, (3)買入英鎊 11%p.a.不避險。

設屆期Spot Rates爲£1=US$1.4750, $1=¥130, 計算有效收益率。

19. 已知Spot RateUS$1=¥126.50/60, 六個月美元利率 10.00%−10.25%p.
a., 六個月¥利率 4.00%−4.5%p.a.。

⑴求未作避險投資的兩平匯率 (Break-even Rate)。

⑵在滿期時, 如US$1=¥123.30/40, 求有效收益率 (Yield)。

20. 已知Spot Rate US$1=DM 1.6550/60, 三個月Swap Rate 243/246。

求: ⑴Big Figure是多少?

⑵Spread是多少?

⑶DM爲升水抑爲貼水?

⑷三個月Outright Forward Rate是多少?

21. 1992 年 4 月 28 日Spot Rate£1=$1.7773/80, US$1=DM 1.6550/60,
US$1=¥133.25/35; 六個月Swap Rates£/$ 519/514, US$/DM 462/467,
US$/¥ 24/25, 求六個月英鎊、馬克及日圓的Outright Forward Rates。

22. 由上述 1992 年 4 月 28 日匯率及 6 個月Outright Forward Rates。

求: ⑴英國銀行對其英國顧客報出DM及¥之買賣匯率。

⑵德國銀行對其德國顧客報出£及¥之買賣匯率。

⑶日本銀行對其日本顧客報出£及DM之買賣匯率。

23. 1992 年 4 月 28 日匯率: US$/HK$ 7.7365/75, US$/S$ 1.6552/62,
求新幣與港幣間之交叉匯率。

24. 已知:

	Spot	三個月Swap
US$/DM	1.6550/60	243/246
£/US$	1.7773/80	280/277

求: ⑴US$/DM及£/US$三個月Outright Forward Rates。

(2)£/DM Spot及Forward Cross Rates。

(3)自Spot起三個月£/DM之Optional Date Forward Rate。

25. 已知Spot Rate US\$1＝DM1.6550/60，三個月DM利率　9.81−9.93%p.a.，
三個月US\$利率　4.00−4.12%p.a.，三個月Swap Rate　243−246。

某美國顧客要求銀行貸借馬克，該銀行可自歐元市場借入馬克貸放，也可借入美
元Swap為馬克貸放，試問兩種方式何者有利？

26. 就下表中Cross Rates，挑出國際市場通常報導之匯率。

	US\$	£	A\$	DM	SFr	¥
US		0.6192	1.3160	1.7024	1.5090	151.24
Britain	1.6150		2.1253	2.7494	2.4370	244.25
Australia	0.7599	0.4705		1.2937	1.1467	114.93
Germany	0.5874	0.3637	0.7730		0.8864	88.84
Switzerland	0.6627	0.4103	0.8721	1.1282		100.23
Japan	0.0066	0.0041	0.0087	0.0113	0.0100	

27. 設US\$1＝NT\$25.1110，如上題，求NT\$的Cross Rates。

28. Spot Rate　¥100＝\$0.95，美元利率6%p.a.，日圓利率4%。

求：(1)一個月及三個月之遠期匯率。

$$F = S\ [1 + (R_f - R_d) \times d / dpy]$$

(2)採持續複利，求一個月及三個月的遠期匯率。

$$F = S \cdot e^{(R_f - R_d)/t}$$

第六章　金融與金融市場

本章內容

本章重點

1. 第一節說明金融之意義，直接金融與間接金融，金融市場之類別、參與者，中央銀行之操作，我國中央銀行與金融市場關係，金融市場的標的——信用工具，金融市場的指標——利率與收益率，國際金融機構包括世界銀行集團、亞洲開發銀行及國際清算銀行；國際金融中心如：倫敦、紐約、東京及法蘭克福。

2. 第二節說明貨幣市場之意義、貨幣市場工具及其操作。

3. 第三節說明債券之意義及類別，債券市場交易實務，債券市場投資，債券價格之決定、持續期 (Duration) 及凸性 (Convexity)，債券本息之分割。

4.第四節說明股票之意義及類別、股票市場交易及股票市場國際化。

5.第五節說明歐元市場之意義、成長及其結構，亞洲美元市場，美國之 IBF及其他國家之境外金融市場。

6.第六節說明金融市場之國際化、證券化及金融市場之創新，交換市場 之意義、類別及交換選擇權，以及遠期利率協議。

7.第七節說明我國之金融市場，包括貨幣市場、債券市場、股票市場及 我國金融市場之發展。

第一節　金融概說

6110　金融之意義

6111

金融(Finance)，依照《韋氏國際大字典》（*Webster's New International Dictionary*），Finance有兩個意義：(1)指公共收入籌措與支出之科學與實務；(2)指有關貨幣事務，特別是涉及大量資金或投資資金之管理。上述兩個意義中，前者指公共財政(Public Finance)；後者指一般所謂之金融。從而，國際金融（International Finance）可說是研究有關國際貨幣事務的學問。

依照《辭源》之解釋，金融為資金融通之形態（Monetary Circulation），舊稱銀根。依此定義，金融可說是資金融通之簡稱；國際金融可說是國際間資金之融通，包括資金之借貸與交換，前者構成貨幣市場與資本市場，後者構成外匯市場。

6112

直接金融（Direct Finance）與間接金融（Indirect Finance），前

者指資金供給者直接對資金需求者提供融通，通常係投資人購買借款人發行之有價證券，因此構成金融市場（Financial Markets）；後者則是資金供給人將資金存入銀行，再由銀行融通資金需要人，銀行居於中介（Intermediation）的地位。

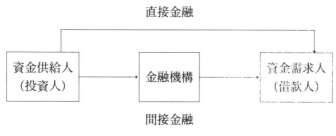

圖 6-1　直接金融與間接金融

6113

國際金融（International Finance）係基於國際經濟交易（International Economic Transactions）所產生。國際經濟交易可分兩方面研究，一為實務面（Real Side），指研究國際間商品與勞務之行為；一為貨幣面（Monetary Side），指國際間價款之收付與資金之流動；前者為國際貿易之研究範圍，後者為國際金融之研究範圍。

國際金融之研究，大體上可分為國際匯兌（International或Foreign Exchange）與金融市場（Financial Markets）兩部分。國際匯兌通常包括國際收支、國際貨幣制度及國際匯兌之理論與實務等；金融市場指資金借貸與交換之市場，通常包括貨幣市場（Money Market）與資本市場（Capital Market）；後者又可分為債券市場（Bond Market）與股票市場（Stock Market）。貨幣市場、債券市場與股票市場為傳統之金融市場。

70年代以後產生三個新興的金融市場，即期貨市場（Futures Market）、選擇權市場（Options Market）與交換市場（Swap Market）。

6120 金融市場之類別

6121

國內市場與國外市場：因交易地區之不同，金融市場可分爲國內市場（Domestic Market）與國外市場（Foreign Market）。因爲每個國家有其自己的貨幣，參加國外市場的投資與借貸，必須將本國貨幣轉換爲外國貨幣，貨幣間轉換的市場就是外匯市場。

投資國外市場，旨在獲取更高的報酬，但也增加國家風險（Country Risk）與匯兌風險（Exchange Risk）❷。

如一國金融市場有衆多的跨國交易，接受外國人的存款與投資，並對外國人貸款，該金融市場即成爲國際市場（International Market）。

6122

貨幣市場與資本市場：因交易期間之不同，金融市場可分爲貨幣市場（Money Market）與資本市場（Capital Market）。前者借貸期間通常不超過一年(加拿大國庫證券可長達三年)，爲短期資金市場；後者則是一年以上的中長期資金市場。

6123

境內市場與境外市場：金融市場因交易通貨之不同，可分爲美元市場、英鎊市場、馬克市場與日圓市場等。各個通貨因交易地區之不同，又可分爲境內市場（Onshore或Domestic Market）與境外或歐元市場（Offshore或Euro Market）。如在美國國內存放借貸美元，稱爲國內美元（Domestic Dollar）；在美國以外地區存放借貸美元，稱爲歐洲美元（Eurodollar）或外在美元（External Dollar）。

---

❷前者指投資國家政治不安定，影響投資報酬；後者指匯兌管制及匯率變動的風險。此外，很多國家規定借款人對外國人支付投資報酬時，應扣稅款，稱扣繳稅（Withholding Tax）。

我國銀行辦理境外金融業務的單位，爲國際金融業務分行（Offshore Banking Unit, OBU），原則上向國外吸收美元或其他外幣存款，貸放與外國。

6124

權益市場與債務市場：因買賣標的的不同，金融市場可分爲權益市場（Equity Market）與債務市場（Debt Market）。前者買賣的是股票或股份（Stock or Share），代表一個公司所有權的利益（Ownership Interest）；後者買賣的是政府或企業的債務（Debt）；其借款期間超過一年者爲債券市場（Bond Market）；未超過一年者爲貨幣市場。

上述分類可歸納如下：

$$
\text{金融市場}
\begin{cases}
\text{權益市場(Equity Market)}\text{——股票市場(Stock Market)} \\[2pt]
\text{債務市場(Debt Market)}
\begin{cases}
\text{債券市場(Bond Market)} \\
\text{貨幣市場(Money Market)}
\end{cases}
\end{cases}
\begin{array}{l}
\Big\}\text{資本市場}\\
\ \ (\text{Capital Market})
\end{array}
$$

6125

初級市場與次級市場：因銷售時間之不同，金融市場可分爲初級市場（Primary Market）與次級市場（Secondary Market）。前者指證券發行時借款人與貸款人或投資人間的交易；後者爲證券發行後投資人與投資人間轉讓證券的交易。

6126

交易所市場與店頭市場：因交易場所之不同，金融市場可分爲交易所（Exchange）與店頭市場（Over-the-counter, OTC Market）。前者在一個集中的市場（Central Market）交易，如證券交易所（Securities 或 Stocks Exchange）買賣股票及債券、期貨交易所（Futures Exchange）買賣期貨、選擇權交易所（Options Exchange）買賣選擇權；後者則是在交易商的櫃臺，如銀行做成的外匯市場，及證券自營商做成的股票及債券的店頭市場是。

6127

標的（基礎）市場與衍生市場：因交易標的性質的不同，金融市場可分爲標的或基礎市場（Underlying Market）與衍生市場（Derivative Market）。前者指一般的金融市場；後者則是由一般市場衍生的市場，其交易標的爲衍生性金融資產（Derivative Financial Assets），其價值係由標的金融資產的價值衍生而來。衍生市場因其交易性質之不同，可分爲期貨市場（Futures Market）、選擇權市場（Options Market）與交換市場（Swap Market）。期貨市場（第七章）交易雙方一爲買方，一爲賣方，雙方都有履約的權利，也都有履約的義務；選擇權市場（第八章）的買方於支付權利金後取履約的權利，但非義務；賣方則在買方要求履約時有履約的義務；交換市場（6640 節）交易雙方都是買（借）方，也都是賣（貸）方。如爲外幣交換（Currency Swap），一方買入即期賣出遠期，他方則買入遠期賣出即期；如爲利率交換（Interest Rate Swap），一方買入固定利率，賣出浮動利率；他方則買入浮動利率，賣出固定利率。

上述分類，可歸納如下表：

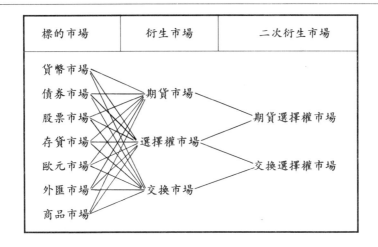

6130 金融市場之參與者

6131

金融市場參與者眾多,且因金融市場類別不同而異。依照資金之供求,可分爲五類: 資金之供給者、資金之需求者、市場仲介者、市場服務者與市場管理者。各個市場之參與者也不盡相同,在某一市場爲資金需求者,而在另一市場可能是資金供給者。

6132

資金之需求者: 即金融工具 (Financial Instruments) 的賣方,指發行金融工具在金融市場出售以獲取資金者。

(1)企業: 企業需要長期資金時可發行股票及債券,需要短期資金時可發行商業本票及承兌匯票等。

(2)政府: 需要長期資金時可發行公債,需要短期資金時可發行國庫券。

(3)商業銀行: 需要長期資金時可發行股票、金融債券及浮動利率本票,需要短期資金時可發行定存單。

6133

　　資金之供給者：爲金融工具之買方，金融市場之投資人，指購買金融工具謀取報酬者。

　　⑴個人（Individuals），指個人或家庭，將儲蓄投資於金融工具。

　　⑵機構投資人（Institutional Investors），指保險公司、退休基金（Pension Fund）及共同基金（Mutual Fund）等。

　　⑶商業銀行：有多餘資金時投資於金融市場。惟依照財政部「儲蓄銀行投資有價證券的種類及限額規定」，儲蓄銀行投資股票限用自有資金，不得動用客戶存款；可投資公債、金融債券、公營事業公司債、短期票券、信託基金受益憑證、中央銀行定存單及儲蓄券，以及財政部核准之其他證券。投資上市公司股票及公司債不得超過銀行淨值之 10%，扣除國庫證券及中央銀行證券外，其他投資總額亦有限制，且不得投資關係人企業股票及債券。

6134

　　金融市場之仲介者：可分爲經紀商（Brokers）與交易商（Dealers）。前者本身不是資金供給者，也不是資金需求者，只是媒介買賣雙方做成交易收取佣金。後者本身雖是資金供求之一方，但非資金最終供給者或最終需求者，只是自資金供給者取得資金，然後再提供與資金需求者。因爲一方面賣出金融工具以取得資金，另一方面又買入金融工具放出資金，做成金融市場的櫃臺或店頭市場（OTC Market）。

6135

　　金融市場之服務機構，本身並不參與交易，但提供各種服務以利交易之進行。

　　⑴交易所（Exchange）：包括證券交易所（Securities Exchanges）、期貨交易所（Futures Exchanges）及選擇權交易所（Options Exchanges），提供集中交易之場地及資訊設備，制

定交易規則，以利交易之進行及資訊之傳播。交易所附設之清算
公司（Clearing Corporation）或清算所（Clearing House），
辦理交易之結算（Settlement），並對買賣雙方提供風險之保障。

(2)金融機構：除買賣金融工具外，並提供多種服務：

　(a)金融工具的擔保者：由銀行承兌匯票、保證發行商業本票及公
　　司債等。

　(b)金融市場的融通者：除商業銀行對證券交易人可提供融資外，
　　依據證券交易法可成立證券金融公司，辦理融資及融券業務，
　　以建立證券信用交易制度。

　(c)金融市場之付款者：金融市場募集資金及其償還多經由指定商
　　業銀行經手付款；商業本票增列銀行爲擔當付款人，還款時由
　　指定之銀行辦理。

　(d)金融工具之保管者：除金融信託機構可辦理證券保管業務外，
　　依證券交易法成立證券集中保管機構，可便利證券買賣交割。

　(e)證券投資信託業：依證券交易法規定，以發行受益憑證方式募
　　集資金，成立信託基金，從事有價證券之投資。

　(f)票券金融公司：爲貨幣市場之做成者（Makers）及仲介者
　　（Brokers），買賣仲介貨幣市場工具，並負責票券發行之簽證。

(3)證券商：依照證券交易法，除由金融機構兼營者外，專業證券商
　須爲股份有限公司。依其業務性質，可分爲：

　(a)證券承銷商，經營有價證券的承銷業務，爲證券發行市場的仲
　　介機構，一方面協助企業發行證券籌措所需的長期資金，另一
　　方面將企業所發行的證券銷售給投資人。

　(b)證券自營商，經營有價證券的自行買賣業務。

　(c)證券經紀商，經營有價證券的仲介業務。此外，依證券交易法
　　之規定，證券投資顧問事業，提供研究分析買賣證券意見。

(4)期貨經紀商：指受期貨交易人委託向期貨交易所爲期貨交易之經紀或居間者。

6136

金融市場之管理機關：

(1)財政部（Ministry of Finance）：爲金融機構之主管機關，對金融法規之制定、金融機構之設置、金融機構營運之監督，均會影響金融市場之活動，特別是公債之發行與管理，關係著資本市場之發展。

(2)財政部證券暨期貨管理委員會（Securities and Exchange Committee, SEC）：爲證券市場及期貨市場之直接主管機關，對股票及公司債之發行、上市與交易、期貨及證券服務業之監督、我國金融機構投資國外有價證券及期貨之限制，以及外國人投資我國證券之許可。

(3)中央銀行（Central Bank）：爲信用之管理者（Controller of Credit），也是金融機構最後貸款人（Last Resort of Lender）。各國中央銀行負責發行本國貨幣，持有外匯準備，爲貨幣市場之主管機關。

中央銀行爲執行貨幣政策所採取之措施，可分爲直接管制（Direct Control）與間接管制（Indirect Control）。直接管制指利用行政規定直接限制或擴張某一部門金融市場之活動。通常係按照信用類別的不同，實施選擇性限制或融通，所以稱爲選擇性管制（Selective Control）。因係對銀行授信實施差別待遇，所以又稱品質管制（Qualitative Control），常見者爲消費信用及不動產授信的限制。

間接管制指金融當局參與金融市場之活動或採取其他措施，以增減貨幣供給來擴張或收縮金融市場整體之活動，所以又稱爲數量管理（Quantitative Control）。常見的方式有三：

(1)公開市場操作（Open Market Operations）：指中央銀行以在金融市場買賣證券之方式，以擴張或收縮銀行體系的存款準備，以達成控制貨幣供給額（Money Supply）穩定金融之目的。中央銀行買入證券，可使金融市場資金寬鬆、利率下降，銀行授信並將擴張；賣出證券可使金融市場資金緊湊、利率上升，銀行授信亦將緊縮。

(2)貼現率政策（Discount Rate Policy）：指中央銀行調整重貼現率（Rediscount Rate）等對商業銀行的融通利率，將提高或降低銀行融資成本，以促使商業銀行提高或降低放款利率，收縮或放寬授信，以達成控制銀行信用之目的。提高貼現率，將促使商業銀行收縮信用；降低貼現率，將促使商業銀行放鬆信用。由於商業銀行不一定申請融通，所以不一定有直接效果，但至少也有宣示中央銀行政策之效果。

(3)存款準備率政策（Reserve Requirements Policy）：各國均以法律規定商業銀行必須將各類存款中一部分轉存中央銀行，稱爲存款準備額（Deposit Reserve）；其占存款總額之百分比，稱法定準備率（Legal Reserve Ratio）。存款準備率政策即指中央銀行透過對銀行法定準備率之調整，以影響金融機構創造信用之能力及放款利率之高低。提高準備率，將促使商業銀行提高放款利率緊縮授信；降低準備率，將促進商業銀行降低放款利率放寬授信。

直接管制將資金導入特定經濟部門，有利於該部門的發展，但也會扭曲一國經濟資源之分配。如導入低效率的經濟部門，無異於浪費經濟資源。

低度開發國家因爲金融市場不發達，公開市場操作實施不易，通常依賴直接管制，也常會發生浪費經濟資源之情事；已開發國家實施直接管制效果有限，實施公開市場操作功效迅速顯著。

6140　我國中央銀行與金融市場

6141

中央銀行之經營目標: 依照中央銀行法, 我國中央銀行 (Cental Bank of China, CBC) 之職責有四:

(1)促進金融穩定: 旨在使利率與匯率及貨幣供給額等有秩序的變動, 以防止金融市場劇烈變動, 並防止發生金融危機, 以免對整個社會帶來不利影響。

(2)健全銀行業務: 負責監督管理銀行業務, 定期及不定期檢查銀行經營之缺失。

(3)維護對內及對外幣值之穩定: 穩定貨幣對內價值, 指維持國內一般物價水準, 防止通貨膨脹超越某一範圍; 穩定貨幣對外價值, 指維持新臺幣匯率於合理水準, 防止劇烈變動, 避免幣值高估妨礙出口, 避免幣值低估不利於物價穩定。

(4)在上述目標範圍內協助經濟發展: 除維護新臺幣幣值穩定以確保經濟持續成長外, 並對銀行轉融通協助工商企業發展, 以達成經濟建設之目標。

6142

中央銀行貨幣政策:

(1)公開市場操作 (Open Market Operations): 指中央銀行在貨幣市場買賣有價證券以擴張或收縮銀行體系之存款準備, 以達成控制貨幣供給額穩定金融之目的。其買賣之證券包括政府發行之公債及國庫券, 金融機構擔保發行之商業本票及銀行承兌匯票 (B/A), 中央銀行本身發行之乙種國庫券、定存單及儲蓄券等。

(2)重貼現率 (Rediscount Rate) 及短期融通: 重貼現指中央銀行對存款準備不足或為應付短期資金需要之銀行給予資金融通, 申請重貼現之銀行需提供合格票據或中央銀行同意之證券為擔保，包括以國庫券及公債為擔保之本票，以及銀行承兌匯票，商業承兌匯票及商業本票，惟均應為公民營生產事業依實際交易行為所產生之票據。工商業票據以九十天為限，農業票據以一百八十天為限。申請彌補準備不足短期融通之銀行，可簽發本票融通十天；申請額度以該行法定準備 35% 為限；超過限額者，按中央銀行短期融通利率 1.2 倍計算利率。中央銀行利用調整重貼現及再融通利率，訂定合格票據之標準，以及對各個銀行融通額度，以影響金融寬鬆及利率之高低。

(3)存款準備率政策 (Reserve Requirements Policy)：依照銀行法規定，各種存款準備金比率，由中央銀行在下列範圍內定之：支票存款 15% 至 40%，活期存款 10% 至 35%，儲蓄存款 5% 至 20%，定期存款 7% 至 25%。所謂存款準備率政策，指中央銀行提高或降低銀行法定準備金比率（包括信託投資公司信託資金準備率），以擴張或收縮銀行體系，創造信用之能力，及其貸放資金之成本，以達成控制銀行信用、貨幣供給額及利率水準之目的。此外，中央銀行在洽商財政部後，可就銀行流動資產與各項負債比率規定最低標準，稱流動比率。

(4)選擇性信用管制 (Selective Control)：即品質信用管制 (Qualitative Control)，指對特定經濟部門授信的限制，用以限制貸款之方向。依中央銀行法之規定，中央銀行在必要時可對全體或任何一類金融機構之各類信用規定最高貸放限額。曾經實施限制者計有：

(a)不動產信用管制，指對不動產授信之現付條件及還款期限之規範，提高頭款 (Down Payment) 的最低比例，縮短還款期限，限制每戶貸款額度或坪數，甚至禁止承做某些房地產抵押放款，以防止不動產信用擴張，抑止房地產價格之上漲。

(b)消費信用管制，對耐久性消費財分期付款信用實施限制。

(c)證券信用交易保證金比率，證券交易授信應收取保證金之最低比率，如融資一類股票最高七成，融資二類股票最高六成；融券保證金成數在 120% 與 40% 範圍內。

(d)其他，如對投資公司授信之限制等。

(5)選擇性信用融通：指爲促進經濟發展，對特定經濟部門所需新臺幣或外幣資金，中央銀行對授信銀行提供轉融通：

(a)早期爲鼓勵外銷，實施外銷貨款貼現及出口押匯無息墊款。

(b)一般企業進口機器設備再融通。

(c)主要出口與技術密集工業進口機器設備外幣再融通。

(d)進口民生必需品及重要工業原料外匯資金轉融通。

(e)對公民營企業海外投資及經建計畫外幣資金轉融通。

(6)金融機構存款轉存政策：指中央銀行調整金融機構存款之轉存比例及轉存對象，以影響銀行體系創造信用之能力。此係中央銀行控制信用之輔助工具，亦爲我國特有的貨幣政策操作工具。曾經實施者計有：

(a)基層金融機構，包括信用合作社及農漁會信用部資金過剩時可轉存合作金庫，以及合作金庫轉存中央銀行之比例。

(b)郵政儲金匯業局於民國 51 年復業後不能承做放款，可轉存中央銀行或依中央銀行之規定轉存指定之銀行，轉存款通常可視爲中長期授信資金之來源。

(c)對一般銀行吸收存款之轉存。

6150 金融市場之標的——信用工具

6151

金融市場買賣或借貸的標的爲金融工具（Financial Instruments），亦稱信用工具（Credit Instruments），指可證明所有權或信用或債務契約存在及其條件之文書。能成爲金融市場的信用工具，必須具備兩個條件：(1)有信用，指發行人及／或其保證人有信用，(2)易於轉讓，即具有流通性，經由背書（Endorsement），即可移轉所有權。

6152

信用工具之類別：

(1)依期限長短分：

　　(a)短期信用工具(Short-term Instruments)，如商業本票、匯票及國庫券等，爲貨幣市場之交易標的。

　　(b)長期信用工具(Long-term Instruments)，如股票及債券，爲資本市場之交易標的。

(2)依付款方式分：

　　(a)承諾付款證券(Promise to Pay Securities)，指由債務人簽發承諾自己付款的證券，如國庫證券、商業本票、定存單及公司債等是。

　　(b)指示付款證券(Order to Pay Securities)，指由債權人簽發指示債務人付款的證券，如支票及匯票是。

(3)依利息之支付方式分：

　　(a)附息證券（Interest-bearing Securities），指債務人除於滿期時以票面金額（Face Amount）償付外，並按時支付利息的證券，如一年以上之中長期債券是。中長期債券支付利息者，有一年一次，如歐元債券（Eurobonds）是；有一年二次者，如國內債券（Domestic Bonds）是。計算利息之利率有固定者，稱固定利率債券（Fixed Rate或Straight Bonds）；有依某一標準變動者，稱浮動利率本票(Floating Rate Notes, FRNs)。

(b)貼現或折扣證券(Discount Securities)，指發行時以貼現方式出售，於到期時償付票面金額，並不另外支付利息的證券，如國庫券、商業本票、銀行承兌匯票及中長期零息債券（Zero-coupon Bonds）等是。

(4)依標的的性質分：

(a)權益證券(Equity Securities)，指證明所有權存在的證券，如股票及股份是。

(b)債務證券(Debt Securities)，指證明債務契約存在的證券，如債券及商業本票是。

(5)依標的功能分：

(a)投資證券(Investment Securities)，指購買信用工具旨在謀取孳息報酬者，如股票及債券等是。

(b)避險證券(Hedging Securities)，指購買信用標的旨在避免價格風險者，如期貨契約（Futures Contracts）與選擇權契約（Option Contracts）是。

(6)依標的市場之不同分：

(a)標的或基礎證券（Underlying Securities），指基礎市場（Underlying Market）之信用工具。

(b)衍生證券（Derivative Securities），指衍生市場（Derivative Markets)的信用工具。標的證券為融通資金的工具；衍生證券則為避險的工具，依附於前者，並非獨立存在。近年來新種金融工具叢生，稱為金融創新（Financial Innovations），包括融通工具的創新及避險工具的創新。

6160 金融市場之指標——利率(Interest Rate)與收益率(Yield)

6161

利息（Interests）爲資金使用者（借款人）對資金供給者（放款人）使用資金所支付之報酬。利息對使用資金之比率，稱爲利率（Interest Rate）。上項利率由市場決定者，稱市場利率（Market Rate）；扣除通貨膨脹率（Inflation Rate）後爲眞實利率（Real Interest Rate），爲資金供給人的眞實報酬率。

利率按年計算者，稱年息或年率（Annual Rate或Per Annual, p. a.），即每年百分數；按月計算者，稱月息（Monthly Rate或Per Month）；按日計算者，稱日息或日拆（Daily Rate）。國際市場及我國銀行業依銀行法規定，應按年率計算；我國民間則多按月計息。如本金100元，年息1分，每年計10元；月息1分，每月1元，每年12元；日息1分，每天1角，每年36.5元。

利息不管期間長短者爲平利率（Flat Rate），如借款四個月，平利率5％，折計年率爲5％×12/4＝15%p.a.。

6162

基本點或基點（Basis Point, bp）：指1%的1%，爲利率百分比小數點下第二位數字，如10.25%或0.1025，最後一位數爲五個基本點。如利率由10.25%降爲10.24%，即下降一個基本點；如利率由10.25%降爲9.25%，稱下降一個百分點，或一百個基本點。

6163

利息之計算：利息＝本金×利率×期間／利率基礎。

所謂利率基礎，即每年天數（Days Per Year, dpy），按利率以年率計算，但一年有多少天，有三種計算方式：

⑴每年按三百六十五天計算，採用者有英國、比利時、加拿大、新加坡、南非及香港。

⑵每年按三百六十天計算，採用者有美國、法國、德國、義大利、

荷蘭、瑞士、日本、澳大利亞。

(3)信用卡按月息計算。

如美國九十天定存年息 10%，換算爲英國基礎，10%×365/360＝10.14%。

6164

利息之支付期間或每年支付次數：利息可按月、按季、每半年或每年支付一次。每年付息次數不同，其實際報酬並不相等，因爲利息收入再投資還會有利息收入，將利息的利息計算在內的報酬率，稱爲有效利率（Effective Interest Rate），必定高於名目利率（Nominal Interest Rate）。

美國國內債券通常爲每半年付息一次，歐洲美元債券爲每年付息一次。如年息 10%，美國國內債券的有效利率爲 $(1.05)^2 - 1 = 10.25\%$。

銀行對顧客放款，多按季付息；如年息 10%，實際有效利率爲 $(1.025)^4 - 1 = 10.38\%$。

如利息於期末一次支付，稱爲到期整付（Ballon Payment），銀行間存放，期限未超過一年者，多採此種方式。

6165

利息有先付與後付之別：先付者稱貼現基礎（Discount Basis），國庫券及商業本票等採用此方式；後付者稱爲收益率基礎（Yield Basis），定存單（C/D）及再買回協議（Repo）等採用此方式。

例：13 週國庫券 1,000,000 元，貼現率 10%，則貼現息爲 $1,000,000×10%×91/360＝$25,277.78，折算收益率基礎爲25,277.78/($1,000,000−$25,277.78)×360/91＝10.26%。如再換算爲三百六十五天基礎：10.26%×365/360＝10.40%。

6166

付款期間超過一年者，計息有單利（Simple Interest）與複利

（Compound Interest）之別。如我國儲蓄存款於期末一次付息者，係按複利計算，複利公式：

$$FV = PV(1+r)^n$$

式中，FV為未來值（Future Value），即本利和；PV為現值（Present Value），即本金，r為年利率；n為年數。如每半年複利一次，則上式可改寫爲：

$$FV = PV(1+\frac{r}{2})^{2n}$$

如未來值爲已知，可求現值：$PV = FV(1+\frac{r}{2})^{-2n}$或$PV = FV(1+r)^{-n}$。如現值及未來值均爲已知，可求利率：

$$r = (\frac{FV}{PV})^{\frac{1}{n}} - 1$$

6167

債券的價格：債券的價格係以債券面值之百分比表示，債券附有利息，稱爲息票（Coupon）。如市場利率高於息票利率或息票，則債券將以折價（Discount）出售；如市場利率低於息票，則債券將以溢價（Premium）出售。投資人的報酬爲息票收入加溢價或減折價，其報酬率（Rate of Return）稱爲收益率或殖利率（Yield）。

收益率之類別：

⑴當期收益率（Current Yield）：指每年息票收入除以債券之價格，即息票／市價。

　例：某債券面值 1,000 元，息票 8 ％，以市價 900 元買入，則當期收益率爲：$80 \div 900 = 8.89\%$ p.a.。

⑵至滿期收益率（Yield-to-Maturity, YTM），指債券持有至滿期所獲得的收益率。按債券價格等於未來現金流量（Cash Flow）折算現值的總和，其折算比率即至滿期收益率：

$$PV = \frac{c}{(1+y)} + \frac{c}{(1+y)^2} + \cdots + \frac{c}{(1+y)^n} + \frac{Face\ Value}{(1+y)^n}$$

式中，PV 爲現值即債券價格，c 爲息票，y 爲至滿期收益率。設債券面值爲 1,000 元，息票 8%，市價 900 元，爲期十年，則 $y=$ 9.58%。

計算至滿期收益率的簡便算法：

a.設債券息票 8%，以 105 溢價買入，至滿期尚有十年：

① 買入價格 $1,050

－贖回價格　1,000

資本損失　　50

②每年損失 $50÷10＝$5

③ 每年利息收入 $80

－每年攤提損失　5

實際收入　　75

④ 贖回收入 $1,000

＋買入成本　1,050

2,050/2＝$1,025

⑤ $75÷$1,025＝7.32%

b.設債券息票 6%，以 95 折價買入，至滿期尚有五年：

① 贖回價格 $1,000

－買入價格　950

資本利得　　50

②每年攤提 $50÷5＝$10

③ 每年利息收入 $60

＋攤提利得　　10

實際收入　　70

④贖回收入 取得成本

$$\frac{\$1,000+950}{2}=\$975$$

⑤ $\$70 \div \$975 = 7.18\%$

(3)持有期間收益率(Holding Period Yield),指債券中途出售後計算其持有期間的收益率。如上例,於持有二年後將債券出售,價格為 1,050 元,則持有期收益率計算式為:

$$900=\frac{80}{1+y}+\frac{80}{(1+y)^2}+\frac{1,050}{(1+y)^2}$$

由上式可求得 $y=16.5\%$ p.a.。

6168

收益率曲線(Yield Curve):因收益率與滿期日長短有關係,以滿期日為橫軸,以收益率為縱軸,所繪出的曲線,表示同一時點,不同滿期日收益率的關係圖,即收益率曲線,如圖 6-2。

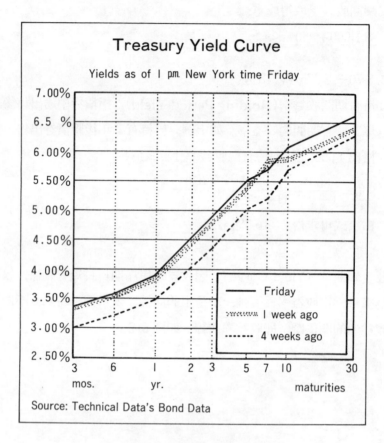

圖 6-2　美國國庫證券收益率

（資料來源：《亞洲華爾街日報》，1994 年 2 月 23 日）

收益率曲線有下列幾種型態，如圖 6-3。

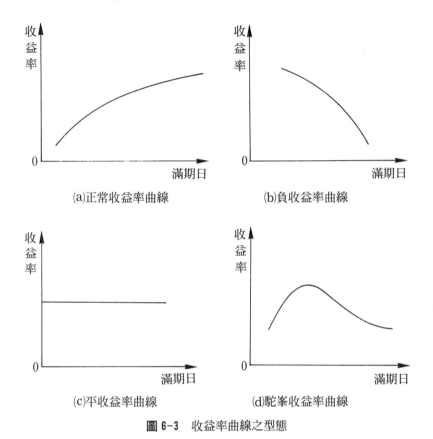

圖 6-3　收益率曲線之型態

(1)正或正常收益率曲線（Normal或Positive Yield Curve），亦稱
　上升收益率曲線（Ascending Yield Curve），表示長期收益率高
　於短期收益率，因短期債券具有流動性偏好，信用風險低，且收
　到利息後可自由再投資，所以在正常情形下，曲線向上傾斜。

(2)負收益率曲線（Negative或Inverse Yield Curve）亦稱下降收益
　率曲線（Descending Yield Curve），短期收益率高於長期收益
　率，通常係由於資金在短期內緊縮所造成。

(3)平收益率曲線（Flat Yield Curve），利率不因期間長短而異，於

過渡時期或市場不定情況下發生。

　　(4)駝峯收益率曲線(Humped Yield Curve)，短期利率上升，然後
下降，反映供求因素。

6169

　　國庫券與國庫債券付款方式不同，爲便於比較起見，國庫券均折成
一年 365 天，後付單利，與債券至滿期收益率相同，稱相當債券收益率
(Equivalent Bond Yield)。

　　例：五十二週國庫券，貼現率 10%，其相當債券收益率爲：

$$\frac{10\% \times 364/360}{1-10\% \times 364/360} \times 365/364 = 11.28\%$$

6170　國際金融機構

6171

　　國際復興開發銀行 (International Bank for Reconstruction and
Development, IBRD)，又稱世界銀行(World Bank)，簡稱世銀，係
依照國際復興開發銀行協定（Agreement of International Bank for
Reconstruction and Development)於 1945 年 12 月 27 日與國際貨幣
基金（International Monetany Fund, IMF）同時成立，設於美京華
盛頓，於 1946 年 6 月 1 日開始營運，現有會員國一百七十八個。1992 年
6 月 30 日，世銀法定股本（Authorized Capital）爲 1 億 5,256 萬
5,900股，認繳股本（Subscribed Capital）1億2,620萬5,400股，實
繳股本（Paid in Capital）100億6,000萬美元，放款未償餘額爲1,008
億 1,000 萬美元，借款餘額 970 億 5,600 萬美元。世銀放款資金之主要
來源爲國際金融市場借款。已認繳而未繳之待繳股本（Callable Capi-
tal)，只在世銀資產不敷清償債務時，會員國才有繳付的義務。

　　世銀協定規定世銀放款之總額不得超過已認股本與準備之和。所以

世銀當局嚴格控制放款比率。目前放款比率只有 0.63 倍；而且世銀當局重視流動性，從未有待會員國繳納待繳股本的狀況，所以世銀在國際金融市場信用評價甚佳，借款成本亦低。

世銀設立目的在對開發中國家提供融資，惟世銀放款須作嚴格評估，如開發中國家有融資必要但又無償還能力時，則由國際開發協會承做。

6172

國際開發協會（International Development Association, IDA）為世銀之附屬機構，目前會員國為一百五十六個，分為二類：第一類為已開發國家，認定股本全部以美元或黃金繳納；第二類為開發中國家，認定股本 90％可以本國貨幣繳納，只有後者才能獲得融資。國際開發協會係 1960 年成立，其目的在透過該機構將已開發國家資金導入開發中國家的經濟建設，放款對象為每人國民所得（Per Capita）未超過 610 美元的貧窮國家政府。目前合格者有四十個國家，放款條件優惠，寬限期可長達十年，償還期三十五至四十年，免收利息，年收手續費 0.75％，其資金來源除已繳股本外，主要為世銀每年自盈餘中撥付之資金。

6173

國際金融公司（International Finance Corporation, IFC），在我國官方正式名稱為國際銀公司，為世銀集團之一員，成立於 1956 年，現有會員國一百四十六個。設立之目的在推動開發中國家民營企業的發展。在國際金融市場協助民營企業借款，並作股本投資，並對企業或政府提供技術援助及諮詢服務。在投資企業營運成功後，可出售其投資股本，以收回之資本及盈餘再投資其他民營事業。

6174

多邊投資擔保機構（Multiple Investment Guarantee Agency, MIGA）成立於 1988 年，為世銀集團之一員，已有八十五個國家加入該機構為成員國（1992 年 6 月 3 日），旨在鼓勵以生產為目的的外國直接投資流向開發中國家，以投資保險消除投資國家的政治風險，承保範圍包括貨幣移轉，資產沒收，戰爭及內亂，由擔保機構負擔投資額90%，投資人自負10%，承保期間爲十五年。

6175

亞洲開發銀行（Asian Development Bank, ADB），簡稱亞銀，1966年設於菲律賓馬尼拉，1992年底有會員國五十二個，內中亞洲(包括太平洋及澳紐)地區三十六個，區外十六個，法定股本232億2,400萬美元，認繳股本231億美元；已繳股本27億1,621萬美元，各項準備44億3,393萬美元，淨值合計71億5,019萬美元。

自1966至1992年，亞銀自國際金融市場借入約144億美元資金，對較貧窮的亞太地區開發中會員國提供優惠貸款（Concessional Term Lending）約153億美元，此外技術援助特別基金3億多美元。

6176

國際清算銀行（Bank for International Settlement, BIS）係1930年5月設立於瑞士巴塞爾（Basle），作爲德國賠款楊氏計畫（Young Plan)有關賠款的受託人(Trustee)。會員爲三十幾個國家的中央銀行，主要任務在促進各國中央銀行合作，所以有中央銀行的中央銀行（Central Banker's Central Bank）之稱。1994年3月31日，已繳股本爲295,703,125金法郎(Gold Franc)，準備1,546,483,397金法郎，淨值合計1,842,186,522金法郎，按1金法郎等於0.290, 322,58 gm黃金，每盎斯黃金以208美元計算，一個金法郎等於1.9449美元，該行淨值折計3,576,586,710美元。

目前該行除作信託人及代理人之外，其主要業務：

(1)與各國中央銀行及國際機構合作，參加國際貨幣基金臨時委員會及G 10財金首長會議，並爲若干中央銀行家集會提供秘書處工作。

(2)巴塞爾銀行監理委員會（Basle Committee of Banking Super-
　vision），對跨國金融機構之管理以及銀行資本適足性８％之規
　定，影響深遠。

(3)歐洲通貨常設委員會（Eurocurrency Standing Committee），
　持續監視國際金融業務及金融市場的發展，並評估衍生金融工具
　市場（Derivative Financial Instrument Market）成長的影響。

(4)付款與結算制度委員會（Committee on Payment and Settle-
　ment System），持續檢討在Ｇ１０國家內及跨國付款（包括證券
　交易）互抵及結算安排的發展。

(5)東歐國家暨國際機構服務處（Service for Eastern European
　Countries and International Organization），對東歐國家及前
　蘇聯共和國提供技術協助。

6180　國際金融市場與國際金融中心

6181

　　國際金融市場（International Financial Market），指國際間金融
交易的市場，包括國內投資人與國外借款人的交易，國內借款人與國外
投資人的交易，以及本國金融機構自國外投資人吸收資金貸放與國外借
款人，即所謂境外金融市場（Offshore Financial Market）或歐洲美元
市場（Eurodollar Market）。

　　成為國際金融市場，必須具有一個活潑的貨幣市場及資本市場，才
能吸引國外投資人投入資金；也必須有雄厚的金融市場才能對國外借款
人提供資金。為了便利金融機構操作，國際金融市場也必須具備期貨市
場及境外金融市場等。國際金融市場必定有眾多的金融機構從事金融業
務。這些金融機構的所在地就是國際金融中心（International Finan-
cial Centers）。世界主要的金融市場為英國、美國、日本及德國等；主

要金融中心為倫敦、紐約、東京與法蘭克福等。

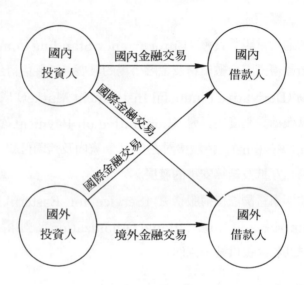

圖 6-4　金融市場交易

6182

　　倫敦 (London) 自十八世紀末，隨著英國成為世界強權而成為世界金融中心之一，至十九世紀已取代阿姆斯特丹成為世界最重要的金融中心。英國於 1816 年首先實施金本位，使英鎊成為最重要的國際貨幣。英國銀行對世界各國提供國際貿易所需的資金融通，英鎊也是各國中央銀行的準備貨幣。

　　惟自第一次世界大戰後，因美元地位崛起，英鎊地位已受影響。二次大戰後，英鎊地位開始沒落。歷經多次危機及貶值後，英鎊做為準備貨幣已落後於馬克及日圓，更不能與美元相比。英國為保衛英鎊，於 60 年代禁止英國銀行對國外融通英鎊，對倫敦做為國際金融中心的地位影響很大。所幸英國銀行大量吸收美元存款，以美元對世界各國融通，因此使倫敦成為世界最重要的歐洲美元市場，而且維持了倫敦在世界國際金融中心的地位。

　　倫敦除具有貨幣市場、資本市場、歐洲美元市場外，還有世界最重要的黃金市場、期貨市場、國際商品市場、保險市場及海運費市場。

6183

　　紐約（New York）為美國最大之金融中心，隨著美國國勢之強盛而躍居世界金融中心。先是1913年美國建立聯邦準備體制，准許聯邦銀行對第三國貿易融通美元，創造了美元承兌匯票市場。二次大戰後，紐約為世界最重要資金供給來源。紐約擁有世界最大股票交易市場，紐約證券交易所（New York Stock Exchange, NYSE）；因為美國公私債券發行量大，也擁有世界最大的債券市場，紐約也有重要的期貨市場及海運費市場。

　　60年代美國為保衛美元，實施利息平衡稅；其後並限制國外投資及融資，因此促成歐洲美元市場之壯大，對紐約做為世界金融中心的地位不無影響，美國銀行為爭取歐洲美元業務，紛紛在與美國時區相同的加勒比海區域，如開曼及巴哈馬等地建立境外金融業務的記帳中心（Booking Centers），並以紐約為實際營運的機能中心（Functional Center），俟1981年12月美國修正聯邦準備規則，允許美國銀行設立國際金融部門（ＩＢＦ），紐約已成為僅次於倫敦歐洲美元市場的國際境外金融中心。

6184

　　東京（Tokyo）為日本之最重要金融中心。隨著日本經濟力量的強大，東京也成為僅次於倫敦與紐約，世界第三個最大國際金融中心。於80年代日本開始推動金融自由化與日圓國際化；1985年開始上市債券及股價指數期貨；1986年成立境外金融市場（Tokyo Offshore Market）；1989年設立東京金融期貨交易所（TIFFE）；東京做為國際金融中心的地位日益穩固。

6185

法蘭克福（Frankfurt）爲德國之最大金融中心，德國之聯邦銀行（Deutsche Bundesbank）及德國三家大商業銀行的總行均設置在此。該地爲世界主要債券發行市場之一。歐洲經濟貨幣聯盟（European Economic and Monetary Union, EMU）的歐洲貨幣機構（European Monetary Institute），將是未來的歐洲中央銀行（European Central Bank），於 1994 年初設立於此。

第二節　貨幣市場

6210　貨幣市場之意義

6211

貨幣市場（Money Markets）爲短期資金之融通市場，是一個低風險、高流動性、短期借據（IOUs）的批發市場[43]，其原始滿期日（Original Maturity）通常不超過一年。按原始滿期日五年的債券，在發行四年後，其現行滿期日（Current Maturity）爲一年，通常亦可在貨幣市場交易。

貨幣市場具有下列特性：(1)貨幣市場係由若干個不同性質工具的組合，彼此密切相關；(2)參加人員衆多；(3)一個批發市場，爲若干專業人員做成的市場；(4)講求信用，貨幣市場的座右銘是「說話算數」（My Word is May Bond）；(5)不斷創新，因管制少，經常出現新的貨幣市場工具或新的作法（同[43]）。

6212

美國貨幣市場指標之一是基本利率（Prime Rate），爲美國銀行對大企業三個月放款的利率。對於信用較差的顧客放款，因信用不同而有不

---

[43]參閱Stigum, *"The Money Market,"* pp.1-30.

[44]參閱Stigum, *"The Money Market,"* p.80.

等的加碼（Spread）。除加碼外，美國銀行多規定有補償性存款
（Compensating Balance），如"10 Plus 10"，指取得信用額度（Line
of Credit）要有10%補償性存款；動用貸款時再加10%補償性存款❹。

　　歐洲美元市場（Eurodollar Market）利率指標爲倫敦銀行間放款
利率（London Interbank Offered Rate, LIBOR），內中以三個月及六
個月最爲重要。

6213

　　貨幣市場的銀行間市場報價與外匯市場同，採雙向報價（Two- way
Quotations），如6.00%～6.25%，前者爲報價銀行（Quoting Bank）
的出價（Bid Rate），即收存資金的利率，也是詢價銀行（Calling Bank）
的放款利率（Lending Rate）；後者爲報價銀行的要價（Offered Rate），
即借出資金的利率，也是詢價銀行的借款利率（Borrowing Rate）。惟
在倫敦市場，習慣上要價在前出價在後，如6.25%～6.00%是。出價與
要價的差額（Spread）0.25%，爲報價銀行的利潤。在歐洲美元市場，
差價通常爲1/16%至1/8%，有時會高至1/4%，也會低至1/32%，視
市場狀況與存放金額而定。

　　銀行間報價分長天期（Longer Dates）與短天期（Short Dates），
長天期包括一、二、三、四、五、六、九及十二個月，自即期交割日（Spot
Value Date），即成交後兩個營業日起算；短天期包括隔夜
（Overnight, O/N），當日借出，次日償還；明日／次日（Tom/ Next,
T/N），明日借出，後日償還；即期／次日（Spot/Next, S/N），即期交
割日借出，次日償還；即期／一週（Spot/Week, S/W），即期交割日借
出，一週後償還。

6220　貨幣市場的信用工具

6221

因信用工具之不同，貨幣市場可分成若干市場。以美國為例，主要有聯邦資金（Federal Funds），國庫券（Treasury Bills），商業本票（Commercial Paper），銀行定存單（Certificate of Deposits, C/D）及銀行承兌匯票（Banker's Acceptances, B/A）市場。各市場均有其特性，但彼此也有競爭性。對資金寬鬆的反映，有的敏感性高，有的較差。各個市場利率不同，利率差異主要因信用風險不同。

6222

聯邦資金（Federal, Fed Funds），指美國商業銀行存在美國聯邦準備銀行（Federal Reserve Banks）的存款，為立即可用之資金。依照規定，各商業銀行應在其轄區聯邦準備銀行開設現金準備帳戶，並按照吸收存款性質及金額，依一定比率將資金存入準備帳戶。準備金不足部分，聯邦準備銀行會課以貼現率加某一比率的罰款；超額準備金（Excess Reserve）不計利息（有的國家給予非常低的利息）。因此有超額準備的銀行會將多餘資金貸與準備金不足的銀行，因而形成聯邦資金市場。全體準備金帳戶資金超額或不足的多寡，最能反映資金市場的寬鬆狀況，利率也最為敏感，也是聯邦準備銀行控制貨幣市場的最重要指標。

聯邦資金市場是一個銀行間市場，為無擔保放款。貸款銀行通常以訂定信用額度（Line of Credit）方式控制信用風險。銀行報價採Bid與Offer雙向報價。惟依市場習慣，借入資金稱買入（Purchase），貸出資金稱出售（Sale）。借貸期間以隔夜（O/N）為主，期間長者稱定期資金（Term Fed Funds）；借款金額以 100 萬美元為單位。以剪報所示，1993 年 10 月 26 日，買入隔夜資金利率 $2\frac{15}{16}\%$，賣出 3 %，差價為 1/16%。

6223

　　貼現市場（Discount Market）為聯邦準備銀行對商業銀行以合格票據再融通的市場。其融通利率稱貼現率（Discount Rate）或重貼現率（Rediscount Rate），為聯邦準備銀行控制貨幣市場信用的重要工具之一。1993 年 10 月 26 日，紐約聯邦銀行貼現率為 3 ％。

Key Money Rates

Tuesday, October 26,　1993

　　These rates should be used as a guide; they don't always represent actual transactions.

PRIME RATE: 6%. The base rate on corporate loans at large U.S. money center commercial banks.

FEDERAL FUNDS: $3\frac{3}{16}$% high, $2\frac{15}{16}$% low, $2\frac{15}{16}$% near closing bid, 3% offered. Reserves traded among commercial banks for overnight use in amounts of \$1 million or more.

DISCOUNT RATE: 3%. The charge on loans to depository institutions by the New York Federal Reserve Bank.

CALL MONEY: 5%. The charge on loans to brokers on stock exchange collateral.

COMMERCIAL PAPER: Placed directly by General Electric Capital Corp.: 30 to 89 days 3.08%; 90 to 179 days 3.21%; 180 to 239 days 3.23%; 240 to 270 days 3.27%.

COMMERCIAL PAPER: High-grade unsecured notes sold through dealers by major corporations in multiples of \$1,000: 30 days 3.15%; 60 days 3.15%; 90 days 3.28%.

CERTIFICATES OF DEPOSIT: \$100,000 or more; top rates paid by major banks in the newly issued market. One month 2.55%; two months 2.59%; three months 2.69%; six months 2.77; one year 2.90%.

BANKERS ACCEPTANCES: 3.06% 30 days; 3.06% 60 days; 3.22% 90 days; 3.21% 120 days; 3.21% 150 days; 3.21% 180 days.

EURODOLLARS: $3\frac{3}{16}$% to $3\frac{1}{16}$% one month; $3\frac{3}{16}$% to $3\frac{1}{16}$% two months; $3\frac{7}{16}$% to $3\frac{5}{16}$% three months; $\frac{3}{16}$% to $3\frac{5}{16}$% four months; $3\frac{7}{16}$% to $3\frac{5}{16}$% five months; $3\frac{7}{16}$% to $3\frac{5}{16}$% six months. The rates paid on U.S. dollar deposits in banks in London.

LIBOR for U.S. dollars: $3\frac{3}{16}$% one month; $3\frac{7}{16}$% three months; $3\frac{7}{16}$% six months; $3\frac{11}{16}$% one year. Figures are averages of interbank offered rates for dollar deposits in the London market by Bank of America, Swiss Bank Corp., Barclays Bank International, Deutsche Bank and Bank of Tokyo, rounded upwards if necessary to the nearest $\frac{1}{16}$ percentage point.

OTHER PRIME RATES: Canada 5.75%; Germany 6.43%; Japan 3.375%; Switzerland 7.50%; Britain 6%; Hong Kong $6\frac{1}{2}$%; Singapore 7–7.50%. These indications aren't directly comparable; lending practices vary widely by location.

TREASURY BILLS: Results of the Monday, October 25, 1993, auction of short-term U.S. government bills, sold at a discount from face value in units of $10,000 to $1 million: 3.08% 13 weeks; 3.19% 26 weeks.

6224

通知放款市場（Call Market）通知放款（Call Money）爲銀行對證券商以證券爲質押的放款。該項放款利率稱爲通知放款利率（Call Money Rate），如 1993 年 10 月 24 日利率爲 5%。

6225

　　商業本票（Commercial Paper, C/P）爲信用評等優良之大企業，以發行短期無擔保本票（Unsecured Promissory Note）方式，自貨幣市場直接借入資金，期限不超過二百七十天，事實上大多不超過三十天；以貼現方式出售，滿期時以票面金額償付，面額爲 1,000 美元之倍數。發售方式有二：一爲直接對投資人銷售，一爲經由交易商銷售，並由交易商做成次級市場。如 1993 年 10 月 26 日，通用電氣資本公司（General Electric Capital Corp.）直接發行九十天至一百七十九天商業本票，貼現率爲 3.21%；另一大企業經由交易商發行九十天商業本票，貼現率爲 3.28%。

　　決定商業本票貼現率因素：(1)滿期日越長，貼現率越高；(2)發行金額越大，貼現率越高；(3)一般貨幣市場利率水平越高，貼現率越高；(4)發行公司信用評等（Credit Rating）越低，貼現率越高。

6226

　　定存單（Certificates of Deposit, C/D）爲大銀行對投資人發行的可轉讓存款憑證（Negotiable Certificates of Deposit），於滿期時付息；期限最低十四天，可長達五至七年，惟原始滿期日大多爲一至六個月；面額 10 萬美元或更高。大多係由發行銀行直接售予投資人，部分係經由交易商，並由交易商做成次級市場。由於有信用風險，且市場流動性較低，利率較國庫證券高。如 1993 年 10 月 26 日，三個月定存單利率爲 2.69%。

　　定存單通常爲固定利率，稱 Straight CD。惟 70 年代後期開始出現變動利率定存單（Variable 或 Floating Rate CD），如六個月定存單，每三十天轉期（Roll）一次，支付應計利息並重訂下期利率。一年定存單每三個月轉期一次，以變動利率爲基準，是新發行與轉期相同期限定存單的平均利率加 12.5 至 30 個基本點（Basis Point）。又 70 年代後期，也出現不附利息的貼現定存單（Discount CD），惟未通行。又外國銀行在美國發行之美元定存單，稱爲楊基定存單（Yankee CD），利率較高。

6227

銀行承兌匯票（Banker's Acceptances, B/A）爲由企業發行以大銀行爲付款人並經其承兌的遠期匯票（Accepted, Usance 或 Time Bills）。其發行背景有二：(1)因交易行爲由賣方或買方發行，如國際貿易以遠期信用狀（Usance L/C）方式付款，而由賣方開發並經開狀銀行或其指定的銀行承兌之匯票是；(2)爲融通資金由借款人開發經授信銀行承兌交由借款人在市場上貼現取得資金。因銀行承兌匯票爲雙名票據，有發票人及承兌銀行雙重保證，所以是很好的投資工具。如 1993 年 10 月 26 日，九十天銀行承兌匯票貼現率爲 3.22%。

6228

歐洲美元（Eurodollars）爲在美國以外地區，特別是倫敦的銀行接受的定期美元存款。歐洲美元的借貸市場稱爲歐洲美元或歐元市場（Euromarket）（參第五節），其存放利率以LIBOR爲準。LIBOR係由倫敦幾家大銀行所報利率平均求得。報價銀行包括Bank of America, Swiss Bank Corp., Barclays Bank International, Deutsche Bank 及 Bank of Tokyo。如 1993 年 10 月 26 日，三個月LIBOR爲 $3\frac{7}{16}$%。

6229

再買回協議（Repos）與再賣回協議（Reverses），爲貨幣市場做成者（Money Market Makers）即交易商（Dealers），以證券爲擔保的融資融券業務。如政府證券及機構證券等交易商持有證券部位過多而需要資金週轉時，可與有多餘資金之投資人訂定協議，賣出證券並約定於一定期間後再以較高的價格買回這些證券，此項協議稱爲再買回協議（Repurchase Agreements, Repos或Rps）。買賣的證券通常爲國庫證券(Treasury Securities)，所以事實上係以國庫證券爲擔保的抵押放款買賣價格之差額，即交易商支付之融資利息。期限以一日(Overnight)最多；如交易商認爲市場利多(Bullish)，欲長期持有證券而需長期資金時，也可做三十天或更長期的定期再買回協議(Term Repos)。因爲有國庫證券擔保，所以利率較聯邦資金低。

反之，如交易商認爲市場利空(Bearish)，而做賣空(Short Sale)，即賣出並未持有的證券時，爲應交割需要，可與持有證券的投資人訂定協議，買入證券並約定於一定期間後將證券再賣回投資人；此項協議，稱爲再賣回協議(Reverse Repurchases或Reverses)。對交易商言，爲融券業務，也是擔保放款。

6230　國庫證券

6231

國庫證券（Treasury Securities）爲一國中央政府發行之債務憑證（Debt Certificates）。國庫證券交易主要係由若干交易商做成的店頭市場（OTC Market），通常視爲貨幣市場交易。

以美國爲例，國庫證券可分爲三類：(1)國庫券（Treasury Bills, T-Bills），原始滿期日（Original Maturity）不超過一年，最長爲三百六十四天（五十二週）；(2)國庫中期債券（Treasury Notes, T-Notes），原始滿期日爲一至十年；(3)國庫長期債券（Treasury Bonds, T-Bonds），原始滿期日超過十年，可長達三十年。

由於下列因素：(1)係由中央政府發行，沒有信用風險；(2)發行量大且定期發行，有活潑的次級市場，且有高度流動性，變現容易且差價損失小；(3)投資人利息收入可免地方稅捐。因此，與滿期日相同的其他證券比較，利率通常是最低的。

6232

　　美國國庫證券採定期發行，內中國庫券爲折扣證券（Discount Security），以折扣方式發行，滿期時按票面金額償還，不另付利息；中長期債券爲附息證券（Interest Bearing Security），附有息票（Coupon）。如發行時市場利率高於息票，將以折價（Discount）發行；如發行時市場利率低於息票，將以溢價（Premium）發行。其發行時間：

(1)三個月期十三週九十一天國庫券及六個月期二十六週一百八十二天國庫券每週二公布，次週一標售，週四交割。

(2)一年期五十二週三百六十四天國庫券，每四週的第四個週五公布，次週四標售，再次週四交割。

(3)二年期中期債券每月第三個週三公布，次週二標售，月底交割。

(4)三年期中期債券每年 2、5、8 及 11 月第一個週三公布，次週二標售，每月 15 日交割。

(5)五年期中期債券每年第三個週三公布，次週三標售，月底交割。

(6)十年期中期債券，每年 2、5、8 及 11 月第一個週三公布，次週三標售，每月 15 日交割。

(7)三十年期長期債券每年 2 月及 8 月第一個週三公布，次週四標售，每月 15 日交割。

(8)四年期已於 1990 年 12 月起停止發行；七年期已於 1993 年 7 月起停止發行；二十年期已於 1980 年 5 月起停止發行。

6233

　　國庫券報價與市場報導：設 P_a 與 P_b 爲交易商對面值 100 元國庫券的要價（Ask Rate）與出價（Bid Rate），d_a 與 d_b 爲交易商報出國庫券貼現率要價與出價，D 爲自結算日起至滿期日止天數，y 爲至滿期收益率（Yield-to-maturity），如已知貼現率及天數，可求得國庫券價格及至滿期收益率：

$$P_a = \$100(1 - \frac{D \times d_a}{360}) \quad P_b = \$100(1 - \frac{D \times d_b}{360})$$

$$y_a = \frac{365 d_a}{360 - D \times d_a} \qquad y_b = \frac{365 d_b}{360 - D \times d_b}$$

如已知國庫券價格，可求得國庫券貼現率及至滿期收益率：

$$d_a = \frac{\$100 - P_a}{\$100} \qquad d_b = \frac{\$100 - P_b}{\$100}$$

$$y_a = \frac{\$100 - P_a}{P_a} \times \frac{365}{D} \quad y_b = \frac{\$100 - P_b}{P_b} \times \frac{365}{D}$$

例：《亞洲華爾街日報》報導 1993 年 10 月 26 日滿期日爲 1993 年 11 月 4 日國庫券，結算日爲 10 月 28 日，至 11 月 4 日爲期七天，貼現率出價爲 2.71，則國庫券面額 100 元之價格爲：

$$P_a = 100(1 - \frac{D \times d_a}{360}) = 100(1 - \frac{7 \times 2.71}{360}) = 99.94 元。$$

至滿期收益率爲：

$$y_a = \frac{\$100 - P_a}{P_a} \times \frac{365}{D} = \frac{\$100 - \$99.94}{\$99.94} \times \frac{365}{7} = 2.75\%,$$

國庫券的貼現率亦稱T-bill Yield。

TREASURY BILLS						
	Maturity	Days to Mat.	Bid	Asked	Chg.	Ask Yld.
Oct	28 '93	0	2.14	2.04	+0.05	0.00
Nov	04 '93	7	2.81	2.71	+0.02	2.75
Nov	12 '93	15	2.93	2.83	+0.02	2.87
Nov	18 '93	21	2.86	2.76	+0.04	2.80
Nov	26 '93	29	2.84	2.74	+0.03	2.78

Dec	02 '93	35	2.89	2.87	+ 0.01	2.92
Dec	09 '93	42	2.90	2.86	....	2.91
Dec	16 '93	49	2.92	2.88	+ 0.01	2.93
Dec	23 '93	56	2.93	2.89	....	2.94
Dec	30 '93	63	2.91	2.89	+ 0.01	2.95
Jan	06 '94	70	2.96	2.94	+ 0.01	3.00
Jan	13 '94	77	3.02	3.00	+ 0.01	3.06
Jan	20 '94	84	3.06	3.04	+ 0.02	3.10
Jan	27 '94	91	3.09	3.07	+ 0.02	3.14
Feb	03 '94	98	3.10	3.08	+ 0.03	3.15
Feb	10 '94	105	3.10	3.08	+ 0.01	3.15
Feb	17 '94	112	3.10	3.08	+ 0.01	3.15
Feb	24 '94	119	3.10	3.08	+ 0.01	3.15
Mar	03 '94	126	3.11	3.09	+ 0.01	3.17
Mar	10 '94	133	3.12	3.10	+ 0.01	3.18
Mar	17 '94	140	3.12	3.10	+ 0.01	3.18
Mar	24 '94	147	3.10	3.08	+ 0.01	3.16
Mar	31 '94	154	3.09	3.07	....	3.15
Apr	07 '94	161	3.15	3.13	....	3.22
Apr	14 '94	168	3.15	3.13	....	3.22
Apr	21 '94	175	3.18	3.16	+ 0.01	3.25
Apr	28 '94	182	3.19	3.17	....	3.27
May	05 '94	189	3.20	3.18	+ 0.02	3.28
Jun	02 '94	217	3.20	3.18	+ 0.01	3.28
Jun	30 '94	245	3.19	3.17	....	3.27
Jul	28 '94	273	3.24	3.22	....	3.33
Aug	25 '94	301	3.27	3.25	....	3.36
Sep	22 '94	329	3.29	3.27	+ 0.01	3.39

| Oct | 20 '94 | 357 | 3.31 | 3.29 | .... | 3.42 |

6240　其他政府證券

6241

聯邦機構證券（Federal Agency Securities, Agencies）：指美國聯邦政府創設的信用機構FNMA、GNMA及FHLMA所發行的證券。中長期債券附有息票，滿期時還本，經由交易商聯貸方式出售；短期證券以貼現方式出售。由於信用及流動性較國庫券低，且不能免州稅，所以收益率略高。近年來由於國庫證券交易商已做成聯邦機構證券之次級市場，聯邦機構證券已成為貨幣市場重要的一環。

6242

地方政府證券（Municipal Securities）：指由美國各州及地方政府或機構發行的債務憑證。可分為兩類：⑴融通資本計畫的長期債券，稱地方債券（Muni Bonds）；⑵短期融通者，稱地方本票（Muni Notes），為期一個月至一年，也有一年以上者，為貨幣市場重要信用工具之一。地方政府證券經由交易商議價或競價出售，並由交易商做成次級市場。收益率因發行機構信用評等及期間長短而定。由於可免聯邦及當地州政府稅，為高所得投資人所偏愛，有時利率會低於滿期日相同之國庫證券。

6250　貨幣市場操作

6251

債券借貸業務：指投資人將其所持有之債券借與對方，並約定於一定期間後歸還的操作。其借貸標的為債券，通常為期貨市場交割所需的國庫債券。此項操作類似於美國的再買回協議（Repos），為德國等歐洲國家貨幣市場工具。借券人借券目的在履行賣出證券的交割義務。借貸期間債券的收益仍歸貸方所有，歸還債券時借券人應支付借券報酬，借券時，借方應提供擔保，如現金、其他證券或銀行開發信用狀。

債券借貸方式有二：

⑴借貸方式（Borrow）：指一般之借貸，較適用於信用狀擔保。

借方應支付借券費用＝債券面額×債券價格×借貸利率×借貸期間

例：債券面額 5,000,000 元，債券價格 102.50，借貸利率 25 bp，為期二十天，則：

借券費用＝5,000,000×102.50％×0.0025×20/360＝711.80 元

⑵再買回協議（Repo）：指以賣出並再買回之方式借貸債券，較適用於現金擔保。由於債券貸方取得現金有利息收入，借券費用之計算較為複雜。茲舉例說明如次：

例：設借貸債券為息票7.125％之德國國債（Bund），面值25,000,000馬克，價格為105.50，再買回利率7.75％，貨幣市場一個月利率8％，借貸期間三十一天，借方報價25 bp，自上次付息日起至債券交割日止為期九十六天。則債券價格為：25,000,000×105.50％＝26,375,000 馬克；債券應計利息 25,000,000×7.125％×96/360＝475,000 馬克；借方應支付現金 26,375,000＋475,000＝26,850,000 馬克。

債券貸方取得現金以 8％利率投資於貨幣市場為期三十一天，可獲得收入 26,850,000×8％×31/360＝184,966.67 馬克。

借貸滿期，貸方以約定債券價格 105.625 再買回債券 25,000,000×105.625％＝26,406,250 馬克，債券應計利息 25,000,000×7.125％×126/360＝623,437.50 馬克，共應支付借方 27,029,687.50 馬克。債券貸方貸出債券淨利益 26,850,000＋184,966.67－27,029,687.50＝5,279.17馬克，折合借貸費用約 25 bp[45]。

6252

　　滑收益率曲線（Riding the Yield Curve）：亦稱Tail-end Gapping，為利用正常收益率曲線（Normal Yield Curve）上升的特性，投資於較實際投資期間為長的證券以謀取較多利益的操作。茲舉例說明如次：

　　例：設某甲有剩餘資金 100 萬元，可投資四個月，其投資方式有二：(1)投資四個月定存，收益率 6.45%；(2)投資於六個月定存單，並於四個月後再賣出，定存單利率：二個月 6%，四個月 6.25%，六個月 6.5%。

　　某甲投資於六個月定存單並於四個月再賣出，設利率未變，其實際收益率為 $(6.5\% \times 6 - 6\% \times 2) \div 4 = 6.75\%$，遠高於四個月定存。上項操作有利率變動之風險，如在投資四個月後利率大漲，某甲可能得不償失，其損益平衡點為：$(6.5\% \times 6 - X \times 2) \div 4 = 6.45\%$，求得$X = 6.6\%$，如四個月後二個月定存單利率未超過 6.6%，此種投資方式仍屬有利。

6253

　　間隙操作（Gapping）：指謀取資產與負債滿期日不相配而獲利的操作。資產與負債滿期日有間隙（Gap），就有利率風險，如判斷正確就可獲利：

　　(1)借短放長是創造一個負的間隙（Negative Gap），正常情形下，在利率不變，或利率下降時，可獲利。

　　(2)借長放短是創造一個正的間隙（Positive Gap），預期利率將上升時，可獲利。

---

❹參閱周雪娥，《德國馬克債券市場》。

第三節　債券市場

6310　債券之意義及類別

6311

債券（Bonds）爲表彰發行人債務的憑證，爲長期信用工具。債券市場的債券，均爲可轉讓債券（Negotiable Bonds）；不可轉讓債券（Non-negotiable Bonds），係爲特定目的而對特定對象發行，如美國政府於戰時發行之儲蓄債券，非債券市場交易的標的。

6312

依發行人的身分，債券可分爲公債（Public Bonds）與公司債（Corporate Bonds）。前者爲由政府機關發行，其由中央政府發行者，在美國稱國庫長期債券（Treasury, T-Bonds）或國庫中期債券（Treasury或T-Notes）；在日本稱爲國債，在英國稱金邊證券（Gilt）；其由地方政府發行者，稱地方債券（Municipal Bonds）；其由其他政府機構發行或保證發行者，在美國稱機構證券（Agencies）。

公司債係由公民營企業發行，如係由金融機構發行，稱金融債券（Financial Bonds）。

6313

依有無擔保，債券可分爲有擔保債券（Secured Bonds）與無擔保債券（Unsecured Bonds）。前者又可分爲動產質押債券（Collateral Trust Bonds）與不動產抵押債券（Mortgage Bonds）；後者又稱爲信用債券（Debentures）。80年代資產證券化（Asset Securitization），不動產抵押放款人以抵押權爲擔保發行抵押擔保證券（Mortgage-backed Securities, MBSs），在美國成長迅速。在美國有三個機構負責維持不動產抵押貸款次級市場，即聯邦抵押協會（Federal National Mortgage Association, FNMA）、政府抵押協會（Government National Mortgage Association, GNMA）及聯邦住宅貸款抵押公司（Federal Home Loan Mortgage Cooperation, FHLMC）。

首先是FNMA於 1970 年以代理人身分發行抵押轉手憑證（Mortgage Pass-through Certificate）對投資人出售，係將滿期日及利率相近的多個抵押權，集合成一個匯集體（Pool），以此為擔保發行受益憑證。代理人由Pool收取之本金及利息，扣除費用後轉交投資人，利率約為抵押放款利率減 0.5%，報酬較一般投資高，故頗受投資人歡迎。惟其缺點是在市場利率低於抵押擔保放款利率時，有借款人提前償還之風險。

為降低抵押擔保憑證提前償還的風險，轉手證券經予結構化（Structured）處理，稱為質押擔保債務憑證（Collateralized Mortgage Obligations, CMO），係FHLMC於 1983 年創造，按匯集體（Pool）提前償還比率，分成三類，屬於第一類者利率較高但優先償還。

6314

依是否登記，債券可分為記名債券（Registered Bonds）與不記名債券（Bearer Bonds），政府債券也可以記帳或登錄方式（Book Entry）發行，稱無實體公債。

6315

依利率是否固定，債券可分為固定利率債券（Fixed Rate 或 Straight Bonds）與變動利率債券（Variable 或 Floating Rate Bonds）。後者利率定期按LIBOR、Prime、T-Bill或九十天商業本票利率等調整，因其期間通常較短，一般稱為浮動利率本票（Floating Rate Notes, FRNs）。

6316

其他類別債券：依債券付息條件或發行時之特別條款規定：

⑴可收回債券(Callable Bonds)，指發行人可在滿期前，以約定價格提前收回債券，等於投資人於買入債券時並對發行人賣出一個買入選擇權（Call Option），其收益率通常比一般債券爲高。如美國 $7\frac{7}{8}$ Feb 95-00 國庫債券，滿期日爲 2000 年 2 月，但自 1995 年 2 月起可提前收回；英國 7.75％2012-15 Gilt，滿期日爲 2015 年，自 2012 年起可提前收回。

⑵可贖回債券(Redeemable Bonds)，指投資人可在滿期前要求發行人依約定價格提前贖回，等於投資人於買入債券時並自發行人買入一個賣出選擇權（Put Option），通常債券收益率比一般爲低。

⑶可轉換債券（Convertible Bonds)，通常爲信用債券附加條款，以提高銷售能力並降低利率。政府債券可轉換者，指投資人可轉換爲另一種債券，通常是較短期公債可轉換爲較長期公債，如英國之Conversion Gilts是；等於投資人買入債券時並買入一個 Call，於利率下降時轉換爲另一個公債。公司債附有可轉換權者，有的可轉換爲另一債券，但大多可轉換爲股票，普通股或優先股，以轉換普通股最爲常見；每張債券可轉換股票數，稱爲轉換比例（Conversion Ratio)，等於債券面值（Face Value of Bond）除以轉換價格（Conversion Price)，如債券面值 1,000 元，轉換價格 50 元，則每張債券可轉換爲股票二十股，轉換價格通常比現行股票價格高，在股價上漲超過轉換價格後，投資人可行使選擇權，此種債券之收益率通常比一般債券低。

⑷附有認購權債券（Bonds with Warrant)，指債券附有認股權（Equity Warrants）或特定普通公司債認購權（Debt Warrants)，或特定商品認購權(Commodity Warrants)，內中以認

股權最爲普遍。認股權指投資人可在預定期間(Exercise Period)內，以一定行使價格(Exercise Price)向發行公司購買該公司或其關係企業的股票；一張債券可認購股票的比率，稱認股比率(Equity Coverage Ratio)。在歐洲美元市場發行的認股權公司債，其比率多爲一比一或100%。認購權大多可獨立轉讓，所以在流通市場上交易有三種情形：(a)認購權(Warrants)，(b)公司債不包括認購權(Ex-warrants)，(c)公司債連同認購權(Cum-warrants)。

(5)零息債券(Zero Coupon Bonds, ZCB)，指沒有息票(Coupon)而以高折扣出售，於滿期時以面額償還的債券。投資人可免除利息再投資時利率變動的風險。

(6)永續債券(Perpetual Bonds)，指沒有滿期日的債券，通常利率較低，發行人也不會贖回。英國政府債券無贖回日期者，稱不贖回公債(Irredeemable Gilts)。

(7)指數連動債券(Index-linked Bonds)，指債券之本金及利息均依零售物價指數或其他指數調整，在通貨膨脹時有保值的功能，所以利率較低。如英國政府發行之指數連動 2020 年滿期之Gilt，息票只有 2.5%。

6317

外國債券與歐元債券：外國債券(Foreign Bonds)指外國政府、國際機構或外國大企業在當地市場發行的債券，以當地貨幣計值，並依當地政府之規定發行。在美國稱爲楊基債券(Yankee Bonds)，在日本以日圓發行者稱Samurai Bonds。

歐元債券(Eurobonds)，指在歐元市場(Euromarket)發行之債券，其發行對象不以任一國家爲限。

歐元債券市場與外國債券市場等之關係如圖 6-5 所示：A圈代表歐

元市場或歐元通貨市場(Eurocurrency Market)，B圈代表歐元信用市場 (Eurocredit Market)，C圈代表國際債券市場 (International Bond Market)。D部分代表歐元債券市場(Eurobond Market)。A－(B＋D) 之剩餘部分爲歐元貨幣市場 (Euromoney Market)；C－D之剩餘部分爲外國債券市場 (Foreign Bond Market)。

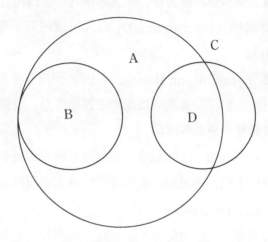

圖 6-5 歐元市場結構

U.S. TREASURY ISSUES

Tuesday, October 26, 1993

Representative Over-the-Counter quotations based on transactions of $1 million or more.

Treasury bond, note and bill quotes are as of mid-afternoon. Colons in bid-and-asked quotes represent 32nds; 101:01 means $101\frac{1}{32}$. Net changes in 32nds. n-Treasury note. Treasury bill quotes in hundredths, quoted on terms of a rate of discount. Days to maturity calculated from trading date. All yields are to maturity and based on the asked quote. For bonds callable prior to maturity, yields are computed to the earliest call date for issues quoted above par and to the maturity date for issues below par. -When issued.

Source: Federal Reserve Bank of New York.

U.S. Treasury strips as of 3 p.m. Eastern time, also based on transactions of \$ 1 million or more. Colons in bid-and-asked quotes represent 32 nds; 101:01 means$101\frac{1}{32}$. Net changes in 32nds. Yields calculated on the bid quotation. ci-stripped coupon interest. bp-Treasury bond, stripped principal. np-Treasury note, stripped principal.

Source: Bear, Stearns & Co. via Street Software Technology Inc.

GOVT. BONDS & NOTES

Rate	Maturity Mo/Yr	Bid	Asked	Chg.	Ask Yld.	Rate	Maturity Mo/Yr	Bid	Asked	Chg.	Ask Yld.
6	Oct 93 n	100:00	100:02	− 1	0.00	$6\frac{3}{8}$	Jul 99 n	107:00	107:02	+ 7	4.94
$7\frac{3}{4}$	Nov 93 n	100:07	100:09	− 1	1.93	8	Aug 99 n	115:02	115:04	+ 6	4.97
$8\frac{5}{8}$	Nov 93	100:09	100:11	− 1	1.53	6	Oct 99 n	105:04	105:06	+ 6	4.98
9	Nov 93 n	100:09	100:11	....	1.89	$7\frac{7}{8}$	Nov 99 n	114:23	114:25	+ 5	5.01
$11\frac{3}{4}$	Nov 93 n	100:14	100:16	....	1.44	$6\frac{3}{8}$	Jan 00 n	107:01	107:03	+ 6	5.03
$5\frac{1}{2}$	Nov 93 n	100:07	100:09	....	2.32	$7\frac{7}{8}$	Feb 95-00	105:02	105:06	− 1	3.75
5	Dec 93 n	100:10	100:12	....	2.79	$8\frac{1}{2}$	Feb 00 n	118:13	118:15	+ 5	5.04
$7\frac{5}{8}$	Dec 93 n	100:25	100:27	....	2.68	$5\frac{1}{2}$	Apr 00 n	102:23	102:25	+ 4	4.99
7	Jan 94 n	100:25	100:27	....	2.98	$8\frac{7}{8}$	May 00 n	120:27	120:29	+ 3	5.08
$4\frac{7}{8}$	Jan 94 n	100:13	100:15	....	3.01	$8\frac{3}{8}$	Aug 95-00	107:16	107:20	....	3.95
$6\frac{7}{8}$	Feb 94 n	101:02	101:04	....	3.04	$8\frac{3}{4}$	Aug 00 n	120:20	120:22	+ 6	5.11
$8\frac{7}{8}$	Feb 94 n	101:21	101:23	− 1	3.02	$8\frac{1}{2}$	Nov 00 n	119:14	119:16	+ 8	5.16

9	Feb 94	101:22	101:24	−	1	3.04
$5\frac{3}{8}$	Feb 94 n	100:23	100:25	....		3.03
$5\frac{3}{4}$	Mar 94 n	101:01	101:03	−	1	3.12
$8\frac{1}{2}$	Mar 94 n	102:07	102:09	....		3.02
7	Apr 94 n	101:23	101:25	....		3.10

$7\frac{3}{4}$	Feb 01 n	115:08	115:10	+	8	5.20
$11\frac{3}{4}$	Feb 01	139:24	139:28	+	11	5.13
8	May 01 n	117:03	117:05		+11	5.22
$11\frac{1}{8}$	May 01	149:04	149:08	+	11	5.16
$7\frac{7}{8}$	Aug 01 n	116:18	116:20	+	9	5.25
8	Aug 96-01	109:21	109:25	+	5	4.26

6320　市場報導與交易實務

6321

　　債券報價係以面值的百分比表示，並以 1/32 為單位，如息票高於當前收益率，價格會超過 100；如息票低於當前收益率，價格會低於 100。

　　如《亞洲華爾街日報》報導美國國庫中長期債券內容包括債券利率及滿期日，出價及要價，與前一營業日比較之變動，以及要價收益率。如 1993 年 11 月滿期長期債券息票 $8\frac{5}{8}$％，出價 100:09 為 $100\frac{9}{32}$＝100.28125，要價 100:11 為 $100\frac{11}{32}$＝100.34375，差價為二個 Tick 等於 1/16＝0.0625，較週一下降 1/32＝0.03125，要價收益率為 1.53％。

6322

　　債券交易市場報價通常為淨價（Clean　Price），不包括應計利息（Accrued Interest），實際付款時要加計自上次付息日起至交易交割日為止該一期間應計利息。惟如英國帳期結算之債券（Bonds Settled for Account），包括應計利息，稱為 Dirty Price。

　　債券以淨價報價，由買方收取應計利息，亦稱 Cum-coupon 或 Cum-divided；如買方放棄次期利息，稱為 Ex-coupon 或 Ex-divided，則買方支付價款為淨價減自交割日起至下次付息日止該一期間之利息。美國市場採Cum-coupon方式；其他市場在付息日前交易採Ex-divided。

6323

付息日(Coupon Date)，大部分固定利率債券付息為每年、每半年或每季一次，也有少數其他間隔（Intervals）方式。如預定付息日為銀行非營業日則順延一日。如付息日為月末，則英美習慣略有差異；如第一次付息日為 9 月 30 日，下次付息日美國為 3 月 31 日，英國為 3 月 30 日。

6324

兩日間天數及一年天數有下列不同計算方式：

(1)兩日間按實際天數計算，一年固定為三百六十五天，稱ACT/365（ACT為Actual簡寫）。

(2)兩日間按實際天數計算，一年天數亦按實際天數計算，稱ACT/ACT；與ACT/365之差異只有在閏年才會發生。

(3)一個月為三十天，一年為三百六十天，稱 30/360 或 30 E/360。

(4)兩日間按實際天數計算，一年三百六十天計算。如 1994 年 5/1 至 11/1，實際天數為一百八十四天， 5 月天數有不同的計算：

計算方式	5/1-5/30	5/1-5/31	5/1-6/1
ACT/365	29/365	30/365	31/365
ACT/360	29/360	30/360	31/360
30/360	29/360	30/360	30/360
30 E/360	29/360	29/360	30/360
ACT/ACT	29/368*	30/368*	31/368*

＊5 月 1 日至 11 月 1 日共計一百八十四天，全年按三百六十八天計算。

6330 債券市場之投資

6331

投資債券的風險:

⑴信用風險 (Credit Risk):指債券發行人無法履行還本付息義務之風險。因中央政府發行債券爲無風險債券利息最低,價格最高;其他債券因風險不同,須支付不等的利差。如聯邦機構證券利差約 20 點,地方政府債券 50 至 150 點,抵押債券 50 至 200 點,公司債 50 至 400 點。

⑵利率風險 (Interest Rate Risk):指固定利率債券價格因利率變動而變動的風險。債券價格與利率變動作反方向變動,即利率上升,債券價格下降;利率下降,債券價格上升。浮動利率本票 (Floating Rate Notes) 沒有利率風險。

⑶提早償還的風險 (Prepayment Risk):因房屋抵押貸款契約內均含有可提前償還的條款,所以以抵押爲擔保而發行的債券也就有提前償還的風險。很多美國長期國庫債券在滿期前五年,發行人可通知收回。所以這些債券在市場利率低於息票時,就會有提前收回的可能。

6332

債券價格: 債券價格爲所有未來現金流入 (Cash Flow) 現值 (Present Value) 的總和。設債券面額爲 F (Face Value),息票爲 c (Coupon),年付息一次,滿期日爲 n 年,期末還本,設目前收益率爲 y (Yield-to-maturity),則債券價格 P 爲:

$$P = \frac{c}{1+y} + \frac{c}{(1+y)^2} + \cdots + \frac{c}{(1+y)^n} + \frac{F}{(1+y)^n} \quad \cdots\cdots(1)$$

(1)式×$(1+y)$： $P(1+y)=c+\dfrac{c}{1+y}+\dfrac{c}{(1+y)^2}+\cdots+\dfrac{c}{(1+y)^{n-1}}$

$$+\dfrac{F}{(1+y)^{n-1}} \quad\cdots\cdots\cdots\cdots\cdots\cdots\cdots(2)$$

(2)式－(1)式： $Py=c-\dfrac{c}{(1+y)^n}+\dfrac{F}{(1+y)^{n-1}}-\dfrac{F}{(1+y)^n}$

$$=c\dfrac{(1+y)^n-1}{(1+y)^n}+F\dfrac{y}{(1+y)^n}$$

$$\therefore P=\dfrac{c}{y}\left[\dfrac{(1+y)^n-1}{(1+y)^n}\right]+\dfrac{F}{(1+y)^n}$$

設每半年付息一次，則上式應修正爲：

$$P=\dfrac{c}{y}\left[\dfrac{(1+\frac{y}{2})^{2n}-1}{(1+\frac{y}{2})^{2n}}\right]+\dfrac{F}{(1+\frac{y}{2})^{2n}}$$

6333

決定債券價格之因素：

(1)債券價格與息票(Coupon)成正比，如其他因素不變，息票越高，
   債券價格越高。

例一：債券面額 100 元，息票 10%，年付息一次，五年還本，收益
率爲 10%，則債券價格爲 100 元。

$$P=\dfrac{10}{(1+10\%)}+\dfrac{10}{(1+10\%)^2}+\cdots+\dfrac{10}{(1+10\%)^5}+\dfrac{100}{(1+10\%)^5}$$

$$=\dfrac{10}{10\%}\left[\dfrac{(1+10\%)^5-1}{(1+10\%)^5}\right]+\dfrac{100}{(1+10\%)^5}=100\text{元}$$

息票爲 11%，其他因素不變，債券價格：

$$P=\dfrac{11}{10\%}\left[\dfrac{(1+10\%)^5-1}{(1+10\%)^5}\right]+\dfrac{100}{(1+10\%)^5}=106.14\text{元}$$

(2)債券價格與收益率成反方向變動。

例二：如例一，收益率上升爲 11%，其他因素不變，債券價格：

$$P = \frac{10}{11\%} \left[\frac{(1+11\%)^5 - 1}{(1+11\%)^5} \right] + \frac{100}{(1+11\%)^5} = 96.40元$$

設收益率下降爲 9 %，債券價格爲：

$$P = \frac{10}{9\%} \left[\frac{(1+9\%)^5 - 1}{(1+9\%)^5} \right] + \frac{100}{(1+9\%)^5} = 103.89元$$

(3)每年付息次數越多，價格越高。

例三：如例一，每半年付息一次，其他因素不變，債券價格：

$$P = \frac{10}{10\%} \left[\frac{(1+5\%)^{10} - 1}{(1+5\%)^{10}} \right] + \frac{100}{(1+10\%)^5} = 100.64$$

6340 持續期 （Duration）

6341

持續期指債券所有現金流量現值的時間加權平均滿期日 （Weighted Average Maturity of the Time to Each of the Cash Flow）。

$$D = \frac{\sum_{i=1}^{n} PVCF_i \times T_i}{\sum_{i=1}^{n} PVCF} = \frac{1}{P} \sum_{i=1}^{n} PVCF_i \times T_i$$

式中D爲持續期 (Duration)，$PVCF$爲現金流量的現值 (Present Value of Cash Flow)，T時間由 1 至n年，P爲債券價格。

$$或 D = \frac{\dfrac{c}{1+y} + \dfrac{2c}{(1+y)^2} + \dfrac{3c}{(1+y)^3} + \cdots + \dfrac{nc}{(1+y)^n} + \dfrac{nF}{(1+y)^n}}{\dfrac{c}{1+y} + \dfrac{c}{(1+y)^2} + \cdots + \dfrac{c}{(1+y)^n} + \dfrac{F}{(1+y)^n}}$$

$$= \frac{1}{P} \left[\sum_{i=1}^{n} \frac{c \cdot t_i}{(1+y)^{t_i}} + \frac{nF}{(1+y)^n} \right]$$

式中，c爲息票，y爲收益率，F爲面值，n爲年數。

零息債券，c爲零，$D = \dfrac{nF}{(1+y)^n} / \dfrac{F}{(1+y)^n} = n$ 即債券滿期年數。

例一：債券面值 100 元，六年期，息票 10%，每年付息一次，收益率 8.5%，求債券持續期及價格。

年別 (1)	現金流量 (2)	現值 $(3)=\dfrac{(2)}{(1+8.5\%)^t}$	時間加權 $(4)=(3)\times(1)$
利息 1	10	9.2166	9.2166
利息 2	10	8.4946	16.9892
利息 3	10	7.8291	23.4873
利息 4	10	7.2157	28.8628
利息 5	10	6.6505	33.2525
利息 6	10	6.1295	36.7770
小計		45.5360	148.5854
本金 6	100	61.2970	367.7820
合計		106.8330	516.3674

$P=106.833$元

$D=\dfrac{516.3674}{106.833}=4.83$年

例二：零息債券面值 100 元，六年期，收益率 8.5%，求債券價格及持續期。

$$P=\frac{100}{(1+8.5\%)^6}=61.297\text{元}$$

$$D=\frac{\dfrac{nF}{(1+y)^n}}{\dfrac{F}{(1+y)^n}}=n=6\text{年}$$

6342

修正持續期（Modified Duration, MD）：指收益率變動一單位債券價格之變動率。可用以測量收益率變動時債券價格之變動。

$$P=\frac{c}{1+y}+\frac{c}{(1+y)^2}+\frac{c}{(1+y)^3}+\cdots+\frac{c}{(1+y)^n}+\frac{F}{(1+y)^n}$$

$$\frac{dp}{dy} = -\left[\frac{c}{(1+y)^2} + \frac{2c}{(1+y)^3} + \cdots + \frac{nc}{(1+y)^{n+1}} + \frac{nF}{(1+y)^{n+1}}\right]$$

$$= -\frac{1}{(1+y)}\left[\frac{c}{1+y} + \frac{2c}{(1+y)^2} + \cdots + \frac{nc}{(1+y)^n} + \frac{nF}{(1+y)^n}\right]$$

$$= -\frac{D \cdot P}{1+y} = -MD \cdot P$$

式中 $MD = \frac{D}{1+y}$，MD爲修正持續期(Modified Duration)，D爲持續期，y爲收益率，P爲價格。

如例一：$MD = \frac{D}{1+y} = \frac{4.83}{1+8.5\%} = 4.45$

如例二：$MD = \frac{6}{1+8.5\%} = 5.53$

如每半年付息一次，則上式應改爲$\frac{dp}{dy} = -\frac{D \cdot P}{1+\frac{y}{2}} = -MD \cdot P$。

收益率與債券價格變動之關係：如圖6-6，修正持續期（MD）爲曲線之切線，收益率微小變動時，兩者關係如下：

(1)價格變動率＝－收益率變動率×修正持續期，即$\frac{dp}{p} = -dy \cdot MD$。

(2)$dp = -p \cdot MD \cdot dy$由收益率的變動可計算出價格的變動。

(3)$MD = -\frac{\frac{dp}{p}}{dy}$，分子爲價格變動率，分母爲收益率變動率，兩者比例即修正持續期。

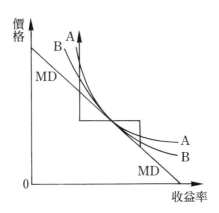

圖 6-6　收益率與債券價格關係

如例一，收益率上升1%，債券價格下降 $4.45 \times 1\% = 4.45\%$。

如例二，收益率上升1%，債券價格下降 $5.53 \times 1\% = 5.53\%$。

6343

持續期的特性：

⑴持續期與滿期日成正比，滿期日長者，如其他因素相同，持續期
　大。如例一，滿期日改爲七年時，持續期爲 5.42 年。

⑵持續期與收益率成反比，收益率上升，持續期下降。如例一，收
　益率上升爲9.5%時，持續期降爲 4.74 年。

⑶每年付息次數越多，持續期越低。

6344

持續期的功能：

⑴持續期可測量債券對利率的敏感性(Sensitivity)，可用以決定如
　何選擇債券。不同債券，收益率相同，滿期日不同，息票不同，
　可利用持續期決定應投資何者。收益率下降時，債券價格上升，
　持續期越長者，獲利越多；如預期收益率下降時，可投資高持續

期債券，零息債券最佳。如預期收益率上升，可投資低持續期債券，債券價格降低幅度小。

(2)可用以構造一個無風險投資組合(Immunization Portfolio)，因投資債券有價格風險(Price Risk)與再投資風險(Reinvestment Risk)。前者指利率變動會影響債券的價格，後者指利率下降時息票收入以低利率再投資的風險。兩者變動相反，如以期望持有期間的持續期構造一個投資組合，平衡兩者變動的影響，稱為風險免疫（Immunization）。

例：以 10 萬元，投資預期年報酬率10%，五年後本利和為 $100,000 \times (1+10\%)^5 = 161,051$ 元。如投資債券收益率為 10%，價格 100 元，即 100,000 元，持續期為五年，至滿期六年。每年付息一次，則五年內總收入為 161,051 元。

(1)設市場收益率維持 10%：

$$利息再投資收入 = \frac{10,000 \times (1.1^5 - 1)}{0.10} = 61,051 元$$

$$本金及最後一期利息收入 = \frac{100,000 + 10,000}{1.10} = 100,000 元$$

收入共計 = 61,051 + 100,000 = 161,051 元

說明：參照 6341 節公式，

$$P = \frac{c}{y}\left[\frac{(1+y)^n - 1}{(1+y)^n}\right] + \frac{F}{(1+y)^n}$$

如換算成未來值（Future Value），即

$$FV = P(1+y)^n = \frac{c}{y}\left[(1+y)^n - 1\right] + F$$

(2)如市場收益率下跌為 9 %：

$$利息再投資收入 = \frac{10,000(1.09^5 - 1)}{0.09} = 57,847.11 元$$

本金及最後一期利息收入 $=\dfrac{110,000}{1.09}=100,917.43$ 元

收入共計 $=59,847.11+100,917.43=160,764.54$ 元

(3)如市場收益率上升為 11%：

利息再投資收入 $=\dfrac{10,000(1.11^5-1)}{0.11}=62,278.01$ 元

本金及最後一期利息收入 $=\dfrac{110,000}{1.11}=99,099.10$ 元

收入共計 $=62,278.01+99,099.10=161,377.11$ 元

6350　凸性（Convexity）

6351

修正持續期（Modified Duration, MD）：指收益率微小變動時債券

價格的變動量，$MD=-\dfrac{\dfrac{dp}{P}}{dy}$，如 6342 節之收益率與債券價格關係圖所

示。惟如收益率變動幅度較大，債券價格就不是等比例變動，因收益率

與價格關係為曲線而非直線，且曲線曲度越大，如A大於B，兩者差異

越大。此種性質稱為凸性（Convexity）。在收益率下降時，債券A價格

上漲大於債券B；在收益率上升時，債券A價格下跌小於債券B。

$$\text{Convexity}=\dfrac{\displaystyle\sum_{t=1}^{n}\dfrac{t\times(t+1)(c)}{(1+y)^t}+\dfrac{n\times(n+1)\times M}{(1+y)^n}}{(1+y)^2\times2\times2\times P}\quad[46]$$

式中 c 為 Coupon Rate，t 為年數，y 為 Yield to Maturity，P 為

Price，M 為滿期時價值，如每年付息二次，則 y 及 c 均應除以二。

---

[46]參閱 Powers & Castelina, *"Inside the Financial Futures Markets,"* p. 378.

6352

凸性的特性：

(1)持續期相等，息票越高，凸性越大；息票越低，凸性亦越小。

(2)滿期日相等，零息債券的凸性最大。

(3)提高持續期，可增加凸性。

(4)收益率下降時，凸性越大之債券，價格上漲越多；收益率上升時，凸性越大之債券，價格下跌較低。

6353

凸性的功能：

(1)由凸性可求出價格之變動：因凸性不同，其收益率對價格之影響亦不同。$\frac{1}{2} \times cx \times (\triangle y)^2$ ❹ 式中cx凸性 (Convexity)，$\triangle y$為收益率之變動率，如連同持續期，可求出因收益率變動而債券價格之變動為：

$$\triangle P = P[-MD \times \triangle y + \frac{1}{2} cx \times (\triangle y)^2]$$

或$\frac{\triangle P}{P} = [-\frac{D}{1+y} \times \triangle y + \frac{1}{2} cx \times (\triangle y)^2]$

例：設某債券收益率 8 ％，一年付息二次，持續期 7.52，凸性 150，則收益率上升或下降 2 ％時，求債券價格變動率。

收益率變動與持續期變動方向相反，如收益率上升，價格下降。持續期對價格的影響為負，凸性對價格的影響為正，兩者應相減；如收益率下降，兩者的影響均為正，應相加。

(a)收益率上升 2%：

$$\frac{\triangle P}{P} = \frac{7.52}{1+0.04} \times 0.02 - \frac{1}{2} \times 150 \times (0.02)^2 = 11.46\%$$

---

❹此公式摘自CBOT："Understanding Duration and Convexity."

(b)收益率下降 2%：

$$\frac{\triangle P}{P}=\frac{7.52}{1+0.04}\times0.02+\frac{1}{2}\times150\times(0.02)^2=17.46\%$$

(2)增加凸性，可提高投資組合之收益。即在持續期維持不變之原則下，可提高投資組合的凸性，從而提高收益。

例：

債券類別	收益率	持續期	凸性
二年期	7.71%	1.78	41
五年期	8.35%	3.96	195
十年期	8.84%	6.54	568

投資組合有兩種：

(a)投資單一債券(Bullet Bonds)，如投資五年期債券，持續期3.96，凸性 195；

(b)投資合成性債券(Barbell Bonds)，如投資 0.54 單位的二年期債券及 0.46 單位的十年期債券，其持續期為 0.54×1.78+0.46×6.54＝3.9696，與五年期債券持續期相近；但凸性為 0.54×41＋0.46×568＝283.48，大於五年期凸性。則不論收益率上升或下降，第二種投資組合均較第一種投資有利[48]。

6360　國庫債券本息之分割

6361

債券分割(Bond Stripping)：指將債券的息票與本金分離，使之成為單獨的證券，旨在創造零息債券（Zero-coupon Bonds）。係美林（Merill Lynch）與所羅門兄弟（Salomon Brothers）首先於 1982 年創造，前者稱TIGR（Treasury Income Growth Receipts），後者稱CATS（Certificate of Actual on Treasury Securities），以買入之國

---

[48]參閱謝春盛，《美國公債現貨市場研究報告》。

庫債券交付銀行保管，再以本身名義發行息票與本金分離的受益憑證。如面值1,000萬美元之二十年期國庫債券，息票8％，每半年付息一次，可分割成四十張面額40萬美元的零息債券，滿期日分別爲半年至二十年，及一張面額1,000萬美元的零息債券，滿期日爲二十年。

6362

1985年美國財政部實施債券分割計畫，稱STRIPS（Separate Trading of Registered Interest and Principal of Securities），十年期以上債券，可將本金與利息分別登錄帳簿，以便利交易商創造零息債券。

6363

市場報導：如《亞洲華爾街日報》報導，證券分爲三類，息票（Coupon Interest, ci）、中期債券本金（Note Principal, np）及長期債券本金（Bond Principal, bp）。因爲是零息證券，所以沒有Rate，其餘各欄與債券市場報導相同。

						Ask
	Mat.	Type	Bid	Asked	Chg.	Yld.
Nov	93	ci	99:27	99:27	……	3.14
Feb	94	ci	99:01	99:02	……	3.17
May	94	ci	98:07	98:07	−1	3.27
Aug	94	ci	97:09	97:10	−2	3.42
Nov	94	ci	96:12	96:13	……	3.52
Nov	94	np	96:12	96:13	……	3.52
Feb	95	ci	95:11	95:13	−2	3.65

Monday, October 25, 1993
U.S. TREASURY STRIPS

第四節　股票市場

6410　股票

6411

　　股票（Stock）係股份有限公司依照公司法規定，爲籌措資本所發行的憑證，持有人稱股東（Stock Holders）。資本額分成若干股，每股金額一定者，稱爲股票（美國Stock，英國Share）；每股沒有金額者，稱股份（美國No-par Value Stock，英國Stock）。

　　股份有限公司發行股票，應經政府核准。其經核准發行之最高額度，稱爲授權或法定股本（Authorized Stocks）。在授權額度內，公司可全額發行或分批發行。其已發行並售出者，稱Issued-and-Outstanding Stocks；未發行者，稱未發行股（Unissued Stocks）；已發行因調節市場需要而自市場買回或股東贈與該公司之股票，稱庫藏股（Treasury Stocks）。在計算每股績效之會計處理上，應以已發行股票減庫藏股後之淨額爲準。

　　例：某公司授權資本4億元，每股10元，共計四千萬股。未發行股一千萬股，已發行股三千萬股；庫藏股五百萬股，實際發行二千五百萬股；設該公司盈餘5,000萬元，則每股紅利2元；投資報酬率爲20%。

6412

　　股票可分爲普通股（Common　Stocks）與優先股（Preferred Stocks），後者在我國稱爲特別股。

　　⑴普通股代表股票持有人對公司之股權或所有權，享有下列權利：

　　　⒜投票權（Rights of Voting），指出席股東大會，選舉公司最高管理機構董事會，間接參與公司之經營。

(b)盈餘分配權（Rights to Share the Profits），即分配紅利（Dividends）。紅利越高，股價越高。

(c)清算時資產分配權（Rights to Share in Assets Liquidation），在公司清算時，扣除稅捐及債務之剩餘資金，平均分配給普通股東。

(d)股票轉讓權（Rights to Transfer Stocks）。

(e)優先承購新股權（Rights of Subscription Privilege for Shares Preemptive）。此項權利通常可以轉讓。

(f)其他權利，如公司應依法對股東提供財務報告等資訊，以及股東可控告董事會違法之權利等。

(2)優先股也代表公司之股權（Equity）。惟比普通股享有若干優先之權利，如優先分配股息及清算時優先分配資產之權利等；但也有不如普通股者，如通常沒有投票權，也沒有超過固定股息的分配權。優先股因其享有優先權利之不同，可分為：

(a)累積優先股（Cumulative Preferred Stocks），指對公司過去因盈餘不足欠發之股息，可俟有盈餘時累積補發。

(b)參加優先股（Participating Preferred Stocks），指在公司盈餘很多時，除可分配固定股息外，尚可參與分配紅利。

(c)轉換優先股（Convertible Preferred Stocks），指可依預定比例將優先股轉換為普通股。

(d)可贖回優先股（Redeemable Preferred Stocks），指在發行一定年限後，持有人有權要求公司依預定價格贖回股票。

(e)可收回優先股（Callable Preferred Stocks），指在發行一定年限後，公司有權依預定價格收回股票。

(f)有表決權優先股（Voting Preferred Stocks），指持有人可參加股東大會選舉董事。

(g)優先的優先股（Prior　Preferred　Stocks亦稱Preferences
Stocks），指比其他優先股享有優先之權利。

6420　股票市場

6421

股票市場（Stock　Market）：指買賣股票的市場，是資本市場
（Capital Market）重要的一環。可分為發行市場（Issue Market）與
交易市場（Trading Market）。

6422

發行市場亦稱初級市場（Primary Market）：為發行公司發行股票
售予投資人的市場。其關係人有三：⑴發行人(Issuer)，為資金需求者，
也是股票的賣方；⑵投資人(Investors)，為資金供給者，也是股票的買
方；⑶仲介人或承銷人(Underwriters)，為由發行人處取得股票售予投
資人者。

承銷人承銷股票有兩種方式：

⑴包銷(Stand-by Underwriting)，指承銷人如未能將發行之股票
全數售予投資人時，剩餘部分應以預定價格自行買入。

⑵代銷(Best-effort Underwriting)，指未售出部分可退還發行人。

發行方式有二：

⑴公開發行（Public Issuing），指發行人依規定審核程序後，對不
特定之大眾募集資金而發行股票。

⑵非公開發行或私下募集（Private Placement），指發行人不須依
規定審核程序而只對少數特定人出售。在美國，所謂少數指不超
過三十五人。

6423

交易市場亦稱流通市場（Circular Market）：因係股票發行後買賣

之市場，所以又稱爲次級市場（Secondary Market）。在美國因交易性質不同，可分成四個市場：第一市場（First Market），指證券交易所買賣上市股票；第二市場（Second Market），指店頭市場買賣未上市股票；第三市場（Third Market），指店頭市場買賣上市股票；第四市場（Fourth Market），指機構投資人（Institution Investors）間直接交易、買賣上市或未上市股票。

6424

證券交易所（Securities或Stocks Exchange）：爲一個有管理的集中交易市場，由買賣雙方的場內經紀人（Floor Brokers）公開競價買賣上市（Listing）的股票。交易所之規定：

(1)交易所通常爲會員組織，只有會員才可在場內交易；非會員只能委託有會員資格的經紀商下單。

(2)顧客下單方式有電傳、電話、信函或當面。

(3)交易單位有一定，如一百股或一千股；不足一單位者稱畸零股，交易方式不同。

(4)交易時間通常爲上午九時至十二時，下午一時半至三時半。

(5)交割（Delivery）即履行交易義務，賣方交付股票，買方支付貨幣；交割可分爲例行交割（Regular Delivery），指成交後第二個（美國爲第五個）營業日交割，稱例行契約（Regular Way Contract）；即時交割指成交後當日交割，稱現金契約（Cash Contract）。

(6)升降單位，俗稱檔（Tick），指價格變動的最低數字。

(7)漲跌幅度指每日價格不能超過前一營業日的某一比例。

投資人買賣股票必須透過經紀商，並在指定之銀行開設帳戶，全額支付價款者爲現金帳戶（Cash Account）；支付部分價款者爲保證金帳戶（Margin Account），餘款由證券商或證券金融機構貸借，買入股票存在證券商或集中保管機構作爲擔保,貸借比例通常係由中央銀行規定,如美國聯邦準備銀行（Federal Reserve Banks）1974 年起規定, 保證金不得低於 50%, 所以貸款不能超過 50%。證券商也可提高保證金比例,我國中央銀行規定貸款比例視股價指數而異, 指數越高, 貸款比例越低,並授權證券管理委員會在規定範圍內視市場狀況調整。沒有股票而賣出股票者, 稱爲賣空(Short Sale), 由證券商或證券金融公司向第三者借券交割, 除賣空收入應無息存在證券商指定的銀行帳戶外, 並應繳交保證金。美國聯邦準備銀行規定的保證金比例不能低於交易金額的 50%,我國中央銀行授權證券管理委員會在規定範圍內視市場狀況調整。

6425

店頭市場（OTC Market）: 指由證券商在其營業處所做成的市場,以議價方式買賣。在美國, 店頭市場非常發達, 證券交易商全國協會（National Association of Securities Dealers, NASD）, 係依照Muloney Act於 1939 年設立, 訂定Code of Procedures及Code of Arbitration等, 會員可利用NASDAQ（National Association of Securities Dealers Automated Quotation）電子網路報價系統, 其成交量僅次於紐約證券交易所。

6426

市場報導: 茲就《亞洲華爾街日報》報導 1993 年 10 月 26 日紐約證券交易所（New York Stock Exchange, NYSE）交易內容說明如次:

Tuesday, October 26, 1993
4 p.m.

Includes trades on the Midwest, Pacific, Philadelphia, Boston and Cincinnati stock exchanges as reported by NASD.

52 Weeks High	Low	Stock	Div	% Yld	P-E	Sales 100s	High	Low	Close	Net Chg
					-A-A-A-					
$14\frac{5}{8}$	$10\frac{3}{4}$	AAR	.48	3.5	dd	x 781	$13\frac{7}{8}$	$13\frac{3}{8}$	$13\frac{7}{8}$	$+\frac{1}{2}$
12	$10\frac{3}{4}$	ACM In	1.10	9.6	···	1678	$11\frac{1}{2}$	$11\frac{3}{8}$	$11\frac{1}{2}$	···
$10\frac{1}{8}$	9	ACM Op	.80	8.1	···	305	10	$9\frac{7}{8}$	$9\frac{7}{8}$	···
$11\frac{5}{8}$	$9\frac{7}{8}$	ACM Sc	1.10	9.6	···	1903	$11\frac{1}{2}$	$11\frac{3}{8}$	$11\frac{1}{2}$	···
10	$8\frac{5}{8}$	ACM Sp	.96	9.7	···	1236	$9\frac{7}{8}$	$9\frac{3}{4}$	$9\frac{7}{8}$	···
$11\frac{3}{4}$	$9\frac{3}{8}$	ACM MI	1.08	9.3	···	207	$11\frac{5}{8}$	$11\frac{1}{2}$	$11\frac{5}{8}$	$+\frac{1}{8}$
$9\frac{7}{8}$	$8\frac{5}{8}$	ACM MM	.72	7.9	···	144	$9\frac{1}{4}$	$9\frac{1}{8}$	$9\frac{1}{8}$	$-\frac{1}{8}$
$15\frac{1}{8}$	$13\frac{1}{2}$	ACM Mu n	.90	6.4	···	151	$14\frac{3}{8}$	$14\frac{1}{8}$	$14\frac{1}{8}$	···
$10\frac{3}{8}$	$6\frac{1}{2}$	ADT	···		···	1249	9	$8\frac{7}{8}$	$8\frac{7}{8}$	$-\frac{1}{8}$
2	$\frac{7}{8}$	ADT wt	···		···	140	$1\frac{3}{8}$	$1\frac{1}{4}$	$1\frac{1}{4}$	···
34	$23\frac{1}{4}$	AFLAC s	.40	1.3	15	792	$31\frac{5}{8}$	$30\frac{3}{8}$	31	$-\frac{1}{2}$
$29\frac{3}{8}$	$13\frac{3}{4}$	AL Lab	.18	1.2	21	262	$15\frac{1}{2}$	$15\frac{3}{8}$	$15\frac{3}{8}$	$-\frac{1}{8}$
$67\frac{1}{4}$	$54\frac{5}{8}$	AMP	1.60	2.6	22	1782	$62\frac{3}{4}$	$62\frac{1}{4}$	$62\frac{1}{4}$	$-\frac{3}{8}$
$72\frac{7}{8}$	$55\frac{1}{2}$	AMR	···		dd	9887	70	$67\frac{7}{8}$	70	$+1\frac{7}{8}$
$47\frac{1}{4}$	$39\frac{1}{4}$	ARCOCh	2.50	5.7	22	108	$43\frac{3}{4}$	$43\frac{1}{2}$	$43\frac{3}{4}$	···
$37\frac{7}{8}$	$1\frac{5}{8}$	ARX	···		15	145	$3\frac{5}{8}$	$3\frac{1}{2}$	$3\frac{1}{2}$	···
$51\frac{1}{2}$	$29\frac{3}{4}$	ASA Ltd	2.00	4.2	···	773	$47\frac{1}{8}$	46	$47\frac{1}{8}$	$+\frac{7}{8}$
$30\frac{3}{8}$	$23\frac{1}{8}$	ATT Cap n	···		···	190	$27\frac{3}{8}$	27	$27\frac{1}{8}$	$-\frac{1}{2}$

33	$22\frac{5}{8}$	Abt Lab	.68	2.4	17	6210	$28\frac{1}{8}$	$27\frac{5}{8}$	$27\frac{7}{8}$	...
6	$2\frac{7}{8}$	Abex			dd	1518	$3\frac{3}{4}$	$3\frac{1}{2}$	$3\frac{5}{8}$	$-\frac{1}{4}$
$12\frac{5}{8}$	$8\frac{1}{4}$	Abitibi g	.38i	...	...	60	9	$8\frac{1}{2}$	9	$\frac{1}{2}$
$15\frac{5}{8}$	7	Acptlns n		...	dd	77	$14\frac{7}{8}$	$14\frac{3}{4}$	$14\frac{3}{4}$	...
36	$25\frac{1}{2}$	ACE Lt n	.43e	1.3	...	746	$33\frac{1}{2}$	$32\frac{5}{8}$	$32\frac{3}{4}$	$-\frac{3}{4}$
15	15	ACM MD n		...	...	560	15	15	15	...
$12\frac{3}{8}$	$6\frac{5}{8}$	AcmeC	.44	4.3	14	121	$10\frac{3}{8}$	$10\frac{1}{8}$	$10\frac{1}{8}$	$-\frac{1}{4}$
10	4	AcmeE		...	dd	230	$9\frac{5}{8}$	$9\frac{3}{8}$	$9\frac{5}{8}$	...
$27\frac{5}{8}$	16	Acordia	.44	1.8	14	8	$24\frac{3}{4}$	$24\frac{5}{8}$	$24\frac{3}{4}$	$+\frac{1}{8}$
$14\frac{1}{2}$	$7\frac{1}{4}$	Actava	.36	4.5	27	298	8	$7\frac{7}{8}$	8	$+\frac{1}{8}$
$18\frac{3}{8}$	$10\frac{3}{8}$	Acuson		...	36	707	$13\frac{3}{8}$	13	$13\frac{1}{8}$	$+\frac{1}{8}$
$22\frac{1}{4}$	$18\frac{1}{4}$	AdaEx	1.62e	8.5	...	142	$19\frac{1}{8}$	19	$19\frac{1}{8}$	
$32\frac{7}{8}$	$14\frac{1}{8}$	AMD		...	7	15579	$19\frac{7}{8}$	19	$19\frac{1}{4}$	$-\frac{1}{2}$
$66\frac{1}{4}$	$38\frac{1}{4}$	AMD pf	3.00	6.2	...	136	$49\frac{3}{8}$	48	$48\frac{1}{2}$	$-\frac{7}{8}$
8	$5\frac{1}{2}$	Advest		...	14	237	8	$7\frac{7}{8}$	$7\frac{7}{8}$	...
$24\frac{3}{4}$	$14\frac{1}{4}$	Advoln s	.06e	.4	cc	53	15	$14\frac{3}{4}$	15	$+\frac{1}{4}$
$51\frac{5}{8}$	$40\frac{3}{8}$	Aegon	2.09e	4.1	...	43	$50\frac{5}{8}$	$50\frac{3}{8}$	$50\frac{3}{8}$	$-\frac{3}{4}$
$64\frac{3}{8}$	$40\frac{7}{8}$	AetnLf	2.76	4.4	23	1003	63	$62\frac{3}{4}$	$62\frac{7}{8}$	$+\frac{1}{8}$
$27\frac{3}{8}$	$20\frac{5}{8}$	AgrMin	2.42	9.8	11 ×	144	$24\frac{7}{8}$	$24\frac{1}{2}$	$24\frac{3}{4}$	$+\frac{1}{8}$
$22\frac{1}{8}$	$13\frac{1}{2}$	Ahmans	.88	4.9	dd	5880	$18\frac{1}{8}$	$17\frac{5}{8}$	$18\frac{1}{8}$	$+\frac{1}{4}$
$27\frac{1}{4}$	$24\frac{3}{4}$	Ahmn pfC	2.10	7.8	...	451	27	$26\frac{3}{4}$	$26\frac{7}{8}$	$-\frac{1}{8}$
$51\frac{3}{4}$	$48\frac{5}{8}$	Ahmn pfD		...	...	576	$49\frac{1}{4}$	$48\frac{5}{8}$	$49\frac{1}{4}$	$+\frac{1}{4}$

(1)Stock指發行公司，如AAR。

(2)過去一年五十二週股價最高$14\frac{5}{8}$美元，最低$10\frac{3}{4}$美元。

(3)一年紅利（Divident），每股 0.48 美元。

(4)收益率（Yield），以當日收盤價計算，$0.48 \div 13\frac{7}{8} = 3.5\%$。

(5)dd指股價下跌大部分是最近四季發生。

(6)價益比（P-E, Price-Earning Ratio），係以昨日收盤價除以最近
十二個月每股稅後盈餘。如AFLACs的價益比為 15 倍；每百元
的投資報酬率為 6.7%。

(7)交易量以一百股計算。

(8)當日交易最高價、最低價及收盤價。

(9)與昨日收盤價比較的淨變動（Net Change）。

6430　股票市場國際化（Internationalization of Stock Markets）

6431

　　股票交易是每日二十四小時在世界各地進行。首先是紐西蘭及東京
開始，隨後臺北、香港、上海、雪梨、新加坡、新德里、巴林、米蘭、
法蘭克福、巴黎、倫敦、紐約及舊金山。一國股票市場動盪，會很快反
映到其他市場。如 1987 年 10 月 19 日（週一）紐約市場崩盤，東京、香
港等地隨即大幅跌落，然後是歐洲市場，世界各大證券交易所，幾乎無
一倖免。

6432

　　由於外匯管制的廢除，以及通訊之進步，目前已有一千多種股票在
母國以外一個以上交易所上市；內中在倫敦國際證券交易所（Interna-

tional Securities Exchange）上市之外國股票已超過五百餘種。
6433

此外，外國股票也可以存託憑證（Depositary Receipts）方式在他國上市。如某些外國公司股票交由美國金融機構保管，憑以發行美國存託憑證（American Depositary Receipts, ADRs）在美國的證券交易所上市；同樣的，在歐洲發行並在歐洲證券交易所上市者，稱歐洲存託憑證（European或Continental Depositary Receipts, EDRs）；在日本發行並在東京證券交易所上市者，稱日本存託憑證（Japanese Depositary Receipts, JDRs）。

存託憑證之發行人，可為原始發行股票的公司，或買入股票的證券商或銀行。存託憑證的持有人，擁有原始股票股東的一切權利，也可要求存託銀行換取原始股票，存託憑證可為不記名式（Bearer），自由轉讓，與當地股票一樣上市買賣。如計畫中以外國公司股票交付我國銀行保管，並憑以在臺灣發行存託憑證，俾在臺灣證券交易所上市，稱為臺灣存託憑證（Taiwan Depositary Receipts, TDRs），係外國公司來臺募集資金之方式。此外，我國公司也可發行全球存託憑證（Global Depositary Receipts, GDRs）至國外募集資金。

第五節　歐元市場

6510　歐元市場之意義

6511

歐洲美元（Eurodollars）原始意義指存在歐洲銀行，特別是倫敦銀行，包括美國銀行的倫敦分行的美元存款。現在，在地理上，可包括歐洲、亞洲及美洲；其在新加坡者，又稱為亞洲美元（Asian Dollars）。

在通貨類別上，包括美元、英鎊、馬克、日圓及瑞士法郎等，只要是在通貨發行國家以外地區的外幣存款，均可稱為歐洲美元。但也可細分為歐洲英鎊（Eurosterling）、歐洲馬克（Euromark）、歐洲日圓（Euroyen）及歐洲瑞士法郎（Euroswissfranc）等。也可通稱為外在美元（External Dollars），或外在通貨（External Currencies）。

歐洲美元的借貸市場，稱為歐洲美元市場（Eurodollar Market），簡稱歐元市場（Euromarket）。

歐元借貸業務，通常為外對外，自外國人吸收資金再貸放與外國人。

6512

歐洲美元的產生，係由一個美國人或他國人，將其在美國銀行的存款，移轉至美國以外地區的銀行，如在倫敦的銀行。存款貨幣仍為美元，可以轉讓，但不能提領現金（如圖 6-7）。

美國銀行體系			
Bank of Taiwan		Bank of London	
	(1) $ 1,000,000		(2) $ 1,000,000
(2) $ 1,000,000			

英國銀行體系			
Bank of Taiwan		Bank of London	
	(2) $ 1,000,000	資產	負債
		在美國銀行存款 $ 1,000,000	臺灣銀行存款 $ 1,000,000

圖 6-7　歐洲美元之誕生

說明：

⑴臺灣銀行原在美國銀行存款 100 萬美元。

⑵臺灣銀行將美元存款改存倫敦銀行，因此產生歐洲美元存款 100
萬美元。存款貨幣及金額並未改變，只是存款地點改變。

⑶美國銀行體系的美元存款稱爲國內美元(Domestic Dollars)，並
未減少，只是其存款人由臺灣銀行變成倫敦銀行（Bank of Lon-
don），美元並未離開美國。

⑷倫敦銀行（Bank of London）承做歐洲美元的存貸業務，稱爲歐
元銀行(Eurobank)，其資產爲存在美國銀行的 100 萬美元存款，
其負債爲臺灣銀行的 100 萬美元存款。

⑸歐元存款在歐元市場銀行間可能轉存多次，如倫敦銀行可轉存另
一個歐元銀行。惟一旦該筆存款用以向美國進口、購買美國勞務，
或向美國投資。在美國銀行體系存款人由外國銀行變成美國人，
該筆歐洲美元存款即行消失。

歐元存款因存款地不同，須負擔不同的國家風險(Sovereign Risk)。
如菲律賓於1983年10月宣布限制菲國銀行外幣資金匯出，紐約花旗銀行
（Citibank of New York）馬尼拉分行幾億美元歐元存款遂遭凍結❹。

6513

　　歐元市場的誕生與成長：歐元市場始於 50 年代冷戰時期，前蘇聯政
府惟恐在美國的存款爲美國政府凍結，改存歐洲蘇聯控制的銀行The
Moscow Narodny Bank的倫敦分行及The Banque pour L'Europe
du Nord in Paris，後者以Eurobank爲其電報掛號，因而產生"Euro"
一字。目前Euro（歐洲或歐元）一詞，已用在所有歐元市場交易用辭的
字首。

---

❹參閱Orlin Grabbe，"*International Financial Markets*，" p.230.

歐元市場自 60 年代末期以來成長迅速。其主要原因:

(1)美國聯邦準備銀行規則 Q(Regulation Q)規定,三十天以內的存款不得支付利息,而且定存利率有上限,促使存款人改存歐元銀行以規避管制。

(2)1963 年,美國爲對抗美元危機(指外匯市場美元供過於求,美元匯價下跌),實施利息平衡稅(Interest Equalization Tax, IET)以阻止資金外流;1965 年進一步對對外授信與投資實施自願限制(Voluntary Foreign Credit Restraint, VFCR),1968 年轉爲強制性的規定Foreign Direct Investment Program。國外借款人無法自美國市場獲得資金,遂改向歐元市場借款,增加歐元市場資金需求。

(3)英國政府爲對抗英鎊危機,禁止英國銀行對外國人融通英鎊。長年擔任國際資金融通角色的英國銀行不能借貸英鎊,遂吸收美元存款貸放美元。

(4)50 年代西歐國家在美國馬歇爾援助計畫(Marshall Plan)下,經濟復興,出口增加。各國貨幣於 1958 年 12 月恢復爲可兌換貨幣(Convertible Currencies),外匯存底增加。另一方面,美國由於連年對外援助及韓戰與越戰,國際收支由順差轉爲逆差,美元外流,增加了歐元市場的供給。特別是 70 年代,由於石油價格大漲,石油國家累積大量美元,稱爲石油美元(Oildollar),存入歐元市場,使歐元存款大幅上升。

(5)歐元市場是一個高度競爭性的批發市場,與美國國內市場比較,沒有存款準備規定,不需支付存款保險費,沒有利率限制,存款利率高於美國國內存款利率,放款利率低於美國國內放款利率,可取代部分美國銀行放款業務。

6520　歐元市場的結構

6521

就貨幣類別言，歐元市場以美元為主，約占 60%；其餘較多者為馬克、日圓、英鎊、瑞士法郎及法國法郎等。

就地區言，倫敦為最主要中心，其次為東京、巴黎、盧森堡、新加坡、開曼、巴哈馬、百慕達、巴林及巴拿馬等。美國自 1981 年設立國際金融部門或國際銀行業務設施（International Banking Facilities, IBF）後，紐約亦成為歐元市場中心之一。

就存放性質言，歐元市場可分為三部分：(1)歐元貨幣市場（Euromoney Market）、(2)歐元信貸市場（Eurocredit Market）、(3)歐元債券市場（Eurobond Market）（參 6317 節）。

6522

歐元貨幣市場為短期資金市場，由隔夜（Overnight, O/N）至約一年，在倫敦，銀行間放款利率稱LIBOR（London Interbank Offered Rate）；銀行間存款利率稱LIBID（London Interbank Bid Rate）；在新加坡，銀行間放款利率稱SIBOR（Singapore Interbank Offered Rate）；在巴黎,稱PIBOR；在東京稱TIBOR；在德國稱FIBOR。承做歐元存放款業務的銀行，稱歐元銀行（Eurobank）。

6523

歐元信貸市場為中長期資金市場，可長達十年，一般為五年。對各國政府、國際機構或國際性大企業金額較大者，採取銀行聯貸（Syndicate Loan）方式，由借款人選擇一家銀行為主辦行（Leading Manager），由後者邀集其他銀行參與組成經理團（Managers Group），經與借款人洽妥貸放條件後，製作貸款資料說明書，邀請其他銀行參加聯貸（Participating）。聯貸的利率為三或六個月LIBOR加碼（Spread）

的方式，加碼由1/8至$2\frac{1}{2}$不等，視借款人信用及市場資金狀況而定。

展期貸款（Rollover Credit）爲歐元市場定期調整利率的中長期融通方式。浮動利率加上展期，可解決歐元銀行存放款時間不相稱的風險。

6524

歐元債券市場，爲歐元資本市場（Eurocapital Market）之主要部分；歐元權益市場（Euroequity Market），目前尚不甚發達。

歐元債券市場始於 1960 年代初期，惟自 1963 年美國實施利息平衡稅（IET）後[50]，美國資本市場對外國人關閉，歐元債券市場得以快速成長。及至美國取消利息平衡稅，歐元債券市場已成氣候，並持續成長。

歐元債券發行方式有二：

⑴聯貸（Syndicate Loan）：60 年代歐元債券市場係由倫敦商人銀行及紐約投資銀行充當主辦行，至 70 年代改由歐洲大銀行擔綱。其作法是先由借款人選定主辦行，初步協議發行條件、發行時間表及共同經理人等，再由主辦行及共同經理人邀請其他銀行組成包銷或銷售團，最後由主辦行與借款人敲定借款條件並取得包銷人同意。如認購（Subscription）超額，可降低各包銷人分配額；如認購不足，則由經理人銀行加認。如認購太差，也可能取消聯貸。

　　發行成本有多項，每個參加銀行均享有銷售折讓（Selling Concession）；包銷人有包銷佣金（Underwriting Commission）；經理人另享有經理費（Management Fees）。

　　上述傳統發行方式需時較長，如市場遭逢重大變化，會有發行不成功的風險。近年新興的買入方式（Bought Deal），係由主

---

[50] EIT爲對美國人投資非美國股票及債券，課稅 1.31%至 18.75%不等，其後數度調降，至 1974 年降爲零。

辦行對借款人提出確定報價(Firm Offer)，於借款人接受後再組成聯貸，市場風險由主辦行負擔。

⑵私募(Private Placement)：始於 70 年代中期，只經由少數銀行的仲介，不在交易所上市買賣。有三種方式：(a)銀行只是借款人與投資人間的仲介或代理人；(b)由單一銀行包銷，再售予其他投資人；(c)由幾個銀行包銷，再售予投資人。

6525

歐元債券類別：

⑴固定利率債券(Straight Bonds)，為傳統發行債券，有固定利率（Fixed Rate）及固定滿期日。

⑵浮動利率本票（Floating Rate Notes, FRNs），為近年來成長的債券，為期四至十年，定期按LIBOR調整利率。

⑶可轉換債券（Convertible Bonds），指在特定期間內，可以預定價格轉換為借款人股票。

⑷附認股權債券（Bonds with Equity Warrant），指債權人可於一定期間內，以一定價格認購借款人股票。

⑸有利率下限的浮動利率本票（FRNs with Drop Lock），指在LIBOR加上加碼(Spread)低於預定利率下限時，適用固定利率。

⑹零息債券（Zero-coupon Bonds, ZCBs），為高折扣債券，不附息票，於滿期時按面額償付。

6526

歐元債券市場特性：

⑴歐元債券主要在店頭市場交易，交易所成交量不大。銀行與經紀商做成次級市場，以電腦螢幕報價交易。

⑵交易所雖非主要市場，但為應某些機構投資人之需要（因有些機構投資人只能投資於上市的證券），歐元債券多半會在倫敦或盧森

堡交易所上市。

6530 亞洲美元市場

6531

亞洲美元（Asian Dollar）為歐洲美元之延伸，通常指存在於新加坡貨幣管理局（The Monetary Authority of Singapore, MAS）指定各銀行辦理的非居住民計息外幣存款。廣義的亞洲美元市場，則尙包括香港及東京等地在內。

6532

新加坡亞洲美元市場,始於1968年新加坡政府取消對非居住民外幣存款課征利息所得稅。銀行經營亞洲美元業務的單位，稱亞洲通貨部門（Asian Currency Unit, ACU）。應經許可，始得設立。其記載借貸業務之帳戶，稱亞洲通貨帳戶（Asian Currency Accounts）。

亞洲通貨部門可享受下列租稅優惠:

(1)對非居住民貸款所得稅爲10%。

(2)非居住民存款、投資定存單及亞洲美元債券免利息所得稅及財產稅；對投資人支付利息時，免扣繳稅（Withholding Tax）。

(3)對新加坡境外開發之信用狀所做通知及保兌收入，享受10%優惠稅率。

(4)對境外貸款及發行債券免除印花稅。

6533

東京之外在通貨市場，稱爲日本境外金融市場（Japan Offshore Markets, JOM），始於1986年12月，經營之銀行經日本大藏省核准後可設立特別交易帳戶（Special International Banking Transactions Account），交易幣別包括外幣及日圓，後者指歐洲日圓（Euroyen）。存款對象爲境外金融機構、外國政府及國際組織，其最低存款期限爲一日，無金額限制；外國公司最低存款期限爲二日，最低存款金額爲1億日圓。經營銀行可對非居住民辦理存放款，但不得發行銀行承兌匯票、發行定存單及投資有價證券。

境外金融業務可享受下列優惠：

(1)支付非居住民利息免征利息所得稅，免扣繳稅（Withholding Tax）。

(2)存款不受利率管制，不受存款保險制度的限制。

(3)存款免提存款準備金。

爲免境外金融業務影響國內金融市場，日本政府對國內一般帳戶與特別交易帳戶間資金流出入有單日限制，並規定各月份不得有資金淨流入，其超過規定標準者應繳存款準備金。

6534

香港（Hong Kong）爲自由港，爲一商業中心，其境外金融業務與倫敦相同，爲自然形成。自1973年香港廢止外匯管理後，境外業務已無限制，香港已成爲亞洲地區主要聯貸（Syndicate Loan）中心市場。

6540　其他國家之境外金融業務

6541

美國辦理境外金融業務者爲國際金融業務部門（International Banking Facilities, IBF），係1981年12月開始設立。美國聯邦準備銀行修改規則D（Regulation D）及規則Q（Regulation Q），各州也立法配合，存款機構，愛知法及協議公司（Edge Act and Agreement Corporations），可單獨設帳經營歐洲美元業務。其實施要點：(1)存款不受規則Q對存款利率之限制；(2)存款不受規則D之拘束，免提存款準備金；(3)免州及地方稅；(4)自國外非居住民包括國外金融機構及其他IBF，吸收資金最短期爲隔夜（Overnight）之定存或兩個營業之通知存款；存款及提款最低額爲 10 萬美元；存款來源限於非居住民；(5)IBF 不得發行可轉讓定存單（Negotiable Certificate of Deposit）、銀行承兌匯票（Banker's Acceptance）或其他可轉讓及持有人（Bearer）形式之工具；(6)不得接受交易帳戶（Transaction Account）；(7)IBF之設立無需申請許可，惟應在設立之第一個準備金計算期前至少十四天通知管轄區之聯邦準備銀行。

6542

巴林（Bahrain）爲居於波斯灣之島國，1975 年由該國金融局（Bahrain Monetary Agency）主導建立境外金融中心，賦予租稅優惠，其辦理境外金融業務之單位，稱Offshore Banking Unit，簡稱OBU。目前已成爲中東地區最重要之境外金融中心。

6543

巴拿馬（Panama），位於中美洲，於 1970 年建立境外金融中心，賦予租稅優惠。因巴拿馬與紐約處於同一時區，主要係由美國銀行設立之分行經辦境外業務。

6544

巴哈馬（Bahamas）爲加勒比海之島國，境外金融中心建立於 1965 年，享有租稅優惠，有租稅天堂（Tax-heaven）之稱。經營境外金融業務之銀行，多爲紙上分行（Paper Branch），並不辦理實際業務，只是美國國內銀行經辦業務後記載於巴哈馬分行帳上，所以又稱爲記帳中心（Booking Center）。

6545

開曼（Cayman Islands）爲加勒比海之英國屬地，享有租稅優惠，境外金融中心建立於 1966 年，與巴哈馬同爲租稅天堂之記帳中心。

6546

其他：

(1)百慕達（Bermuda）為位於大西洋臨近美國的英屬島嶼。

(2)塞浦路斯（Cyprus）為位於地中海東部的島國。

(3)根息島（Guernsey）為位於英吉利海峽的英屬島嶼。

(4)人島（Isle of Man）為位於愛爾蘭海的英屬島嶼。

(5)Jersey為位於英吉利海峽臨近法國諾曼第（Normandy）的英屬島嶼。

(6)Madeira為位於大西洋臨近北非的葡屬島嶼。

(7)馬爾他（Malta）為位於地中海中部的島國。

(8)荷屬安提列斯（Netherlands Antilles）為位於加勒比海臨近南美洲的荷屬島嶼。

(9)波多黎各（Puerto Rico）為位於加勒比海的美國屬地。

(10)Turks & Caico Islands為位於加勒比海的英屬島嶼。

(11)拉布安島（Labuan）為位於汶萊灣的馬來西亞島嶼。

(12)諾魯（Nauro）及萬那杜（Vanuatu）為位於太平洋的島國。

6550　我國境外金融市場

6551

　　為因應我國經濟發展、吸收國際資金並提高我國在國際金融市場之地位, 政府於 1983 年公布國際金融業務條例, 建立我國之境外金融市場。享有免征營利事業所得稅、營業稅及印花稅、免提存款準備、免扣繳稅, 惟對境內放款應繳納 15% 稅。

6552

我國境外金融市場之特性:

(1)以分行方式設立, 會計獨立; 交易對象以境外非居住民為限。

(2)收受境外之個人、法人或政府機關以及金融機構之外匯存款, 惟不得收受外幣現金或以外匯存款兌換為新臺幣提取; 可以發行本票、可轉讓定存單及債券等方式吸收資金。

⑶可對非居住民放款，惟對居住民放款，需經中央銀行同意。

⑷可承辦國外客戶之外幣信用狀開發、通知及押匯、外幣保證、外幣票據承兌及貼現，辦理外幣保證金交易、利率交換、金融期貨、選擇權及遠期利率協議等業務。

⑸不得辦理直接投資及不動產投資；非經中央銀行核准，不得辦理外幣與新臺幣等之交易。

第六節　金融市場之發展與創新

6610 金融市場國際化(Internationalization of Financial Market)

6611

近年來金融市場兩大發展：國際化 (Internationalization) 與證券化 (Securitization)。

金融市場國際化指取消金融管制及外匯管制，准許外國金融機構、企業或個人，進入本國金融市場從事投資與借貸之交易。80 年代金融市場國際化進展迅速，係由於客觀環境已具備國際化兩個先決條件：

⑴通訊高度化 (Maximization of Communication)，由於通訊技術革新，清算系統相繼建立電腦網路，如SWIFT、CHIPS、CHAPS、Cedel及Euroclear等，使得國際間外匯、債券及股票交易非常方便，有利於投資組合 (Portfolio) 國際化。

⑵管制低度化 (Minimization of Regulations)，70 年代匯率浮動以後，美國解除資本外流的限制；英國於 1979 年取消外匯管制，並於 1986 年實施金融服務業自由化；日本於 80 年代初期取消外

匯管制,並推行金融自由化與日圓國際化;歐洲共同市場於 80 年代末期推動金融市場整合俾成立單一市場。

6612

　　金融市場全球整合（Global Integration of Financial Market）: 由於各國相繼解除外匯及金融管制,並推動國內市場成爲國際金融中心;復由於國際清算網路的建立,使貨幣市場與債券市場的國內市場與國際市場間產生整合,使國內外金融工具價格與利率趨向一致。其仍存在的差異,係受匯率、存款準備、存款保險及信用風險不同的影響。

6613

　　投資組合全球化（Globalization of Portfolio）: 各國放棄金融管制有利於投資組合全球化。1974 年美國退休所得安全法（Employee Retirement Income Security Act, ERISA）,規定養老基金投資必須多元化,更有利於投資組合,因多元化會降低風險的暴露。由於期貨（Futures）、選擇權（Options）與交換（Swap）的相繼產生,可用以降低國際投資組合的風險;另一方面,也可藉提高投資組合的風險暴露以改善經營績效。因此在 80 年代以外幣計值的資產,在投資組合中所占比例大幅提高。

6614

　　各國金融機構紛紛在國外設立分支機構,對於國際貿易及多國籍公司營運有很多幫助,有利於金融業務的創新與傳播及國內外金融市場的整合。

6620　金融市場證券化（Securitization of Financial Market）

6621

　　證券化亦稱逆中介（Disintermediation）,指借款人發行可轉讓證券(Negotiable Instruments)，以取代傳統的銀行放款。傳統的金融資產為放款與抵押，已為有價證券逐漸取代。證券化的結果，投資人與借款人繞過銀行直接融資，直接金融取代間接金融。銀行減少了存款與放款業務，不得不開發其他業務以彌補收入，因而促使金融市場的創新。

6622

金融市場證券化發展的利益：

(1)對銀行言，並非沒有好處。銀行資產證券化，可提高流動性，有利於資金週轉。

(2)借款人以發行證券籌措資金，比向銀行借款便宜。

(3)投資人投資證券之報酬高於銀行存款，而利用借款人信用評等(Credit Rating)，可降低信用風險。

(4)各種證券大多由交易商做成次級市場，可便利投資人轉讓。

(5)證券多樣化可供投資人選擇。

6623

證券化的影響：

(1)可節省企業借入資金成本。

(2)因證券國際化，借款人可自不同市場借入資金。

(3)不動產擔保抵押貸款、汽車貸款及信用卡應收帳款等均不具流動性，經證券化後均具有流動性。

(4)因融資證券化後，銀行必須開發新種業務，以彌補其收入之減少。

(5)由於證券化之創新，使各個金融市場間更加密切。如發行認股權之債券，使債券市場與股票市場連結。二元通貨公司債之發行，使債券市場與外匯市場連結。

6624

亞洲金融風暴與香港金融市場保衛戰：

1997 年 7 月 2 日泰國放棄釘住美元之匯率，改採浮動匯率後，匯率大貶，股市隨即崩盤；瞬即蔓延至馬來西亞、菲律賓、印尼及新加坡。
及至 9、10 月，風暴擴及香港、臺灣、韓國及日本，迄 1998 年底尚未完
全平靜。此次風暴之共同現象是匯率大貶、股價腰斬、房地產價格暴跌、
投資驟減、企業倒閉、工人失業、出進口衰退、銀行營運出現危機、經
濟成長變爲負數。

　　面對金融風暴，各國除了要求國際援助外，爲對抗國際投機短期資
金之肆虐，若干國家干預金融市場，甚或實施外匯管制，對金融市場自
由化與國際化言是一大挫折。茲就香港金融市場保衛戰簡介如次：

　　香港爲金融市場自由化與國際化實施最爲成功之地區，香港政府從
不干預股票市場與期貨市場，在亞洲金融風暴中，遭受國際投機客之攻
擊。投機客認爲在金融風暴中香港政府無法維持與美元的連繫匯率，遂
在匯市賣出港幣、在股市賣出股票、並在期貨市場放空港股指數期貨。
港府爲捍衛匯市，導致利率上升，股市下跌，使投機客在股市大有斬獲。
如此周而復始，使香港股價腰斬一半，香港成爲投機客的提款機，香港
人民損失慘重。香港政府忍無可忍，遂於 1998 年 8 月展開抗爭，除在匯
市持續賣出美元外，並在股市買進績優股(如匯豐銀行股)，並採取提高
期貨交易保證金等多項措施，最後由於投機客蒙受嚴重損失，而且國際
上亦不支持投機客之作爲，投機客不得不認賠退出香港金融市場。

6630　金融市場之創新

6631

　　創新之意義與功能：任何金融工具，可視爲收益率或利率、價格風
險、信用風險、國家風險、流動性、市場性、訂價方式、規模及期間等
特性之組合。金融創新（Financial Innovation）可視爲這些特性的重
新包裝過程，以便創造新的金融工具[51]。

　　金融創新的特性是大都屬於銀行的帳外業務（Off-balance　Sheet

Transaction)，多爲費用基礎。依其功能可分爲五類❷：

(1)價格風險移轉的創新（Price-risk-transferring Innovations），
如期貨（Futures）、選擇權（Options）及遠期利率協議（FRAs）
等是，又如與價格指數或通貨膨脹率連結發行的債券也是。

(2)信用風險移轉的創新（Credit-risk-transferring Innovations），
如銀行承兌匯票（B/A）及本票發行融通（Note Issuance Facil-
ity, NIF)是，後者係銀行對發行短期商業本票的借款人，負責包
銷或提供擔保信用（Standby Credit）。

(3)提高流動性的創新(Liquidity-enhancing Innovation)，如轉手
證券（Pass-through Securities）等可轉讓信用工具是。

(4)創造信用或債務的創新（Credit or Debt-generating Innova-
tions），如金融交換（Swap）等是。

(5)創造股權的創新（Equity-generating Innovations），如轉換公
司債(Convertible Bonds)及附認股權公司債(Corporate Bond
with Equity Warrants）等是。

6632

金融創新的原因：

(1)規避管制：自 70 年代以來，美國利率上升，而存款利率受聯邦準
備銀行規則Q（Regulation Q）的上限限制不能提高，銀行以外
的金融機構紛紛創造新的貨幣市場工具，以吸收資金謀取較高報
酬。銀行因資金流失，遂創造新的存貸工具，這是傳統金融市場
金融工具的創新。

60 年代，由於美蘇間冷戰，前蘇聯政府將美元存款改存於歐
洲銀行，遂產生歐洲美元市場(Eurodollar Market)。其後由於

---

❺參閱BIS, *"Recent Innovations in International Banking,"* p. 169.
❷參閱BIS, *"Recent Innovations in International Banking,"* p. 174.

美國管制資金外流，以及英國管制英國銀行對國外貸放英鎊以及其他因素，促使歐元市場迅速成長。歐元市場是一個跨越國界的金融市場，是金融市場在空間上的創新。由於歐元市場是一個自由市場，歐元銀行（Eurobanks）遂紛紛創造新的金融工具，以爭取業務。

(2)規避風險：1971 年 8 月美國宣布停止美元與黃金的兌換，戰後實施的固定匯率制度（Fixed Rate System）崩潰，取而代之的匯率大幅波動的浮動匯率制度（Floating Rate System），匯率風險大增；因而促使期貨交易所（Commodity或Futures Exchange）開辦外幣期貨（Foreign Currency Futures）。1979 年美國聯邦準備銀行爲對抗兩位數字的通貨膨脹，將控制利率水平的政策，改變爲控制貨幣供給額（Money Supply），因而使美國市場利率於 1980 年初超過 20%。其後由於通貨膨脹遭壓制，聯邦準備銀行放鬆銀根，利率回降至 10%以下。惟至 1980 年底，通貨膨脹死灰復燃，聯邦準備銀行又收縮銀根，市場利率再度超過 20%。由於利率急劇升降，利率風險大增，影響及於美國之生產者、消費者、投資人及金融機構，以及世界其他國家美元借款人、放款人及投資人，因此利率期貨（Interest Rate Futures）在期貨交易所上市，倍受歡迎。至 80 年代，因金融期貨市場（Financial Futures Market）的成功，同樣具有匯率與利率風險規避功能的選擇權市場（Options Market）隨之興起。80 年代中期以後，規避匯率、利率及股價風險的期貨與選擇權市場，紛紛在世界各地建立，業務量直線上升。

另一方面，金融市場原本就是金融業的競技場。自 70 年代交易所開辦外幣及利率期貨與選擇權市場後，金融業自 80 年代中期起急起直追，先後創立別具特色的店頭市場利率期貨——遠期利率協議（FRA），及利率選擇權——利率上限（Caps）及利率下限（Floors）等。此外，金融業並創造另一種規避風險方式的交換業務(Swaps)。期貨、選擇權與交換業務是傳統金融市場的三大衍生市場(Derivative Markets)。衍生市場的產生，本身就是金融市場在金融業務方面最大創新。

　　70 及 80 年代，由於通貨膨脹及國際經濟之變化，匯率風險與利率風險大增，加上各國取消外匯與金融管制，以及通訊及電腦科技新的革新，形成金融市場國際化與證券化的浪潮，金融創新風起雲湧，千變萬化，令人目無暇給。

6633

貨幣市場工具的創新:

⑴由存貸市場演變產生的貨幣市場工具: 包括早期的可轉讓定存單（Negotiable Certificates of Deposit），商業本票（Commercial Paper），再買回（Repurchase Agreements）與再賣回（Reverse Repurchase Agreements），以及近期的貨幣市場基金（Money Market Fund, MMF）及現金管理帳戶（Cash Management Accounts）。

　　　貨幣市場基金亦稱相互或共同基金（Mutual Funds），為一短期金融資產投資信託基金，係 1974 年創始於美國，非銀行金融機構，利用此種方式，匯集投資大眾資金投資於各種證券，構成選擇性投資組合（Portfolio）。投資人獲得股份（Shares），為基金的部分所有人。共同基金投資於股票與債券，以低風險獲取高報酬兼具流動性，對小額投資人有利。

　　　現金管理帳戶為美國證券商美林公司（Merill Lynch）於 1970 年代初期創造的貨幣市場基金。該公司與銀行合作，專門吸收小額資金投資於貨幣市場工具，可使投資人獲得接近貨幣市場利率。投資人除可獲得利息外，並可利用現金帳戶開發支票、清償信用卡並可向美林公司融資，為兼具活期存款、儲蓄存款、清償票款及融資等多種功能。

(2)貨幣市場現有工具的改良：如Floating Rate CD，係利率與某一指數連結的浮動利率定存單，通常係按照LIBID（London Interbank Bid Rate），每半年調整一次利率；Letter Credit Backed Commercial Paper，為企業發行並由銀行開發信用狀保證的商業本票。

(3)貨幣市場工具與期貨或選擇權之結合：包括國庫券期貨（T-Bill Futures）與國庫券選擇權（T-Bill Options）等。

6634

存貸市場工具的創新：

(1)存貸市場的最重要發展是證券化，特別是不動產抵押貸款證券化，惟均屬債券市場的創新業務。

(2)通貨混合存款（Deposits in Currency Cocktails），指以一籃通貨為存款幣別的存款，重要者有ECU及SDR。

(3)存貸市場與期貨、選擇權及交換業務的結合，包括利率期貨、利率選擇權及利率交換等的創新。

6635

權益工具的創新：

(1)優先股的創新，浮動利率優先股（Floating Rate Preferred Stocks），指股利依照國庫券或商業本票利率定期調整；類似的有Adjustable Rate Preferred Stocks（ARPs）及Money Market Preferred Stocks（MMPs）；可轉換為普通股的優先股（Convertible Preferred Stocks）；以及資本市場優先股（Capital Market Preferred Stocks）等。

(2)股票與期貨或選擇權的結合：包括股票指數期貨（Stock Index

Futures)、股價指數期貨選擇權（Stock Index Futures Options）及股票選擇權（Stock Options）等。

6636

債券市場工具的創新:

(1)由存貸市場演變產生的工具:

(a)Mortgage-backed Securities，指不動產抵押貸款放款人以抵押權為擔保發行之證券；包括轉手證券（Pass-through Securities），及質押擔保債務憑證（Collateralized Mortgage Obligations, CMO）。

(b)不動產擔保證券與債券本息分割（Stripped）結合的證券有 Interest Only/Principal Only Mortgage Backed Securities等。

(2)由債券直接改良的工具:

(a)Bunny Bonds，指投資人利息再投資與主債券（Host Bonds）相同條件的債券。

(b)Dutch Auction Notes，指發行中期債券（滿期日七年），其息票每三十五天以荷蘭式拍賣決定。所謂荷蘭式拍賣，指投資人出價以全部債券出售所需的最低收益率出售。

(3)債券與期貨或選擇權的結合，如T-Bond Futures, T-Bond Options, Bond-index Futures, Bond-index Options, Bonds with Bond Warrants, Bonds with Equity Warrants, Convertible Bonds, Duel Currency Bonds等。

(4)債券與交換業務的結合，如Debt-for-equity Swap。

6637

歐元市場的創新:

(1)貨幣市場的創新，如Euro Commercial Paper, EuroCD及Eur-

onotes。Euronote係由銀行包銷(Underwritten)，或給予融通，
如Note Issuance Facility（NIF），指借款人發行商業本票時，
取得銀行的循環信用融通（Revolving Credit Facility）；
Revolving Underwriting Facility（RUF）則係NIF的變體，係
由銀行團包銷；其他變體尚有Revolving Acceptance Facility
by Tender（RAFT）、Short-term Note Issuance Facility
（SNIF）、Securitized Note Commitment Facility（SNCF）
及Transferable Revolving Underwriting Facility（TRUF）
等。

⑵債券市場的創新，主要爲Floating Rate Eurobonds或Notes
（FRNs），其變體包括有利率上限Capped FRNs；投資人有權
轉換爲長期固定利率債券的Convertible FRNs；在短期利率低
於特定水準時自動轉換爲固定利率的Drop-lock FRNs；利率每
兩年調整一次，投資人每兩年可以平價售還發行人的Extensible
Notes；如支付利息與指標利率（Benchmark Interest Rate）反
向變動的Inverse FRNs，如LIBOR上升，本票利率下降；有利率
上下限的Minimax FRNs；利息支付期間與息票重訂期間不相
配合的Mismatch FRNs；沒有固定償還日期的 Perpetual
FRNs；沒有固定償還日期，但在一定期間後投資人有權要求償
付的Puttable Perpetual FRNs。

⑶歐元市場與期貨或選擇權的結合，包括Eurodollar Futures 、
Eurodollar Options, Capped FRNs及Puttable Perpetual
FRNs等。

6638

外匯市場的創新：

⑴外匯市場與期貨或選擇權的結合，如Currency Futures, Currency Options, Margin Trading, Cylinder Options, Range Forward, Bearer Options, Hindsight Options、Compound Options, U.S. Dollar Index Futures 及U.S. Dollar Index Options等。

(2)外匯市場與交換業務的結合，如Currency Swaps。

6640 交換市場 (Swap Market)

6641

交換 (Swap)，指雙方約定在一定期間內作一系列付款的交換 (Exchange)，是一種資產 (或負債) 與另一種資產 (或負債) 的交換。在理論上，任何資產或負債均可交換，但實務上，只有有證券市場的資產或負債才可交換。

近年來交換契約逐漸標準化，商品同質化，經紀人承接部位，做成市場，商業銀行取代投資銀行成為市場做成者(Market Makers)，買賣差價 (Spread) 已由 1982 年 200 基本點降至目前 5 至 10 個基本點，流動性大幅提升，有助於市場之成長。

6642

交換的功能:

(1)規避資產與負債付息基礎不同的風險: 如某銀行資產為固定利率，負債為浮動利率，即有利率風險; 可將固定利率資產交換為浮動利率資產，或將浮動利率負債交換為固定利率負債。

(2)降低借款成本: 因信用評等不同，不同借款人在不同國家借款利率有高低差異，稱信用差價(Credit Spread); 因信用評等不同，不同借款人在固定利率市場與浮動利率市場,相對優勢程度不同。依照比較優勢定律 (Law of Comparative Advantage)，相互交換均可獲利。

(3)提高投資收益：預期利率將會上升時，可將固定利率資產轉換爲浮動利率資產；預期利率將會下降時，可將浮動利率資產轉換爲固定利率資產，均可增加收入。

(4)解決外匯管制問題：因外匯管制，兩國企業無法進入他國金融市場借入資金，可在本國金融市場借款，然後利用交換，換取他國貨幣資金。

6643

交換可分爲：

(1)通貨交換（Currency Swap）指不同貨幣但計息方式相同（通常爲固定利率）的交換。

(2)利率交換（Interest Rate Swap）指同一貨幣但計息方式不同的交換。

(3)交叉通貨利率交換（Cross Currency Interest Rate Swap）指通貨及利率均不相同的交換。

6644

利率交換（Interest Rate Swaps），指雙方對不同方式支付利息的交換，本金不交換，只做爲計算利息使用，稱爲名目本金（Nominal Principal）。

利率交換可分爲：

(1)息票交換（Coupon Swap），爲最重要的利率交換，指固定利率與浮動利率的交換；其收取固定利率支付浮動利率者，稱爲交換買方（Buyer）；其支付固定利率收取浮動利率者，稱交換賣方（Seller）。

(2)基本交換（Basic Swap），指浮動利率不同參考利率基礎間的交換，如LIBOR與基本利率（Prime Rate）間的交換。

(3)交叉通貨利率交換（Cross Currency Interest Rate Swap）或

交叉通貨互換（Cross Currency Swap）。

80 年代初期最常見的利率交換，稱 Plain Vanilla Swap，爲一種五至七年六個月 LIBOR-based Floating Rate 資金與固定利率資金的美元利率交換❸。

利率交換因交換標的成本或收入，可分爲負債導向利率交換（Liability-driven Swap）與資產導向利率交換（Asset-driven Swap）；前者指借款人將固定（或浮動）利率負債轉換爲浮動（或固定）利率負債，如判斷正確可降低成本；後者指投資人將固定（或浮動）利率資產轉換爲浮動（或固定）利率資產，如判斷正確可增加收入。

例一：甲公司借入美元固定利率爲 12%，借入美元浮動利率爲 LIBOR＋1%；乙公司借入固定利率爲 10%，借入浮動利率爲 LIBOR。兩者固定利率差距爲 2%，浮動利率差距爲 1%。甲公司對浮動利率有比較利益，乙公司對固定利率有比較利益。設甲公司願意負擔固定利率成本，乙公司願意負擔浮動利率成本，則中間銀行可安排由甲公司借入浮動利率，由乙公司借入固定利率，然後相互交換。如圖 6-8，交換結果，甲公司借款成本爲固定利率 $11\frac{1}{2}\%$＝LIBOR＋1%＋$10\frac{1}{2}\%$－LIBOR；比直接借入固定利率可降低成本 1/2%；乙公司借款成本爲 LIBOR－3/8%＝10%＋LIBOR－$10\frac{3}{8}\%$，比直接借入浮動利率可降低成本 3/8%；中間銀行收入 1/8%，爲其提供服務並承擔雙方違約的風險報酬。

---

❸參閱 BIS，*"Recent Innovations in International Banking,"* p. 41.

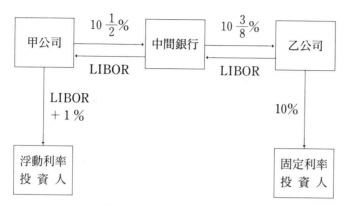

圖 6-8　負債導向利率交換

例二：甲銀行有固定利率放款與浮動利率存款，乙銀行有固定利率存款與浮動利率放款，兩銀行因存放款利率基礎不同，均有利率風險。設兩者實施利率交換，乙銀行負擔甲銀行的浮動利率，甲銀行負擔乙銀行的固定利率，兩銀行均可消除利率風險。交換結果，兩銀行的存放款利率差距均爲固定利率1％。

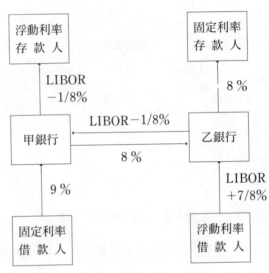

圖 6-9　銀行存放款基礎不相配之交換

6645

　　通貨或外幣交換(Currency Swap)，指對一通貨賣出另一通貨，並約定於一未來日期再買回原來的通貨；與外匯市場的換匯交易（Swap）相同，由一個大小相等方向相反的即期交易（Spot）與一個遠期交易（Forward）構成，只是兩者時間長短不同。通常換匯交易為期不超過一年，而通貨交換為期在一年以上，由不同的交易員（Dealers）做成不同的市場。

　　通貨交換包括一個即期交換，為原始本金的交換，及一個期末交換，為本金的償還。期中交換利息者，係各自換入通貨利率計付利息，稱為交叉通貨利率交換；期中不交換利息者，係將兩種通貨利息差異併在償還本金內計算，與換匯交易作法相同。

　　通貨交換始於 70 年代，係由平行貸款(Parallel Loans)演進而來。由於當時英國實行外匯管制，英國公司對於在美國的分公司融資必須使

用昂貴的投資美元(Investment Dollars)。爲規避管制，由英國公司對
美國公司在英國的分公司貸借英鎊，而由美國公司對英國公司在美國的
分公司貸借美元。兩個貸款期間相同，金額大致相等。平行貸款後來演
變爲背對背貸款(Back-to-back Loans)，即英國公司與美國公司相互間
的貸款，而不是對他方分公司的貸款。

平行貸款有兩個缺點：(1)由於是兩個貸款契約，不能相互沖銷
(Set-off)，所以有高度違約的風險；(2)兩筆貸款使資產負債表膨脹，資
產及負債均有虛增。交換業務正可消除這兩種缺點。一個交換契約是帳
外交易（Off-balance-sheet Transaction），沒有增加資產與負債；如
果他方違約，本身自然也沒有付款的義務。

通貨交換也可分成負債導向交換與資產導向交換：

例一：一美國公司需要 100 萬英鎊資金，爲期三年以融通其在英國
之投資；同時有一個英國公司需要 150 萬美元資金，爲期三年，以融通
其在美國之投資。如各自借入他國貨幣，因信用關係，條件必差。遂各
自借入本國貨幣再相互交換使用，其交換狀況如次（即期匯率£ 1 ＝
US $ 1.50)：

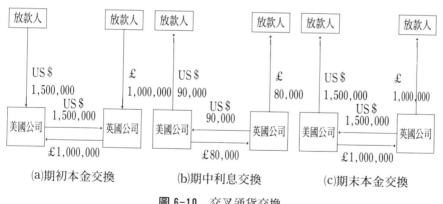

(a)期初本金交換　(b)期中利息交換　(c)期末本金交換

圖 6-10　交叉通貨交換

(1)期初依即期匯率£1＝US＄1.50，相互借入等值貨幣交他方使用。

(2)英國公司負擔美元利息（6%p.a.），美國公司負擔英鎊利息（8% p.a.）。

(3)期末相互償還借款。

例二：1994年亞洲開發銀行（Asian Development Bank, ADB）獲准在臺發行新臺幣27億元（相當1億美元），為期五年的固定利率債券；交通銀行獲准在國際市場發行1億美元為期五年的固定利率債券，兩者計畫相互交換（Swap），交銀使用新臺幣資金並負擔新臺幣資金利息；亞銀使用美元資金並負擔美元資金利息，同時解決了兩者籌資與匯率風險的問題。

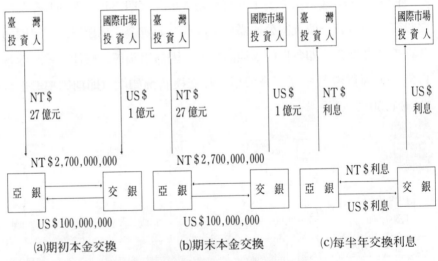

圖 6-11　亞銀與交銀之通貨交換

6646

交換業務與遠期(Forward)、期貨(Futures)及選擇權(Options)之比較：

⑴四者均爲衍生工具(Derivative Instruments)，均爲資產負債表帳外項目(Off-balance-sheet Items)，均爲避險工具(Hedging Instruments)，亦均可作爲投資工具(Investment Instruments)。

⑵四者損益狀況不盡相同，期貨與選擇權大多以相反交易了結，損益明顯，而且充分顯示零和遊戲(Zero-sum Game)，一方盈他方必虧；一方虧他方必盈。遠期交易因大多履行交割，雖有盈虧但可隱含在交割的收入或成本內。交換交易如作爲投資工具，則亦適用零和遊戲規則。

⑶交換、遠期與期貨信用風險相似，但違約風險大小不同。內中以遠期風險最大，履行期間等於滿期日(Maturity)；交換因每期付息，履約期間縮短爲持續期(Duration)；期貨每日結算，只有一日風險，且有保證金，所以只有一日變動超過保證金的風險。

⑷因期貨契約每日結算，可視爲一連串的遠期契約，每日了結昨日的契約並簽訂明日的契約。

⑸交換亦可視爲若干個遠期交易，包括期中付息的遠期及期末償還本金的遠期。

　　遠期或期貨加無風險證券可以複製一個選擇權。

　　選擇權加上選擇權可複製遠期或期貨；如買入Call加賣出Put可合成遠期多頭；如買入Put加賣出Call可合成遠期空頭。

6647

交換市場創始於70年代末期，因1981年8月世界銀行(World Bank)與IBM公司間之交換交易成功，交換市場迅速發展。據估計1992

年世界金融市場業務量達 26.5 兆美元，內中國內股票市場 9.3 兆美元，
占 35％；國內債券 9.3 兆美元，占 35％；利率與通貨交換 4 兆美元，占
15％，期貨與選擇權 1.6 兆美元，占 6％；國際債券 1.6 兆美元，占 6％；
國際股票市場 0.7 兆美元，占 3％。1992 年利率交換估計為 4 兆美元，
內中美元利率交換約占 50％；通貨交換 940 億美元，內中美元約占三分
之二[54]。

6650　交換選擇權（Swaptions）

6651

　　交換選擇權（Swaptions或Options on Swap），為交換（通常為利
率交換）與選擇權的結合。買方於支付權利金（Premium）後，取得權
利(但非義務)，可在未來某一時間，實施特定的利率交換；如交換沒有
好處，買方可以放棄。賣方為交換選擇權的承做人(Writer)。如買方選
擇交換，賣方就有履行交換的義務。

　　最常見的交換選擇權是一個固定利率與一個浮動利率交換的選擇權
（Option on Fixed-to-floating Swap），基於一定名目本金交換利息支
付，但本金不交換。

6652

交換選擇權可分為兩類，依固定利率為標準：

(1)收方交換選擇權（Receiver或Call Swaption），指買方可於一未
　　來日期或期間收進預定的固定利率（付出浮動利率）的選擇權，
　　在利率下降時有利。

(2)付方交換選擇權（Payer或Put Swaption），指買方可於一未來日
　　期或期間付出預定的固定利率（收進浮動利率）的選擇權，於利

---

[54]參閱Dattatreya & Venkateshs, *"Interest Rate & Currency Swaps,"* p. 3.

率上升時有利。

6653

交換選擇權市場始於 1987 年。其權利只能於一個日期行使者爲歐式交換選擇權（European Swaption）；可於一定日期後任一日行使者爲美式交換選擇權（American Swaption）；可於多個日期行使者爲改良美式交換選擇權（Modified American Swaption）。改良美式可配合特定利率交換的結算（Settlements）重訂利率（Reset）的日期。

6654

在美國市場，交換選擇權主要是與發行固定利率可收回債券（Fixed Rate Callable Bonds）有關。兹舉例說明如次：

例：設某公司於 1994 年 1 月有 10%固定利率可收回債券（10%，97/02）的債務，債券到期日爲 2002 年 1 月，可收回日期爲 1997 年 1 月。該公司爲降低成本，賣出一個 8/3 Call Swaption，選擇權期間爲自 1994 年 1 月起三至八年（1997 至 2002），行使固定利率 9％，浮動利率爲 LIBOR。在該五年內，如市場利率上升超過 10%，該公司不會收回債券，交換選擇權買方也不會行使選擇權，該公司的債務成本爲債券息票 10%減攤提權利金收入；如市場利率下降低於 9％，交換選擇權買方會行使選擇權以浮動利率交換固定利率，該公司也可發行浮動利率債券收回原發行之固定利率債券。對該公司言，其淨結果是固定利率 9％減攤提權利金收入，加或減浮動利率差額。在利率介於 9％與 10%時，交換選擇權買方不會行使選擇權，該公司可發行浮動利率或較低的固定利率債券並收回原發行的債券；其債務成本爲市場利率減應攤提權利金收入。

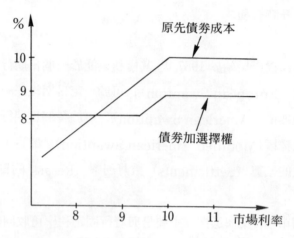

圖 6-12　固定利率債券與交換選擇權之結合

交換選擇權具有選擇權之各種特性，買方風險有限，利益無限；如用於避險，權利金可視為保險費支用。賣方旨在謀取權利金收入，利益有限，風險無限。惟如賣方為浮動利率債務者，可賣出Call Swaption；具有浮動利率資產者，可賣出Put Swaption；賣出交換選擇權，可降低成本或增加收益。

6660　遠期利率協議

6661

遠期利率協議（Forward或Future Rate Agreements, FRAs），為店頭市場的利率期貨（Interest Rate Futures），指契約雙方約定未來一定期間（Specified Future Contract Period），以約定利率（Agreed Contract Rate），借貸一定名目金額（Agreed Notional Amount）的協議（Agreement）。協議內容主要有三項：⑴契約期間，⑵契約利率，⑶名目金額。

6662

遠期利率協議之特性：

⑴雙方協議將來在某一時間開始一定期間內利率予以固定。

⑵雙方協議的只是利率，任何一方均無義務承做存放業務。協議利率（Agreed, Guaranteed或Future Rate）亦稱FRA的價格。

⑶投資人爲取得利率保障，可賣出FRA，以防利率下降；借款人爲取得利率保障，可買入FRA，以防利率上升。

⑷協議的結算，係依照協議利率與市場利率的差額，由一方對他方付款方式辦理。

⑸因爲沒有動用本金，信用風險低，只限於利率差額，所以習慣上沒有保證金（Margin）；雙方都有義務，也沒有權利金（Premium）。

⑹可做爲避險用，也可做爲投資用，預期利率上升時可買入FRA：

　⒜對現持有固定利率資產或將於一未來日期以固定價格買入者，爲免因利率上升而跌價遭受損失。

　⒝對現有浮動利率債務，預期利率上升而欲鎖住利率。

　⒞在利率上升期間，保障固定利率資產與浮動利率負債間的差距（Spread）。

　預期利率下降時，可賣出FRA：

　⒜對預期未來貨幣市場投資收入避險。

　⒝在利率下降期間，保障浮動利率資產與固定利率負債間差距。

6663

FRA市場：

⑴FRA市場是一個批發性市場，銀行間市場約占90％，約半數係經由經紀人，顧客市場只占10％。就貨幣言，美元約占90％；就地區言，倫敦爲主要中心，約占40％❺。常見的交易金額爲1,000萬美元或1,000萬英鎊，最低交易金額爲500萬美元或500萬英鎊。

交易金額爲 50 萬美元或 50 萬英鎊的倍數。交易貨幣以美元爲主，英鎊及馬克次之。三者爲期在一年內者均有流動性。其他貨幣如日圓、瑞士法郎及ECU，一年內也有流動性。

(2)FRA交易適用FRABBA，爲British Banker's Association於 1985 年訂定的標準用語及規則 (Terms and Conditions)，所有訂價及交割日，不論貨幣，不能是英國的星期例假日。

(3)契約期間之表示方法，如 3 × 9 或 3 Ｖ 9，Threes against Nine over Spot，指Spot Value Date後三個月開始起算至九個月止，爲期六個月。例如本日爲 11/30 週一，Spot Value Date爲週三 12/2，FRA爲 3/2 週三起至 9/2 週五止。又如不以Spot Value Date起算而另指定日期，如"Fours against Sevens over the 15th"，則自 4/15 起至 7/15 止，爲期三個月。

(4)標準契約期間 (Standard Contract Periods)爲一、三、六、九及十二個月，一般可長達十二個月，再長者流動性較差；非標準期間可以協商。

(5)銀行間爲雙向報價Offer/Bid，前者適用於借款人買入FRA，後者適用於投資人賣出FRA。標準差價(Spread)爲 5 bp，一般金額 1,000 萬美元。

(6)簽約日（Agreement Date）指訂定FRA協議的日期。結算日（Settlement Date）指協議的固定利率與市場利率相互比較的日期。於該日，一方對他方支付補償金額（Compensation Amount）。契約期間（Contract Period）指FRA的持續期間（Duration），滿期日(Maturity Date)指契約期間的最後一天。契約期間爲自結算日起至滿期日止。

---

❺參閱BIS, *"Recent Innovations in International Banking,"* p. 122.

⑺補償金額（Compensation Amount）之計算：

$$CA = \frac{R_M - R_C}{100} \times \frac{F}{360或365} \times A$$

式中R_M爲市場利率，R_C爲契約利率，均以百分數表示，A爲契約金額，F爲契約期間天數，每年天數爲 360 或 365，美、德、日等爲 360 天，英、澳等國爲 365 天。如$R_M > R_C$，CA爲正值，投資人應對借款人補償CA金額。如$R_M < R_C$，CA爲負值，或上式改爲$R_C - R_M$，借款人對投資人補償CA金額。

　　由於結算日係在契約期間開始日，實際補償爲貼現值，所以上式應求其貼現值：

$$\frac{\dfrac{R_M - R_C}{100} \times \dfrac{F}{360或365} \times A}{1 + \dfrac{F}{360或365} \times \dfrac{R_M}{100}} = \frac{(R_M - R_C) \times F \times A}{36,000或36,500 + F \times R_M}$$

⑻遠期利率（Forward Interest Rate）爲未來兩個日期間之利率，計算如下：

設t_1至t_2間天數爲d_1，利率爲r_{1-2}；t_2至t_3間天數爲d_3，利率爲r_{1-3}，則t_2至t_3間天數爲d_2，該期間遠期利率爲r_{2-3}。以美元爲例：

$$(1 + r_{1-2} \times \frac{d_1}{360})(1 + r_{2-3} \times \frac{d_2}{360}) = (1 + r_{1-3} \times \frac{d_3}{360})$$

$$r_{2-3} = [\frac{1 + r_{1-3} \times \dfrac{d_3}{360}}{1 + r_{1-2} \times \dfrac{d_1}{360}} - 1] \times \frac{360}{d_2}$$

FRA爲雙向報價，上式經改寫並爲市場採用者，如下式（美元等）：

$$FRA_{Bid} = [\frac{1 + R_L^B \times L/36,000}{1 + R_S^O \times S/36,000} - 1] \times \frac{36,000}{F}$$

$$= [\frac{36,000 + R_L^B \times L}{36,000 + R_S^O \times S} - 1]$$

$$FRA_{offer} = [\frac{1 + R_L^o \times L/36,000}{1 + R_S^B \times S/36,000} - 1] \times \frac{36,000}{F}$$

$$= [\frac{36,000 + R_L^o \times L}{36,000 + R_S^B \times S} - 1]$$

式中: L爲長天期天數(d_3), S爲短天期天數(d_1), F爲FRA天數(d_2), R_L^B爲長天期存款利率, R_L^o爲長天期放款利率, R_S^B爲短天期存款利率, R_S^o爲短天期放款利率, 利率均以十進位表示, 所以每年天數用 36,000。

例一: 某公司 6/11 預期翌年 3/10 至 6/10 需借入資金 1,000 萬英鎊, 爲免屆時利率上升, 遂向銀行買入FRA利率 9％。

⑴設九個月後三個月LIBOR爲 10％, 則銀行應補償該公司金額爲:

$$\frac{10 - 9}{100} \times \frac{92}{365} \times £10,000,000 = £25,205.50$$

$$\frac{£25,205.50}{1 + \frac{92}{365} \times 10\%} = £24,585.80$$

⑵設九個月後三個月LIBOR爲 7％, 則該公司補償銀行金額爲:

$$\frac{9 - 7}{100} \times \frac{92}{365} \times £10,000,000 = £50,411$$

$$\frac{£50,411}{1 + \frac{92}{365} \times 7\%} = £49,536.90$$

例二: 某公司 1/24 發行商業本票£5,000,000, 4/24 及 7/24 將各展期九十天。設銀行報價 3 V 6 爲 12.78/12.73, 6 V 9 爲 11.84/11.79, 設 4/24 三個月LIBOR爲 13.3125％, 六個月 13.0625％, 7/24 三個月LIBOR爲 12.9375％, 六個月 12.5625％。銀行賣出 3 V 6 *FRA*適用 12.78％, 賣出 6 V 9 *FRA*適用 11.84％:

$$4/24: \frac{13.3125-12.78}{36,500+13.3125\times90}\times90\times£\,5,000,000=£\,6,354.62 由銀行$$

付款。

$$7/24: \frac{12.9375-11.84}{36,500+12.9375\times90}\times90\times£\,5,000,000=£\,13,112.52 由 銀$$

行付款。

例三：某投資人 90 天後存款 90 天，金額US＄2,000,000，銀行報價 7.05/7.00，屆期時市場利率爲 6.875%。銀行買入*FRA*，適用 7.00%利率。

$$\frac{7-6.875}{36,000+6.875\times90}\times90\times\$2,000,000=\$614.44 由銀行付款。$$

例四：某公司預期一個月後有一個LIBOR-based美元借款要展期 （Rollover）三個月，爲免銀行利率上升，決定買入*FRA*以鎖住展期利率。

設金額爲 1,000 萬美元，本日爲D－3，Spot D0，一個月D30，四個月D121。銀行報價 1×4 爲 4.27/4.22。則D28爲*FRA*定價日（Fixing Date），設LIBOR爲 5 %，高於契約利率 4.27%，所以應由銀行付款：

$$\frac{5-4.27}{36,000+5\times91}\times91\times\$10,000,000=\$18,223.17$$

$$\$18,223.17\times(1+5\%\times91/360)=\$18,452.78$$

屆滿三個月時，該公司借款應付利息$10,000,000×5%×91/360＝ $126,388.89，$126,388.89－$18,452.78＝$107,936.11，$107,936.11÷ 10,000,000×360/91＝4.27% 此爲鎖住的借款利率。

第七節 我國之金融市場

6710 我國之貨幣市場

6711

在 60 年代中期以前，我國尚未建立貨幣市場，企業需要短期資金，多半由銀行融通，也有一部分依賴地下金融市場。

民國 62 年 8 月，政府修正公布「國庫券發行條例」，同年首次發行國庫券，採貼現方式公開標售；64 年 3 月，臺灣銀行開發國內信用狀，創造銀行承兌匯票(B/A)；同年 8 月，臺灣銀行首次發行新臺幣定存單 (CDs)；先後已創造三種貨幣市場工具。

6712

63 年六院士(劉大中、蔣碩傑、邢慕寰、費景漢、顧應昌及鄒至壯)建議政府建立貨幣市場。64 年 12 月財政部公布「短期票券交易商管理規則」。65 年 5 月，中興票券金融公司首先成立，66 年 1 月及 67 年 12 月，國際及中華兩家票券公司先後成立，為專司短期票券承銷與買賣的專業機構。66 年 8 月，財政部規定可經營公債經紀業務及合法交易行為產生之商業承兌匯票。同年 11 月，財政部規定公營事業及第一類上市股票發行公司可發行免保證商業本票。至此，我國貨幣市場已粗具規模，貨幣市場工具包括國庫券、公債、金融債券、定存單、銀行承兌匯票、商業承兌匯票、商業本票及再買回協議 (Repo)。

為促進貨幣市場之發展，財政部於 66 年 2 月實施所得稅分離課稅制度，有利於高所得投資人投資於貨幣市場。同年 8 月，中央銀行訂定銀行流動資產與各種負債之比率，促使各商業銀行加強貨幣市場操作以充實第二線準備。67 年 12 月，中央銀行開始實施貨幣市場操作。69 年 4

月，臺北市銀行公會建立銀行業拆款市場，貨幣市場更加充實。由於政府之鼓勵，我國銀行已積極參與貨幣市場，除臺銀、中商銀及交銀分別投資三家票券公司外，銀行並給予票券公司短期融通（短期融通市場），保證商業本票之發行，承兌企業開發的遠期匯票，同時中央銀行本身也發行定存單以充實貨幣市場工具。81 年 5 月，財政部規定銀行可兼營票券自營及經紀業務。82 年 10 月財政部訂定「票券商業務管理辦法」，取代「短期票券交易商管理規則」。

6713

　　依發行目的，國庫券分甲乙兩類，甲類爲國庫調節收支發行，乙類爲中央銀行調節市場發行。由於政府以往秉持財政收支平衡原則，所以甲種國庫券發行不多，貨幣市場只有乙類國庫券之發行。貨幣市場主要之信用工具爲商業本票，其次爲銀行發行之可轉讓定存單。如 82 年商業本票發行量爲 3 兆 8,400 億元，定存單 1 兆 2,300 億元，銀行承兌匯票 8,200 億元，國庫券爲 600 億元。

　　80 年 10 月銀行業同業拆款市場與短期融通市場合併，稱爲金融業拆款市場，內中拆款金額最大的爲外商銀行，約占 50%至 60%，依次爲票券金融公司、本國銀行，拆款期限主要爲隔夜，約占 60%至 70%。

表 6-1 貨幣（債券）市場票券（債券）發行量統計

單位：新臺幣百萬元

類　　別		80	81	82
貨幣市場	國　庫　券	324,000	453,000	60,000
貨幣市場	商　業　本　票	2,655,502	3,082,066	3,842,998
貨幣市場	銀行承兌匯票	423,724	285,440	829,318
貨幣市場	定　存　單	1,071,976	1,349,391	1,237,088
債券市場	中　央　公　債	174,500	225,000	210,000
債券市場	省　公　債	26,879	20,000	20,000
債券市場	院　轄　市　公　債	7,602	5,359	7,334
債券市場	公營事業債券	14,900	11,020	3,200
債券市場	民營事業債券	8,800	4,840	8,950

資料來源：中央銀行，《金融統計月報》。

表 6-2 我國金融市場交易量統計

單位：新臺幣百萬元

項　　目		80	81	82
金融業拆款市場	本　國　銀　行 (包括中小企業銀行)		2,253,438	1,327,727
	外　商　銀　行		6,565,019	7,181,853
	票券金融公司		2,590,843	1,963,774
	信託投資公司		676,025	611,545
	證券金融公司		577,287	272,393
	合　　　　　計		12,662,522	11,357,292
貨幣市場	商　業　本　票	4,070,798	5,298,024	9,983,570
	定　　存　　單	2,573,702	2,821,264	5,270,598
	銀行承兌匯票	401,725	289,543	1,782,979
	政　府　債　券	22,796	52,864	143,848
	商業承兌匯票	16	5,449	1,838
	國　　庫　　券	344,084	226,445	308,017
	金　融　債　券	－	105	2,230
	公　　司　　債	32	2	80
	合　　　　　計	7,413,153	8,693,696	17,493,160
資本市場	政　府　債　券	3,743,251	10,732,662	13,155,649
	公　司　債　券	6,096	5,710	2,590
	金　融　債　券	510	76	－
	合　　　　　計	3,749,857	10,738,448	13,158,239

附註：一、金融業拆款市場係80年10月由銀行業拆款市場與短期融通
　　　　市場合併而成。
　　　二、貨幣市場指買入金額。
資料來源：中央銀行，《金融統計月報》。

6720 我國之債券市場

6721

中央公債:

(1)民國 38 年政府發行愛國公債，期限十五年，屬強制性派銷。48 年起發行短期公債，自 52 年起改向民間公開募集。自 53 年起公債發行以年度命名。60 年發行高速公路建設公債，屬於自償性。64 年 5 月制定「中央政府建設公債發行條例」，將年度公債與建設公債合併稱中央建設公債。

(2)中央公債分甲乙兩類，前者為非自償性，還本付息由財政部編列預算償付；後者為自償性，還本付息由各建設主管機關成立之附屬單位預算特別基金編列償付。依照現行規定，中央公債發行額不得超過總預算及特別預算歲出總額 124%，內中甲類不超過 100%，乙類不超過 24%。

(3)中央公債發行方式有照面額十足發行與標售發行兩種。民國 80 年 11 月以前係採面額發行，其後改採標售。標售發行分競標與非競標。競標部分依投標價格高低順序得標；非競標部分則依競標得標部分加權平均價格計算。

(4)中央公債之發行機構為財政部(國庫署)。依照中央公債經理辦法，中央銀行（國庫局）為經理行，擔任承銷工作；並依規定不得承受未能銷售部分之公債；銀行、郵政儲匯局、票券金融公司及綜合證券商得向中央銀行申請為中央公債交易商，參加投標，並得接受個人或其他法人機構委託投標。

6722

金融債券：財政部依銀行法規定於 69 年 4 月訂定「銀行業申請發行金融債券辦法」，同年 10 月，交通銀行首先發行開發金融債券；其後土

地銀行發行土地金融債券，臺灣中小企業銀行發行中小企業金融債券，
中國農民銀行發行農業金融債券，中國輸出入銀行發行輸出金融債券。

6723

省市政府公債：

(1)民國 39 年臺灣省政府發行節約救國有獎儲蓄券，採配銷方式；42
年爲推行耕者有其田政策，依據臺灣省實物土地債券條例發行實
物土地債券；45 年發行臺灣省都市平均地權土地債券；48 年爲
八七水災重建發行八七災區復興建設儲蓄券；57 年爲興建曾文
溪水庫發行臺灣省糧食實物債券；62 年爲興建臺中港發行臺中
港建設公債；68 年發行臺灣鐵路電氣化建設公債；73 年起發行
年度建設公債。

(2)臺北市政府自 71 年起發行公共建設債券、平均地權土地債券及自
來水建設債券。

6724

公司債：

(1)公司債發行之法規爲公司法、證券交易法及證券商管理辦法。

(2)民國 47 年 8 月，大同公司發行公司債開公司債發行之先河。其後
由銀行保證發行之公司債有裕隆、工礦、唐榮及大秦公司。70 年
代開始發行量大量增加。

6725

債券之流通市場有兩個：集中交易市場與店頭交易市場。前者指在
臺灣證券交易所經由經紀人以競價方式買賣,惟因限於買斷或賣斷交易,
不能做附條件買（賣）回交易，所以交易量不大。

店頭市場指在證券商的櫃臺交易。就中央公債而言，店頭市場係由
中央公債交易商、證券自營商、證券經紀商及三家票券金融公司所組成,
其成交量占中央公債九成以上。就交易性質分，附買回協議（Repos）占

97%、買（賣）斷者只占3％。

6726

民國82年債券發行量，中央公債2,100億元，省公債200億元，臺北市公債73億元，民營事業債券89億元，公營事業債券32億元。82年底未償餘額，中央公債6,135億元，省公債800億元，市公債286億元，公營事業352億元，民營事業債券238億元。

6730 我國之股票市場

6731

股票交易始於民國43年，政府實施耕者有其田政策，將臺泥、臺紙、農林及工礦四大公營公司股票，以補償地價方式搭配。土地所有人讓售該些股票，形成早期的股票店頭市場。

6732

民國51年2月臺灣證券交易所設立，自此始有股票集中交易市場。截至82年底，上市公司共有二百八十五家，股票總面值爲新臺幣8,900億元，按市價計算爲5兆1,400億元。82年股票成交值爲9兆500億元。

6733

我國股票市場的主管機關爲證券管理委員會，設置於民國49年9月，原隸屬經濟部，自70年7月改隸財政部。

6734

依照公司法之規定，股份有限公司實收資本額已達新臺幣2億元以上者，除公營事業、專案核定及僑外資事業外，應公開發行股票，即依照規定發行程序，將其財務業務予以公開發表或分散其部分股權，惟公開發行後，是否上市交易則由發行公司自行決定。

公開發行的公司可附同初簽的上市契約承銷契約等文件，向臺灣證券交易所申請上市買賣。

6735

　　臺灣證券集中交易市場係採現款現貨交割，並自 74 年 8 月開始，利用電腦輔助競價方式交易。在交割方面，可分爲：⑴普通交割於成交後第二個營業日交割，⑵成交日交割，⑶特約日交割，惟大部分爲普通交割。

　　集中交易市場申報買賣的數量必須爲一交易單位或其倍數，股票以每股面額 10 元，一千股爲一交易單位；公債及公司債以面額 1 萬元爲一交易單位；受益憑證每受益權單位 10 元者，以一千單位爲一交易單位。不足一交易單位者爲零股交易，交易方式略有不同。

　　申報買賣的價格，股票以一股爲準，公債及公司債以面額百元爲準，受益憑證以每受益權單位爲準。申報價格的升降單位，股票每股（受益憑證每受益權單位）市價未滿 5 元者爲 1 分，5 元至未滿 15 元者 5 分，15 元至未滿 50 元者 1 角，50 元至未滿 150 元者 5 角，150 元至未滿 1,000 元者爲 1 元，1,000 元以上者 5 元。債券升降單位一律爲 5 分。每日漲跌幅度，股票、受益憑證及債券均以前一營業日收盤價 7 ％爲限。

　　委託買賣方式有二：⑴市價委託，成交價格依競價程序決定；⑵限價委託，買進時得在委託人限定價格或限價以下價格成交；賣出時得在委託人限定價格或限價以上價格成交。

6736

　　店頭市場指證券商營業處所櫃臺買賣，於 51 年 2 月臺灣證券交易所成立後即被禁止。71 年 8 月證管會頒布「證券商營業處所買賣有價證券管理辦法」，於同年 7 月正式開辦買賣；並分兩個階段實施。第一個階段買賣對象爲政府債券、金融債券及國營事業公司債；77 年開始接受公開發行未上市公司股票。

6740　我國金融市場之發展

6741

利率自由化：民國 61 年 11 月頒布「銀行利率調整要點」，實施局部利率自由化；74 年 3 月實施基本放款利率制度。銀行在中央銀行核定的放款利率上下限之間，可自訂利率；74 年 8 月廢止利率管理條例，並提高金融機構訂定存放款利率之彈性；75 年 1 月中央銀行將核定之十三種銀行業存款最高利率簡化爲四種；78 年 7 月修正銀行法，全面取消銀行存放款利率的規定。自此時起利率完全自由化。

6742

外匯自由化：67 年 12 月修正管理外匯條例，廢除外匯集中制度以建立外匯市場；取消基本匯率，匯率不再報行政院核定。及至 68 年 2 月，外匯市場正式建立，匯率由市場供求決定。初期由五家大銀行組成外匯交易中心議定匯率。71 年 9 月實施銀行間美元交易之加權平均中心匯率制度。75 年 5 月再度修正管理外匯條例，有形貿易實施外匯申報制，黃金白銀不再視爲外匯。76 年 3 月無形貿易實施外匯申報制。76 年 7 月復修正管理外匯條例，實施外匯開放，允許個人及企業自由持有外匯，除資本收支外已完全自由化。在匯率方面，78 年 4 月廢止加權平均中心制度，銀行買賣外匯匯率不再有任何法令限制；爲便利小額結匯，由銀行訂定小額議定匯率。79 年 12 月取消小額議定匯率，即期匯率完全自由化。81 年 11 月規定銀行外匯部位改按即期與遠期合併之綜合部位計算，遠期外匯市場重新開放，外匯市場也完全自由化。

6743

金融業務自由化：近年來財政部及中央銀行也在逐步解除銀行經營的限制，包括放寬銀行設立國外部經營外匯業務；准許多家銀行設立信託部辦理信託、投資及證券業務；准許外商銀行設立儲蓄部及信託部；

允許銀行兼營票券自營及經紀業務；准許儲蓄銀行收受支票存款業務；放寬銀行設立分行之限制；准許信託公司改制商業銀行，並核准十六家新設商業銀行。

6744

　　金融國際化：包括境外金融市場之建立；美元拆款市場之建立；放寬我國銀行至國外設立分支機構；放寬外國人投資我國證券市場；准許外國人來臺設立金融分支機構等，逐步達成金融國際化。

參考題目

一、解釋下列名詞

1. International Finance
2. Financial Market
3. Money Market
4. Capital Market
5. Offshore Banking Unit, OBU
6. Derivative Market
7. Open Market Operations
8. Discount Rate Policy
9. Reserve Requirement Policy
10. Financial Instruments
11. Basis Point, bp
12. Yield
13. Current Yield
14. Yield-to-maturity, YTM
15. Yield Curve
16. Equivalent Bond Yield
17. Fed Fund
18. Commercial Paper
19. Banker's Acceptance, B/A
20. Negotiable Certificate of Deposit, CD
21. Eurodollar
22. LIBOR
23. Treasury's Securities
24. T-Bills
25. T-Bonds
26. T-Notes
27. Repurchase Agreement, Repo, RP
28. Reverse
29. Mortgage-backed Securities, MBSs
30. Pass-through Certificate
31. Collateralized Mortgage Obligation, CMO
32. Callable Bonds
33. Redeemable Bonds
34. Convertible Bonds
35. Bonds with Warrant
36. Agencies

37. Muni Bonds
38. Zero-coupon Bond, ZCB
39. Perpetual Bonds
40. Index-linked Bonds
41. Duration
42. Immunization Portfolio
43. Convexity
44. Bond Stripping
45. Riding the Yield Curve
46. Depositary Receipts
47. TDRs
48. GDRs
49. Eurodollar Market
50. Euro Market
51. International Banking Facilities, IBFs
52. Euromoney Market
53. Eurocredit Market
54. Eurobond Market
55. Straight Bonds
56. Floating Rate Notes, FRNs
57. Disintermediation
58. Bond Stripping
59. Innovation
60. Swap Market
61. Currency Swap
62. Interest Rate Swap, IRS
63. Swaption
64. Call Swaption
65. Put Swaption
66. Forward Rate Agreements, FRAs
67. Withholding Tax
68. International Market
69. Interest Equalization Tax, IET
70. Voluntary Foreign Credit Restraint, VFCR
71. IBRD, World Bank
72. Subscribed Capital
73. IDA
74. IFC
75. MIGA
76. ADB
77. BIS
78. International Financial Market
79. Offshore Financial Market
80. International Financial Center
81. Tokyo Offshore Market
82. European Monetary Institute, EMI

83.Economic and Monetary Union,
　　EMU

二、回答下列問題

1.試述金融與國際金融之意義。

2.試述金融市場之意義與類別。

3.金融市場的參與者有那些?

4.試述中央銀行執行貨幣政策所採行之措施。

5.試述我國中央銀行的經營目標與其貨幣政策。

6.試述信用工具之意義及其類別。

7.試述收益率之意義與類別。

8.試述收益率曲線之意義與類別。

9.試述貨幣市場之意義及其主要信用工具。

10.投資債券的風險有那些?

11.試述持續期之意義、特性及其功能。

12.試述凸性的意義、特性及其功能。

13.試述債券分割（Stripping）之意義及作用。

14.試述普通股之意義及股東的權利。

15.試述優先股之意義及其類別。

16.試述歐洲美元及歐元市場之意義。

17.試述歐元市場之產生及其成長原因。

18.試述金融市場國際化及證券化之意義。

19.試述金融創新之意義、類別及產生原因。

20.試述交換（Swap）之意義、功能及類別。

21.試述利率交換之意義及類別。

22.試比較交換、遠期、期貨與選擇權之異同。

23.試述交換選擇權之意義及類別。

24.試述遠期利率協議之意義及其特性。

三、計算題

1.⑴設本金為P，年利率r，n年複利計算，求複利終值。

　⑵設期末償付金額為S，年利率r，n年複利計算，求複利現值。

　⑶設每年支付一定金額a，即年金（Annuity），共計n年，利率為r，求其終值。

　⑷設債券面額為A，每年付息一次，利息（Coupon）為C，收益率為Y，n年還
　　本，求債券價格。

2.投資 100,000 元，求其未來值。

　⑴單利 7%p.a.，為期五年。

　⑵複利 7%p.a.，每年付息一次，為期五年。

　⑶複利 7%p.a.，每半年付息一次，為期五年。

　⑷ 7%p.a.，持續複利（Continuous Compounding），為期五年。

3.九十天國庫券，Yield 6.25%，求其相當債券收益率（Equivalent Bond Yield,
　EBY）。

　公式：$EBY = \dfrac{y \times 365}{360 - d \times y}$

4.設九十天存款利率 6%p.a.，一百八十天存款利率 6.25%p.a.，求未來九十至一百
　八十天的隱含遠期利率（Implied Forward Rate）。

　公式：$(1 + {_1}R_2 \times d/dpy) \times (1 + {_2}R_3 \times d/dpy) = (1 + {_1}R_3 \times d/dpy)$

5.預期利率會下跌，銀行擬借短放長，已知三個月利率$8\frac{5}{8}$%，六個月利率$9\frac{7}{8}$%：

　⑴求損益平衡利率（Break-even Rate）；⑵設三個月後三個月利率降為$7\frac{1}{2}$%，

　以 100 萬元計算，可獲利多少？

6.商業銀行吸收存款的利率為 8 %，惟依照各國中央銀行之規定，商業銀行應將所
　吸收存款中某一比率，轉存中央銀行，此項存款比率稱存款準備率。設存款準備
　率為 10%，中央銀行支付利率為 2 %，求存款有效成本(註：我國中央銀行 1993
　年 9 月 17 日起規定存款準備率：支票存款為 26.25%，活期存款 24.25%，活期
　儲蓄存款 16.75%，定儲 8.125%，定存 10.125%，存款準備率中 60%轉存中央

銀行, 付息 2 %, 其餘 40%可依規定運用)。

7. 零息歐元債券面值 1,000 元, 償還期爲期五年, 以 500 元出售, 求其收益率。設收益率爲 12%, 求債券價格。

8. 十年期T-Note, 面值 1,000,000 元, 息票 8 %p.a., 每半年付息一次, 求其價格: (1)收益率爲 8 %, (2)收益率升至 9 %, (3)收益率降至 7 %。

9. 美國五十二週國庫券, 面值 100 萬美元, 貼現率 6 %。

求: (1)價格。

(2)持有至滿期收益率(Yield to Maturity) 相當債券收益率。

(3)投資人持有一百八十二天後出售時, 二十六週國庫券貼現率正升至 6.25%, 求其出售價格及持有期間收益率。

(4)設持有一百八十二天後出售時, 二十六週國庫券貼現率降爲 5.8%, 求其出售價格及持有期間收益率。

10. 某銀行以 $6\frac{3}{4}$ %利率借入資金 $ 1,000,000, 爲期三十天, 用以融通買入九十天 T-Bill $ 1,000,000, 貼現率爲 6.95%:

(1)求借入款的成本。

(2)求T-Bill的貼現額及其價格。

(3)在三十天屆期時, 在不發生虧損條件下, 求出售其持有之六十天T-Bill的最低價格及其貼現率。

(4)如上述六十天T-Bill, 以 6.75%貼現率出售, 求其貼現額及其損益。

(5)上項損益, 按貼現率基礎, 求其貼現率。

11. 某證券商需要資金融通以面值 $ 1,000,000, 時價 $ 985,000 之T-Bill爲擔保訂定再買回協議(Repurchase Agreement)爲期五天, 再買回利率爲 6 %, 求其融資成本。

12. 某公司發行經銀行承兌之匯票, 爲期九十天, 面額 50,000,000 元, 銀行承兌費用爲 1.5%p.a.; 在票券市場貼現, 其貼現率爲 7.5%p.a.。

求: (1)銀行承兌費用。

(2)貼現費用及貼現額。

⑶相當銀行放款利率。

13. 某公司發行九十天商業本票，面值 50,000,000 元，設貼現率 7.75%p.a.，票券公司保證費率 1%p.a.，承銷費率 0.25%p.a.及簽證費 0.03%。

求：⑴貼現費。

⑵保證費。

⑶承銷費。

⑷簽證費。

⑸相當銀行放款利率。

14. 某投資人自票券公司買入商業本票，面額 50,000,000 元，距到期日為 90 天，貼現利率 7.5%，設該票券承銷價格每萬元為 9,800 元，求：⑴到期後實得金額，⑵投資人買入價格，⑶投資人報酬。

（註：票券交易採分離課稅，所得稅率為 20%）

15. 某投資人自票券公司買入六個月的銀行定存單，票面金額 50,000,000 元，票息 7%p.a.，距到期日為九十天，按收益率 6.75%成交，求：⑴到期後實得金額，⑵投資人買入價格，⑶投資人報酬。

16. 某投資人可運用資金 500 萬元，為期三十天，比擬持有證券之到期日為短，為免發生出售損失，擬與票券公司做附買回交易（Rp），設約定利率為 6%，求其投資利益。

17. 某投資人持有證券需臨時資金十天，與票券公司約定附賣回交易（Reverse Repurchase），融資金額 500 萬元，約定利率 5%，求融資利息。

18. 某投資人以融資方式買入第一類股之股票價格為 1,000 萬元，其最高融資金額為多少？設如股價下跌 20%，是否需要追加保證金？

註：⑴依照臺灣證券交易所規定，融資比率及融券保證金成數如次：

發行量加權	融資比率		融券保證金
股價指數	第一類股	第二類股	成　數
6,000	60%	50%	90%
7,200	50%	40%	80%
8,400	40%	30%	70%
9,600	30%	20%	60%

(2)依照臺灣證券交易所規定，投資人信用帳戶保證金比率不得低於融資金額之140%。融資及融券合併計算，其公式為：

(融資擔保證券市值＋原融券擔保價款及保證金)／(原融資金額＋融券證券市值)×100%＞140%

19.某投資人以融券方式賣出股票，成交金額1,000萬元，除賣出股票價款留存融券人處外，該投資人應繳保證金多少(設目前股價指數為7,250點)？設該投資人擬以公債或其他上市證券抵繳保證金，以前一營業日收盤價計算，應繳公債或其他上市證券金額多少？

(註：依臺灣證券交易所規定，公債金額以90%計算，其他上市證券以70%計算。)

第七章 期貨市場

本章重點

1. 第一節說明期貨市場之意義、期貨契約之類別及特性、期貨市場之經濟功能及其成功因素，以及期貨市場之參與者。
2. 第二節說明期貨市場之交易制度，包括交易程序、清算程序及交割程序；財務保障制度，特別是保證金制度及其計算；以及防弊制度；買賣委託之類別、期貨契約之內容以及認識市場報導。
3. 第三節說明期貨市場之操作，包括單純買賣、基差交易及價差交易。
4. 第四節說明我國期貨市場之發展歷史及現在狀況。

第一節　期貨市場概説

7110　期貨市場之意義

7111

期貨市場（Futures Markets），指買賣期貨或期貨契約（Futures Contracts)的集中交易市場(Centralized Exchange)。所謂期貨契約，亦稱期約，指期貨交易所（Futures或Commodity Exchanges）依其交易管理規則所訂定關於各項交易條件的契約。依此契約，買賣雙方承諾以一定價格，於一特定未來日期，交付（Delivery）或接受交付（Take Delivery）一定數量之特定商品(Specific Commodity)、證券(Security) 或工具（Instrument）的協議（Agreement）。

7112

交易所買賣期貨契約，應經主管機關核准。核准上市（Listing）的契約稱指定契約(Designated Contracts)。買賣特定的商品，稱標的商品(Underlying Commodity)。目前世界期貨市場均係仿照美國期貨市場交易。依照美國期貨交易所法（Commodity Exchange Act, CEA），所有做爲期貨契約主體（Subjects）者，均稱爲商品（Commodity），包括有形的（Tangible）與無形的（Intangible），前者如小麥與玉米，後者如國庫券(T-Bills)是；包括所有物品(Goods、Articles, 但Onions 除外）❺，及所有服務（Services）、權利（Rights）及利益（Interests）。又依照新加坡期貨交易法（Futures Trading Act of Singapore），商品指金融工具（Financial Instruments）、黃金及其他經主管機關核准

---

❺美國國會規定洋葱不得做爲期貨契約的標的。

可以成爲期貨契約標的各種項目（Items）、物品（Goods）、物件（Articles）、服務（Services）、權利（Rights）及利益（Interests）。

7120　期貨契約的類別

7121

　　期貨契約大體上可分爲商品期貨（Commodity Futures）與金融期貨（Financial Futures）。前者爲傳統的期貨商品，包括農林產品及礦產品；後者爲 70 年代以後開發上市的期貨商品，包括外幣或通貨期貨（Currency Futures）、利率期貨（Interest Rate Futures）及指數期貨（Index Futures）。

7122

　　外幣期貨指標的商品爲外國貨幣（Foreign Currency）的期貨契約，其與其他期貨不同的是以貨幣買賣貨幣，以美元買入馬克，也就是以馬克賣出美元。外幣期貨始於1972年芝加哥商業交易所（Chicago Mercantile Exchange, CME）開發上市，其買賣外幣期貨的交易市場稱爲國際貨幣市場（International Monetary Market, IMM），上市以美元買賣的外幣計有英鎊、馬克、瑞士法郎、法國法郎、日圓、加元、荷蘭幣及墨西哥幣（後兩者現已下市），其後英國及新加坡等地亦相繼開辦。目前各期貨交易所買賣外幣期貨的類別如次（斜線左邊爲外幣，斜線右邊爲國幣或視同國幣，均採用國際標準組織（ISO）之貨幣統一代碼，請參閱 5143 節）。

　　⑴美國芝加哥商業交易所（CME）：DEM/USD、CAD/USD、CHF/USD、GBP/USD、JPY/USD、AUD/USD、FFR/USD、ECU/USD及GBP/DEM、DEM/CHF與DEM/JPY的交叉匯率（Cross Rates）。

　　⑵倫敦國際金融期貨交易所（London International Financial

Futures and Options Exchange, LIFFE)：GBP/USD、DEM/USD、CHF/USD、JPY/USD及USD/DEM。

(3)新加坡國際金融交易所（Singapore International Monetary Exchange, SIMEX)：GBP/USD、DEM/USD及JPY/USD。

(4)澳大利亞雪黎期貨交易所（Sydney Futures Exchange)：AUD/USD。

(5)日本東京國際金融期貨交易所（Tokyo International Financial Futures Exchange, TIFFE)：USD/JPY。

(6)巴西Bolsa Brasilein de Futuros：USD/BRC、JPY/BRC、DEM/BRC、CHF／BRC、JPY／USD及DEM/USD。

(7)巴西Bolsa de Mercadorias & Futuros：USD/BRC、DEM/BRC及JPY/BRC。

(8)巴西São Paulo Commodity Exchange：USD/BRC、DEM/BRC、JPY/BRC及GBP/BRC。

(9)荷蘭Financiale Termijamarkt Amsterdam (FTA)：USD/NLG。

(10)菲律賓Manila International Futures Exchange：USD/JPY、USD/DEM、GBP/USD及USD/CHF。

(11)紐西蘭New Zealand Futures & Options Exchange：USD/NZD。

(12)西班牙Mecado Espanol de Futuros Financieros：USD/ESA及DEM/ESA。

(13)美 國MidAmerica Commodity Exchange：GBP/USD、CAD/USD、DEM/USD及CHF/USD。

(14)美國Philadelphia Board of Trade：GBP/USD、CAD/USD、DEM/USD、CHF/USD、FFR/USD、JPY/USD、AUD/USD

及ECU/USD。

(15)美國Financial Instrument Exchange，Finex：ECU/USD。

7123

利率期貨指標的商品爲債券或利率的期貨契約，始於 1975 年芝加哥期貨交易所（Chicago Board of Trade, CBT, CBOT）上市GNMA CDR契約及芝加哥商業交易所（CME）上市T-Bill契約。目前各期貨交易所上市的利率期貨如次：

(1)美國CBOT：U.S. T-Bonds, U.S. T-Notes, 2-year U.S. T-Notes 5-year U.S. T-Notes, 30-day Interest Rate, 3-year Interest Rate Swap（1993 年已爲 10 年取代）及5-year Interest Rate Swap。

(2)美國CME，IMM：LIBOR, T-Bills（90-day）、Eurodollar Time Deposit。

(3)英國LIFFE：Long Gilt, 3-month EuroDM Rate, 3-month Eurodollar Interest Rate, 3-month Euro Swiss Franc Interest Rate, 3-month Sterling Interest Rate, 3-month ECU Interest Rate, U.S. T-Bonds, German Government Bond, Japanese Government Bond。

(4)新加坡SIMEX：Eurodollar, Euroyen, Euromark。

(5)日本TIFFE：3-month Euroyen, 3-month Eurodollar。

(6)澳大利亞雪黎期貨交易所（SFE）：90-day Bank Accepted Bills, 3-year T-Bonds, 10-year T-Bonds。

(7)比利時Belgian Futures and Options Exchange: Belgian Government Bonds。

(8)巴西Bolsa de Mercadorias & Futuros: 1-day Interbanking Deposits, 30-day Interbanking Deposits。

⑼加拿大Montreal Exchange: Canadian Bankers' Acceptances, 10-year Government of Canada Bonds。

⑽丹麥FUTOP Market: Danish Government Bonds, Mortgage Credit Bonds。

⑾法國期貨交易所（Marche a Terms International de France, MATIF）: Long-term Notional Bond, 3-month PIBOR, Long-term Italian Bond, ECU Bond。

⑿德國Deutsche Terminboerse（DTB）: Long-term National German Government Bonds, Medium-Term National German Government Bonds。

⒀香港Hong Kong Futures Exchange, HKFE: 3-month HK Interbank offered Rate, HIBOR。

⒁愛爾蘭Irish Futures and Options Exchange, IFOX: 3-month Interest Rate。

⒂日本Tokyo Stock Exchange, TSE: 10-year Japanese Government Bond, 20-year Japanese Government Bond, U.S. T-Bond。

⒃荷蘭Financiele Termijnmarkt Amsterdam N.V., FTA: Guilder Bonds。

⒄紐西蘭New Zealand Futures & Options Exchange, NZFOE: 3-year Government Stock, 5-year Government Stock, 10-year Government Stock, 90-day Bank Accepted Bills。

⒅菲律賓Manila International Futures Exchange, MIFE: Interest Rates。

⒆南非South African Futures Exchange, SAFEX: Short-term Interest, Long-bond。

⒇西班牙Mercado Espanol de Futuros Financieros: MIBOR, Notional Bonds。

㉑瑞典OM Stockholm: National T-Bills, National Bonds, Mortgage Bonds。

㉒瑞士Swiss Options and Financial Futures Exchange, SOF-FEX: 3-month Eurofranc, 5-year Swiss Franc Interest Rate。

㉓美國Finex: 2-year U.S. Treasury Auction Notes, 5-year U. S. Treasury Auction Notes。

㉔美國MidAmerica Commodity Exchange: U.S. T-Bonds, U.S. T-Bills, U.S. T-Notes。

㉕美國New York Futures Exchange: U.S. T-Bonds.

7124

　　股票指數期貨（Stock Index Futures）：指標的商品為股價指數的期貨契約，始於 1982 年Kansas City Board of Trade上市價值線指數期貨（Value Line Index Futures）。其特點是沒有實物商品，只能就買賣差價以現金結算盈虧。

　　指數就其選擇股票數多寡，可分廣基指數（Broad-based Indices）與狹基指數（Narrow-based Indices）。前者旨在反映整個股票市場變動，包括Value Line Index, NY Stock Exchange Composite Index及S&P 500等；後者旨在反映某一行業股票市場變動，包括Oil Index、Computer Index及黃金指數等。

　　目前各期貨交易所上市的股價指數期貨如次：

⑴美國CME之IOM（Index and Option Market Division）：Standard & Poor's 500 Stock Index, Nikkei 225 Stock Average。

(2)美國CBOT: Major Market Index。

(3)澳大利亞Sydney Futures Exchange: All Ordinaries Share Price Index及50 Leaders Share Price Index。

(4)巴西Bolsa Brasilein de Futuros: Sao Paulo Exchange Stock Index。

(5)加拿大Toronto Futures Exchange: Toronto 35 Index。

(6)丹麥FUTOP Market: KFX Stock Index。

(7)芬蘭Finnish Options Market: Equities（6 Stocks）。

(8)法國Marche a Terms International de France MATIF: CAC 40 Stock Index。

(9)德國DTB: German Stock Index（DAX）。

(10)香港HKFE: Hang Seng Index, Hang Seng Commercial and Industry Sub-index, Hang Seng Properties Sub-index, Hang Seng Finance Sub-index及Hang Seng Utilities Sub-index。

(11)愛爾蘭IFOX: ISEQ Index。

(12)日本Osaka Securities Exchange, OSE: Osaka Stock Futures 50, Nikkei Stock Average。

(13)日本Tokyo Stock Exchange, TSE: Tokyo Stock Price Index（TOPIX）。

(14)荷蘭FTA: Dutch Top 5 Index, EOE Dutch Stock Index及Eurotop 100 Index。

(15)紐西蘭NZFOE: Barclays Share Price Index。

(16)新加坡SIMEX: Nikkei Stock Average。

(17)南非SAFEX: All Share Index及JSE Industrial Index。

(18)西班牙Mercado de Opciones Financieros Espanol,

MOFEX: FIEX Stock Index。

⒆瑞典OM Stockholm: Swedish OMX Index, German GEMX Index。

⒇瑞士SOFFEX: Swiss Market Index及Eurotop100 Index。

㉑英國LIFFE: FT-SE 100 Index及FT-SE Eurotrack 100 Index。

㉒英國OM London: OMX Index及GEMX Index。

㉓美國Kansas City Board of Trade: Value Line Stock Index 及Mini Value Line Stock Index。

㉔美國New York Futures Exchange, NYFE: NYSE Composite Stock Index。

㉕美國New York Stock Exchange, NYSE: NYSE Composite Index。

㉖美國Pacific Stock Exchange, PSE: Financial News Composite Index。

㉗美國Philadephia Board of Trade: National Over-the-Counter Index。

㉘美國Philadephia Stock Exchange, PHLX: Value Line Index, Utility Index, Gold/Silver Stock Index及National Over-the-Counter Index。

7125

其他指數期貨：指股票指數期貨以外的其他指數期貨：

⑴南非SAFE: All Gold Index及Dollar/Gold Index。

⑵London FOX: MGMI （metal） Index及Baltic Freight Index。

⑶美國CBOT: Municipal Bond Index。

(4)美國Finex: U.S. Dollar Index（USDX）。

(5)美國New York Cotton Exchange: World European-based Cotton A-Index。

(6)美國NYFE: CRB Futures Price Index（為美國商品研究局（Commodity Research Bureau）所做商品期貨價格指數。指數上升，通常認為反映通貨膨脹。）

7130 期貨契約之特性

7131

與其他金融市場比較，期貨契約具有下列特性:

(1)期貨契約係在一個集中且有規範的交易所，大多以公開喊價方式交易，不採公開喊價而採電腦撮合（Computerized Matching）者計有Tokyo Stock Exchange、Swiss Options and Futures Exchange、GIOBEX[57]及我國臺灣證券交易所。

(2)契約為高度標準化，包括數量、品質及交割日期等均為一定。

(3)標的證券經由清算所（Clearing House）交割，而清算所保證契約之履行。

(4)金融期貨實際交割者不多，且有若干契約規定以現金結算。

(5)金融期貨契約必須具有高度流動性，否則契約會下市。

(6)公開喊價市場交易成本低。

7132

外幣期貨與遠期外匯同樣可提供對匯率投資與避險的功能，但兩者作法有很大不同:

(1)外幣期貨係在期貨交易所經由公開喊價決定價格，因此期貨交易

---

[57]參閱Siegel & Siegel, *"The Futures Markets,"* p. 15.

係受期貨交易所及期貨主管機關之管理；遠期外匯係在銀行櫃臺
（Over-the-counter）交易，經由電話或電信完成交易，報價銀
行通常均報出買價（Bid）與賣價（Offer）兩個價格。

(2)期貨契約標準化（Standardization of Contract），買賣外幣類
別、數量及交割日期等均係一定，沒有彈性；遠期外匯則可協商。

(3)期貨契約的信用風險（Credit Risk）係由清算所負擔，清算所利
用保證金制度及每日按市價結算的方式將風險減至最低（只有一
天風險）；遠期外匯則係由雙方各自負擔風險，通常係依賴信用額
度（Line of Credit），期間越長，信用風險越大。

(4)期貨交易絕大部分均係在期滿前以一個相反交易予以了結，實際
交割貨幣者只有1%左右；遠期外匯原則上要交割貨幣，以相反
交易沖銷者為例外，須個別協商。

遠期外匯市場可分為顧客市場（Customer's Market）與銀行間市
場（Interbank Market），兩者也不盡相同。茲與期貨交易比較如次：

表 7-1　外幣期貨與遠期外匯交易比較表

項　　目	外幣期貨交易	顧客市場遠期交易	銀行間市場遠期交易
交易場所	期貨交易所，非會員參加人只能透過會員經紀商交易	櫃臺或電話直接交易	經由電信直接交易或經由經紀人交易
外幣類別	上市外幣只有幾個	任何外幣均可協商	依市場習慣，但外幣類別比期貨多
外幣數量	每個期貨契約外幣數量一定	可以協商	依市場習慣，數量有範圍且係整數
交易價格	在交易所公開喊價，成交價格只有一個	買價與賣價雙向報價	買價與賣價雙向報價，惟經紀人市場可只報買價或賣價

信用風險	由清算所負擔，利用保證金及每日市價結算降低風險	銀行通常係利用信用額度避險，但也可採用保證金	雙方利用信用額度，各自負擔風險
交割日期	每個期貨均有一定交割日期，一年只有四個或八個	可以協商	自即期交割日起算為整月
交割地點	指定地點	可以協商	可以協商
實際交割	比例只有1%左右	原則上要交割貨幣	完全交割貨幣
交割方式	發行國家銀行存款	出口押匯或進口付款	發行國家銀行存款
交易資訊	成交後有關成交數量及價格經由通訊網路立即傳播世界各地	成交資訊原則上不公開	成交數量及價格公開
經紀費用	有	無	銀行間直接交易無，經由經紀人交易有

7140 期貨市場的經濟功能

7141

　　期貨交易含有濃厚的投機性，常與賭博相提並論。其所以能在各國合法存在，係因為期貨與賭博本質不同：

　　(1)風險性質不同：賭博有風險，而風險係來自賭博，不賭則沒有風險；期貨市場之風險係源於價格、匯率或利率之變動，沒有期貨市場，這些風險仍然存在。

　　(2)經濟功能不同：期貨交易係將風險由厭惡風險者（Averser）轉嫁投資人承擔，有避險（Hedge）的功能；賭博則沒有風險轉嫁的經濟功能❸。

7142

期貨市場的功能:

(1)一個發掘價格的方法（A Mean for Price Discovery）：期貨交易買賣雙方對於商品的供給與需求，利率與匯率之變動，通貨膨脹以及天氣等各種影響價格、匯率或利率的資訊均有所瞭解，每日在交易所透過公開喊價公平競爭達成的價格，可反映市場均衡價格，成交後立即透過高科技通訊系統傳播世界，成為現貨市場（Cash Market）交易商訂價的主要依據。

對於外匯市場言，現貨市場交易量遠大於期貨市場。惟在市場劇烈變動時期，期貨市場有影響外匯市場匯率的力量，產生尾巴搖狗（The Tail Wigs the Dog）的現象。

(2)價格風險的管理（Price Risk Management）：期貨市場的存在，係源於供求雙方對未來商品價格不確定性的疑慮。早期，因天氣變化無常，影響農作物的收穫，農產品價格變化很大，因而有期貨市場的產生。自 70 年代以來，在外匯市場上由於固定匯率的放棄，國際間資本移轉管制的廢除，使匯率經常發生大幅度的變動；而在貨幣市場上，由於利率自由化以及通貨膨脹問題日趨嚴重，各國中央銀行為對付通貨膨脹常會放任利率高升；由於利率大幅波動，連帶影響股票與債券價格的劇烈變動。因此，自 70 年代以來，出進口廠商、借款人、放款人、投資人以及基金經理人，均面臨收益或成本劇烈變動的風險，能排除或降低此種風險的方法就是利用期貨市場。

(a)風險移轉的機能（A Mechanism for Risk Transfer）：即具有避險（Hedging）的功能，為價格風險管理的最簡單方法。

---

❺❽參閱Teweles & Jones, *"The Futures Game,"* p. 4.

因期貨價格與現貨價格變動大致是平行的，取得與現有或預期將有的現貨市場部位 (Cash Position) 大小相等方向相反的期貨市場部位 (Futures Position)，可沖銷價格變動之風險。事實上，期貨交易係價格風險的移轉 (Risk Transfer)，將風險移轉由願意承擔風險的投資人承擔。避險 (Hedge) 可分爲賣出避險 (Selling或Short Hedge) 與買入避險 (Buying或Long Hedge)，前者指具有現貨多頭 (Long Position)，賣出期貨可避免價格下跌之風險；後者指具有現貨空頭 (Short Position)，買入期貨可避免價格上漲之風險。如出口廠商，在簽訂以外幣計價的買賣契約後，即爲現貨市場多頭 (Long Position)；在外幣貶值時會蒙受損失。如在期貨市場賣出外幣期貨，即爲期貨市場空頭 (Short Position)。在匯率變動時，兩者一損一益可相互沖銷，可確保出口收入維持一定水準。又如進口廠商，在簽訂以外幣計價的買賣契約後，即爲現貨市場空頭；在期貨市場買入外幣期貨即爲期貨市場多頭，可沖銷外幣變動的風險，確保進口成本在一定水準。

(b)複雜的風險管理策略 (Sophisticated Risk Management Strategies)：近年來，基金經理人利用期貨交易調整資產分配 (Asset Allocation) 的比例，延長或縮短投資的持續期 (Duration) 等各種風險／報酬 (Risk/Return) 管理的策略上，成效卓著 (買入期貨可增加投資組合的持續期，賣出期貨可降低投資組合的持續期)。

(3)投資 (Investment)：亦稱投機 (Speculation)，指買賣商品、股票或期貨，期望自市場價格變動中謀取利益，爲期貨市場中不可或缺的一員。投資人進入期貨市場承接避險人拋出的價格風險，但也爲自己取得謀利的機會。因爲投資人所需資金通常爲契約金額 5%左右的保證金(Margin)，如判斷正確，獲利可觀，可發揮以小博大的功效（Leverage）。

投資與避險的差別，是投資人沒有現貨市場部位，投資與避險兩者相輔相成，如果沒有避險人，期貨市場難能合法的存在；如果沒有投資人，期貨市場失去流動性，也難望有所發展。

7150　期貨市場的成功因素

7151

替代原則（Principle of Substitution）：指當事人的替代。一經電腦將買賣雙方配合(Match)後，所有交易均由清算所(Clearing House)負責。清算所是所有契約的對手，即所有買方的賣方，所有賣方的買方。買賣雙方不必為他方的信用勞神。

替代的原則也指契約的替代，由於期貨契約標準化，具有互換性（Interchangeability），同一商品相同交割月的契約可相互替代。自某甲買入一個契約，可以用對某乙賣出一個契約沖銷，期貨契約有轉讓的效果，但毋需徵得原始對手之同意。同樣地，賣出一個契約，只要再買入一個契約，即可解除契約的責任。所以利用期貨市場投資或避險，比現貨市場方便。以沖銷方式可達到投資或避險的目的，是企業及投資人願意利用期貨市場重要原因之一，這也是期貨契約實際交割比例不過 5%之原因。

7152

履約保證金制度（Performance Bond Margin System）：保證金通常只有 5%左右，但加上每日按市價結算（Daily Mark to Market Settlement）等措施，提供一個財務完整（Financial Integrity）的機能，可確保每個市場參與者的利益（因每日按市價結算，所以清算所也只負擔一日的信用風險）。

7153

公開拍賣制度 (Open Outcry Auction System)：公開喊價拍賣為決定公平市場價格的最有效率的方法。買方競相提高出價，可使市場達到賣方願意出售的水準；賣方競相降低要價，可使市場達到買方願意買入的水準。成交後，立即經由高科技通訊設施傳播全世界。

7154

高度市場流動性 (High Market Liquidity)：期貨契約一年只有四個或八個交割日，交易量集中，可提高流動性。復由於投資人及場內交易人的參與，更提高流動性，縮小買進與賣出的差價(Spread)，可使避險人隨時迅速有效地大量進出市場。

7155

價格之波動性(Volatility of Price)：自70年代以來，匯率、利率、股價及債券價格均常有大幅度的變動，因此避險人需要避險，投資人也有謀利的機會，這是客觀環境促使期貨市場交易量成長迅速。

7156

現貨與期貨密切相關之關係 (Cash/Futures Tight Correlation Relationship)：為風險管理人利用期貨避險的先決條件。期貨價格與現貨價格變動方向相同，係避險操作的基礎，相關程度越高，避險效果越大。

7160 期貨市場的參與者

7161

顧客(Customers)：亦稱期貨交易人，期貨市場之存在，旨在對顧客提供服務。顧客越多，期貨市場越發達。期貨市場持續開發新產品，開辦夜間交易市場，實施全球交易系統(Globex)，目的均在擴大服務對象，增加市場的寬度（Breadth）。顧客業務量大，縮小買賣差距，表示流動性大，顧客可隨時大量進出市場，也就是市場具有深度(Depth)。

顧客依其參與期貨市場之目的，可分爲避險人與投資人：

(1)避險人 (Hedgers)：指持有現貨部位 (Cash Position)，爲避免
價格變動之風險，參與期貨市場交易者。其買入或賣出期貨，取
得與現貨部位相反之期貨部位 (Futures Position)。價格變動對
兩個市場部位有相反之影響，盈虧可相互沖銷，可維持收益或成
本之水準不變。

　　　參加期貨市場之避險人，包括農礦產品的生產者、使用者及
經銷者；簽訂外幣計價交易契約的出進口廠商、勞務供給者或需
求者、借款人或放款人 (投資人)、以及基金經理人。

(2)投資人 (Investors)：亦稱交易人 (Traders) 或投機人 (Specula-
tors)，指沒有現貨部位，純爲謀取期貨市場絕對或相對價格變動
之利益而參與期貨市場交易。惟據學者研究，只有大投資人在期
貨市場賺錢，小投資人及大避險人虧損，避險人虧損爲保險的代
價❺❾。按Speculation與Investment意義相同，在金融市場裡，通
常稱風險大者爲Speculation，風險小者爲Investment，並無道
德上之差異❻⓪。

7162

　　經紀商號 (Broker Firms)： 在美國稱爲期貨佣金商 (Futures
Commission Merchants, FCM)，爲代顧客下單期貨交易所的商號，通
常爲交易所的會員，因只有交易所的會員才能對交易所下單。經紀商號
應雇用經考試取得執照的人員，接受顧客下單，稱爲營業員(Associated
Persons, AP) 或期貨業務代表 (Registered Commodity Representa-
tives, RCR)，因其負責管理顧客之期貨帳戶，所以又稱爲帳戶執行者

---

❺❾參閱財政部證券管理委員會，《股價的形成分析》，p. 5。
❻⓪參閱Edwards & Ma, *"Futures & Options,"* p. 476.

(Account Executives, AE)。

非交易所會員的經紀商號,稱爲仲介經紀人(Introducing Brokers, IB),可接受顧客委託下單,但只能再委託會員商號對交易所下單,且不得接受顧客資金。

經紀商號依其服務範圍,可分爲:⑴提供全套服務(Full Service),除下單外,尙可包括提供資訊等服務,收費較多;⑵折扣商號(Discount Firms),只辦理下單, 費用低廉。

佣金 (Commission) 採雙程基礎 (Roundturn Basis),即買入並賣出、或賣出並買入, 完成了結交易後支付, 自 1978 年改爲議價方式。通常係按每個契約計價, 而非按契約的美元價值, 經紀商通常採兩價制 (Two-tier System)。對於一般客戶按表定標準收費, 如每契約 40 至 80 美元, 交易量大的常客, 可低至每契約 15 至 25 美元。當日了結之交易 (Daytrade), 佣金減半計算, 價差交易 (Spread Trade) 佣金, 介於一個契約與兩個契約標準之間[61]。

7163

場內經紀人 (Floor Brokers): 指交易所內爲他人計算而買賣期貨者, 可分爲二類:⑴經紀商號之職員, 爲其商號顧客在場內執行買賣委託;⑵爲其他經紀商號在場內執行委託之個人, 亦稱二元經紀商 (Two Dollar Brokers), 源於早期收取佣金 2 元。

7164

場內交易商 (Floor Traders), 亦稱出席代表 (Locals): 指爲自己計算而在場內 (Pit) 交易者, 爲市場專業交易人 (Specialist Traders), 也就是場內的投資人。其交易性質可分爲三類:

⑴裁定交易 (Arbitrage) 或基差交易 (Basis Trading):因期貨與

---

[61]參閱NYIF, *"Futures,"* p. 18.

現貨價格差距（Basis）脫軌（Out of Line），同時就期貨與現貨一買一賣謀取利益的交易。此種操作幾乎沒有風險。如芝加哥商業交易所（CME）給予若干銀行會員資格，在外幣期貨市場與外匯市場價格差距不合理時，這些會員就會買入低估者並賣出高估者，最後將促使期貨價格恢復正常關係，有助於期貨市場之發展。

(2)價差交易（Spread Trading）：指對兩個期貨價格間差距（Spread）不合理或會有擴大或縮小的演變時，一買一賣謀取利益的操作。預期兩個期貨價格關係會發生變動，買入一個賣出另一個，在事後了結兩個部位會產生淨利，即多頭賺的比空頭虧的多，或空頭賺的比多頭虧的多均可。當然，也可能判斷錯誤，虧的比賺的多。但無論如何，價差交易風險低，保證金標準亦低。

(3)部位交易（Position Trading）：指買入或賣出期貨謀取期貨絕對價格變動之利益。其依持有部位為時久暫，可分為三類：

(a)搶帽子者（Scalpers）：其持有部位為時甚短，為賺取一兩點（Points）差價的利益，在場內持續買進賣出，不須支付佣金，積少成多，對市場提供流動性，有潤滑劑功能。

(b)短線交易者（Day Traders）：其持有部位通常不超過一日，如預期當日價格會上升，可先行買入再伺機賣出；如預期當日價格會下落，可先行賣出再伺機補入沖銷。重在技術分析（Technical Analysis），謀取短期變動利益。

(c)長線交易者（Position Traders）：進入市場不是多頭就是空頭，取決於對未來價格變動方向的判斷，持有部位為時較長，為時一週，甚或長達數個月。重在長期波動，重視基本分析（Fundamental Analysis），但也利用技術分析。

7165

期貨交易所（Futures或Commodity Exchanges）：為期貨契約交

易的場所。交易所本身不參與交易，其功能有：

(1)提供集中而有管理的場所（Centralized Organized Market Place）及設施，以利會員進行交易。

(2)訂定交易規則（Rules, Regulations and Standards for Trading），以維護期貨交易公平性及流動性。

(3)設立清算所（Clearing Houses），以確保契約之履行。

(4)解決會員間交易糾紛，必要時執行仲裁。

(5)對會員及社會大眾提供市場資訊，包括成交數量、價格及未平倉數量（Open Interest）等。

(6)開發新產品上市，研究擴大市場規模，專業人員負責訓練，編製交易手冊及每月通訊等。

期貨交易所大多為會員制，為非營利機構。所謂會員（Members），指具有在場內買賣期貨的席位（Seats），限以個人擁有，席位可以轉讓或出租，其價格與交易量成正比。取得席位後，尚須經過測驗證明已具備期貨交易知識，並經交易所入會委員會（Committee on Admission）通過，才能在交易所交易。

交易所的管理機構為董事會，董事係由會員產生，並有非會員社會公正人士（Public Govern）代表。董事會下設各種委員會執行管理及監督責任。交易所設行政單位，執行董事會政策及決定。

7166

清算所（Clearing Houses）：為期貨交易所辦理交易清算工作的單位；有的為交易所的一個單位，有的為獨立的清算公司；還有若干交易所共同使用一個清算公司。清算所提供下列服務：

(1)將每筆買入與賣出交易輸入電腦配對（Match），一經完成配對後，清算所即成為每筆交易之主體（Party to Every Trade），為所有買方的賣方，也為所有賣方的買方，信用風險由清算所承擔。

電腦印出每日交易紀錄，每一清算會員收到此一紀錄，顯示本身及顧客每一商品及每一交割月的部位。

⑵每日交易結束後，清算所公布每一期貨契約每一交割月的結算價格（Settlement Price），並按此價格每日結算（Mark-to-market Settlement），連同保證金制度等，以確保期貨契約交易的財務完整（Financial Integrated）。

⑶規定交割程序，提供交割所必需的機能。於契約滿期時，將實際交割的權利與義務，分配給期貨多頭及有意接受交割的合格人。

清算所爲確保契約的履行，所依賴的計有：

⑴清算會員爲期貨部位繳付保證金（Margin）。

⑵清算所本身的資產。

⑶清算會員繳的保證基金（Guaranteed Funds）。

⑷對任一會員倒閉，所有清算會員均有連保（Bond）責任。又清算會員尚可轉讓其席位（Seat）以彌補虧損。

清算所通常也是非營利的會員組織，其會員通常是交易所的會員。在交易所買賣期貨必須經由清算會員辦理清算事宜。清算會員可替顧客交易，也可以會員費率爲自己交易。清算所對清算會員資格有嚴格規定，資本也有規定。交易所個人會員不爲清算所會員。

第二節 期貨市場之交易與管理

7210 期貨市場交易制度

7211

交易程序：

⑴顧客開戶後，通常係以電話下委託單（Orders），告知經紀商之營

業員或業務代表（Account Executive）欲進行交易之內容。一般買方下單為買單（Buy Order），賣方下單為賣單（Sell Order）。

(2)經紀商營業員複誦委託內容無誤後，即經由電話傳達至經紀商派駐期貨交易所服務檯（Booth）之電話紀錄員（Phone Clerk）。

(3)電話紀錄員依委託之內容填寫委託單（Standard Order Slip）或交易卡（Trading Card），並加打時間戳記（Time Stamped）後，交付傳信員或跑單員(跑手)（Runner），將委託單送交易場（Pit）的場內經紀人執行委託。

(4)場內經紀人在交易場公開喊價成交後，填註交易時間、成交價格及數量，對手經紀人及清算會員號碼，確認交易並交付傳信員送還電話紀錄員。同時交易場內報告員將成交資料紀錄於看板並經由電信網路傳達外界。

(5)電話紀錄員收到確認成交之委託單後，通常以電話通知經紀商營業員確認成交。

(6)營業員除口頭通知顧客確認成交外，並將寄發書面確認書。

7212

清算程序：

(1)經紀商之營業員於收到確認成交通知後，即將成交內容送清算會員辦理清算事宜。

(2)清算會員將交易內容以Official Clearing Slip方式，經由電腦終端機與連線作業系統傳送清算所申報清算。

(3)清算所於收到買賣雙方成交資料後,利用電腦辦理配對(Match)，配對成功立即對買賣雙方清算會員發出確認清算紀錄。自此時起,清算所成為每筆交易之主體，對買賣雙方承擔履約之責任。清算所並通知買賣雙方清算會員對指定的清算銀行（Clearing Banks）繳付原始保證金（Initial Margin）。清算所為便利保證金之繳付，指定若干銀行為清算銀行。清算會員可擇一開戶，並對清算銀行出具授權書，授權清算銀行得依清算所指示自其帳戶內撥付資金。

(4)清算銀行即由清算會員之存款帳戶將資金撥付清算所，並對清算所發出確認保證金之付款。

(5)清算所每日於市場收盤後，依結算價格辦理結算（Market-to-market Settlement）。清算所會將結算之盈虧分別通知清算會員之清算銀行，貸記或借記保證金帳戶。如因借記帳戶使保證金帳戶低於維持保證金（Maintenance Margin）標準時，將發出追加保證金通知（Margin Call）。清算會員應於規定時間內將保證金帳戶餘額補至原始保證金標準。

7213

交割與交割程序：期貨契約不論買入或賣出，在契約屆滿前必須予以了結（Liquidation），其方式有二：

(1)沖銷（Offset），如係多頭，則賣出相同數量的相同契約；如係空頭，則買入相同數量的相同契約。

(2)交割（Delivery），如係空頭，辦理實物交割（Make Delivery）；如係多頭，接受實物交割（Take Delivery）。

對外幣期貨言，因主要交易所均以美元買賣其他貨幣，所以賣方交付英鎊、馬克或日圓等並收取美元；買方則交付美元，收取英鎊、馬克或日圓等。

期貨交易絕大部分均係在滿期前以相反交易沖銷，其以交割貨幣了結契約者不過1%左右。惟交割之規定對期貨價格之決定非常重要。期貨契約之交割機能，可確保期貨契約與外幣現貨間價格變動之相關性，導致期貨價格變動的平行主義（Parallelism）與收斂（Convergence），前者指期貨價格變動追隨其標的現貨價格之變動，期貨市場才能發揮避險

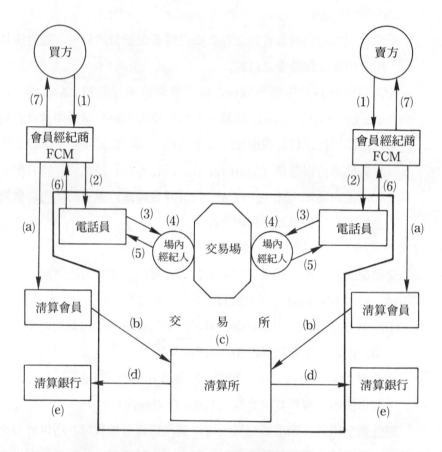

圖 7-1　期貨交易所交易程序圖
清算

交易程序：(1)買（賣）方下單業務代表；(2)經紀商業務代表以電話通知交易所的電話紀錄員；(3)電話紀錄員將委託單加蓋戳記交付跑單人 (Runner)；(4)跑單人將委託單傳送場內經紀人；(5)場內經紀人公開喊價成交後，將委託單加註成交價及時間交跑單人送還電話員；(6)電話員以電話通知經紀商確認成交；(7)業務代表通知顧客確認成交。

清算程序：(a)經紀商於確認成交後通知清算會員辦理清算；(b)清算會員將成交內容通知清算所；(c)清算所配對 (Match)；(d)清算所通知清算會員指定之清算銀行辦理結算；(e)清算銀行將清算會員之存款撥付清算所帳戶。

的功能，但事實上只是變動方向相同，變動大小並不完全相等；後者指期貨契約價格因交割日接近而趨向現貨的價格，且在交割日兩者相等。

交割時對於交割的商品、交割時間與地點，賣方有選擇權(Option)。此在農產品的交割非常重要。交割商品品質，不限於期貨契約約定之規格，交易所會規定不同品質商品價格之換算比率，品質高者有溢價(Premium)；品質低者有折價 (Discount)。對外幣期貨言，交割之商品為貨幣發行國家指定銀行之存款；對農產品言，交割者為倉單 (Warehouse Receipts)。對於美國國庫證券，係由聯邦準備銀行轉帳。對於交割時間，交易所大多規定契約月每日均可，由賣方決定。對於交割地點，交易所也有限制，對不同地點因運費關係也有調整。

自交割月第一日起，賣方即可通知清算所辦理交割。如賣方未以相反交易沖銷，亦未行使時間選擇權，則按下列程序辦理交割：

(1)在許可交割第一日前兩個營業日：稱部位日(Position Day)，多頭應通知清算所其未結部位(Open Positions)，交割月每日持續申報。

(2)第一日 (Day 1)：為最後通知日 (Last Notice Day)，也是最後交易日 (Last Trading Day)，逾此日交易人已不能以相反交易沖銷其部位，必須辦理交割。清算所宣布期貨契約的結算價格。空頭一方給清算所交割通知，多頭一方給清算所接受交割通知。對外幣期貨言，多頭通知其美元存款銀行將足夠美元資金存入清算所帳戶；空頭則安排對清算所交付外幣。

(3)第二日 (Day 2)：對外幣期貨言，清算所收到存款銀行通知，已自多頭收進美元，並自空頭收進外幣。

(4)第三日 (Day 3)：為交割日 (Delivery Day)，清算所於外幣發行國家指定之銀行對多頭提供外幣，對空頭提供美元，並將保證金餘額退還雙方 (各交易所交割程序不盡相同)。

7220 財務保障制度 (Financial Safeguard System)

7221

期貨交易所必須有健全的財務保障制度，才能取得顧客的信任。一般期貨交易所採取下列措施以確保交易之履約：

(1)替代原則 (Principle of Substitution)：所有交易於配對後，由清算所擔任交易之主體，即為所有買方的賣方，所有賣方的買方，消除買賣雙方間或經紀商間的信用風險。

(2)實施保證金制度 (Margin System)：顧客對經紀商提供每一契約的擔保資金(Collateral Funds)，經紀商對清算會員提供保證金，清算會員對清算所提供保證金 (詳見後文)。

(3)每日市價結算亦稱釘市 (Daily Mark-to-market Settlement)：於每日收市後對所有未平倉部位之價值，按結算價格重新計算，所以期貨交易只有一日的信用風險。

(4)顧客資金分離存放 (Segragation of Customer's Funds)：顧客提供之保證金等資金，依法令規定，應與經紀商本身資金分離記帳與存放，以免因經紀商倒閉而影響顧客的利益。

(5)交易所創設信託基金 (Trust Fund)：交易所會員均須依規定提供信託基金，必要時可用以支持個別經紀商履行交割義務。

(6)對於清算會員訂定資本標準 (Capital Requirements)：所有清算會員必須維持調整計算後之資本淨值在 150 萬美元之水準以上，且不得低於顧客分離存放資金 6% 以下。其計算式如次：

Adjusted Net Capital＝Current Assets－Adjusted Liabilities－Capital Charges

式中流動資產包括現金及一年內變現之資產；調整後負債指負債減一般債權人負債；Capital Charges 指期貨及選擇權部位，清算會員的綜合帳戶、存貨及遠期契約等。

⑺對清算會員淨部位限制(Position Limits)：與資本大小有關，資本大者，部位也高。

⑻不准會員做信用交易（Trade on Credit）：不得對保證金部位融資，以免增加風險。

⑼實施市場監視（Market Surveillance）：交易所設立市場監視部（Market Surveillance Department），監視市場大戶（Individual Large Accounts）的帳戶部位，以防止炒作（manipulation）；設立稽核部門（Audit Department），加強實地稽核（On-the-site Audit），並審查清算會員報告。

⑽實施聯保制度（Common Bond System）：所有清算會員均對清算所整體的財務健全共同負責，如有清算會員破產而保證金及信託基金均不足以彌補虧損時，其餘額由全體清算會員出錢彌補。

7222

　　保證金制度（Margin System）：繳付保證金為確保履行契約的最重要手段。保證金比例越高，對履約越有保障，但將增加交易人資金成本，不利期貨市場發展，所以保證金比例通常以能應付平均每日價格變動之需要即可。波動性較大之期貨契約，保證金比例較高。在價格波動劇烈時，保證金比例隨時會提高。期貨市場之顧客應對經紀商提供保證金，且不得低於主管機構規定之最低標準；經紀商非清算會員應對清算會員提供保證金，其標準由雙方協商，惟依CFTC 1.58節規則規定採毛額基礎（Gross Basis），清算會員應依規定標準對清算所提供保證金。

⑴顧客交易之保證金：可分為原始保證金（Initial Margin）、維持保證金（Maintenance Margin）與變動保證金（Variable Margin）。原始保證金為交易開始時繳付之存款金額，其標準視標的商品的價格水平及其波動性而定，惟不得低於規定標準。一般交

易所規定原始保證金爲期貨契約價値每日變動數加三個標準差 $\mu + 3\,\sigma$。

例: 黃金期貨每個契約爲 100 盎斯, 設市價每盎斯 400 美元, 每日價値變動平均數每盎斯爲 10 美元, 標準差爲 3 美元, 則原始保證金每個契約爲 $\$10 \times 100 + \$3 \times 3 \times 100 = \$1,900$ [62]。

維持保證金指交易人保證金帳戶應維持之最低金額, 通常爲原始保證金之 50% 至 75%, 如因每日按市價結算 (Marked-to-market Settlement) 而使保證金帳戶餘額低於此一標準, 應追加保證金 (Margin Call) 或補倉。追加點 (Margin Call Point), 對多頭言, 爲市價下跌達到原始保證金減維持保證金加一檔 (Tick); 對空頭言, 爲市價上漲達到原始保證金減維持保證金加一檔。一般外幣期貨契約原始保證金爲 2,000 美元 (160 Points), 維持保證金爲 1,500 美元 (120 Points), 所以追加點爲 41 Points。

保證金追加後, 應使保證金帳戶餘額恢復至原始保證金標準, 追加之保證金稱變動保證金。

例: 芝加哥商業交易所 (CME) 規定日圓期貨契約原始保證金爲 2,000 美元, 維持保證金爲 1,500 美元, 某日日圓期貨結算價値比前一日下跌 50 點, 每個契約價値爲 $50 \times 12.50 = 625$ 美元, 買方虧損 625 美元, 設前一日保證金帳戶餘額爲 1,900 美元, 自保證金帳戶中扣除後, 帳戶餘額爲 1,275 美元, 低於維持保證金標準, 應追加保證金 $2,000 - 1,275 = 725$ 美元。另一方面, 賣方賺 625 美元, 設前一日帳戶餘額爲 1,800 美元, 經貸記後, 帳戶餘額增至 2,425 美元, 超過原始保證金標準部分 425 美元, 可隨

---

[62] 參閱 Edwards & Ma, *"Futures & Options,"* p. 39 及 p. 57。

時予以提出。

　　期貨市場與股票市場之保證金意義不同。股票市場買方以信用交易買入股票所繳付的保證金爲頭款或先期付款（Down Payment），其餘額由經紀人貸款支付，由買方支付利息。在未償付貸款前，股票抵押在經紀人處。期貨市場之保證金爲誠意金（Good Faith Money），買賣雙方均要繳付，旨在確保履行交割或接受交割之義務。

　　保證金因期貨操作目的不同而有不同的標準，通常避險比投資低，前者約爲後者的一半。價差交易因本身風險低，保證金亦低。又對當日沖銷交易保證金較低，對外國人交易可能較高。茲以 1987 年某日新加坡金融交易所（SIMEX）規定之保證金標準如次：

淨　部　位			價　差　部　位		
類　　別	原始保證金	維持保證金	類別	原始保證金	維持保證金
馬　　克	2,000	1,500	馬克對日圓	1,000	750
日　　圓	2,000	1,500	英鎊對馬克	1,000	750
英　　鎊	1,500	1,000	英鎊對日圓	1,000	750

　　美國期貨交易所某些期貨契約之保證金[63]：

---

[63]參閱Blank, Carter and Schmiesing, *"Futures and Options Markets,"* p. 35.

類別／交易所	淨部位		價差部位		類別／交易所	淨部位		價差部位	
	原始保證金	維持保證金	原始保證金	維持保證金		原始保證金	維持保證金	原始保證金	維持保證金
Corn/CBOT	500	400	300	200	S&P 500/IOM	10,000	6,000	600	400
Eurodollar/IMM	900	700	600	400	T-Bills/IMM	1,000	750	900	600
Gold/COMEX	2,500	2,000	500	400	Soybeans/CBOT	1,100	800	600	400
Silver/COMEX	2,500	2,000	700	500	Wheat/CBOT	1,000	700	300	200

(2)清算會員之保證金（Clearing Members Margin）：指清算會員因承做交易及清算業務應對清算所提供之保證金，包括本身部位之保證金，顧客部位之保證金及代非清算會員辦理清算之保證金。可分為原始保證金與變動保證金(但沒有維持保證金)，前者按增減部位計算，後者按結算價格之變動未變動部位之保證金。其計算公式如次：

新增（減）部位原始保證金＝增（減）部位×每個契約原始保證金

新增部位變動保證金＝(成交價格－新結算價格)×10,000×
$$12.50×新增契約數$$

了結契約保證金＝(成交價格－舊結算價格)×10,000×
$$12.50×了結契約數$$

舊存部位變動保證金＝(舊結算價格－新結算價格)×10,000×
$$12.50×舊存契約數$$

例：某清算會員3月1日有多頭部位十個馬克契約，結算價格為0.6430，次日交易增加五個馬克契約，交易價格為0.6425，收盤時結算價格為0.6380。馬克契約原始保證金為1,500美元，則次日交易後應繳保證金計算如次：

新增部位原始保證金　5×1,500＝7,500美元

新增部位變動保證金　(0.6425－0.6380)×10,000×12.50×5
$$＝2,812.50美元$$

舊存部位變動保證金$(0.6430-0.6380)\times10,000\times12.50\times10$

$$=6,250 \text{ 美元}$$

共計應繳付保證金：$7,500+2,812.50+6,250=16,562.50$美元。

　　追加保證金通常爲一日一次或二次，惟在價格劇烈變動時（如1987 年股市崩盤），可一日數次，稱爲日間追加(Intra-day Margin Call)，清算會員應於一小時內補繳（一般爲次日開市前存入指定清算銀行）。

　　清算會員保證金之計算，有毛額（Gross）與淨額（Net）兩種。前者多頭與空頭相加，後者多頭與空頭相減。如某清算會員馬克契約有多頭一百個，空頭九十九個，則毛額計算爲一百九十九個，淨額計算爲一個。採淨額計算者，客戶部位與清算會員本身部位應分別計算。通常對顧客收取之保證金相同，採毛額者保證金多存在清算所，採淨額者保證金多保留在清算會員手中，但係分離存放，差別不大。採毛額計算之交易所有CME及NYMEX；採淨額計算之交易所有CBOT及COMEX。

　　清算保證金繳納之方式有四：(a)現金，由銀行簽發之保證金繳款證明，(b)聯邦政府付息債券，(c)清算公司股票，(d)核准銀行開發之信用狀[64]。

7230　期貨市場之防弊制度

7231

　　期貨市場是一個管理市場（Regulated Market）：管理之目的有二：財務安全與公平交易。前者在防止交易人或經紀商不履約（參7220）；後者在防止非法交易（Illegal Trading），做成一個沒有單一機

---

[64]CBOT, *"Commodity Trading Manual,"* p. 29.

構或一個人可決定價格的競爭性市場；交易所採行一套規則（Regulations），為管理期貨市場參與人員與在交易實務的一些強制性規定。其重點在於：(1)防止市場操縱（Market Manipulation）；(2)防止非競爭性交易(Non-competition Trading)，包括內線交易與串通交易；(3)防止詐欺（Fraud）。

執行管理之機構有三：主管機關、交易所本身及期貨公會。後兩者採自律管理（Self-regulated）。主管機關在美國為聯邦機構期貨交易委員會（Commodity Futures Trading Commission, CFTC）。所謂自律管理，指由業者自行訂定規則，自己執行管理，規則中有些是法律強制性規定，規則應報主管機關核備，可彌補公權力行使之不足。

7232

期貨交易所(Commodity or Futures Exchanges)：為維護公平交易並保障財務安全起見，交易所通常會設置調查與稽核部門（Office of Investigations & Audits），其任務包括：

(1)稽核（Audits）與調查（Investigations）。

(2)財務監視（Financial Surveillance）與市場監視（Market Surveillance），防止價格操縱及商品壟斷，監視價格變動及未平倉部位（Open Interest）的變化，並監視部位是否過度集中於某些特定會員。

(3)報告與研究(Regulatory Reporting & Research)，提供交易資訊，防止不實資訊之傳播，並研究開發新產品上市。

期貨交易所具體規定：

(1)訂定價格變動限制（Price Limits）。

(2)禁止對作（Bucketing of Orders），指禁止經紀商在交易所外，擅自將顧客買賣委託相互沖銷。

(3)禁止吃單，即禁止經紀人作為委託人的相對人(Taking the Othersides of Crders)。

⑷禁止沖洗交易(Wash Trading)，指禁止交易人以同樣的價格，
同樣的數量買賣相同的期貨契約。

⑸禁止交叉交易 (Cross Trading)，指禁止不遵循公開競價方式而
擅自自行撮合交易。

⑹禁止配合或虛僞交易（Accommodation or Fictitious Trad-
ing），指禁止交易人爲配合另一交易人的需要，作非競價的私下
交易。

⑺禁止經紀商先於顧客之前交易（Trading ahead Customers）。

⑻經紀商應對顧客買賣委託保密。

7233

期貨公會：在美國爲全國期貨公會（National Futures Associa-
tion, NFA），制訂一套從業人員行爲準則，其功能：⑴確保職業行爲
（Assure Professional Conduct）；⑵確保財務責任（Assure Financ-
ial Responsibility），規定經紀商的財務標準，並稽核會員確實遵循相關
之財務標準規定；⑶審核、測驗及登錄（Screening, Testing & Regis-
tering），從業人員必須經公會測驗合格並辦理登錄，才能從事業務。在
美國，NFA代表CFTC受理期貨佣金商（FCM）、仲介經紀人（IB）、場
內經紀人（Floor Brokers）、期貨基金經理人（Fund Managers）、期
貨交易顧問及其從業人員之登錄；⑷仲裁並保障顧客（Arbitration &
Protection of Customers），對於會員間交易糾紛從事仲裁，並採取各
種措施以保障交易人利益。

7234

主管機關：在美國爲期貨交易委員會（CFTC），其功能：⑴防止價
格扭曲（Prevent Price Distortions）；⑵防止市場操縱（Prevent Mar-
ket manipulation）；⑶保障使用人權益（Protect Rights of Users）；

(4)訂定指導原則並核定交易所規則；(5)核定新契約上市及契約修訂。以上(1)至(3)項功能，係透過交易所及期貨公會執行，CFTC處於監督之地位。

7240 買賣委託

7241

委託(Orders)，俗稱下單，指顧客對進入期貨交易所買入或賣出期貨契約的指示，通常係以書面、電話、Telex或口頭傳達。顧客以書面指示者，通常係填製委託單(Order Ticket)，經紀商業務員(Registered Commodity Representative)，除應驗證指示之眞僞外，對口頭或電話指示，應予複述，以免發生錯誤。

委託可分爲買入委託(Buy Orders) 俗稱買單，與賣出委託(Sell Orders) 俗稱賣單。委託也可分爲創立部位委託(Initial Position Orders) 與了結部位委託(Liquidated Position Orders)，後者係以一個相反交易的委託，將現有多頭或空頭部位予以了結，以上兩者合併：

委託
(Orders)
買入委託
(Buy Orders)
創始買入委託——指建立多頭的買入委託
(Initial Buy Orders)
了結買入委託——指了結空頭的買入委託
(Liquidated Buy Orders)

賣出委託
(Sell Orders)
創始賣出委託——指建立空頭的賣出委託
(Initial Sell Orders)
了結賣出委託——指了結多頭的賣出委託
(Liquidated Sell Orders)

委託應包括下列事項：

(1)買入或賣出 (Buy or Sell)；

(2)期貨契約名稱 (Name of Contract)，指買賣何種期貨。對外幣期貨言，指英鎊、馬克或日圓。

⑶契約數量（Contract Quantity），指買賣幾個契約。一個契約，俗稱一口或一手。

⑷月別（Contract Month），金融期貨契約月計有 3、6、9 及 12 月，因期貨契約爲期可長達二年，如係次年度應加年別。

⑸買賣價格（Prices），對價格沒有限制的爲市價委託（Market Orders）；對價格有限制的爲限價委託（Price Limit Orders）。

⑹委託有效期限（Time），如有註明，稱爲限時委託（Time Limit Orders）；如未註明，視爲當日有效（Day Orders）。

7242

　委託類別（Types of Orders）：委託可分爲三類：

⑴無條件委託，即市價委託（Market Orders），指顧客對執行委託沒有任何的限制。

⑵有條件委託（Contingency Orders），指對執行委託設有若干限制，只能在符合某些條件下才能執行，可分爲：(a)價格限制委託（Price Limit Orders），指買賣價格有限制的委託；(b)時間限制委託（Time Limit Orders），指買賣時點有限制的委託。

⑶特別委託（Special Orders），爲不屬於上述的委託。

　各個交易所可以接受的委託不盡相同，如CBOT只接受Market Orders, Closing Orders, Limit Orders, Stop Orders, Stop Limit Orders及Limit or Market Spread Orders等六種❻。顧客交易時應洽經紀商。茲列表說明常見的委託類別：

---

❻參閱CBOT,*"Commodity Trading Manual,"* p. 48.

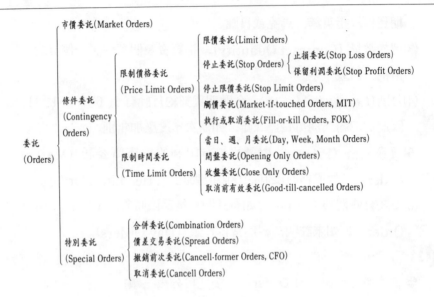

茲摘要說明如次:

(1)市價委託(Market Orders, MKT)：俗稱市價單，為最常使用之委託，指委託應立即以最可能的價格執行。顧客並不在乎價格高低，而是要立即進場交易。市價委託的優點是可確保執行(Filled)，大多會接近市場價格，但在市價劇烈變動時，或是一個相當不具流動性的市場，差距可能較大。

　　例：Buy 5 Sept 1994 IMM Sterling MKT。意指按照市場價格買進五個1994年9月IMM的英鎊期貨契約。

(2)限價委託(Limit Orders)：俗稱限價單，亦為常見之委託，指應按照顧客指示或更好的價格執行委託。買入委託規定最高的買入價格，賣出委託規定最低的賣出價格。此項委託的優點是知道最差的價格；其缺點是不能確定一定能執行。

　　例：Sell 10 June 1994 SIMEX Deutschmark 0.6780。意指以0.6780美元或更高的價格賣出十個1994年6月SIMEX的

馬克期貨契約。

(3)停止委託 (Stop Orders)：俗稱止損單，指市價於達到特定水平時，用以了結原有多頭或空頭部位，以停止繼續虧損或鎖住已獲利潤的委託。於市價達限價時，此項委託即變成市價委託，可分為：

(a)買入停止委託 (Buy Stop Orders)，俗稱到價買盤，常高於現行市價，可分為兩種情形：

①買入停止損失委託 (Buy Stop Loss Orders)：如某顧客以 0.6780 賣出十個馬克契約，目前市價為 0.6800，為免虧損過多，該顧客下 0.6820 之買入委託 (Buy Stop Orders) 買入十個契約。其後市價漲至 0.6820，止損委託變成市價委託，並以 0.6820 買入平倉，其虧損為 $(0.6780-0.6820) \times 10,000 \times 12.50 \times 10 = -5,000$ 美元。

②買入保留利潤委託 (Buy Stop Profit Orders)：如某顧客以 0.6820 賣出十個馬克契約，目前市價為 0.6780，為恐市價回揚而使利潤泡湯，該顧客下 0.6800 買入十個馬克契約的委託 (Buy Stop Orders)，如市價回揚至 0.6800，委託變成市價委託，並以 0.6800 執行，該顧客保留利潤為 $(0.6820-0.6800) \times 10,000 \times 12.50 \times 10 = 2,500$ 美元。

(b)賣出停止委託 (Sell Stop Orders)，俗稱到價賣盤，常低於現行市價，可分為兩種情形：

①賣出停止損失委託 (Sell Stop Loss Orders)：如某顧客以 0.6780 買入十個馬克契約，目前市價為 0.6760，為免虧損過多，該顧客下 0.6750 賣出停止委託賣出十個馬克契約。其後市價跌至 0.6750，此項委託變成市價委託，並以 0.6750 執行賣出平倉，其虧損為 $(0.6750-0.6780) \times 10,000 \times 12.50 \times$

10＝－3,750 美元。

②賣出保留利潤委託 (Sell Stop Profit Orders)：如某顧客以 0.6780 買入十個馬克契約, 目前市價爲 0.6820, 爲免市價回跌而使利潤泡湯, 該顧客下 0.6810 十個馬克之賣出停止委託。如市價回降至 0.6810, 委託變成市價委託, 並以 0.6810 賣出平倉。該顧客保留利潤 $(0.6810-0.6780) \times 10,000 \times 12.50 \times 10 = 3,750$ 美元。

停止委託與限價委託之差異：通常買入限價委託之限定價格比市價更低; 賣出限價委託之限定價格比市價更高; 而停止委託則相反, 買入停止委託之限定價格比市價更高; 賣出停止委託之限定價格比市價更低。

(4)停止限價委託 (Stop Limit Orders)：爲停止委託之變體, 因停止委託於市價達到特定水平時變成市價委託, 執行價格可能偏離指定價格甚多, 不符合顧客原意, 如改爲停止限價委託, 則可獲特定或更好的價格, 其缺點是不一定有執行的機會。

例：Sell 10 March 1994 LIFFE JPY 0.7860 Stop Limit 0.7855。意指在市價達到 0.7860 時變成市價委託可賣出十個 3 月日圓契約, 惟不能低於 0.7855。

(5)觸價委託 (Market-if-touched Orders, MIT)：俗稱看板委託 (Board Orders), 爲限價委託之變體, 指於市價觸及特定價格 (Specified Point) 時, 即變成市價委託可立即執行。買入委託低於目前市價, 賣出委託高於目前市價, 與停止委託不同。其優點是確定可以執行, 但執行價格可能與限定價格有偏差。

例：Buy 15 Dec 1994 IMM CHF 0.7250 MIT。意指在市價觸及 0.7250 時, 成爲市價委託, 可以市價買入十五個IMM瑞士法郎契約。

(6)執行或取消委託(Fill or Kill Order, FOK)，亦稱快捷單(Quick Orders)，指場內經紀人應立即以特定價格(Specified Price)執行委託，否則立即取消，並回報顧客。

(7)當日有效委託（Day Orders），指委託限當日執行，如未執行，次日無效。通常委託均應說明執行限期，如未說明，均視為當日有效。類似者尚有當週有效委託(Good-through Week Orders, GTW)、當月有效委託(Good-through Month Orders, GTM)、當日至某日有效委託（Good-through Orders, GT）及取消前有效委託或開放委託(Good-till Cancelled Orders, GTC or Open Orders)。

　　例：Buy 5 Dec 1994 IMM DEM MKT GT Sept 10 1994。意指按市價買入五個12月IMM馬克契約至9月10日前有效。

(8)開盤委託(Opening Only Orders)，指限在當日市場公定開盤時間內執行之委託。開盤時間(Opening Range)指開盤後30至60秒，依交易所規定。如係以市場委託則稱為開盤市價委託(Market-on-opening Orders, MOO)。

　　收盤委託（Close Only Orders），指限在委託當日市場公定收盤時間執行之委託。收盤時間(Close Range)，指收盤前30至60秒，依交易所規定。如係以市場委託則稱收盤市價委託(Market-on-close Orders, MOC)。

(9)合併委託（Combination Orders），指下單時，兩個不同的委託合併一起執行。常見者：

(a)價差交易委託(Spread Orders)，指買入一個期貨契約，同時並賣出另一個相關期貨契約的委託，其目的在謀取兩個期貨間價格差異變動之利益，於價格變動後再以一個相反的價差交易委託沖銷原先兩個期貨契約。

例：Buy 10 June sell 10 March 1994 IMM GBP 50 pts premium or less。意指買入IMM十個6月賣出十個3月英鎊期貨契約，6月價格比3月價格高50點或以下。價差交易兩個契約要同時執行，不重視各個契約的價格，只要兩個期貨價格間差距符合委託規定即可。

(b)二取一委託 (One-cancells-the-others Orders, OCO)，指兩個委託中，一個執行，另一個自動取消。如某顧客已以0.6780買入十個馬克契約，擬將利潤定在30點，虧損定在20點，可下委託單：Sell 10 Dec DEM 0.6810 or 0.6760 stop OCO。即在馬克上漲至0.6810或下跌至0.6760時賣出，任一執行，他一取消。

(c)撤銷前次委託 (Cancell Former Orders, CFO)，指撤銷前次委託的某些內容，如變更價格、數量或月別等，惟買入或賣出不變。通常變更者為買入限價或賣出限價。

例：Sell 10 Dec DEM 0.6820 CFO 0.6810。意指將原先之0.6810賣出限價委託變更為0.6820之賣出限價委託。

(d)換盤委託 (Switch Orders)，指買入一個某月期貨契約並賣出一個他月份期貨契約，以便將一個契約月轉換為另一個契約月的委託。與價差交易比較，兩者都是買入一個期貨契約並賣出另一個期貨契約，但兩者目的不同，價差交易旨在謀利，換盤交易旨在轉期。換盤後，多頭仍然為多頭，空頭仍然為空頭，原有部位狀況不變。價差交易則增加一個多頭也增加一個空頭；如係了結交易，則多頭與空頭均予沖銷。轉期可將契約月提前，也可延後。如某顧客已買入十個3月馬克契約，擬將3月契約延為6月，可下單：Buy 10 June 1994 IMM DEM sell 10 March 1994 IMM DEM 10 pts premium or less the June。

指買入十個6月馬克契約並賣出十個3月馬克契約，6月價格較3月高10點或以下。

⑽取消委託（Cancellation　Orders）或直接取消委託（Straight Cancell Orders）：指取消已下之委託單，並無重新委託或取代之委託。

7250　期貨契約之內容

7251

外幣或通貨期貨（Currency Futures）：

⑴交易標的為貨幣，可分為五種：

 (a)以美元買賣其他貨幣，其他貨幣為外幣，包括芝加哥商業交易所（CME）、倫敦國際金融期貨交易所（LIFFE）及新加坡國際金融交易所（SIMEX）。

 (b)以他國貨幣買賣美元，美元為外幣，包括東京國際金融期貨交易所（TIFFE）等若干國家期貨交易所。

 (c)交叉匯率（Cross Rates），為不包括美元的外幣期貨，如CME的GBP/DEM、DEM/JPY及DEM/CHF。

 (d)人造通貨（Artificial Currency），也可能為若干通貨加權平均數，目前在期貨市場上市者只有歐洲通貨單位（ECU）。

 (e)匯率指數（Exchange Rate Index），以貿易對手國貨幣匯率加權平均指數為標的商品，目前在期貨市場上市者只有美元匯率指數（USDX）。

⑵契約月（Contract Months），指期貨契約交割的月份，通常為3、6、9及12月；CME增加1、4、7及10月，以及交易當月（Spot Month）。

⑶契約金額（Contract Size或Amount），亦稱交易單位（Trading

Unit)，指一個期貨契約買賣標的貨幣的數量，均爲整數。間接匯率國家，如澳大利亞之美元期貨，澳元爲整數。

(4)最低變動幅度 (Minimum Price Fluctuation)，亦稱升降單位，俗稱檔 (Tick)；CME之馬克、加元、瑞士法郎及澳元均爲百分之一美分或萬分之一美元，稱一個Point，日圓爲100日圓之0.0001美元；英鎊爲0.0002美元，即2 Points。一個Tick的契約價值，馬克、日圓、瑞士法郎及英鎊爲12.50美元；加元及澳元爲10美元。

例：馬克及瑞士法郎契約 $125,000 \times 0.0001 = 12.50$，日圓契約 $12,500,000 \div 100 \times 0.0001 = 12.50$，英鎊契約 $62,500 \times 0.0002 = 12.50$，加元及澳元契約 $100,000 \times 0.0001 = 10$。

(5)每日價格變動限制 (Daily Limit)，期貨交易所爲避免價格情緒化劇烈波動，多訂定每日價格變動之限制，以及擴大變動幅度之彈性規定，此項限制即所謂漲停板 (Limit Up) 與跌停板 (Limit Down)，超過此項限制市場停止交易。惟如連續兩日價格變動達到限制時，第三日變動限制擴大50%；如仍達到限制時，第四日擴大爲100%；如仍達到限制時，第五日取消變動限制。惟如任一日未達到限制時，即恢復原先之變動限制。

由於外匯市場沒有價格變動限制，所以外幣期貨市場亦多無限制，惟美國CME對外幣期貨在開盤十五分鐘有限制，稱開盤限制(Opening Limit)，十五分鐘後則無限制。亦有交易所規定波動限制不適用於交割當月 (Spot Month)，有利於契約部位的沖銷。

例：CME之馬克、瑞士法郎、及日圓之開盤限制爲150點，其代表之契約盈虧爲 $150 \times 12.50 = 1,875$ 美元。

(6)每日交易時間 (Trading Hours)：指交易所當地交易時間。如

CME為當地時間上午 7:20 至下午 14:00,；LIFFE為當地時間 8:30 至 16:00。SIMEX開盤時間為 8:15 至 8:25，收盤時間為 17:05 至 17:15。

⑺交割(Delivery)，指期貨契約買賣雙方交付商品及貨幣，是契約的結算(Settlement)。如英鎊契約交割時，賣方交付英鎊收進美元，買方交付美元收進英鎊，交付貨幣的銀行必須為清算所指定的銀行。結算價格(Settlement Price)，即買方應支付每單位外幣的美元金額，由清算所決定。交割的發票金額（Invoice Amount）＝契約金額×結算價格×契約數量。

例：買入十個英鎊期貨，結算價格為 1.5650，則應支付美元：62,500×1.5650×10＝US\$978,125，賣方應交付英鎊為：62,500×10＝£625,000。

交割日期（Delivery Day）：指買賣雙方履行契約義務交付貨幣的日期。CME規定為指定契約月的第三個星期三。

⑻最後交易日（Last Trading Day）：指契約月最後一個可辦理交易的日期，通常為交割日前第二個營業日。逾此日期，即不能以相反交易沖銷原有的期貨部位，必須以交割了結部位，通常最後交易日截止交易時間均較正常收市時間提前。茲就CME、LIFFE 及SIMEX三個交易所外幣期貨主要內容列於次表：

外幣期貨契約主要內容表

交易所	期貨契約	交割月	交易當地時間	契約金額	最低變動幅度及其契約價值	每日變動限制
CME	馬　　克	1、3、4、6、7、9、10、12及當月	7:20-2:00	125,000 馬克	$0.0001/DEM $12.50	150 pt*
CME	加　　元	1、3、4、6、7、9、10、12及當月	7:20-2:00	100,000 元	$0.0001/CAD $10	100 pt*
CME	瑞士法郎	1、3、4、6、7、9、10、12及當月	7:20-2:00	125,000 法郎	$0.0001/CHF $12.50	150 pt*
CME	英　　鎊	1、3、4、6、7、9、10、12及當月	7:20-2:00	62,500 鎊	$0.0002/GBP $12.50	400 pt*
CME	日　　圓	1、3、4、6、7、9、10、12及當月	7:20-2:00	12,500,000 圓	$0.000001/JPY $12.50	150 pt*
CME	澳　　元	1、3、4、6、7、9、10、12及當月	7:20-2:00	100,000 元	$0.0001/AUD $10	150 pt*
CME	英鎊／馬克交叉匯率	3、6、9、12	7:20-2:00	$50,000×GBP/DEM匯率	$0.0005 $25	500 pt*
CME	馬克／瑞士法郎交叉匯率	3、6、9、12	7:20-2:00	$125,000×DEM/CHF匯率	$0.0002 $25	150 pt*
CME	馬克／日圓交叉匯率	3、6、9、12	7:20-2:00	$125,000×DEM/JPY匯率	$0.0002 $25	150 pt*
LIFFE	英　　鎊	3、6、9、12	8:32-4:02	25,000 鎊	$0.0001 $2.50	
LIFFE	馬　　克	3、6、9、12	8:34-4:04	125,000 馬克	$0.0001 $12.50	
LIFFE	瑞士法郎	3、6、9、12	8:36-4:06	125,000 法郎	$0.0001 $12.50	
LIFFE	日　　圓	3、6、9、12	8:30-4:00	12,500,000 圓	$0.000001 $12.50	
LIFFE	美元／馬克	3、6、9、12	8:34-4:04	50,000 美元	DM 0.0001 DM 5.00	
SIMEX	英　　鎊	3、6、9、12及Spot	8:25-5:15	62,500 鎊	$0.0002 $12.50	
SIMEX	馬　　克	3、6、9、12及Spot	8:20-5:10	125,000 馬克	$0.0001 $12.50	
SIMEX	日　　圓	3、6、9、12及Spot	8:15-5:05	12,500,000 圓	$0.000001 $12.50	

＊開盤限制時間 7:20-7:35，其後沒有限制。

7252

利率期貨 (Interest Rate Futures)：

(1)交易標的大體上可分爲兩種：長期利率期貨標的爲債券，短期利率期貨標的爲存放款利率或票券。長期利率期貨係以平價百分比表示，美國國庫債券期貨 (T-Bond Futures) 係以息票 8%二十年國庫債券爲標準。如現行利率高於 8%，利率期貨將以貼水報價；如現行利率低於 8%，利率期貨將以升水報價。英國債券期貨係以息票 9%二十年期債券爲準，報價方式相同。

短期利率期貨係採指數方式報價，即 100 減利率，如利率爲 7.50%，報價爲 92.50。所以如期貨價格爲 93.25，表示隱含利率爲 6.75%。0.01%即小數點下第二位，稱爲點 (Piont) 或基本點 (Basis Point)。利率期貨之特色是：利率上升，期貨價格下落；利率下降，期貨價格上升。借款人爲免因利率上升受損可賣出利率期貨；放款人 (投資人) 爲免因利率下降受損可買入利率期貨。此與遠期利率協議不同 (參 6662 節)。利率期貨可分爲：(a)長期債券期貨，包括美國T-Bond，英國Guilt，日本二十年國債，德國、法國長期國債及ECU債券等；(b)中期債券期貨，包括美國十年、五年及二年T-Note，英國Medium Guilt，日本十年國債及德國中期國債等；(c)短期利率期貨，包括三個月歐洲美元利率、三個月法國PIBOR、三個月香港HIBOR、三個月Euroyen、三個月Euromark，三十天利率；(d)利率交換 (Interest Rate Swaps)，包括三年 (後改爲十年) 及五年美元固定利率與浮動利率的交換；(e)債券指數 (Bond Index)，包括地方債券指數 (Municipal Bond Index)。

(2)契約月 (Contract Months)：通常爲 3、6、9 及 12 月。

(3)契約金額(Contract Amount)：美國長期及十年、五年期中期債券爲 10 萬美元，兩年期中期債券爲 20 萬美元，三個月歐洲美元及T-Bill爲 100 萬美元，三個月歐洲馬克爲 100 萬馬克，三個月歐洲瑞士法郎爲 100 萬法郎，三個月ECU爲 100 萬單位，ECU Bond爲 20 萬單位，日本國債爲 1 億圓。

(4)最低價格變動幅度（Minimum Price Fluctuation）：美國長期及十年中期債券爲 1/32 點（一點指1%），其契約價值爲 $100,000 \times 1/32 \times 1\% = \$31.25$；五年期中期債券爲 1/64 點，其契約價值爲 $\$100,000 \times 1/64 \times 1\% = \$15.625$；三個月歐洲美元及T-Bill爲 1 點，其契約價值爲 $\$1,000,000 \times 0.01\% \times 90/360 = \$25$；日本國債爲0.01點，其契約價值爲 $\yen100,000,000 \times 0.01 \times 1\% = \yen10,000$；三個月歐洲日圓爲 0.01 點，其契約價值爲 $\yen100,000 \times 0.01 \times 1\% \times 90/360 = \yen2,500$。

(5)每日價格變動限制（Daily Limits）：美國長期、十年及五年期中期債券爲 3 點，其契約價值爲 $\$100,000 \times 3 \times 1\% = \$3,000$；二年期債券爲 1 點，其契約價值爲 $\$200,000 \times 1 \times 1\% = \$2,000$。

(6)交割（Delivery）：以美國T-Bond期貨契約爲例，該契約係基於二十年 8%息票T-Bond，惟實際上可能沒有這種現貨，所以交易所規定交割T-Bond到期日至少十五年的非提前收回（Non-callable），或至第一次通知提前收回至少十五年的T-Bond即可。交割金額採轉換因數發票制度（Conversion Factor Invoicing System），以各月息票 8%爲標準，債券息票高於 8%者，轉換因素大於一；息票低於 8%者，轉換因素小於一。交割除本金金額外，加計應收利息，計算如次：

本金發票金額＝期貨結算價格×契約金額×轉換因素

發票總金額＝本金發票金額＋應計利息

例：1987 年 3 月 13 日，交割債券爲 2006-11 年 11 月息票

利率期貨契約主要內容表

交易所	期貨契約	交割月	交易時間	契約金額	最低價格變動幅度及其契約價值	每日變動限制及其價值
CBOT	US T-Bonds	3、6、9、12	7:20-2:00	$100,000(8% Coupon)	1/32 pt $31.25	3 pt $3,000
CBOT	US T-Notes(6.5 至 10 年)	3、6、9、12	7:20-2:00	$100,000(8% Coupon)	1/32 pt $31.25	3 pt $3,000
CBOT	US T-Notes (5 年)	3、6、9、12	7:20-2:00	$100,000(面值)	1/64 pt $15.625	3 pt $3,000
CBOT	US T-Notes (2 年)	3、6、9、12	7:20-2:00	$200,000 (面值)	1/4 of 1/32 pt $15.625	1 pt $2,000
CME	LIBOR	每月	7:20-2:00	$1,000,000	1 pt $25	—
CME	T-Bill, 90 天	3 6、9、12	7:20-2:00	$1,000,000	1 pt $25	—
CME	Eurodollar Time Deposit (3 個月)	3、6、9、1 2 及 Spot Month	7:20-2:00	$1,000,000	1 pt $25	—
LIFFE	三個月歐元利率	3、6、9、12	8:30-4:00	$1,000,000	1 pt　$25	—
LIFFE	三個月EuroDM	3、6、9、12	8:00-4:10	DM 1,000,000	1 pt　DM 25	—
LIFFE	Long Gilt	3、6、9、12	8:30-4:15	£50,000(9% Coupon)	1/32 pt £15,625	—
LIFFE	ECU Bond	3、6、9、12	8:00-4:15	ECU 200,000	0.01 pt ECU 20	—
TIFFE	三個月Euroyen	3、6、9、12	9:00-12:00 1:30-3:30	¥100,000,000	0.01 pt ¥2,500	—
Tokyo Stock Exchange	20 年國債	3、6、9、12	9:00-11:00 12:30-3:00	¥100,000,000	0:01 pt ¥10,000 (100 pt)	
DTB	德國國債 (8.5 至 10 年)	3、6、9、12	8:10-5:00	DM 250,000 (6% Coupon)	0.01 pt DM 25	
MATIF	法國國債(7-10 年)	3、6、9、12	9:00-4:30	FF 500,000	0.02% FF 100	
HKFE	三個月HIBOR	3、6、9、12	9:00-3:30	HK$1,000,000	1 pt HK$25	
SIMEX	Eurodollar	3、6、9、12	7:45-6:20	$1,000,000	0.01 pt　$25	

14%，該債券到期日為 2011 年 11 月，可收回日期為 2006 年 11 月，為期十九年八個月十四天，取其整數為十九年八個月，查 CBOT之Conversion Factors表，轉換因素為 1.5875，又結算價

格為 101-16（101 $\frac{16}{32}$ 即 101.5），則本金發票金額＝101.5×100,000×1.5875＝$161,131.25。

上次付息日為 1986 年 11 月 15 日，至 1987 年 3 月 15 日（實際交割日）為期 118 天，應計利息為$100,000×14%÷2×118/181＝$4,563.54。發票總金額為$161,131.25＋$4,563.54＝$165,694.79（本例取材自CBOT資料）。

賣方在交割時，有三個選擇：(a)交割月內可選擇交割日，(b)部位日（Position Day）期貨交易收盤時間為下午二時，通知交易所交割指示截止時間為下午八時，如現貨市場變動有利時可通知交割，(c)交割債券可選擇最便宜者（Cheapest-to-delivery）指發票金額超過市價利潤最大者或發票金額低於市價損失最小者。通常在債券收益率超過 8%時，指息票較低，滿期日最長之債券；債券收益率低於 8%時，指息票較高，滿期日較短者；此外，此類證券基差（Basis）最少，Implied Repo Rate最高。而Basis＝Cash Price－（Futures Price×Conversion Factor）。

短期利率期貨，通常以現金結算(Cash Settlement)，LIFFE的歐元定存利率期貨，也可選擇以實物交割（Physical Delivery）。對於歐元利率期貨，依照CME之規則，係自十二個參考銀行提供三個月歐元定存之利率，刪除最高兩個及最低兩個，以其餘八個報價求出平均利率(Mean Rate)。每日共作兩次，一為收盤時，一為最後交易九十分鐘，以兩者之平均數來計算。結算價格：100－Mean Rate＝Settlement Price。將兩個結算價格之差額，貸記或借記保證金帳戶，餘額退還交易人，並結束部位。

7253

股票指數期貨（Stock Index Futures）：

⑴交易標的爲股票指數。股票指數係綜合股票價格而編製的指數，亦稱股價指數。以基期爲 100, 用以表示相對於基期股票市況的變動。美國的股票市場包括證券交易所及店頭市場（Over-the-counter Market），後者稱爲National Association of Securities Dealers Automated Quotation（NASDAQ） System。美國股票指數之編製有三種方法：

⒜價格等量加權指數（Price Equally Weighted Index），爲簡單算術平均數。道瓊工業平均數（Dow Jones Industrial Average）及主市場指數（Major Market Index）屬於此類。後者期貨在CBOT上市。其計算式爲：

$$\text{Index} = [\frac{1}{\text{Divisor}}][\sum_{i=1}^{n} P_i]$$ 內中, Divisor爲指數中股票的數目。

⒝報酬等量加權指數（Return-equally-weighted Index），指按股價水平加權，高價股票有高的權數。

$$\text{Index} = \text{Index}(-1)[\frac{1}{N}]\{\sum_{i=1}^{n}[\frac{P_i}{P_i(-1)}]\}$$ 內中, −1 代表前一日價值。價值線指數（Value Line Index）屬於此類，其期貨在 Kansas City Board of Trade, KCBOT上市，爲第一個上市的指數期貨。

⒞價值加權指數（Value-weighted Index），指以股票市場價值加權計算，爲發行量加權股價指數，亦稱資本化（Capitalization）、 Standard and Poor's(S&P)500 及New York Stock Exchange（NYSE） Composite Indices屬於此類，前者期貨在CME上市，後者期貨在New York Futures Exchange, NYFE上市。其計算式：

$$\text{Index} = \left[\frac{1}{\text{Divisor}}\right]\left[\frac{\sum\limits_{i=1}^{n} n_1 P_1}{\sum\limits_{i=1}^{n} n_i P_i}\right]$$

　　我國臺灣證券交易所自民國 60 年起編製的股價指數即屬此類。

(2)股票指數期貨的功能有三: (a)避險 (Hedging), (b)資產分配
　(Asset Allocation), (c)提高收益率 (Yield-enhancement)。
　機構投資人投資於多種股票以分散系統風險 (Systematic
　Risk), 可賣出指數期貨以規避股價下跌的風險。機構投資人的投
　資組合 (Portfolio) 包括股票、債券及貨幣市場證券。如調整投
　資組合的分配時, 可只買賣期貨, 比買賣投資組合的證券方便而
　且成本低 (參 7142 節)。以買入指數期貨及T-Bills, 可做一個合
　成投資組合, 有時投資報酬會高於直接投資⑥⑥。

(3)股票指數期貨契約之內容:

　　　利用股票指數期貨避險, 必須瞭解投資股票的風險及其與指
　數期貨之關係:

(a)投資股票風險可分爲系統風險 (Systematic Risk) 與非系統風
　險 (Non-systematic Risk), 前者指總體經濟或政治等因素導
　致整個股票市場的波動, 後者指影響各個行業或各個股票的波
　動。爲避免非系統風險可採投資組合 (Portfolio) 的方式。如
　果投資組合的變動與股票指數相關程度很高, 則可利用股票指
　數期貨規避系統風險。

(b)個別股票是否可利用股票指數期貨避險, 應視其貝他係數
　(Beta) 而定。在股票市場上貝他指個股對整體市場變動的敏
　感度 (Sensitivity), 有的大於一, 有的小於一, 貝他值愈大,
　多半是成長性公司, 可利用股票指數期貨避險; 貝他值小於一

⑥⑥參閱Edwards & Ma, *"Futures & Options,"* p. 239.

股票指數期貨主要內容表

交易所	期貨契約	交割月	交易時間	契約金額	最低價格變動幅度及其契約價值	每日變動限制及其價值
CME	S&P 500	3、6、9 及 12	8:30-3:15	500 × S&P 500 Stock Index	5 pt　$25	—
CBOT	Major Market	3、6、9、12 及次連續三個月	8:15-3:15	500 × Amex Major Market Index	1/20 pt　$25	15 pt
KCBOT	Value Line	3、6、9 及 12	8:30-3:15	500 × Futures Price	0.05 pt　$25	
NYFE	NYSE Composite	3、6、9 及 12	9:30-4:15	500 × NYSE Index	0.05 pt　$25	18 pt
PBOT	National OTC Index	3、6、9、12 及最近三個月	9:30-4:15	500 × Index	0.05 pt　$25	
TSE Tokyo	TOPIX	3、6、9 及 12	9:00-11:00 12:30-3:10	10,000 × Index	1 pt	
OSE Osaka	Nikkei Stock Average	3、6、9 及 12	9:00-11:00 12:00-3:10	1,000 × Nekkei Stock Average	10 JY	
LIFFE	FT-SE 100	3、6、9 及 12	8:35-4:10	4:32-5:30	25 BP × Index	0.5 pt £12.50
LIFFE	FT-SE Eurotrack 100	3、6、9 及 12	9:15-3:45	100 DM × Index	0.5 pt DM 50	
DTB	DAX	3、6、9 及 12	9:30-4:00	100 DM × Index	0.5 pt DM 50	
MATIF	CAC 40	3、6、9、12 及次連續三個月	10:00-5:00	200 FF × Index	0.005% FF 100	
HKFE	Hang Seng Index	3、6、9、12、Spot 及次月	10:00-12:30 2:30-3:45	HK$50 × Index	1 pt　HK 50	

者，多半是成熟性公司，股價變動與總體經濟無多大關聯，利用股價指數期貨避險效果不大。

(c)期貨指數的波動性大於現貨指數的波動性。如 1987 年股市崩盤時，10 月 19 日至 20 日，在十個交易小時內 S&P 500 現貨指數跌 22％，S&P 500 期貨指數跌 36％。

(d)由於持有成本關係期貨指數應高於現貨指數，惟 10 月 19 日期貨指數低 45 點，所以 Brady Commission 認爲股票指數期貨價格下跌導致股票價格下跌。事實上係由於股價已高，投資人賣出期貨指數使期貨價格下跌，裁定人遂買入指數賣出股票因而使股價下跌。爲免歷史重演，紐約證券交易所規定 Dow Jones Index 變動超過 50 Index Points 時不得做裁定交易[67]。

7260 認識市場報導

7261

外幣期貨:

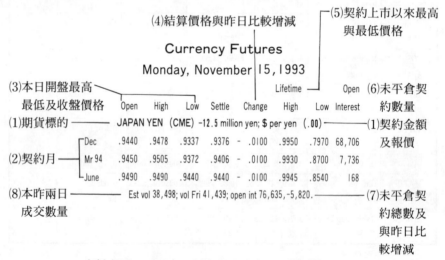

(4)結算價格與昨日比較增減

(5)契約上市以來最高與最低價格

Currency Futures
Monday, November 15, 1993

(3)本日開盤最高最低及收盤價格

(1)期貨標的

(2)契約月

(8)本昨兩日成交數量

(6)未平倉契約數量

(1)契約金額及報價

(7)未平倉契約總數及與昨日比較增減

	Open	High	Low	Settle	Change	High	Low	Interest
JAPAN YEN (CME) -12.5 million yen; $ per yen (.00)								
Dec	.9440	.9478	.9337	.9376	- .0100	.9950	.7970	68,706
Mr 94	.9450	.9505	.9372	.9406	- .0100	.9930	.8700	7,736
June	.9490	.9490	.9440	.9440	- .0100	.9945	.8540	168

Est vol 38,498; vol Fri 41,439; open int 76,635, -5,820.

資料來源: 1993 年 11 月 16 日，《亞洲華爾街日報》。

茲以《亞洲華爾街日報》(*The Asian Wall Street Journal*) 1993 年 11 月 16 日刊載 15 日日圓期貨契約爲例，說明如次:

(1)期貨標的爲 CME 之日圓 (Japan Yen)，契約數量爲 12,500,000

[67]參閱 Edwards & Ma, *"Futures & Options,"* p. 259, p. 269.

圓，其價格爲每 100 日圓值 1 美元數額。

⑵契約月可長達兩年，惟刊載資料只有 1993 年 12 月及 1994 年 3 月及 6 月，以下說明 12 月契約狀況。

⑶本日開盤價 .9440，爲每 100 圓之價格，相當於每美元值 105.93 圓；本日最高價 .9478，相當於每 1 美元值 105.50；本日最低價格 .9337，相當於每 1 美元值 107.10 圓；本日結算價格（即收盤價）.9376，相當於每 1 美元值 106.65 圓。

⑷本日 12 月期貨結算價格與昨（12）日比較，日圓下跌 0.0100 爲 100 點，其契約價值，即一個期貨契約價值下跌 100×\$12.50＝\$1,250。

⑸12 月日圓期貨自 1991 年 12 月上市以來（Lifetime），最高價格爲 0.9950，最低價格爲 0.7970，高低相差 0.1980，以最低價格爲準，升值達 24.84%。

⑹未平倉契約數量（Open Interest），指在本日收市後，尚未以沖銷交易了結或履行交割的契約數量，12 月期貨爲 68,706 個。

⑺各月份未平倉契約彙總共計 76,635 個，與昨日比較減少 5,820 個，表示本日沖銷交易的數量。

⑻本日成交數量估計總共爲 38,498 個，昨日爲 41,439 個。

　　未平倉數量及成交量爲分析市場之重要資訊。茲舉例說明其計算如次：

編號	買方	賣方	本日成交量	累 積 成交量	未平倉 數 量	多頭持有人	空頭持有人
1	A買入 100	X賣出 100	100	100	100	A 100	X 100
2	B買入 100	Y賣出 100	100	200	200	A 100 B 100	X 100 Y 100
3	C買入 100	A賣出 100	100	300	200	B 100 C 100	X 100 Y 100
4	Y買入 100	B賣出 100	100	400	100	C 100	X 100
5	X買入 100	C賣出 100	100	500	0	0	0

　　成交量指該期間內買賣成交的數量，買入或賣出單邊計算，為價格變動背後的壓力表。高成交量一般顯示目前趨勢有能量會持續；缺乏交易量可能表示趨勢失去動力❽。未平倉數量指某一時點（如每日交易結束時）未了結契約的數量，也是買入或賣出單邊計算。增加表示資金流入市場，減少表示資金流出市場。成交量與未平倉數量合併觀察可用以測量市場的流動性（Liquidity）及深度（Depth），交易人是否可以接近市場最新成交的價格迅速進出市場。

　　市場分析，通常係利用成交量及未平倉數量合併觀察。茲說明如次❾：

成交量 （Volume）	未平倉數量 （Open Interest）	價格 （Price）	市場動態 （Activity）	市場趨勢 （Market）
上升	上升	上升	新的買方加入	技術上增強
上升	上升	下降	新的賣方加入	技術上減弱
下降	下降	下降	多頭了結	增強
下降	下降	上升	空頭回補	減弱

⒜如未平倉數量與價格均上升，此爲新的買入信號及一個技術性
增強的市場。

⒝如未平倉數量上升而價格下降，爲新的賣出信號，爲技術性減
弱的市場。

⒞如未平倉數量與價格均下降，表示多頭了結，技術性增強。

⒟如未平倉數量下降而價格上升，表示空頭回補，技術性減弱。

⒠價格上升交易量增加，或價格下跌交易量減少，兩者變化相同，
顯示爲技術性增強市場。

⒡價格下跌交易量增加，表示會繼續加速價格下跌；或價格上升
交易量減少，表示價格上升趨勢將會中止；兩者變化方向相反，
顯示爲技術性減弱市場。

7262

利率期貨：

⑴美國T-Bond期貨，與外幣期貨內容大致相同，所不同者爲價格。
由於美國目前長期利率低於8%，所以T-Bond期貨價格超過
100。預期未來利率會上升，所以遠期期貨價格較近期期貨價格低。
12月期貨結算價格下降6/32，其契約價值爲$100,000×6/32×
1%＝6×31.25＝$187.50。

---

⑱參閱NYIF, *"Futures,"* p. 136.
⑲參閱NYIF, *"Futures,"* p. 143.

Financial Futures

Monday, November 15, 1993

TREASURY BONDS (CBT)－$100,000; pts32nds of 100%

	Open	High	Low	Settle	Chg	Yield Settle	Chg	Open Interest
Dec	117-03	117-07	116-19	116-28	− 6	6.482	+.015	298,526
Mr 94	115-29	116-01	115-12	115-21	− 7	6.581	+.018	40,866
June	114-23	114-30	114-11	114-19	− 8	6.668	+.020	7,901
Sept	113-23	113-30	113-12	113-20	− 8	6.749	+.021	12,429
Dec	113-11	113-15	112-31	113-06	− 8	6.785	+.021	11,330
Mr 95	112-12	112-15	112-21	112-15	− 9	6.846	+.024	133

Est vol 275,000; vol Fri 435,278; open int 371,249, ＋14,515.

資料來源: 1993 年 11 月 16 日, 《亞洲華爾街日報》。

⑵歐洲美元期貨: 特性: ⒜標的爲三個月歐洲美元定期存款, 不可轉讓; ⒝利率指三個月LIBOR一年三百六十天計算; ⒞現金結算; ⒟價格採指數, 以 100 減利率方式表示, 利率上升, 價格下降; 利率下降, 價格上升。借款人應賣出期貨避險, 貸款人應買入期貨避險。如下表, 遠期價格較近期價格低, 預期美元利率上升。如 1994 年 3 月期貨結算價格爲 96.43, 表示新的三個月歐洲美元存款隱含LIBOR利率即收益率（Yield）爲 3.57＝100－96.43, 比昨日下降 0.01, 其契約價值爲$1,000,000×0.0001×90/360＝$25。

EURODOLLAR (CME) — $1 million; pts of 100%

	Open	High	Low	Settle	Chg	Yield Settle	Chg	Open Interest
Dec	96.48	96.48	96.46	96.48	....	3.52	....	317,377
Mr 94	96.43	96.44	96.41	96.43	−.01	3.57	+.01	381,092
June	96.15	96.15	96.12	96.15	−.01	3.85	+.01	269,679
Sept	95.87	95.87	95.84	95.87	−.01	4.13	+.01	202,386
Dec	95.45	95.47	95.44	95.46	−.01	4.54	+.01	134,530
Mr 95	95.36	95.38	95.34	95.37	−.01	4.63	+.01	164,256
June	95.15	95.17	95.14	95.16	−.01	4.84	+.01	107,287
Sept	94.96	94.98	94.95	94.97	−.01	5.03	+.01	92,937
Dec	94.64	94.66	94.63	94.66	....	5.34	....	76,700
Mr 96	94.59	94.61	94.58	94.61	....	5.39	....	72,137
June	94.41	94.44	94.41	94.44	....	5.56	....	66,643
Sept	94.28	94.30	94.26	94.30	....	5.70	....	50,665
Dec	94.02	94.05	94.01	94.05	+.01	5.95	−.01	42,081
Mr 97	94.02	94.05	94.01	94.05	+.01	5.95	−.01	38,921
June	93.87	93.91	93.87	93.91	+.01	6.09	−.01	32,127
Sept	93.77	93.82	93.77	93.82	+.01	6.18	−.01	29,016
Dec	93.59	93.61	93.58	93.61	+.01	6.39	−.01	22,636
Mr 98	93.61	93.64	93.60	93.63	+.01	6.37	−.01	18,901
June	93.51	93.53	93.50	93.53	+.01	6.47	−.01	14,419
Sept	93.45	93.47	93.43	93.47	+.01	6.53	−.01	6,352
Dec	93.28	93.30	93.28	93.30	+.01	6.70	−.01	2,344
Mr 99	93.33	93.35	93.33	93.35	+.01	6.65	−.01	2,036
June	93.26	93.28	93.26	93.28	+.01	6.72	−.01	2,765
Sept	93.21	93.24	93.21	93.24	+.01	6.76	−.01	2,736
Dec	93.06	93.07	93.06	93.08	+.01	6.92	−.01	1,952

Mr 00	93.10	93.12	93.10	93.12	+.01	6.88	−.01	1,668
June	93.04	93.06	93.04	93.06	+.01	6.94	−.01	1,807
Sept	93.00	93.02	93.00	93.02	+.01	6.98	−.01	1,511

Est vol 147,221; vol Fri 336,036; open int 2,136,759, −411.

資料來源：1993 年 11 月 16 日，《亞洲華爾街日報》。

7263

股票指數期貨：

S&P 500 指數期貨是世界股票指數期貨交易中交易量最大者。以下表爲例，結算價爲 464.30 指數點（Index Point），每一指數點爲 500 美元，所以一個契約價值爲 464.30×$500＝$232,150，與前一天比較下降 2 個指數點，每個契約價值降低 1,000 美元。

Stock & Bond Index Futures

S&P 500 INDEX　(CME)　$500 times index

	Open	High	Low	Settle	Chg	High	Low	Open Interest
Dec	466.10	466.40	463.20	464.30	−2.00	471.55	429.70	186,647
Mr 94	467.05	467.40	464.35	465.40	−2.00	472.50	434.00	8,467
June	467.80	468.30	465.35	466.45	−2.00	473.30	444.50	2,149
Sept		....	....	467.80	−1.90	474.00	452.20	390

Est vol 45,626; vol Fri 51,058; open int 197,663, +981.

Index prelim High 466.13; Low 463.05; Close 463.75 −1.64

S&P MIDCAP 400　(CME)　$500 times Index

	Open	High	Low	Settle	Chg	High	Low	Open Interest
Dec	176.50	176.50	174.25	174.35	−1.85	178.85	157.25	12,860

Est vol 795; vol Fri 495; open int 13,025, −16.

The index: High 175.79; Low 174.34; Close 174.64 −1.15

NIKKEI 225 Stock Average　(CME)　−$5 times Index

	Open	High	Low	Settle	Chg	High	Low	Open Interest
Dec	18075.	18090.	18025.	18030.	−635.0	21455.	16600.	19,362

Est vol 1,613; vol Fri 2,678; open int 19,415, +577.

The index: High 18,506.95; Low 17,952.20; Close 18,074.61 −418.94

NYSE COMPOSITE INDEX　(NYFE)　500 times index

	Open	High	Low	Settle	Chg	High	Low	Open Interest
Dec	257.65	257.85	256.05	256.60	−1.05	261.70	241.10	3,797
Mr 94	258.30	258.35	256.50	257.10	−1.05	261.85	246.60	675
June		....	....	257.60	−1.05	261.60	250.25	239

Est vol 2,858; vol Fri 2,760; open int 4,711, +220.

The index: High 257.85; Low 256.20; Close 256.58 −0.99

MUNI BOND INDEX　(CBT)　−$1,000; times Bond Buyer MBI

	Open	High	Low	Settle	Chg	High	Low	Open Interest
Dec	102-18	102-19	102-02	102-07	−12	106-18	98-08	28,733
Mr 94	101-20	101-24	101-08	101-12	−12	105-22	99-22	1,181

Est vol 3,000; vol Fri 5,168; open int 29,915, +62.

The index: Close 102-06; Yield 5.85.

資料來源: 1993 年 11 月 16 日,《亞洲華爾街日報》。

第三節　期貨市場之操作

7310　單純買賣

7311

　　單純買賣(Outright Trading)，指只做買入期貨或賣出期貨，可用於投資。其盈虧取決於期貨價格絕對水平的上漲或下跌。由於期貨市場操作，所需資金通常為期貨價格5%左右的保證金，遠比現貨市場所需資金為低，對投資人可發揮以小博大（Leverage）的功能。如判斷正確，期貨市場投資報酬率高，惟如判斷錯誤，其損失亦大。茲舉例說明如次：

　　例：某甲有100元，如投資於現貨，可買入100元之現貨，如市價上漲5%，獲利5元，獲利率為5%；如市價下跌5%，虧損5元，尚剩95元。如投資於期貨，設期貨保證金為5%，可買入2,000元，如期貨上漲5%，獲利100元，獲利率為100%；如市價下跌5%，虧損100元，全部資金均賠光。所以期貨操作，風險很大，投資人必須慎重處理。通常投資人只能以其剩餘資金一部分用於期貨投資，不能以全部資金，更不能以質押房屋等方式取得資金作期貨操作。

　　對避險人(Hedgers)言，其在期貨市場上也是單純買賣，但期貨市場上的盈虧並不重要，因為期貨市場盈，現貨市場必虧；期貨市場虧，現貨市場必盈，兩者大致可相互沖銷。

　　利用期貨市場避險，係將現貨絕對價格變動的風險，轉變為現貨與期貨相對價格（基差）的風險。基差發生變化，就不能做到完全避險（Perfect Hedging）。此外，利用期貨避險尚會發生下列差異：(1)時間的差異(Time Difference)，因為期貨契約到期的時間不一定完全配合，通常係買賣到期日較長的期貨契約，期限越長，流動性越差；(2)期貨數額的差異（Amount Difference），因爲期貨契約數量一定，不一定能完全配合，通常以最接近數量買賣期貨，以降低數量差異的風險；(3)期貨商品的差異（Commodity Difference），如果沒有完全相同的期貨商品避險，只能以類似的期貨商品取代，如以馬克期貨對荷蘭幣避險，稱交叉避險（Cross Hedging），在馬克期貨與荷蘭幣匯率變動不一致，甚至相反方向變動時，避險效果就不會理想；(4)規格的差異（Grade Difference），指期貨商品等級或規格與現貨品質不盡相同；如農產品的規格及債券的到期日等差異，也會影響避險效果。

7312

　單純買入（Outright Purchase）：

(1)投資人如認爲外幣價格會上漲，可買入外幣期貨；如判斷正確，外幣上漲，外幣期貨亦上漲，投資人可高價賣出外幣期貨，高賣低買的差額即其盈餘；惟如判斷錯誤，外幣下跌，外幣期貨亦下跌，投資人只能以低價賣出外幣期貨，高買低賣的差額即其虧損。

　　例：3月1日，日圓現貨價格US\$1＝¥150，相當於¥100＝US\$0.6667，6月期貨價格0.6703。某投資人認爲日圓價格會上漲，遂買入兩個期貨契約，保證金爲\$2,000×2＝\$4,000。至6月1日，日圓現貨價格爲US\$1＝¥140，相當於¥100＝US\$0.7143；6月期貨價格爲0.7153，遂賣出兩個6月日圓期貨契約，了結期貨部位，獲利 $12,500,000 \div 100 \times (0.7153 - 0.6703) \times 2 = \$11,250$，資本報酬率爲 $11,250 \div 4,000 = 281.25\%$。

(2)對於以外幣計價的進口商及借款人，可買入外幣期貨避險，以確保進口或借款成本能維持在目前水平上。

　　例：3月1日，某美國進口商預計6月1日需支付24,000,000日圓，遂買入兩個日圓期貨契約，並於6月1日賣出期貨了結部位，並自現貨市場買入所需日圓，其匯率狀況及操作結果：

	現貨市場	期貨市場	基差(Basis)
3/1　US$1＝¥150	¥100＝US$0.6667	0.6703	−36
6/1　US$1＝¥140	¥100＝US$0.7143	0.7153	−10

A.現貨市場

3/1 ¥24,000,000÷150＝US$160,000

6/1 ¥24,000,000÷140＝US$171,428

機會損失（即增加成本）＝$171,428−$160,000＝$11,428

B.期貨市場

3/1 買入兩個 6 月日圓期貨契約

$12,500,000×2×0.6703＝$167,575

6/1 賣出兩個 6 月日圓期貨契約

$12,500,000×2×0.7153＝$178,825

期貨市場獲利$178,825−$167,575＝$11,250

C.實際成本$171,428−$11,250＝$160,178

D.避險效率（Hedging Effectiveness）＝$1-\dfrac{\sigma^2(B)}{\sigma^2(CP)}$＝99.7%

（$\sigma^2(B)$爲基差（Basis）的變異數；$\sigma^2(CP)$爲現貨價格的變異數[70]）

7313

單純賣出（Outright Sale）:

⑴投資人如認爲外幣價格會下跌，可賣出外幣期貨。如判斷正確，外幣下跌，外幣期貨亦下跌；投資人可低價補進外幣期貨，高賣低買的差額即其盈利。惟如判斷錯誤，外幣上漲，外幣期貨亦上漲，投資人只能以高價補進，低賣高買的差額即其虧損。

例：1993 年 10 月 14 日馬克匯率US$1＝DM 1.6125，折計

---

[70]參閱Edwards & Ma, *"Futures & Options,"* p. 120.

DM 1＝US$0.6202。12 月期貨 0.6165。某投資人認爲馬克會下
跌，遂賣出十個 6 月馬克期貨，保證金爲 2,000×10＝$20,000。
至 11 月 12 日，馬克匯率下跌爲 US$1＝DM 1.6835，折計
DM 1＝US$0.5940，12 月期貨價格爲 0.5895，遂買入十個 12 月
馬克期貨，了結期貨部位。獲利 125,000×10×（0.6165－
0.5895）＝US$33,750，資本報酬率 33,750÷20,000＝168.75%。

(2)對以外幣計價的出口商及放款（投資）人，可賣出外幣期貨避險，
以確保出口或放款收入能維持在目前水平上。

　　例：某美國出口商10月14日訂約出口商品DM2,000,000，
爲免馬克貶值賣出十六個12月馬克期貨契約(2,000,000÷125,000
＝16)。並於 11 月 12 日買入期貨了結部位，並於現貨市場賣出馬
克，其匯率狀況及操作結果：

	現貨市場		期貨市場	基差
10/14	US$1＝DM 1.6125	DM 1＝US$0.6202	0.6165	37
11/12	US$1＝DM 1.6835	DM 1＝US$0.5940	0.5895	45

　　A.現貨市場

　　　10/14　DM 2,000,000÷1.6125＝US$1,240,310

　　　11/12　DM 2,000,000÷1.6835＝US$1,188,000

　　機會損失（即減少收入）$1,240,310－$1,188,000＝$52,310

　　B.期貨市場

　　　10/14　賣出十六個 12 月馬克期貨契約 125,000×16×0.6165
　　　　　　＝US$1,233,000

　　　11/12　買入十六個12月馬克期貨契約125,000×16×0.5895
　　　　　　＝US$1,179,000

　　期貨市場獲利$1,233,000－$1,179,000＝$54,000

　　C.實際收入$1,188,000＋$54,000＝$1,242,000

D.避險效率$=1-\dfrac{\sigma^2(B)}{\sigma^2(CP)}=99.91\%$

7320 基差交易

7321

基差（Basis）爲現貨價格與期貨價格間的差額，即Cash Price－Futures Price＝Basis。期貨價格高於現貨價格，稱爲溢價或正常市場（Premium或Normal Market）；現貨價格高於期貨價格，稱爲折價或反轉市場（Discount或Inverted Market）。對於農產品交易，因爲倉儲費用關係，通常爲溢價市場；只有在現貨短缺時才會有折價市場。如1994年3月9日黃豆現貨每浦式爾6.59美元，3月期貨6.71美元，稱"12 Under"，指現貨價低12美分。反之，如現貨價高，稱"Over"。對於外幣期貨，基差取決於兩種貨幣的相對利率。如外幣利率高於美元，則外幣期貨爲折價市場；如外幣利率低於美元，則外幣期貨爲溢價市場。對於債券期貨，因爲債券利率通常高於短期利率，以短期利率融通購買長期債券，利息上有利益，所以債券期貨價格通常低於現貨價格。影響基差變動之因素：

(1)收斂（Convergence），指在期貨契約接近交割時，期貨價格會趨向於現貨價格的現象，爲持有成本的蛻變（Decay）。在交割日，期貨變成現貨，兩者相等，基差爲零。如下圖：

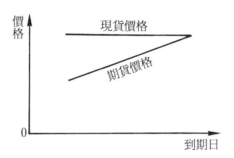

(2)持有成本（Cost of Carry），持有現貨會產生收入或費用，稱 Payout。產生之收入如債券利息，稱 Positive Payout；產生之費用，如融資成本及倉儲費用，稱為 Negative Payout。收入大於支出時，為正基差（Positive Basis）；支出大於收入時，為負基差（Negative Basis）。在理論上，期貨價格應等於現貨成本，加支出減收入。對於外幣期貨言，期貨價格應等於即期匯率加美元借款成本減外幣投資收入。

7322

基差交易（Basis Trading），指在基差偏離常軌（Out of Line）或預期基差會發生變化時，買入現貨賣出期貨或賣出現貨買入期貨，期貨與現貨同時一買一賣的操作。基差交易有兩個支柱，一為現貨，一為期貨；一為多頭，另一為空頭。期貨與現貨價格變動之方向相同，但由於期貨價格係決定於避險人與投資人供求的交互影響，其與現貨價格間差距也時有變動。經由基差交易之操作，可使兩者維持適當之關係。由於基差變動遠低於現貨或期貨之變動，所以基差交易風險較低，但其獲利亦低。

基差交易基本原則：

(1)基差為正時，即現貨價格大於期貨價格：

⒜兩者均上漲，但期貨上漲較大，則
先買入期貨賣出現貨，俟價格變動
後，再賣出期貨買入現貨。

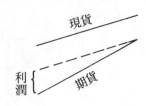

⒝兩者均上漲，但現貨上漲較大，則
先賣出期貨買入現貨，俟價格變動
後，再買入期貨賣出現貨。

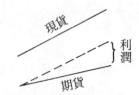

⒞兩者均下跌，但期貨下跌較大，則
先賣出期貨買入現貨，俟價格變動
後，再賣出現貨買入期貨。

⒟兩者均下跌，但現貨下跌較大，則
先買入期貨賣出現貨，俟價格變動
後，再賣出期貨買入現貨。

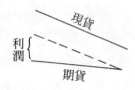

⑵基差爲負時，即期貨價格大於現貨價格：
⒠兩者均上漲，但現貨上漲較大，則
先賣出期貨買入現貨，俟價格變動
後再買入期貨賣出現貨。

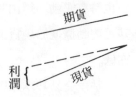

(f)兩者均上漲，但期貨上漲較大，則
先買入期貨賣出現貨，俟價格變動
後再賣出期貨買入現貨。

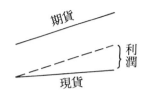

(g)兩者均下跌，但現貨下跌較大，則
先買入期貨賣出現貨，俟價格變動
後再賣出期貨買入現貨。

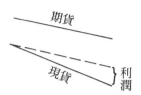

(h)兩者均下跌，但期貨下跌較大，則
先賣出期貨買入現貨，俟價格變動
後再買入期貨賣出現貨。

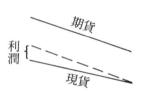

(3)買入期貨賣出現貨稱買入基差（Buy Basis），基差正值縮小(a)及
(d)，或基差負值擴大(f)及(g)時可獲利。賣出期貨買入現貨稱賣出
基差（Sell Basis），基差正值擴大(b)與(c)，或基差負值縮小(e)及
(h)時可獲利。

7323

　　均衡基差（Equilibrium Basis）：期貨價格等於現貨價格加產生之
費用減產生之收入，此時之基差稱均衡基差。

　　就外幣期貨言，基差反映兩國間利率差異，通常以歐元市場利率計
算。因為歐元市場沒有流動性之限制，也沒有存款準備及最高利率之規
定。理論上，均衡基差計算公式：

　　均衡基差＝即期匯率（歐洲美元利率－歐洲通貨利率）×到期日天

數÷360 或 365（360 天適用於美元、馬克及日圓，365 天適用於美元與英鎊）

例：設馬克／美元即期匯率為US\$1＝DM 1.60，歐元市場，美元利率為 5%，馬克利率為 8%，則九十天均衡基差應為 1.60×（5%－8%）×90/360＝－0.012，三個月馬克期貨價格應為US\$1＝DM 1.612。

7330 價差交易

7331

價差（Spread），指期貨市場各個期貨契約間價格之差異。價差交易（Spread Trading）指買入一個期貨契約並賣出另一個期貨契約的謀利操作。價差交易有兩個支柱（Legs），均為期貨，只是時間、地點或商品不同，一買一賣。

7332

交割期間價差交易(Interdelivery Spreading)：因兩個期貨契約時間不同的價差，稱為時間價差（Time Spread），亦稱交割期間價差（Interdelivery Spread）或市場內價差（Intramarket Spread）。在英國LIFFE，稱跨式交易（Straddle Trading），指買入某一標的商品的某一交割月期貨，並同時賣出同一交易所同一標的商品的另一交割月期貨。因為標的商品相同，一個多頭，一個空頭，漲時同漲，跌時同跌，只是漲跌幅度不同，但大部分盈虧可相互沖銷，風險不大，保證金標準約為單一交易之一半。交割期間價差可分為看漲價差（Bullish Spread）與看跌價差（Bearish Spread），前者亦稱買入價差（Buy Spread）或多頭價差（Long Spread），指買入近期交割月並賣出遠期交割月的交易，投資人認為近期比遠期強，可做此項操作；後者亦稱賣出價差(Sell Spread）或空頭價差（Short Spread），指買入遠期交割月賣出近期交割月的交易，投資人認為遠期比近期強，即近期月下降比遠期月快速，可做此項操作。投資人如認爲絕對價格水平上升，近期上升比遠期大，可買入價差；如認爲絕對價格水平下降，近期下降比遠期大，可賣出價差。

對於外幣期貨言，交割期間價差交易，稱爲同一外幣間價差(Intra-currency Spread)交易，指同一外幣不同交割月契約一買一賣的操作。投資人關心的是兩個期貨契約間相對價格的變化，而不是絕對價格水平的高低，此稱價差交易。事實上可認爲是兩個基差交易的合併，如6月與9月間價差交易，等於一個現貨與9月期貨間基差交易與一個現貨與6月期貨間基差交易的差額(June-to-September Basis＝Spot-to-September Basis－Spot-to-June Basis)。

7333

市場間價差交易 (Intermarket Spreading)：爲空間價差 (Location Spread)的交易，指買入某一交易所某一標的商品的某一交割月的期貨契約，並同時賣出另一交易所同一商品同一交割月的期貨契約的操作。如CBOT的T-Bond期貨價格比NYFE的T-Bond期貨價格低，即可買入CBOT的期貨並賣出NYFE的期貨。市場間價差交易風險不大，但因爲兩筆交易分屬兩個不同的交易所，不能享受低保證金的優惠。由於通訊發達，且各個交易所期貨規格及報價方式相同，市場間價格如有差異一目了然，市場會迅速調整，已不易發生裁定機會。

SIMEX與CME間已建立相互沖銷制度(Mutual Offset System)，如某投資人在CME有空頭日圓部位，當美國市場收市亞洲市場開市後，日圓價格上升，該投資人爲避免繼續虧損，可在SIMEX買入日圓期貨契約沖銷CME之空頭部位。此項操作雖然是不同市場一買一賣，但其效果是沖銷部位而不是建立一個價差部位，也就不是價差交易。

7334

商品間價差交易 (Intercommodity Spreading)：指買入某一標的

商品某一交割月的期貨，同時並賣出不同但相關標的商品同一交割月的期貨的操作。惟如兩個期貨不能維持同方向變動時，只能算是兩個不相關的交易，不能稱為價差交易。

對外幣期貨言，稱為外幣間價差交易（Intercurrency Spreading），因德國馬克與荷蘭幣匯率走勢大致相同，在CME剛開辦外幣期貨時，兩者均上市，如果兩者差距（Spread）偏離正常，就可以做價差交易的操作（目前荷蘭幣期貨已下市）。

7335

蝶形價差交易（Butterfly Spreading）：指同時買入並賣出三個不同交割月期貨契約的價差操作，內中包括兩個方向相反，且中間交割月相同的兩個交割月間價差交易，可視為兩個交割期間價差交易的合併。如賣出一個 6 月馬克期貨，買入兩個 9 月馬克期貨，並賣出一個 12 月馬克期貨，即構成一個蝶形價差，因為係由一個看跌價差（賣出 6 月買入 9 月）與一個看漲價差（買入 9 月賣出 12 月）的組合，為兩個價差的價差（Spread of Spreads），風險較低。投資人如認為近期價差相對於遠期價差會加強，即正值較大，負值較小時，可買入蝶形價差；反之，則賣出蝶形價差。

第四節　我國之期貨市場

7410　發展歷史

7411

臺灣在日據時代，即有穀物期貨交易，係利用收音機播報之稻米期貨價格作為賭博之工作，其後因戰爭而終止。臺灣光復以後亦未再興起。

7412

民國 68 年 9 月，香港經紀人將香港的期貨交易方式引進臺灣，設立機構，辦理地下期貨交易，一時期貨交易盛行，全臺灣可能多達三、四百家期貨公司。買賣之期貨商品包括日本的紅豆、棉花、生絲與美元(稱日盤)；美國之黃金與豬腩等 (稱美盤)。因為期貨公司多係與顧客對賭或轉交大盤商承接，並未下單到國外交易所，所以問題層出不窮，於民國 72 年遭警方取締後而消聲匿跡。

7413

民國 76 年 7 月我國外匯開放，資金匯出方便，兼以路透社及美聯社 (Telerate) 以銀幕報導期貨價格，期貨公司再度復活，以高科技資訊設備及富麗豪華的門面在全國各地興起。其買賣期貨商品，包括美國之黃金、白金、銀、豬腩、T-Bond及S&P 500 等，香港之黃金及日本之紅豆等。

7414

臺灣合法的期貨交易，始於民國 60 年 7 月美林 (Merill Lynch) 來臺設立分公司，依照「大宗物資國外期貨交易管理辦法」(70 年修正為「重要物資國外期貨交易管理辦法」，現已廢止。) 辦理玉米、黃豆、小麥及棉花等期貨下單美國期貨交易所。

7420 臺灣期貨市場

7421

81 年 7 月 10 日「國外期貨交易法」經立法院通過，並自 82 年 1 月 10 日起施行，主管機關訂為財政部證券管理委員會。證管會依此訂定「期貨經紀商管理規則」、「期貨經紀商設置標準」、「期貨經紀商負責人及業務人員管理規則」，以及「期貨交易顧問事業之管理及監督事項」等法規。

83 年 1 月 7 日行政院核定開放十一家國外交易所及其期貨商品六十項，以便進行國外期貨交易。

證管會即著手修訂證券交易法及制定期貨交易法，俾成立我國自己的期貨市場。

7422

臺灣股票市場交易值很大，而且變動頻繁，是一個很好的期貨標的，所以芝加哥商業交易所（CME）與新加坡國際金融交易所（SIMEX）於 1997 年 1 月 9 日同時上市以臺灣股票指數爲標的的期貨契約。CME 上市者係經由Globex電子撮合交易，標的爲道瓊臺灣指數（MSCI Taiwan Index），以臺灣證券交易所上市股票中 117 種股票的市值加權計算。SIMEX上市者係經由人工喊盤交易，標的爲摩根臺灣指數（DJGI Taiwan Index），以臺灣證券交易所上市股票中 77 種股票的市值加權計算。

86 年 3 月立法院通過期貨交易法，內包含國外期貨交易，所以國外期貨交易法同時廢止。87 年 7 月 21 日臺灣股票指數本土期貨正式上市交易，其交易標的爲臺灣證券交易所所編發行量加權股票指數電子撮合交易，各項規定如次：(1)上市契約爲交易當月連續兩個月，再加 3 月、6 月、9 月及 12 月中三個接續的季月，共計五個月份契約；(2)契約價值爲指數乘以新臺幣 200 元；(3)每個契約原始保證金新臺幣 14 萬元，維持保證金 11 萬元，結算保證金 9 萬元；同年 8 月 19 日分別降爲 12 萬元，9 萬元及 8 萬元；惟期貨商可視交易人信用要求交易人提高保證金以降低信用風險；(4)部位限制：交易人任何時間持有各月份契約未平倉部位總和限制，自然人爲一百口，法人機構爲三百口，法人機構基於避險要求得向期貨交易所申請免除部位限制；(5)升降單位：指數一點，價值爲新臺幣 200 元；(6)漲跌幅限制爲 7％與股票市場同；(7)最後交易日爲各交割月第三個星期三、次一營業日爲最後結算日及新契約開始交易日；

⑻交割方式：現金結算；⑼交易時間：上午九時至中午十二時十五分；

⑽稅負：交易稅 0.05%，買賣雙方同時繳付；手續費買賣雙方各新臺幣

1,200 元。

參考題目

一、解釋下列名詞

1. Futures Markets
2. Futures Contracts
3. Underlying Commodity
4. Financial Futures
5. Currency Futures
6. Interest Rate Futures
7. Stock Index Futures
8. Principle of Substitution
9. Leverage
10. Performance Bond Margin System
11. Daily Mark to Market Settlement
12. Open Outcry Auction System
13. Hedgers
14. Futures Commission Merchants, FCM
15. Introducing Brokers, IB
16. Floor Brokers
17. Floor Traders
18. Basis Trading
19. Spread Trading
20. Position Trading
21. Scalpers
22. Day Traders
23. Position Traders
24. Futures Exchanges
25. Clearing Houses
26. Orders
27. Convergence
28. Delivery
29. Financial Safeguard System
30. Margin
31. Tick
32. Market Orders
33. Price Limit Orders
34. Time Limit Orders
35. Contingency Orders
36. Stop Orders
37. Stop-limit Orders
38. Market-if-touched Orders, MIT

39. Fill or Kill Orders, FOK

40. Day Orders

41. Spread Orders

42. Open Interest

43. Outright Trading

44. Equilibrium Basis

45. Interdelivery Spreading

46. Intermarket Spreading

47. Intercommodity Spreading

48. Butterfly Spreading

49. Beta

50. System Risk

51. Non-system Risk

二、回答下列問題

1. 試述期貨及期貨市場之意義及其類別。

2. 試述期貨契約之特性。

3. 說明外幣期貨與遠期外匯之異同。

4. 試述期貨市場的經濟功能及其成功因素。

5. 試簡述期貨市場之⑴交易程序，⑵清算程序，⑶交割程序。

6. 試簡述期貨市場之財務保障制度。

7. 試述委託之意義及其主要類別。

三、計算題

1. 就下列資料，求各個外幣期貨契約一個最低變動幅度（Tick）的價值。

Currency Futures

Monday, November 15,　1993

	Open	High	Low	Settle	Change	Lifetime High	Lifetime Low	Open Interest
JAPAN YEN　(CME)　−12.5 million yen; $ per yen　(.00)								
Dec	.9440	.9478	.9337	.9376	−.0100	.9950	.7970	68,706
Mr 94	.9450	.9505	.9372	.9406	−.0100	.9930	.8700	7,736
June	.9490	.9490	.9440	.9440	−.0100	.9945	.8540	168

Est vol 38,498; vol Fri 41,439; open int 76,635, −5,820.

DEUTSCHEMARK (CME) −125,000 marks; $ per mark

Dec	.5915	.5931	.5884	.5895	−.0026	.6650	.5657	127,517
Mr 94	.5876	.5889	.5847	.5857	−.0026	.6205	.5646	5,056
June	....	....	....	.5829	−.0026	.6162	.5607	302

Est vol 44,738; vol Fri 56,874; open int 132,881, +191.

CANADIAN DOLLAR (CME) −100,000 dlrs.; $ per Can $

Dec	.7607	.7607	.7535	.7571	−.0036	.8310	.7425	28,190
Mr 94	.7548	.7560	.7521	.7554	−.0036	.7860	.7394	2,720
June	.7540	.7540	.7510	.7535	−.0036	.7805	.7365	845
Sept	.7515	.7515	.7510	.7515	−.0036	.7740	.7330	288
Dec	....	....	....	.7498	−.0036	.7670	.7290	216

Est vol 8,112; vol Fri 4,259; open int 32,260, −249.

BRITISH POUND (CME) −62,500 pds.; $ per pound

Dec	1.4906	1.4922	1.4826	1.4860	−.0044	1.5670	1.3930	36,990
Mr 94	.4806	1.4840	1.4750	1.4788	−.0044	1.5550	1.3950	1,836
June		....	....	1.4724	−.0044	1.5300	1.4350	89

Est vol 12,175; vol Fri 29,718; open int 38,905, −3,136.

SWISS FRANC (CME) −125,000 francs; $ per franc

Dec	.6710	.6723	.6675	.6693	−.0023	.7212	.6400	69,786
Mr 94	.6680	.6709	.6660	.6678	−.0024	.7195	.6470	1,039

Est vol 17,427; vol Fri 23,364; open int 60,873, +418.

AUSTRALIAN DOLLAR (CME) −100,000 dlrs.; $ per A.$

Dec	.6550	.6570	.6506	.6563	−.0012	.7117	.6392	4,059

Est vol 987; vol Fri 906; open int 4,094, +3.

U. S. DOLLAR INDEX (FINEX) −1,000 times USDX

Dec	94.89	95.49	94.66	95.31	+.56	97.30	91.34	9,037
Mr 94	95.58	56.19	95.50	96.10	+.58	98.00	91.78	2,500

Est vol 2,000; vol Fri 3,819; open int 11,590, −661.

The index: High 95.10; Low 94.47; Close 94.95＋.45

Asian Wall Street Journal.

2.依照 1993 年 11 月 15 日CME日圓期貨交易資料，設交易所規定原始保證金爲 US$1,500元，維持保證金US$1,000，昨天買賣雙方保證金帳戶餘額均爲US $1,400元。

　　求：⑴1993 年 12 月日圓契約，買賣雙方之盈虧。

　　　　⑵買賣雙方保證金帳戶之變動情形及追加保證金之金額。

3.某甲於 1990 年 9 月 11 日於CME買入十個 1991 年 3 月份日圓期貨契約，價格 爲.7139，於 1991 年 1 月 21 日賣出，期貨價格爲.7541，試計算其盈虧。

4.依照 1993 年 11 月 15 日CME外幣期貨交易資料，計算買方未了結 12 月期貨契約之盈虧。

5.某美國進口商自德國進口商品，以馬克計價，計 500 萬馬克，預計一個月後付款，爲免馬克升值，擬利用期貨市場避險。已知：

現　貨　市　場			期貨市場	基差
			(6 月)	(Point)
1994.3.1	US$1＝DM 1.7080	DM 1＝US$.5855	.5818	37
1994.3.31	US$1＝DM 1.6713	DM 1＝US$.5983	.5972	11

　　求：⑴該進口商實際成本。

　　　　⑵避險結果及其差異原因。

6.某日本出口商對美國出口商品，以美元計價，計 100 萬美元，預計一個月後收款，爲免美元貶值（日圓升值），擬利用CME日圓期貨避險。已知：

現　貨　市　場			期貨市場	基差
			(6 月)	(Piont)
1994.3.1	US$1＝¥104.50	¥100＝US$.9569	.9605	−36
1994.3.31	US$1＝¥102.53	¥100＝US$.9753	.9821	−68

　　求：⑴該出口商實際收入。

　　　　⑵避險結果及其差異原因。

7. 某投資人持有美國T-Bond, Coupon 14%，面值1,000萬美元，Conversion Factor 1.6216，爲免因利率上升遭受損失，擬利用期貨市場避險。已知：

	Cash	Futures
買入時：	@120	@73−16
賣出時：	@115	@70−29

求其避險結果。

（註：本題取材自CBOT資料）

8. 某公司借入500萬美元，利率爲LIBOR加0.75% p.a.，三個月展期一次，爲免利率上升，擬利用歐洲美元期貨避險。已知：

		現貨市場	期貨市場	基差
3/1	歐元利率	6%	歐元期貨價格93.75 隱含利率6.25%	0.25
6/1	歐元利率	7.5%	歐元期貨價格92.35 隱含利率7.65%	0.15

求避險結果。

9. 1987年10月19日（星期一）美國股市大崩盤，10月20日收盤時，S&P 500由16日之282.25降至20日之216.25，求S&P 500期貨買方每個契約的損失。

10. 某投資人持有債券面值5,000,000元，Conversion Factor爲1.3425，設如利用債券期貨避險，應賣出期貨契約若干？

11. 買入息票8% T-Bond價格100元，短期借款利息6%，求三個月及六個月債券期貨價格。

12. 某日收盤時，投資人買入歐元債券價格爲94.75，繳付T-Bill $2,500原始保證金，維持保證金爲$2,000。求：(1)歐元期貨跌至94.55，(2)再跌至94.42，(3)反彈爲94.66時，保證金帳戶之變動情形。

13. 某公司3/1借款$10,000,000，預定6/1展期，爲免因利率上升增加負擔，擬利用歐洲美元期貨避險。已知：

	90天LIBOR	歐洲美元期貨價格	隱含LIBOR	基差(Point)
3/1	7.35%	92.75	7.25	10

6/1 ⑴	8.00%	92.05	7.95	5
⑵	6.50%	93.55	6.45	5

14. 某基金經理 3/1 持有面值$10,000,000 的 T-Bills，滿期日一百五十天，預計將於

　　十五天後出售，惟免於出售時價格下跌，擬利用期貨避險。已知：

　　3/1，　T-Bill Yield為 7%，T-Bill期貨價格 92.95。

　　3/15，出售 T-Bills時：

　　⑴T-Bill Yield 7%，期貨價格 92.95

　　⑵T-Bill Yield 8%，期貨價格 91.90

　　⑶T-Bill Yield 6%，期貨價格 93.90

　　求出售價格及避險結果。

第八章　選擇權市場

本章重點

1. 第一節說明選擇權之意義及類別、選擇權之交易市場、選擇權契約之內容與特性、選擇權市場報價與市場報導，以及選擇權市場之功能。

2. 第二節說明權利金之意義及其決定因素，以及選擇權之導函數，包括 Delta、Gamma、Vega 及 Theta 等。

3. 第三節說明選擇權公平價值之意義及主要模擬訂價模式、賣權買權平價式。

4. 第四節說明交易所市場之操作，包括單純買賣、複合操作，以及與商品市場之聯合操作。

5. 第五節說明店頭市場之操作，包括 Caps、Floors、Collar、PIRA、Corridor、IRG、Swaption 及 Warrants 等。

6. 第六節說明選擇權交易保證金及其計算。

第一節　選擇權市場概說

8110　選擇權之意義

8111

選擇權(Options)：亦稱期權，是一個契約(Contract)，契約的買方 (Buyer)，於支付一定價格 (Option Price) 後，取得權利 (Right)，可於一未來日期（A Given Date）或其以前，以一定價格（Fixing Price），自契約賣方 (Seller) 買入或對其賣出一定數量 (Fixed Quantity) 之特定標的商品 (Specified Underlying Commodity)。

上項契約中，買方亦稱契約持有人(Holder或Owner)；賣方亦稱契約的承做人 (Writer) 或權利的授予人 (Grantor)；賣方賣出契約的行為，稱為承做 (Write) 或授予 (Grant)；買賣契約的價格，一般稱為權利金 (Premium)；一定價格稱為行使或履約價格 (Exercise Price) 或敲定價格 (Strike Price)；特定標的商品，亦稱標的利益 (Underlying Interest)、標的工具 (Underlying Instrument) 或標的證券 (Underlying Securities)，指在選擇權交易所(Options Exchanges)、期貨交易所 (Futures Exchanges)、證券交易所 (Securities Exchanges) 或店頭市場(Over-the-counter, OTC Markets)，可做為買賣選擇權契約主體 (Subject) 的商品 (Commodity) 或金融工具 (Financial Instruments)，包括穀物 (Grains)、產品 (Products)、物件 (Articles)、黃金 (Golds)、白銀 (Silvers)、債券 (Bonds)、勞務 (Services)、權利 (Rights)、指數 (Indexes) 或類似任何東西或其期貨契約 (Futures Contracts)。標的商品如為外幣 (Foreign Currencies)、外幣期貨 (Currency Futures) 或貨幣匯率指數 (Currency Index) 或其期貨，

稱外幣或通貨選擇權（Currency Options）；標的商品如爲利率（Interest Rates）、債券（Bonds）或其期貨，稱爲利率選擇權（Interest Rate Options）；標的商品爲股票（Stock）、股票指數（Stock Index）或其期貨，稱爲股票選擇權（Stock Options）。以上三類屬於金融性選擇權（Financial Options）。

8112

　　買方因支付權利金而取得者爲權利而非義務。其取得購買之權利者，稱爲買入選擇權或敲進權（Call Options），簡稱買權（Calls）；其取得賣出之權利者，稱爲賣出選擇權或敲出權（Put Options），簡稱賣權（Puts）。權利金支付日（Premium Payment Date），交易所市場通常就是成交當日或次日，店頭市場則在成交後一日或二日[71]。因通貨交易，係以貨幣買賣貨幣，所以以美元買入英鎊的買入選擇權（Call），也是對英鎊賣出美元的賣出選擇權（Put）。一個美國進口商買入英鎊買權（美元賣權），而一個英國出口商買入美元賣權（英鎊買權），兩者相同。一個美國出口商買入英鎊賣權（美元買權），一個英國進口商買入美元買權（英鎊賣權），兩者相同。

　　美國出口商、英國進口商買入£Put/$Call。

　　美國進口商、英國出口商買入£Call/$Put。

8113

選擇權契約與期貨契約之差異：

⑴期貨契約對買賣雙方言，均有行使契約之權利，也均有行使契約之義務。如未在滿期前以一個相反的契約予以沖銷，則必須辦理交割。選擇權契約對買方言是一種權利，但非義務。如行使權利沒有利益，如買入選擇權的行使價格高於市價，或賣出選擇權的

[71]參閱BIS, "*Recent Innovations in International Banking,*" p. 62.

行使價格低於市價，買方可放棄行使權利。對賣方言，如買方要求行使契約權利，則賣方就有履約義務。

對於期貨選擇權，如買方行使買權權利後，則買方爲期貨多頭，賣方爲期貨空頭；如買方行使賣權權利後，則買方爲期貨空頭，賣方爲期貨多頭。

(2)買賣選擇權的交易人對市價變動的預期，通常沒有期貨交易人來得強烈。換言之，選擇權交易是一種較爲保守的策略。如交易人認爲市價絕對會上漲(強烈利多)，可買入期貨；如認爲市價可能上漲，但也不無下跌的可能(中度利多)，可買入買權(Buy Call)或賣出賣權(Sell Put)；如認爲市價絕對會下跌(強烈利空)，可賣出期貨；如認爲市價可能下跌，但也不無上漲的可能(中度利空)，可買入賣權(Buy Put)或賣出買權(Sell Call)。期貨交易，如判斷正確，獲利最多；如判斷錯誤，損失最多。選擇權買方，如判斷正確，可獲利，但不如期貨多；如判斷錯誤有損失，損失以權利金爲限。選擇權賣方，如判斷正確，可獲利，但以權利金爲限，如判斷錯誤，損失可能很大，但比期貨低。

正如俗語所說：要吃得好買賣期貨，要睡得好買賣選擇權！

(3)風險與報酬(Risk/Return)結構不同，期貨買賣雙方均有無限風險與無限利益，價格上漲時買方盈賣方虧，價格下跌時賣方盈買方虧(圖8-1)。

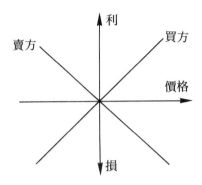

圖 8-1 期貨契約風險報酬圖

選擇權之買方有有限風險無限利益，選擇權的賣方有無限風險有限利益，買方風險也就是賣方利益以權利金為限。對於買權，價格超過行使價格後買方有利賣方有損，其損益平衡點為行使價格加權利金 (圖 8-2)。對於賣權，價格低於行使價格後買方有利賣方有損，其損益平衡點為行使價格減權利金 (圖 8-3)。

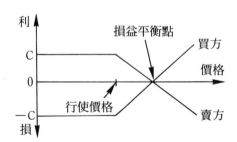

圖 8-2 買權契約風險報酬圖

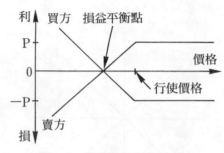

圖 8-3　賣權契約風險報酬圖

(4)選擇權種類比期貨多，選擇權可分爲買權與賣權，且行使價格有
多種，可稱爲多彩多姿。期貨與選擇權均是零和遊戲（Zero-sum
Game）。買方盈，賣方虧；賣方盈，買方虧；雙方均有獲利機會，
也均有虧損可能；正如佛利得曼（Milton Friedman）所稱「天
下沒有白吃的午餐」(There is no such thing as a free
lunch.)。

8120　選擇權之類別

8121

選擇權契約：基本上可分爲買權（Calls）與賣權（Puts）兩大類型
（Type）。如買入英鎊買權與買入英鎊賣權，兩者完全不同；前者在價
格上漲時對買方有利，後者在價格下跌時對買方有利。

8122

因契約月（Contract Months）或到期日（Expiry Dates）不同，
選擇權可分爲不同級別（Class）。如3月英鎊契約與6月英鎊契約是不同
級的契約⑫。

---

⑫惟依照Allan H. Pessin and Ronaid T. Hyman, "*The Securities Indus-*
try"之"Options" p. 2所載，相同標的證券相同類別（Put or Call）之選擇權
爲Class；相同標的證券相同類別行使價格及滿期月相同者爲Series。

買賣選擇權的交易所，通常將選擇權（特別是金融性選擇權）分成三個循環，1、4、7及10月為一個循環，2、5、8及11月為一個循環，3、6、9及12月為一個循環。金融性選擇權很多只買賣後一循環。美國證券交易所買賣股票選擇權，多將股票平均分配三個循環。

交易所上市契約，通常期限為兩年，即在任何時間可買賣八個不同級的契約。如目前為4月，可買賣今年6、9及12月契約，明年3、6、9及12月契約，以及後年3月的契約；惟時間越遠，流動性越低，成交可能性亦低。

近年來由於選擇權市場發展迅速，契約月在增加，期限在延長。如CME買賣外幣選擇權除3、6、9及12月之循環月外，另增1、4、7及11月循環月；此外還增加買賣當月（Spot）。又在期限方面，也有為期超過兩年的契約。

8123

同一標的商品同一類型（Type）且同一級（Class）的選擇權，因行使價格不同，可分為不同序列（Series）。如兩個買入3月英鎊選擇權，行使價格一為1.55美元，一為1.60美元，即屬同類同級不同序列的選擇權。交易所對選擇權行使價格及其間間隔均有規定。如CME的日圓、馬克、加元及瑞士法郎契約，行使價格通常有五至六個，以當前市價為準，上下各有二至三個，隨市價調整；其間隔為0.5美分，英鎊契約則為2.5美分。對於股票選擇權，證券交易所對股價介於5至25美元者，規定間隔為$2\frac{1}{2}$點；股價介於25至200美元者，間隔為5點，稱為5點間隔（5-point Intervals）；股價在200美元以上者，間隔為10點，稱為10點間隔（10-point Intervals）[73]。

---

[73]參閱Scott H. Fullman, *"Options, A Personal Seminar,"* p. 5.

例如，A $400 March Gold Call Option，其標的商品爲黃金，類別爲買權，滿期日爲 3 月，行使價格爲每盎斯 400 美元，如下表[74]：

	Underlying Commodity	Type	Class	Series
標的商品	Gold			
Call或Put		A Gold Call		
滿期日			A March Gold Call	
行使價格				A $400 March Gold Call

8124

買方可在契約到期前任一日行使選擇權者，稱爲美國式選擇權（American Options）；其只能在到期日行使選擇權者，稱爲歐洲式選擇權（European Options）；其可在限定的幾個日期或某一段時日（Range of Dates）內行使選擇權者，稱爲改良歐洲式選擇權（European Options Modified, EOM）。

8125

選擇權契約在到期前，買方有三個選擇：(a)如行使沒有利益，可放棄行使權利，任其逾期失效；(b)出售一個同一標的商品同一類型同一級別且同一序列的選擇權，即與原先買入的選擇權完全相同的契約，使兩者相互沖銷（Offsetting）。買入與賣出權利金之差額即其損益；(c)行使

---

[74]參閱Kaufman, *"The Concise Handbook of Futures Markets,"* pp. 3-7.

選擇權，使賣方交割（Delivery）。

選擇權依其交割之性質，可分爲:

(1)對於期貨選擇權（Options on Futures），交割期貨契約（Futures Contracts），期貨交易所買賣之選擇權多屬此類。買權的交割，使買方成爲期貨多頭，賣方成爲期貨空頭；賣權的交割，使買方成爲期貨空頭，賣方成爲期貨多頭。如CME之英鎊買權，交割後，買方爲英鎊期貨多頭，賣方爲英鎊期貨空頭；又CME英鎊賣權，交割後，買方爲英鎊期貨空頭，賣方爲英鎊期貨多頭。

與現貨選擇權比較，期貨選擇權更具流動性[75]。

(2)現貨選擇權（Options on Spot），交割實物（Actuals或Physical），證券交易所買賣之選擇權多屬於此類。買方按契約價值交付貨幣，賣方交付標的商品。如PHLX英鎊買權交割時，買方支付美元收進英鎊，賣方支付英鎊收進美元。又PHLX英鎊賣權交割時，買方支付英鎊收進美元，賣方支付美元收進英鎊。

(3)交割現金（Cash），所有交易所買賣指數選擇權（Index Options），多以行使價格（Strike Price）即買入指數與結算指數（Settlement Index）之差額，以現金支付。如Finex買賣美元指數選擇權（USDX），每1點代表1,000美元，如指數相差2點，賣方應對買方支付2,000美元。又如CME之S&P 500股票指數，每1點代表500美元，如指數相差2點，賣方應對買方支付1,000美元。

8126

期貨式選擇權（Futures-style Options）[76]，LIFFE買賣選擇權，買方並非一次繳足權利金，買賣雙方均繳付保證金，每日並按選擇權結

---

[75]參閱Labuszewski & Nyhoff, *"Trading Options on Futures,"* p. 3.

[76]參閱Grabbe，*"International Financial Market,"* p. 115.

算價格調整保證金，此種作法與期貨相同。例如LIFFE英鎊買權，行使價格爲£1＝US$1.550，權利金爲 2.65 美分，即每英鎊 0.0265 美元，則每契約權利金爲 62,500×0.0265＝$1,656.25。設英鎊上漲，買方權利金上升爲 3.75 美分，則每契約權利金爲 62,500×0.0375＝$2,343.75，權利金增加 687.50 美元，賣方應追加保證金 687.50 美元，買方可收回保證金 687.50 美元。

8127

行使價格與標的商品現貨價格（證券交易所）或期貨價格（期貨交易所）比較，有三種情況：

(1)兩者相等，稱爲平身價選擇權（At-the-money, ATM Options）。相接近者，稱近身價選擇權（Near-the-money, NTM Options）。

(2)買權的行使價格低於現貨或期貨價格，或賣權的行使價格高於現貨或期貨價格，買方行使選擇權時可獲得利益，稱爲有身價選擇權（In-the-money, ITM Options）。

(3)買權的行使價格高於現貨或期貨價格，或賣權的行使價格低於現貨或期貨價格，稱爲無身價選擇權（Out-of-the-money, OTM或OOTM Options）。買方行使選擇權時得不償失，買方將不會行使權利。

上述三種情況，可以下表表示：

類　　　別	買　　權	賣　　權
有身價選擇權(ITM Options)	現(期)貨價格＞行使價格	現(期)貨價格＜行使價格
平身價選擇權(ATM Options)	現(期)貨價格＝行使價格	現(期)貨價格＝行使價格
無身價選擇權(OTM Options)	現(期)貨價格＜行使價格	現(期)貨價格＞行使價格

8130　選擇權交易市場

8131

買賣選擇權的市場有兩個：⑴交易所（Exchanges），⑵店頭市場（Over-the-counter, OTC Markets）（詳見 8510 節）。

買賣選擇權的交易所有三：⑴選擇權交易所（Options Exchanges），⑵證券交易所（Securities或Stocks Exchanges），⑶期貨交易所（Futures或Commodity Exchanges）。

8132

選擇權交易所為專門買賣選擇權契約的交易所，主要有下列：

⑴美國芝加哥選擇權交易所（Chicago Board Options Exchange, CBOE），買賣之選擇權計有：股票（Equities）、股票指數（Stock Index）如S&P 100 及S&P 500、長期利率及短期利率。

⑵荷蘭歐洲選擇權交易所（European Options Exchange, EOE），買賣之選擇權計有：股票、荷蘭國債、股票指數、美元及黃金。

⑶澳大利亞Australia Options Market買賣二十九種股票選擇權。

⑷奧地利OTOB買賣五種股票選擇權。

⑸比利時Belgian Futures and Options Exchange買賣六種股票及股價指數選擇權。

⑹芬蘭Finnish Options Market買賣股票指數選擇權。

⑺法國Marche des Options Negociables de Paris買賣二十七種股票及股票指數選擇權。

⑻挪威Norwegian Options Market（NOM）買賣股票及股票指數選擇權。

⑼西班牙Mercado de Optiones Financieras Espanol買賣國債、利率及股票指數選擇權。

(10)瑞典OM Stockholms買賣股票指數、國債及抵押債券選擇權。

(11)瑞士Swiss Options and Financial Futures Exchange, SOF-FEX買賣股票指數選擇權。

(12)英國London FOX買賣農畜產品及Baltic Freight Index選擇權。

(13)英國London Traded Options Market買賣股票及股票指數選擇權。

(14)英國OM London買賣股票指數選擇權。

8133

證券交易所買賣選擇權者，主要有：

(1)美國費城證券交易所（Philadelphia Stock Exchange, PHLX）買賣外幣及指數選擇權。外幣選擇權包括英鎊、馬克、加元、日圓、瑞士法郎、法國法郎、澳元及歐洲通貨單位(ECU)；內中多種外幣選擇權分美式、歐式及改良歐式。指數選擇權包括價值線（Value Line Index）、公用事業指數（Utility Index）、金銀股票指數（Gold/Silver Stock Index）及店頭市場股票指數（National Over-the-counter Index）。

(2)紐約證券交易所（New York Stock Exchange, NYSE）買賣NYSE綜合指數（NYSE Composite Index）。

(3)美國證券交易所（American Stock Exchange, AMEX）買賣Major Market Index、Institutional Index、Computer Technology Index及Oil Index。

(4)美國Pacific Stock Exchange買賣Financial News Composite Index。

(5)加拿大Toronto Stock Exchange買賣股票指數選擇權。

(6)加拿大Vancouver Stock Exchange買賣股票及黃金選擇權。

⑺丹麥Futop買賣六種股票、丹麥國債、股票指數及債券選擇權。

⑻日本Nagoya Stock Exchange買賣股票指數選擇權。

⑼日本Osaka Securities Exchange買賣日經指數（Nikkei Stock Average）選擇權。

⑽日本東京證券交易所（Tokyo Stock Exchange, TSE）買賣 Tokyo Stock Price Index、 TOPIX及日本十年國債選擇權。

8134

期貨交易所買賣期貨選擇權：

⑴美國CBOT買賣美國T-Bonds、T-Notes、農產品、Major Market Index、金、銀、債券指數及利率Swap選擇權。

⑵美國CME之Index and Option Market Division買賣S&P 500 指數、Nikkei 225 指數、LIBOR及外幣選擇權。後者包括英鎊、馬克、加元、日圓、澳元、瑞士法郎、英鎊／馬克、馬克／瑞士法郎及馬克／日圓交叉匯率選擇權。

⑶美國Coffee、Sugar & Cocoa Exchange買賣Coffee、Cocoa及 Sugar選擇權。

⑷美國Commodity Exchange買賣黃金、白銀、鋁、銅選擇權。

⑸美國Kansas City Board of Trade買賣小麥及Value Line Stock Index選擇權。

⑹美國MidAmerica Commodity Exchange買賣農產品、金、T-Bonds選擇權。

⑺美國Minneapolis Grain Exchange買賣小麥選擇權。

⑻美國New York Cotton Exchange買賣棉花及其指數之選擇權。

⑼美國New York Futures Exchange買賣NYSE Composite Index及CRB Futures Price Index選擇權。

⑽美國New York Mercantile Exchange買賣白銀、原油及汽油選

擇權。

(11)澳大利亞Sydney Futures Exchange買賣澳元、股價指數及T-Bonds選擇權。

(12)巴西Bolsa Brasileira de Futuros買賣黃金及股票指數選擇權。

(13)巴西Bolsa de Mercadorias & Futuros買賣黃金及美元選擇權。

(14)加拿大Montreal Exchange買賣國債及股票選擇權。

(15)加拿大Toronto Futures Exchange買賣白銀選擇權。

(16)加拿大Winnipeg Commodity Exchange買賣Canola選擇權。

(17)法國Marche a Terme International de France買賣T-Bond、FIBOR、ECU Bond選擇權。

(18)德國Deutsche Terminboerse，DTB買賣T-Bonds、股票指數及股票選擇權。

(19)日本Tokyo Grain Exchange買賣黃豆選擇權。

(20)日本Tokyo International Financial Futures Exchange, TIFFE買賣Euroyen選擇權。

(21)紐西蘭New Zealand Futures & Options Exchange買賣國債、B/A及股票指數選擇權。

(22)新加坡SIMEX買賣Eurodollar、Euroyen、DM及日圓選擇權。

(23)英國International Petroleum Exchange of London買賣原油及汽油選擇權。

(24)英國LIFFE買賣國債、EuroDM、Eurodollar及Sterling利率選擇權。

(25)英國London Metal Exchange買賣金屬選擇權。

8140　選擇權契約之內容與特性

8141

交易所買賣選擇權爲標準化契約（Standardization Contracts），規定如下：

(1)契約金額(Contract Amounts)一定。期貨交易所爲便於避險操作，選擇權契約金額與期貨契約相同，如CME日圓均爲12,500,000圓，馬克及瑞士法郎均爲125,000單位，加元及澳元均爲100,000元，英鎊爲62,500鎊。費城證券交易所（PHLX）買賣外幣選擇權之契約，爲上述CME契約金額之一半。

(2)契約月（Contract Months），亦稱交割月（Delivery Months），爲兼顧流動性及彈性（Flexibility），金融性契約滿期月在早期只有四個，其後，爲適應需要而增加。CME及PHLX爲3、6、9及12月循環月（Quarterly　Cycle），再加上最近三個連續月（Consecutive Months）。

(3)滿期日（Expiry Date），指選擇權契約滿期的日期，在滿期前買方如未行使權利，契約即失去效力，買方不再有權利，賣方也不再有行使之義務。交易所契約的滿期日，均訂在滿期月的某一天，PHLX規定滿期日爲契約月第三個星期三前之星期六中午十二時，惟大部分經紀商均將交易截止時間（Cut-off-time）訂在星期五；CME爲第三個星期三前之第二個星期五。

(4)交易時間(Trading Hours)，均爲交易所當地時間，惟開盤時間及收盤時間不同，且有的交易所將各期契約的開盤時間與收盤時間錯開，以利交易進行。有的交易所，中午休市。契約月最後交易日截止時間多半會提前，以利後續作業。

(5)行使價格（Exercise或Strike Prices），以現貨或期貨價格爲準，上下共計五至六個。如現貨價格變動很大時，行使價格將隨之調整，惟舊有行使價格仍予保留，以利沖銷交易。行使價格乘以契約金額爲行使總價（Aggregate Exercise Price, AEP），爲買方行使時應支付之金額。如英鎊行使價格爲 1.50 美元, 則行使總價爲 62,500×1.50＝93,750 美元。

(6)行使日（Exercise Date）, 行使（Exercise）指選擇權買方決定行使交割或接受交割標的商品的權利, 應依交易所規定通知選擇權賣方。歐式選擇權買方如果決定行使, 行使日即滿期日; 美式選擇權, 行使日可爲滿期日前任一日。逾滿期日, 選擇權契約即失效。

(7)結算日（Settlement Date）, 爲買賣雙方辦理交割標的商品與貨幣的日期, 通常規定在行使日後一或二日。PHLX爲契約月第三個星期三; CME及EOE爲滿期日後之第一個營業日。對於外幣選擇權, 行使後兩個營業日爲交割日（Spot Value Date）, 雙方分別交割貨幣。

(8)委託或下單（Order）, 與期貨市場相似, 例: "Buy 5 DM June 6200 Call for Premium 1.1", 指交易人要買入五個 6 月馬克買權契約, 行使價格爲DM 1＝US$0.6200, 每 1 馬克權利金爲 1.1 美分, 每個契約權利金爲 125,000×0.011＝$1,375。委託執行程序與期貨交易相同。

8142

選擇權契約交易特性:

(1)選擇權交易所市場爲一公開集中交易市場（Public Concentration Trading Markets）, 以公開喊價（Open Outcry）方式做成交易, 並立即經由Reuters及Telerate傳播世界。

美國選擇權交易所場內組織有兩種方式: (a)AMEX與PHLX交易場內設置專業人員(Specialists), 每人負責一種或多種股票, 兼有經紀人與交易商兩種身分, 做成市場並維持合理的買賣差價; (b)CBOE、PSE與MSE, 係使用幾個人員以達成同樣目的，分擔專業人員的風險與責任。CBOE設置場內經紀人（Board Broker, BB），PSE與MSE設置Order Book Official, OBO，作爲各種選擇權交易經紀人的經紀人；每種選擇權交易均另指定幾個市場做成者（Market Makers），爲場內交易商，負責維持市場。

⑵選擇權交易所市場爲有管理的市場（Regulated Markets），交易人及交易方式，受交易所的管理與主管機關之監督。如美國，期貨交易所由CFTC管理；證券交易所由SEC管理。在英國，1985年以前，證券交易所及期貨交易所之業務，係由英格蘭銀行（Bank of England）監視；目前均由證券投資局（Securities and Investment Board, SIB）管理，主管機關爲財政部。

⑶信用風險由清算所（Clearing House）負擔，與期貨相同。清算所爲每一選擇權契約的對手，對買賣雙方信用負責。在美國，CBOE及AMEX、PHLX、PSE、Midwest四家證券交易所之選擇權清算工作由選擇權清算公司（Option Clearing Corporation, OCC）負責，期貨交易所則由各個交易所自行設立的清算所負責；在英國係由清算銀行（Clearing Banks）組成之國際商品清算所（International Commodities Clearing House, ICCH）負責。由於選擇權交易信用風險不對稱，所以清算所採用的保證金制度（Margin System）也不相同。在美國，因買方的責任以權利金爲限，所以買方一次繳付全額權利金，即不再有其他要求；賣方則按期貨方式繳付原始保證金（Initial Margin），並每日按結算價格辦理結算（Marked-to-market Settlement），保證金帳戶餘額低於維持保證金（Maintenance Margin）時，追加保證金（Margin Call），賣方要繳付變動保證金（Variable Margin）。LIFFE則不同，採買賣雙方均繳付保證金之方式，且不分原始保

證金與維持保證金，一有虧損即要追加。保證金標準由風險係數
（Risk Factor）決定，稱Delta-based Margining System（參
閱 8620 節）。

美國聯邦準備銀行（Federal Reserves Bank）對選擇權交
易保證金規定如次：⒜買入選擇權，因為選擇權沒有貸款價值
（Loan Value），投資人（買方）必須繳付全額權利金，也不能
分期付款，所有選擇權均在內。⒝未拋補的賣出（Uncovered
Writing），沒有相反部位的保護，應依規定繳付原始保證金，且
經紀商可訂定更高標準，稱為內規（House Rules）。⒞拋補的賣
出（Covered Writing），因為沒有風險，可免繳保證金。拋補的
賣出，指賣方有標的商品或另一個可沖銷部位（Offsetting
Option　Position）。在外幣Call選擇權方面，如持有賣出Call
Option的外幣存款，以及同一外幣Call Option的買入部位，惟後
者滿期日必須較賣出者相同或更長，行使價格相同或更低；在外
幣Put Option方面，只有持有相同外幣部位的買入部位，其滿期
日相同或更長，其行使價格相同或更高。

⑷部位限制（Position Limits），由於選擇權係由賣方簽發（Writ-
ing），理論上可以無限制地簽發，將會造成交割的困難，所以交
易所訂有部位限制，即對於個人或團體簽發同一選擇權契約的數
量有限制。該項限制包括同一邊買權及賣權合併計算，屬於上漲
一邊（Up　Side），包括Buy　Calls及Sell　Puts；屬於下跌一邊
（Down Side），包括Buy Puts及Sell Calls。對於交易活絡的證
券，限額較高；不活絡者，限額較低。如股票選擇權為 1,000 個
契約，即 100,000 股[77]。

---

[77]參閱Pessin and Hyman, "*The Securities Industry,*" Securities Options
章, p. 26.

⑸行使限制(Exercise Limits)，指交易所對於個人或團體在連續五個營業日內行使選擇權契約數量之限制。Put與Call分開計算，旨在防止投資人囤積以操作市場。如股票選擇權在 1973 年上市時只有一千個契約，目前熱門股爲八千個契約，即八十萬股，非熱門股低至五千五百個或三千個⑱。

⑹申報部位（Reportable Position），規定任一人在其多頭或空頭達到或超過 100 個契約，經紀人應每日向交易所申報⑲。

8150　選擇權市場報價

8151

交易所下單：

例：“Buy a March DM Call Struck at 0.625 for $0.01875”，此係對美國交易所下單「買入一個 3 月馬克買權契約，行使價格爲每馬克 0.625 美元，權利金爲每馬克 0.01875 美元」。一個契約權利金共計：125,000×0.01875＝2,343.75 美元。

8152

店頭市場報價：交易所外幣選擇權契約大都以美元買賣其他貨幣，但在店頭市場則可因應當地顧客需要以當地貨幣買賣美元。如在德國，美元爲外幣，Call選擇權的權利爲買入美元，Put選擇權的權利爲賣出美元。惟在其他國家店頭市場，仍然是以美元買賣馬克。店頭市場報價有多種方式，茲舉例說明如次⑳：

例一：“Buy a March DM Call Struck at DM 1.60 for 0.01875”，此係店頭市場歐式報價，「買入一個 3 月馬克買權契約，行使價格爲

---

⑱參閱Colburn, “*Trading in Options on Futures,*” p. 36.
⑲參閱Pessin and Hyman, “*The Securities Industry*”之“Options,” p. 21.
⑳參閱Faulkner, “*The Currency Options Handbook,*” pp. 22-26.

US$1＝DM 1.60，權利金爲每馬克 0.01875 美元」。一個契約權利金共計 125,000×0.01875＝2,343.75 美元。

例二："Buy a March DM Call Struck at DM 1.60 for 3%"，此係店頭市場歐式報價，「買入一個 3 月馬克Call契約，行使價格爲US$1＝DM 1.60，權利金爲 3%」。一個契約權利金爲 125,000÷1.60×3%＝2,343.75美元。

例三："Buy a March US Dollar Put Struck at DM 1.60 for DM 0.0480 or Pfennigs 4.80"，德國銀行 3 月美元Put，也就是馬克Call，行使價格US$1＝DM 1.60，權利金爲每 1 美元 0.0480 馬克。一個契約權利金共計：125,000÷1.60＝$78,125，78,125×0.0480＝DM 3,750,因Spot價格爲 1.60 馬克，權利金 3,750 馬克等於 3,750÷1.60＝2,343.75美元。

例四："Call on 1m March DM 1.46/1.56; Put on DM March 1m 1.58/1.68"，此係銀行間美式選擇權Bid與Offer雙向報價，3 月馬克，數量爲 100 萬美元，權利金買權買入 0.0146 美元，賣出 0.0156 美元；賣權買入 0.0158 美元，賣出 0.0168 美元。

例五：德國銀行對顧客報價：「US$/DM Put Option, $100,000, Spot 1.6200，行使價格 1.58」，(a)權利金爲美元 1.16%，則權利金總額爲 100,000×1.16×1.58＝DM 1,832.80；(b)權利金爲馬克 1.13%，則權利金總額爲 100,000×1.13%×1.62＝DM 1,830.60；(c)權利金爲每 1 美元 0.0183 馬克，則權利金總額爲 100,000×0.0183＝DM 1,830；(d)權利金爲每 1 馬克 0.0072 美元，則權利金總額爲 100,000×1.58×0.0072＝$1,137.60。

報價也可以行使價格之百分比表示，其彼此間之關係，以英鎊選擇權爲例，如次❽：

$$\frac{\text{US Dollar per £}}{\text{Strike Price}} \times 100 = \% \text{ of Strike Price} = \frac{\text{£ per US Dollar}}{\text{Spot Price}}$$

8160　選擇權市場報導

8161

交易所外幣期貨選擇權：茲以 11 月 16 日《亞洲華爾街日報》報導爲例，說明如次：

(1)標的商品
(2)每一契約日圓數量　及每 100 圓權利金報價
(4)買權結算價格
(5)賣權結算價格

Currency Futures Options
Monday, November 15, 1993

JAPANESE YEN (CME)
12,500,000 yen; cents per 100 yen

(3)行使價格

Strike Price	Calls-Settle			Puts-Settle		
	Dec	Jan	Feb	Dec	Jan	Feb
9300	1.38	2.14	2.52	0.62	1.09	1.47
9350	1.09	1.86	....	0.83	1.30	....
9400	0.84	1.60	....	1.08	1.54	1.92
9450	0.64	1.38	....	1.38	1.82	....
9500	0.47	1.17	1.54	1.71	2.10	....
9550	0.35	0.98	....	2.09	....	....

(6)交易量　　　Est vol 13,586　Fri 6,140 calls 8,404 puts
(7)未平倉數量　　Op int Fri 49,285 calls 79,935 puts

(1)標的商品爲日圓期貨，上市交易所爲CME。

(2)每一契約數量爲 12,500,000 日圓，權利金爲每 100 圓之美分金額。

(3)行使價格共計六個，自 0.9300 美元至 0.9550 美元，其間隔爲0.5美分。

---

⑧參閱Steve Anthony, *"Foreign Exchange in Practice,"* p. 164.

(4)買權結算價格，如 12 月契約，行使價格 0.9300 美元，每 100 圓權利金爲 1.38 美分。則每個契約權利金爲 $12,500,000 \div 100 \times 0.0138 = 1,725$ 美元。

(5)賣權結算價格，如 12 月契約，行使價格 0.9300 美元，每 100 圓權利金爲 0.62 美分。則每個契約權利金爲 $12,500,000 \div 100 \times 0.0062 = 775$ 美元。

(6)交易量(Volume)，本日估計數爲 13,586 個契約，買入或賣出單面計算；前一營業日(週五)，Call爲 6,140 個契約，Put爲 8,404 個契約。兩相比較，本日略有減少。

(7)未平倉數量(Open Interest)，前一營業日(週五)，Call爲49,285 個契約，Put爲 79,935 個契約。

選擇權價格與行使價格有密切關係：(1)時間越長，價格越高；所以不論Call或Put，2 月大於 1 月，1 月大於 12 月；(2)行使價格越高，Call價格越低，所以 9300 價格最高；Put價格越高，所以 9550 價格最高。

8162

交易所債券期貨選擇權：茲以 11 月 16 日《亞洲華爾街日報》報導爲例，說明如次：

(1)標的商品爲美國國庫長期債券（T-Bonds）期貨之選擇權；上市交易所爲CBT（亦作CBOT）。

(2)每一契約數量爲息票 8%的債券 100,000 美元；權利金報價爲 1 點的六十四分之一。

(3)行使價格，由於目前債券利率低於 8%，所以債券價格均超過 100；12 月債券期貨價格介於 116 與 117 之間，所以行使價格定在 116 與 117 上下共計六個。

(4)買權結算價格，以12 月契約行使價格爲114時，Call權利金爲

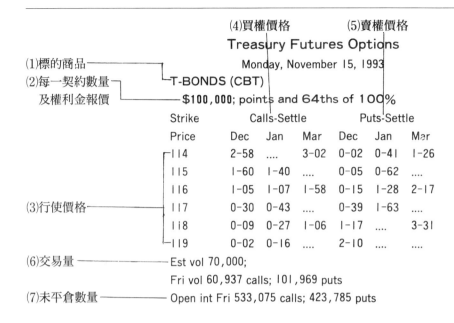

(4)買權價格　　　　　(5)賣權價格

Treasury Futures Options

Monday, November 15, 1993

(1)標的商品

(2)每一契約數量
及權利金報價

T-BONDS (CBT)

$100,000; points and 64ths of 100%

Strike	Calls-Settle			Puts-Settle		
Price	Dec	Jan	Mar	Dec	Jan	Mar
114	2-58	....	3-02	0-02	0-41	1-26
115	1-60	1-40	....	0-05	0-62	....
116	1-05	1-07	1-58	0-15	1-28	2-17
117	0-30	0-43	....	0-39	1-63	....
118	0-09	0-27	1-06	1-17	....	3-31
119	0-02	0-16	....	2-10	....	....

(3)行使價格

(6)交易量 —— Est vol 70,000;

Fri vol 60,937 calls; 101,969 puts

(7)未平倉數量 —— Open int Fri 533,075 calls; 423,785 puts

2-58，即$2\frac{58}{64}$。等於 186 Tick，每一Tick值 15.625 美元，所以一

個Call契約權利金共計 2,906.25 美元。

(5)賣權結算價格，以 12 月契約行使價格為 114 時，Put權利金為

0-02，即二個Tick，每一Tick值 15.625 美元，所以一個Put契約

權利金為 31.25 美元。

(6)交易量，本日估計為 70,000 個契約，前一營業日(週五)，Call為

60,937 個契約，Put為 101,969 個契約，顯示本日交易量下降。

(7)未平倉數量，前一營業日Call為 533,075 個契約，Put為 423,785

個契約。

8163

歐洲美元三個月定存利率期貨選擇權：就 11 月 16 日《亞洲華爾街

日報》報導說明如次：

(4)買權價格   (5)賣權價格

(1)標的商品 ——————— EURODOLLAR (CME)

(2)每契約數量 ——————— $ million; pts. of 100%
及選擇權報價

Strike Price	Calls-Settle			Puts-Settle		
	Mar	Jun	Sep	Mar	Jun	Sep
9600	0.48	0.47	0.25	.0004	0.04	0.38
9625	0.24	0.26	0.15	0.01	0.08	0.52
9650	0.04	0.10	0.08	0.06	0.17	0.70
9675	.0004	0.03	0.03	0.27	0.35	0.89
9700	.0004	0.01	0.01	0.52	0.58	....
9725	.0004	.0004	....	0.77	0.82	....

(3)行使價格

(6)交易量 ——————— Est vol 28,971;

Fri vol 34,123 calls; 50,130 puts

(7)未平倉數量 ——————— Op int Fri 700,769 calls; 972,463 puts

(1)標的商品為三個月歐洲美元定存利率期貨之選擇權，在CME上市。

(2)每個契約為100萬美元，報價為1點（Point）。

(3)行使價格：目前期貨價格在9,650左右（隱含利率3.5%），所以行使價格共計六個。價格自9,600至9,725,其隱含利率為4.00%至2.75%。

(4)買權價格：因為行使價格越低，代表利率越高，Call價格越高。如：3月call,行使價格9,600,權利金0.48,契約價值為$1,000,000×0.48×1%×90/360＝$1,200。

(5)賣權價格：因為行使價格越高，代表利率越高，Put價格越高。如：3月put,行使價格9,725,權利金0.77,契約價格為$1,000,000×0.77×1%×90/360＝$1,925。

(6)交易量：本日估計為28,971個契約，上週五Call為34,123個契約，Put為50,130個契約。

(7)未平倉契約：上週五Call為700,769個契約，Put為972,463個契約。

8164

股價指數期貨選擇權（Stock Index Futures Options）：茲以 11 月 16 日《亞洲華爾街日報》報導說明如次：

		(4)買權結算價格			(5)賣權結算價格		

Index Futures Options
Monday, November 15, 1993

(1)標的商品 ── **S&P 500 STOCK INDEX (CME)**
(2)權利金計算方式 ── **$500 times premium**

Strike	Calls-Settle			Puts-Settle		
Price	Nov	Dec	Jan	Nov	Dec	Jan
455	10.25	13.20	....	0.95	3.95	6.20
460	5.95	9.55	13.05	1.65	5.25	7.70
465	2.50	6.40	9.95	3.20	7.10	9.55
470	0.70	3.85	7.20	6.40	9.55	11.75
475	0.15	2.00	4.95	10.85	12.65	....
480	0.05	0.90	3.15	15.75	16.55	....

(3)行使價格 — （對應 455～480 各行使價格）

(6)交易量 ── Est vol 8,589　Fri 4,000 calls 9,259 puts
(7)未平倉部位 ── Op int Fri 62,252 calls 173,440 puts

(1)標的商品為S&P 500 股票指數期貨的選擇權，在CME市場。

(2)每個契約權利金為 $500 \times$ pm。

(3)行使價格共計六個。

(4)買權價格：行使價格越低，權利金越高。如 11 月行使價格 455 契約價值為 $500 \times 10.25 = \$5,125$。

(5)賣權價格：行使價格越高，權利金越高。
    如：11 月行使價格 480，契約價格為 $500 \times \$15.75 = \$7,875$。

(6)交易量：本日估計 8,589 個契約，上週五 Call 4,000 個，Put 9,259個。

(7)未平倉數量：上週五 Call 62,252 個契約，Put 173,440 個契約。

8165

銀行間外幣選擇權報價案例: 其特點是報價方式與遠期匯率相同。

例一: 1993 年 3 月 16 日Standard Chartered Bank of Hong Kong 對馬克選擇權報價如次 (權利金爲每美元之美分數):

	Call	Put
	ATMF	ATMS
1 m	1.46-1.56	1.58-1.68
2 m	2.01-2.21	2.23-2.43
3 m	2.45-2.65	2.77-2.97
6 m	3.60-3.80	4.14-4.34

如表中一個月Call, 銀行買入Call價格爲每美元 1.46 美分; 賣出Call爲 1.56 美分; 一個月Put, 銀行買入Put價格爲每美元 1.58 美分, 賣出Put爲 1.68 美分。

又Put以Spot匯率爲ATM, Call以Forward匯率爲ATM。

例二: 1993 年 3 月 16 日, Union Bank of Switzerland Zurich對馬克選擇權報價, Spot Rate爲 1.6610-20, 1993 年 3 月 18 日交割以 1.6615爲ATM, Call與Put均有四個行使價格, 報出 6 月 14 日、9 月 13 日、12 月 13 日及 1994 年 3 月 14 日等四個滿期日的價格, 如 6 月 14 日價格如次:

Call		Put	
1.6750	4.20-4.50	1.6000	1.05-1.35
1.6500	5.55-5.85	1.6250	1.70-2.00
1.6250	7.15-7.45	1.6500	2.60-2.90
1.6000	8.95-9.25	1.6750	3.65-3.95

報價均分爲買入與賣出, 每美元之美分數。

例三: 1993 年 3 月 16 日Bank of Tokyo對歐式選擇權波動性 (Volatility) 報價, 以遠期匯率爲ATM; 內中一、二、三、六及十二

個月馬克之波動性分別爲11.0-12.5、11.2-12.7、11.5-13.0、12.0-13.0
及12.0-13.0。如一個月銀行買入波動性爲11.0，賣出波動性爲12.5，
雙方關心者不是變動方向，而是變動幅度大小。如顧客認爲市場波動性
會升高，可買入波動性；如認爲市場波動性會降低，可賣出波動性。雙
方採用同一選擇權計價模式，在結算時，只要將波動性資料輸入電腦程
式內，就可算出盈虧，由虧損一方付款。

8170　選擇權市場的功能

8171

保險功能：選擇權契約具有保險價值(Insurance Value)，也就是
通常所謂之避險功能。

⑴以外幣計價的出口商或外幣投資人，爲恐外幣貶值受到損失，
但又期望獲得外幣升值的利益，可買入外幣Put選擇權。

⑵以外幣計價的進口商或外幣借款人，爲恐外幣升值受到損失，
但又期望獲得外幣貶值的利益，可買入外幣Call選擇權。

⑶持有股票（個股）的投資人，爲恐股票下跌受到損失，但又期
望獲得股票漲價的利益，可買入該股票的Put選擇權。

⑷投資於多種股票（Portfolio）的投資人，爲恐股價全面下跌受
到損失，但又期望獲得股價全面上漲的利益，可買入股票指數
Put選擇權。

⑸持有債券的投資人，爲恐利率上漲債券下跌受到損失，但又期
望獲得利率下跌債券上升的利益，可買入債券Put選擇權。Put
選擇權對於買入者，可提供最低收入的保障。

最低收入＝Put行使價格－權利金－經紀商佣金

Call選擇權對於買入者，可提供最高成本的保障：

最高成本＝買權的行使價格＋權利金＋經紀商佣金

由於選擇權行使價格有多個，越是OTM，保險價值越低，保險費也越低。如避險人不需要ATM避險，可選擇一個OTM選擇權，可減少保險費支出。

交易所外幣選擇權契約，多係以美元買賣其他貨幣，對於非美國人言，如德國出口商可買入馬克Call（即美元Put）；英國進口商可買入英鎊Put（即美元Call）。

對於以外幣計價而又無該項外幣的選擇權契約，如德國出口商以法國法郎計價，可利用交叉避險（Cross Hedging），即買入法國法郎Put（美元Call），並買入馬克Call（美元Put）。惟此項操作，要支付雙重權利金，可與店頭市場法國法郎與馬克間之直接避險比較，選擇成本低者避險。

茲舉例說明選擇權的保險功能：

例一：某日本出口商將於7/1至12/31間賣出100萬美元，為期鎖住最低日圓收入，自銀行買入12月100萬美元Put選擇權（即日圓Call選擇權），行使價格為每美元110日圓，支付權利金每美元4日圓（店頭市場沒有經紀商佣金），則每美元之最低收入為￥110－￥4＝￥106。茲分析如次：

(1)設收進美元時美元貶值為100日圓，該日商可行使選擇權，對銀行賣出美元，其最低淨收入為￥110－￥4＝￥106。

(2)設收進美元時美元升值為115日圓，該日商可在即期市場賣出美元，其淨收入為￥115－￥4＝￥111。

(3)選擇權有效期間為12月，在12月以前，該日商可對銀行賣出美元Put選擇權，以減少權利金支出。

例二：9月16日，某美國進口商預期二個月後需結購6萬英鎊，決定買入一個PHLX 12月英鎊Call以鎖住最高成本，行使價格為$1.50/￡，權利金為$0.0220/￡，經紀商費用為每一契約16美元。一個

契約共花費 $62,500 \times 0.0220 + 16 = \$1,391$。每一英鎊之最高成本為 $\$1.50 + \$1,391/60,000 = \$1.5232$。

(1)設 11 月底結購英鎊時，英鎊匯率為$1.46，該進口商可以市價買入英鎊應付實際需要，並將選擇權賣出收回部分權利金。則每英鎊成本為$1.46+$0.0232－（權利金收入－16）。如賣出權利金不足支付經紀商佣金時，可不賣出。則每英鎊成本為$1.46+$0.0232=$1.4832。

(2)設 11 月底結購英鎊時，英鎊匯率為$1.55，該進口商可賣出選擇權，設賣出Call權利金收入為$0.055/£，該進口商於即期市場買入英鎊，其每鎊實際成本為：$1.55 + 0.0232 - 62,500 \times 0.055/60,000 + 16/60,000 = 1.5162$ 美元。

8172

外幣選擇權對於外幣投標匯率之保險功能：出進口廠商參加國外投標以外幣報價，須承擔自投標日起至決標日止外幣匯率變動之風險。因為是否得標並不確定，如利用遠期外匯（或期貨）市場，在未得標時，仍須履行契約；設匯率變動與預期方式相反，在未得標情況下，出口廠商必須以高價在市場買入外幣再以低價履行交割的義務；而進口廠商必須以高價履行交割買入再以低價在市場賣出。利用選擇權對不確定情況，則無上述困擾。

例：某德國出口商，於 3 月 1 日投標 50 萬美元，三個月開標，目前匯率為DM 1.5000，為恐美元貶值，該出口商擬利用LIFFE的選擇權避險。其作法：買入十個 6 月美元Put契約，每個 5 萬美元，共計 50 萬美元。行使價格為DM 1.5000，權利金為DM 0.0150，共支付權利金 $50,000 \times 10 \times DM\ 0.0150/\$ = DM\ 7.500$，每個契約經紀商佣金為DM 20，雙程為DM 40，該出口商取得的保險價值為美元的最低售價：$DM\ 1.5000 - DM\ 0.0150 - DM\ 40/50,000 = DM\ 1.4842$。

茲分析其可能結果如次:

⑴設 6 月中旬出口商得標, 此時美元匯率爲DM 1.4300, 該出口商可行使選擇權, 其實得匯率爲DM 1.4842。

⑵該出口商未得標, 可在即期市場以 1.43 匯率買入美元, 並在選擇權市場行使賣權, 該出口商獲利: DM 1.5000－0.0150－0.0008－1.4300＝DM 0.0542, 共計 500,000×DM 0.0542＝DM27,100。

⑶設得標而美元升值爲DM 1.5300, 該出口商可放棄行使, 並在即期市場賣出, 其實際收入爲每美元 1.5300－0.0150－0.0004＝DM 1.5146, 共計 500,000×DM 1.5146＝DM 757,300。

⑷設未得標, 但美元升值爲DM 1.5300, 該出口商可放棄行使, 其實際損失爲 0.0150＋0.0004＝DM 0.0154。

8173

槓桿價值 (Leverage Value): 槓桿指投資人以少量投資 (權利金) 可保有以特定價格買入或賣出標的工具的權利, 而無需以大量資金直接買賣標的工具, 可收以小博大的功能, 特別是無身價選擇權 (OTM), 在標的工具大幅波動時可獲鉅利。

例: 甲乙兩人預期馬克會上漲, 甲投資於馬克, 匯率爲DM 1.60, 甲以 5 萬美元買入DM 80,000。其後馬克升值, 匯率爲DM 1.50, 甲賣出馬克獲得 53,333.33 美元, 獲利率爲(53,333.33－50,000)/50,000＝6.67%。

乙選擇買入Call選擇權, 行使價格6500爲OTM, 權利金每馬克0.01美元, 每個契約權利金爲 62,500×0.01＝625 美元, 每個契約經紀人手續費 10 美元, 共計 635 美元, 買入八個契約, 共需資金 5,080 美元。如馬克匯率 0.625(即 1.6)升至 0.6667(即 1.5), 則獲利爲: 8×62,500×(0.6667－0.6500)－8×635＝3,270 美元。獲 利 率 爲 3,270÷5,080＝

64.37%。

　　投資人(即投機人)可利用選擇權市場謀利。惟據1980s Hartzmark 發現，就整體言，投資人在某些市場有損失，而避險人有正的平均報酬， 但並非在某些市場在某些時間，就沒有保險金存在，非職業性投資人 90%賠錢❽。

8174

　　改善投資報酬 (Improvement of Capital Return) **的功能**：如投 資人持有標的股票，賣出該股票的Call選擇權，因權利金收入可使其投資 報酬比一般投資人爲高。

　　例：某投資人持有某股票市價 50 元，股利 4 元，以 5 元價格賣出 Call，行使價格爲 55 元。

　　⑴設股價未變，買方放棄行使，其報酬率爲(5＋4)÷50＝18%，遠高 　　　於一般投資人 8%。

　　⑵設股價下跌爲 45 元，買方放棄行使，該投資人有權利金彌補資本 　　　損失，比一般投資人好。

　　⑶設股價上漲至 60 元以上，買方行使選擇權，該投資人賣出股票， 　　　其報酬率爲 10÷50＝20%，可能沒有一般投資人高，但表現仍屬 　　　優異。

---

❽參閱Blank, Carter & Schmiesing, *"Futures and Options Markets,"* p. 　24，p. 33.

第二節　選擇權契約之價格——權利金

8210　權利金的意義

8211

　　交易所選擇權交易，雙方買賣的是選擇權契約（Option Con-tracts），契約中各種條件均屬一定，只有契約價格（Contract Price）係由買賣雙方透過場內經紀人公開喊價做成。選擇權對買方言，是一種權利，所以買方購買選擇權契約的價格，稱爲權利金（Premium, pm）。因爲選擇權契約類似保險契約，有保險功能，所以選擇權契約的價格，也是保險費（Premium），賣方是保險人（Underwriters）。

　　在店頭市場，權利金通常係於即期交割日（Spot Value Date）支付，即成交後兩個營業日。

8212

　　如同其他投資工具一樣，選擇權契約的價格，決定於供給與需求。依照供求律（Law of Supply and Demand），需求超過供給時，價格會上漲；供給超過需求時，價格會下跌。惟選擇權價格的決定有若干客觀因素，如實際價格過於高估（Overprice）或低估（Underprice）時，就會有投資人進行裁定（Arbitrage）。

8220　決定選擇權價格的因素

8221

　　影響選擇權價格的基本因素有五個：(1)行使價格（Exercise Price）與現行市場價格間之關係；(2)至滿期日時間（Time to Expiry）的長短；(3)預期波動性（Volatility）；(4)無風險利率（Riskless Interest Rate），

如T-Bill的利率；(5)兩國利率差距（適用於外幣選擇權）。

對於外幣選擇權言，上項基本因素可細分爲下列項目：(1)選擇權類別（Call or Put）；(2)行使匯率或價格；(3)金額；(4)歐式或美式；(5)滿期日及時間；(6)即期匯率及期貨價格；(7)兩個貨幣的利率；(8)兩個貨幣的波動性。

以上(1)至(5)項可以選擇，(6)及(7)可自市場取得，只有第(8)項是決定因素中惟一的未知數。所以銀行間選擇權市場報價可以波動性報價而不是實際價格；只要雙方講好波動性，選擇權價格就可以計算出來。

8222

行使價格與現（期）貨價格間之關係（由於選擇權市場有的交割現貨，有的交割期貨，所以行使價格與現貨或期貨價格比較），可歸納爲下列幾點：

(1)行使價格一定，現（期）貨價格越高，買權價格越高，賣權價格越低。反之，現(期)貨價格越低，買權價格越低，賣權價格越高。

例：1987 年 10 月 19 日（星期一）美國股市崩盤前後，12 月 S&P 500 期貨 10/16 收盤價 282.25，10/20 收盤價 216.25；S&P 500 期貨之選擇權價格變動如次❽：

	Dec.	Call	Pm	
Strike	10/16	10/20	Change($)	Change(%)
280	15.00	9.55	−5.45	−36
285	11.70	8.50	−3.20	−27
290	11.00	7.80	−3.20	−29
	Dec.	Put	Pm	
Strike	10/16	10/20	Change($)	Change(%)
280	12.85	73.00	+60.13	468
285	13.50	76.85	+63.35	469
290	16.00	81.10	+65.10	406

由上述資料可知，股市崩盤，指數下跌，期貨下跌，Call權利金下跌，Put權利金上漲，而後者比例較高。

(2)現（期）貨價格一定，行使價格越高，損益平衡點越高，買權價格越低，賣權價格越高。反之，行使價格越低，損益平衡點越低，買權價格越高，賣權價格越低（圖8-4、8-5）。

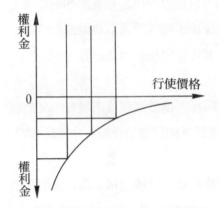 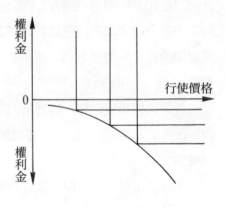

圖 8-4　現(期)貨價格一定，行使價格　　圖 8-5　現(期)貨價格一定，行使價格
　　　　與買權價格間之關係　　　　　　　　　　與賣權價格間之關係

(3)買權的價格不能小於現（期）貨價格減行使價格後的餘額，即：

買權價格≥現（期）貨價格－行使價格。

賣權的價格不能小於行使價格減現（期）貨價格後的餘額，即：

賣權價格≥行使價格－現（期）貨價格。

(4)買權現（期）貨價格超過行使價格的部分，或賣權行使價格超過現（期）貨價格部分，稱爲內在或眞實價值（Intrinsic Value）。眞實價值越低，槓桿功能越低。眞實價值不會爲負值。

買權現（期）貨價格－行使價格＝眞實價值＞0

行使價格－賣權現（期）貨價格＝眞實價值＞0

---

⑧參閱Frost, "*Options on Futures,*" p. 26.

因歐式外幣選擇權只能以遠期價格對遠期日買入或賣出外幣，美式外幣選擇權可以即期價格對遠期日買入或賣出外幣，所以美式真實價值有時比歐式大。例如在店頭市場，Spot £1＝$1.50，Forward £1＝$1.45，則美式$1.40 Call真實價值爲$0.10，歐式爲$0.05。又如Spot DM 1＝$0.5450，Forward DM 1＝$0.5500，則美式$0.5600 Put真實價值$0.0150，歐式爲$0.0100。

總之，外幣利率高於美元利率時，美式Call權利金高於歐式，Put則相同；外幣利率低於美元利率時，美式Put權利金高於歐式，Call則相同。只有在外幣與美元利率相同時，美式與歐式Put及Call權利金均相同[83]。

8223

選擇權價格與選擇權行使期間的關係：選擇權價格通常均高於內在價值。超出的部位，稱爲外在價值（Extrinsic Value），反映市場對選擇權行使是否會產生利益的評估，即標的商品現（期）貨價格在選擇權有效期間內變動，會使選擇權成爲有身價(ITM)，足以因行使而得到利益。在平身價（ATM）或近身價（NTM）時，外在價值最高；高度有身價（Deep ITM）或高度無身價（Deep OTM）時，外在價值很低。所謂高度(Deep)，係相對而言，如買賣股價 50 元以下股票選擇權，行使價格以 5 點爲間隔，超過 5 點爲高度[84]。另一方面，選擇權買方購買的是時間，選擇權行使期間越長，獲利的機會越高，所以外在價值亦稱時間價值(Time Value)。如選擇權價格等於真實價值，即時間價值爲零，稱爲平價（At Parity），時間價值不會爲負值。

選擇權價格＝真實價值＋時間價值

---

[83]參閱Sutton, "*The Currency Options Handbook,*" pp. 45-47.

[84]參閱Pessin & Hyman, "*The Securities Industry*"之"Securities Options"章，p. 25.

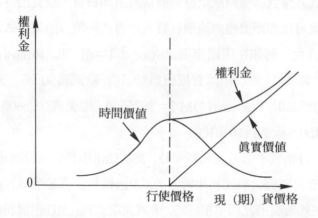

圖 8-6 買權的時間價值與眞實價值圖⑧

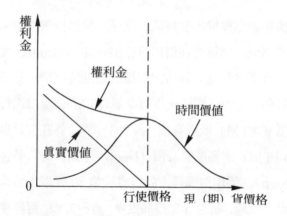

圖 8-7 賣權的時間價值與眞實價值圖⑧

---

⑧參閱Kaufman, "*The Concise Handbook of Futures Markets,*" pp. 13
-27, 13-28.

時間價值具有下列特性:

(1)ATM選擇權價格與時間的關係，並非等比例的線型的(Linear)，而是與時間的平方根$\sqrt{t}$成等比例的關係。如三個月ATM的價格是一個月的1.7倍$=\frac{\sqrt{3}}{\sqrt{1}}$；一年期ATM的價格是六個月的1.4倍$=\frac{\sqrt{12}}{\sqrt{6}}=\sqrt{2}$。所以對買方言，購買長期選擇權比較便宜。

　選擇權的價格因時間消逝而遞減，惟在接近滿期時呈加速度下降，此種現象稱爲蛻變（Decay），蛻變速度（The Rate of Decay)是至滿期時間的平方根。對賣方言，賣出短期選擇權較有利。

(2)ITM與OTM選擇權的時間價值亦因時間的消逝而下降，惟與ATM比較，較爲直線性。高度(Deep)ITM與高度OTM於接近滿期時，時間價值的喪失（Time Decay）可能呈減速（Decelerate)。

(3)影響時間價值的第一個因素是至滿期時間。所以選擇權是一種消耗性資產（Wasting Assets），越接近滿期日價值越小；至滿期時，時間價值爲零，選擇權價格等於眞實價值。

　選擇權爲ATM時，行使價格等於現（期）貨價格，時間價值最大，但在最後兩週大幅喪失。選擇權爲OTM時，買權的行使價格大於現（期）貨價格，賣權的現（期）貨價格大於行使價格，眞實價值爲零，選擇權的價值就是時間價值。選擇權爲ITM時，買權的現(期)貨價格高於行使價格，賣權的行使價格高於現(期)貨價格，眞實價值爲正，但時間價值低於ATM。

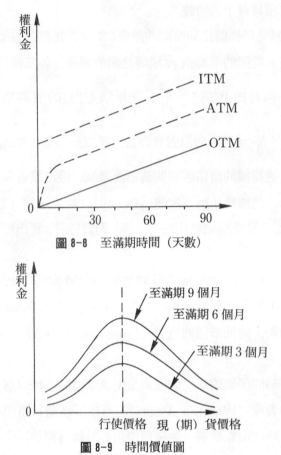

圖 8-8 　至滿期時間（天數）

圖 8-9 　時間價值圖

(4)影響時間價值的第二個因素爲波動性，預期波動性高，時間價值
就大，選擇權價格就高。

8224

波動性（Volatility）：可視爲未來價格發生變動的機率（Probability）及市價變動的速度（Speed），低速度降低市價越過行使價格的可能，高速度提高市價越過行使價格的可能。

波動性大，標的商品價格提高或降低越過行使價格，使選擇權變成

ITM的機會越大，選擇權價格越高。預期波動性越大，買方願支付更多的權利金，賣方會要求更高的權利金，以補償其承擔更大的風險，所以權利金更高。

統計上估計市場波動性，通常使用變異數（Variance）或其平方根，即標準差（Standard Deviation）。正確地說，應是標的商品價格每日百分比變動的標準差。波動性指在趨勢上下的變異數，而不是趨勢本身。年波動率20%，表示在一年內，標的商品價格上下波動不超過20%範圍內的機率爲68%；換言之，有32%之機率會超過20%之範圍。

年波動性除以一年之天數（營業日以二百五十天計算）的平方根 $\sqrt{250}=15.8$，即每日波動性。

例：英鎊Spot價格爲\$1.50，20%年波動性，則一日內英鎊匯率波動不超過2美分，即介於1.48與1.52之間的機率爲68%（\$1.50×20%÷15.8=\$0.02），而超過2美分，即低於1.48及高於1.52的機率爲32%，低於1.48之機率爲16%，高於1.52的機率爲16%。

波動性是選擇權定價的最重要因素。對ATM言，兩者關係是線型的（Linear）。波動性加倍，權利金也加倍。與其他因素比較，波動性是最不易掌握的。

又利用標準差，交易人可估計市場價格的範圍。如馬克價格爲0.6200，標準差爲0.0620，加減一個標準差的價格爲0.5580與0.6820，則在滿期時，市場價格落在該範圍內的機率爲68%，低於0.5580及高於0.6820的機率各爲16%。兩個標準差，可包含價格的95%；三個標準差可包含價格的99.7%。標準差越大，波動性越高，價格波動範圍越寬。

例：時間爲五十天，預期馬克波動性0.17，期貨價格0.6125，求波動範圍。

標準差 $=\sqrt{50/365}\times0.17\times61.25=3.85$，

$$61.25+3.85=65.10,$$

$$61.25-3.85=57.40$$

波動範圍爲 57.40 與 65.10 ❽。

未來的波動性是一個未知數，所以只能以歷史上或目前狀況來求，有兩種方法：

(1)歷史波動性（Historical Volatility），指由一定期間內，求現貨價格變動的標準差：

$$V=\sqrt{\sum_{t=1}^{n}\frac{(P_i-\bar{P})^2}{n-1}}$$

式中，V 爲波動性即標準差，P_i 爲每日價格，$\bar{P}$ 爲價格平均值，n 爲觀察天數。將年波動率轉換爲一定期間，可採用公式

$$V_t=V_A\cdot\sqrt{t}。$$

例如年波動率爲10%，三個月則爲 $10\%\sqrt{\frac{1}{4}}=5\%$；二年則爲 $10\%\times\sqrt{2}=14.1\%$。

　　因觀察天數不同，所得結果亦不同，如觀察天數不多，可採下列速算法：觀察天數四天，其變動百分比及其平方分別爲：第一日 1 及 1，第二日 2.6 及 6.76，第三日 0.2 及 0.04，第四日1.5 及2.25。平方數合計 10.05，除以天數得 2.5125，求其平方根爲 1.5850867，乘以 15.874508（爲一年 252 天之平方根），得歷史波動性 25.2%❽。

(2)隱含波動性（Implied Volatility），指由選擇權市場價格及標的價格、時間、行使價格、利率等資料輸入模式（Model），計算出來應有的波動性，交易人所談的波動性通常就是此類。

$$V=f(pm、U、E、t、r\cdots)$$

---

❽參閱Frost, *"Options on Futures,"* p. 225.

❽參閱Frost, *"Options on Futures,"* p. 27.

由隱含波動性可求出價格波動範圍，因隱含波動性爲價格百分比變動的對數，所以需要轉換。例如，原油時價$16.50，至滿期 90 天，Options交易的隱含波動性爲 35%。則：$+0.35 = lnX_1$ 及 $-0.35 = lnX_2$；亦即 $e^{+0.35} = X_1$ 及 $e^{-0.35} = X_2$。求得 $X_1 = 1.4191$，$X_2 = 0.7047$。$1.4191 \times \$16.50 = \$23.42$；$0.7047 \times \$16.50 = \$11.63$，一個標準差的波動範圍$11.63 至$23.42。如本例，如隱含波動性爲 15%，價格波動範圍爲$14.20 至$19.17；如隱含波動性爲 25%，價格波動範圍爲$12.85 至$21.19 ❽❽。

以上兩種方法計算出來的數字不會相同，但有關係。兩者大致同方向變動，前者有時提前，有時延後。惟如隱含波動性太低，可買入選擇權；如隱含波動性太高，可賣出選擇權。

標準差越大，代表波動性越高，權利金也越高。例如對於美國T-Bond Call的研究，標的價格 62，行使價格 64，短期利率 12%，滿期日爲六個月，如標準差爲 10%時，權利金爲 28/32；標準差爲 20%時，權利金爲 2−15/32；標準差爲 30%時，權利金爲 4−10/32 ❽❾。

8225

無風險利率（Riskless Interest Rate）：因爲權利金係先付，在OTC市場，行使前賣方可利用此項資金，即以無風險利率調整權利金以反映其時間價值。由於國庫券（T-Bills）係由中央政府發行，沒有信用風險，通常以此作爲計算標準。

如對黃金Call選擇權權利金之研究，標的價格及行使價格爲 400 美元，滿期日三個月，價格波動性爲年率 25%，則利率爲 8%時，每盎斯權利金 18.74 美元；利率爲 12%時，權利金 18.55 美元；利率爲 16%時，權利金爲 18.37 美元❾⓪。

---

❽❽參閱Colburn, "*Trading in Options on Futures,*" p. 169，170.

❽❾參閱Kaufman, "*The Concise Handbook of Futures Markets,*" pp. 13-24.

8226

　　兩種貨幣利率差距：由於外幣期貨或遠期匯率與兩國貨幣利率有關。以美國外幣選擇權言，即美元利率與標的外幣利率。如美元利率相對於外幣利率上升，外幣Call選擇權的價格會上升。因為買入外幣與買入外幣Call選擇權是可以相互替代的兩個策略。如美元利率上升，以美元買入外幣的成本會提高，買入外幣Call就會更具吸引力，可促使Call權利金上升。如美元利率不變，外幣利率下降，其效果相同。

　　同樣地，買入外幣Put選擇權與賣出外幣為可相互替代的策略，美元利率下降或外幣利率上升，使買入外幣Put更具吸引力，因而Put的權利金會上升。綜合說明如次：

　　⑴如即期匯率不變，美元利率相對於外幣利率上升，或外幣利率相對於美元利率下降，會使外幣Call的權利金上升，外幣Put的權利金下降。

　　⑵如即期匯率不變，美元利率相對於外幣利率下降，或外幣利率相對於美元利率上升，會使外幣Call的權利金下降，外幣Put的權利金上升。

　　選擇權有美式與歐式之別，因美式可在滿期前任一日行使，而歐式只能在滿期日行使，所以美式價格較貴或至少相等。

　　⑴外幣利率高於美元利率，通常為英鎊及澳元，美式Call的權利金會高於歐式，Put則兩者相同。

　　⑵外幣利率低於美元利率者，如80年代以前之馬克及日圓，美式Put之權利金會高於歐式，惟Call的權利金相同。

　　⑶外幣利率與美元利率相同者，美式之Call與Put的權利金與歐式相同。

---

⑩參閱Kaufman, *"The Concise Handbook of Futures Markets,"* pp. 13-24.

8227

綜合上述，決定選擇權價格的因素可歸納如次❾:

決定因素	Call	Put
現行標的商品價格	↑	↓
行使價格	↓	↑
至滿期日時間	↑	↑
波動性	↑	↑
利率	↑	↓
股票紅利（限股票選擇權）	↓	↑

8228

外幣選擇權定價原理❾:

⑴選擇權對買方言為一有限責任契約（Limited Liability Contract），買方可行使或放棄，所以權利金等於零或大於零，永不為負值。

⑵在滿期日，以現貨（Spot）為標的的美式或歐式Call選擇權，其價值為立即行使價值或零，兩者以高者為準。

⑶在滿期日，以現貨為標的的美式或歐式Put選擇權，其價值為立即行使價值或零，兩者以高者為準。

⑷在滿期前任一時間，美式選擇權的價值至少等於立即行使的價值。

⑸兩個金額相同、通貨相同、行使價格相同的美式選擇權，滿期日較長者的價值至少等於滿期日較短者。

⑹兩個相同只有行使價格不同的Call選擇權，行使價格較高者的價

❾參閱Cox & Rubinstein, "*Options Markets*," p. 37.

❾參閱Grabbe, "*International Financial Market*," pp. 126-133.

值，少於或等於行使價格較低者。

(7)對於外幣的Call選擇權，可視爲對國幣的Put選擇權；對於外幣的Put選擇權，可視爲對國幣的Call選擇權。

(8)以期貨爲標的歐式選擇權，期貨契約滿期日與選擇權同，在選擇權滿期時，期貨價格等於現貨價格，所以以期貨爲標的選擇權價格等於以現貨爲標的選擇權價格。

(9)以現貨爲標的期貨式選擇權，買方的權利與以現貨爲標的選擇權相同；以期貨爲標的期貨式選擇權，買方的權利與以期貨爲標的選擇權相同。

8230 選擇權導函數 (Options Derivatives)

影響選擇權價格的因素爲預期波動性（即標的商品價格之變動）及至滿期時間等，這些因素變動，選擇權價格（權利金）也隨之變動。測量這種變數關係的Delta、Gamma、Vega及Theta等，稱爲選擇權導函數。

8231

Delta:

(1)Delta之意義: 指標的商品價格每變動一單位權利金變動的金額，即Delta＝權利金變動金額/標的商品變動金額，通常以標的商品價格變動的百分比表示。惟只適用於微小的變動，所以$\Delta=dPm/dP$，如標的商品價格變動1.00，而權利金變動0.30，則Delta爲0.30，30%，或簡寫爲30。如Delta爲0.5，表示權利金變動爲標的商品價格變動之50%。

例: 馬克期貨爲0.6199，選擇權行使價格0.6200，3月Call價格爲0.68￠，Put價格爲0.69￠，設Call Delta爲0.503，Put Delta爲0.497，則如果期貨價格由0.6199升至0.6209，上升10

Tick，則Call權利金將增加10×0.503＝5.03 Tick，即由0.68¢增至0.73¢；Put權利金將減少10×0.497＝5 Tick，即由0.69¢降為0.64¢。

(2)Delta之特性：

(a)Delta是標的商品價格、行使價格、時間、波動性及利率的函數，這些因素變動，Delta也隨之變動。

(b)Delta介於0與1之間，ATM為0.5；高度OTM接近0，表示標的商品價格微小的變動對權利金沒有影響；高度ITM接近1，表示標的商品價格變動多少，權利金也變動多少。

(c)選擇權由OTM演變為ITM時，Delta增加；選擇權由ITM演變為OTM時，Delta減少。波動性變動，Delta會變動，ITM或OTM會變為ATM，亦即OTM的Delta會增加，ITM的Delta會減少。

(d)Delta與行使價格及期間之關係：如圖8-10。

①契約月相同時，比較Delta：ITM＞ATM＞OTM。

②選擇權期間越長，OTM有更多的機會會達到行使價格甚或變成ITM，所以Delta越大；而Delta仍為ITM的機會則減少，因有更多的機會會降回行使價格，所以期間越長Delta越小。如時間為0，ITM的Delta為1，OTM的Delta為0。

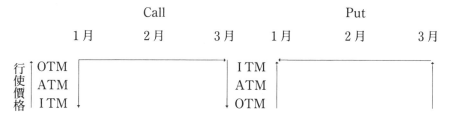

圖 8-10　Delta與行使價格及行使期間之關係

(e)Delta與行使價格及現行市價間之關係（如圖 8-11）：市價一定，對Call言，行使價格越低於市價時(ITM)，Delta接近＋1。；兩者相等時，Delta為 0.5；行使價格超過市價(OTM)太多時，Delta接近 0。對Put言，行使價格高於市價 (ITM)，Delta接近-1；於行使價格等於市價時，Delta為-0.5；於行使價格低於市價 (OTM) 很多時，Delta接近 0。

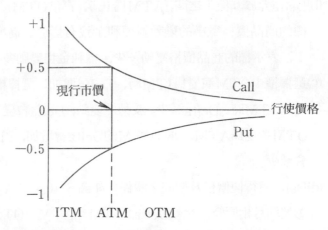

圖 8-11　Delta與行使價格及市價間之關係

(f)Delta正號代表看漲（Bullish），負號代表看跌（Bearish）。Long Futures、Long Calls及Short Puts為Positive Delta；Short Futures、Short Calls及Long Puts為Negative Delta（如圖 8-12）。在風險管理上，交易人可將選擇權部位與期(現)貨部位合併計算。如 0.62 Call Delta為 0.503，則十個 0.62 Call的多頭部位與 5.03 個期貨部位相當，即持有十個Call契約等於持有五個期貨多頭。另一方面，十個Call多頭也可沖銷五個期貨空頭的部位風險。如Call Delta為 0.25，則四個Call契約等於一個期貨契約。

	Long	Short
Futures	+1 (100)	−1 (100)
Call	+ (0 至 +1)	− (0 至 −1)
Put	− (0 至 −1)	+ (0 至 +1)

圖 8-12　Delta與多頭及空頭關係表

　　例一：在IMM買入一個馬克期貨並賣出一個馬克Call, Call Delta 為 0.539, 其綜合部位為 $125,000 \times (1-0.539) = DM 57,625$。

　　例二：在IMM買入兩個馬克期貨並賣出四個馬克Call, Call Delta為 0.539, 則Net Delta為 $2-0.539 \times 4 = -0.156$。

(3)Delta Hedging：

(a)Delta亦稱避險比率 (Hedge Ratio, HR)：指賣出一個選擇權, 可以買入或賣出若干個標的商品來規避風險。HR＝ Change in pm/ Change in Cash Price。如賣出Call選擇權的Delta為 0.5, 則買入一半數量的標的商品即可避險。

(b)中性比率 (Neutral Ratio, NR)：指利用適當數量選擇權權利金價值的變動沖銷現貨市場部位的變動。如交易人採取嚴格的Delta避險, 因而在標的商品微小變動時不會受到損失, 稱持有Delta中性部位 (Delta-neutral Position)。

Change in Cash Position＝Change in pm×Neutral Ratio

Neutral Ratio＝Change in Cash Position/Change in pm＝1/Delta。

例：Delta為 0.30, Neutral Ratio為 1/0.30＝10/3, 表示持有三個標的商品部位, 需要十個選擇權來避險。

(c)Balanced Options Hedges：指利用Delta構成平衡的選擇權部位的操作。

例：英鎊的 1.50 Call Delta為 0.60, 英鎊 1.60 Call的 Delta為 0.30, 0.60/0.30＝2, 則買入一個 1.50 Call並賣出二個 1.60 Call, 即可構成一個英鎊價格變動時不受影響的結果。惟如買入 1.50 Call並賣出 1.60 Call各一個, 則其Net Delta為 0.30, 為看漲部位。在英鎊上漲 1 美元時, 會獲利 0.30 美元。下跌 1 美元時, 虧損 0.30 美元。

(d)Adding up to Zero-delta Neutral：指使投資組合 (Portfolio)的各項部位總和為零的操作。因Delta對選擇權交易人提供一個測量風險暴露及對票券投資避險提供有用工具。經由買入及賣出特定比例的選擇權, 創造一個Delta中性的部位, 即可達到風險中性化的目的。

(e)Delta Margining：若干期貨交易所利用Delta決定保證金的多寡。例如, 某期貨選擇權的Delta為 0.5, 即預期選擇權價格變動是期貨價格變動的一半, 所以風險也是期貨的一半。如果期貨契約原始保證金為 2,000 美元, 則選擇權賣方原始保證金為 1,000 美元。

(f)利用Delta避險應注意事項：

①判斷買方是否會行使。Delta接近 1, 為高度ITM, 幾乎可確定買方必定行使, 所以必須採避險措施; 如Delta接近 0, 為高度OTM, 行使機會很低, 可不予避險。

②Delta Hedge只在很短的時間內且相對狹小的價格範圍內有效，所以必須持續的操作，隨價格變動增加或減少選擇權或標的商品部位，以維持Delta Neutral，稱為動態的避險。

③標的商品價格與選擇權行使價格間關係改變時，，Delta也會改變。

④一旦Options成為ITM，Delta的變動率會非常快速。

⑤短期選擇權或選擇權在接近滿期時，時間價值迅速消失，Delta變動會很大，維持Delta Neutral Position會很困難，所以應避免將全部部位集中在短期滿期日。

⑥Delta只能適用於一定波動性，在一定價格水平左右小幅度變動。當標的商品價格大幅度變動時，Delta變了，原先平衡的部位也不再平衡。

8232

Gamma：

⑴意義：指標的商品價格每變動一單位時，Delta的變動量，即$g = \dfrac{d\Delta}{dp} = \dfrac{\text{change in Delta}}{\text{Change in Underlying Price}}$，為Delta的Delta。可用以測量Delta的波動性或穩定性。惟只適用標的商品價格微小的變動；較高的Gamma，表示Delta不穩定。Gamma是標的商品價格、行使價格、波動性、時間及利率的函數，這些因素變動，Gamma值也變動。因為Delta在風險管理上非常重要，有時Delta變動太快，不能適時調整避險操作以維持Delta Neutral部位，所以測量Delta變動的Gamma也就很重要。

⑵Gamma的特性：

⒜選擇權多頭（Long Call及Long Put），Gamma為正；選擇權空頭（Short Call及Short Put），Gamma為負；期貨沒有

Gamma正負號。

(b)ATM選擇權，Gamma最大；ITM及OTM程度越深(Deep)，Gamma值越小。

(c)期間越長，Gamma值越小；在接近滿期時，Delta波動最大，Gamma亦同。

(d)Gamma值越高，風險越大。如賣出兩個選擇權，其Delta相同，但Gamma不同，則Gamma值大者風險亦大。

(3)計算實例：

例一：馬克期貨價格0.6199，馬克Call行使價格0.6200，Delta為0.503，Gamma為0.139，設馬克價格上漲20 Tick，Delta會增加0.139×20%＝0.0278，由0.503增加為0.503＋0.028＝0.531。

例二：馬克的Delta為50.6，Gamma為11.1，則馬克上漲1點（100 Tick），新的Delta變為50.6＋11.1×100%＝61.7。

例三：PHLX馬克Call Delta為0.540，Gamma為0.160，Spot Rate為0.6200，設Spot Rate上漲1美分，由0.6200變為0.6300，Delta將增加為0.540＋0.160＝0.700。設某投資人買入一個馬克Call契約，開始時等於持有馬克多頭0.540×62,500＝DM 33,750，於Spot Rate升至0.6300時,馬克多頭變為0.700×62,500＝DM 43,750。

例四：DM Call Delta 0.540，Put Delta 0.479，則Long Call加Short Put稱合成多頭（Synthetic Long）的Net Delta為0.540－(－0.479)＝1.019。如有五個選擇權契約，則其合成部位為1.019×62,500×5＝DM 318,437.50。

設Call Gamma為0.160，Put Gamma為0.180，則Long Call加Short Put的Net Gamma 0.160－0.180＝－0.020。五個

契約為$-0.02 \times 62,500 \times 5 = DM\ 6,250$。

8233

Vega：

⑴意義：Vega亦稱Omega、Kappa或Epslon，爲測量波動性
（Volatility）變動時，選擇權價格的變動量，$V = \Delta pm/\Delta$。Vega
是標的商品價格、行使價格、至滿期時間、利率及波動性的函數，
任一因素變動，Vega也變動。

　　例一：馬克期貨價格0.6199，馬克Call行使價格0.6200，權
利金0.0113，波動性12.9，Call Delta 0.508，Vega 11.1，如
波動性增加0.1，即由12.9%增爲13%，權利金由0.0113增至0.0114，增加一個Tick，相當於一個契約12.50元。

　　例二：DM 60 Call，權利金爲0.94，Vega爲0.094。如波動
性增加5%，則權利金會增加爲$0.094 \times 5 + 0.94 = 1.41$ ❸。

⑵Vega之性質：⒜Call與Put的Vega值相同；⒝ATM之Vega最
大；ITM與OTM程度越高，Vega值越小；⒞至滿期時間越長，
Vega值越大。波動性變動時對長期日選擇權的影響比對近期日選
擇權的影響大。

8234

Theta：

⑴意義：Theta爲時間的導函數（Time Derivative），指時間變動，
選擇權價格的相應變動。可用以測量時間價值（Time Value）蛻
變（Decay）的大小。時間、波動性、標的商品價格及利率之變動，
對Theta值均有影響。

　　例一：某投資人賣出爲期九十三天的美式Call on Spot DM

---

❸參閱Frost, *"Options on Futures,"* p. 224.

選擇權，權利金爲 1.072 Cents，Theta爲－0.007，則次日（九十二天時），如其他因素不變，權利金應降爲 1.072－0.007＝1.065 Cents，該投資人一個契約一天可賺 125,000×0.007＝¢ 875＝\$8.75。

例二：設DM 60 Call，pm 1.18，Theta爲 0.016，設已過去五天，期貨價格未變，則權利金應降爲 1.18－5×0.016＝1.10**[94]**。

(2)Theta的性質：

(a)滿期日越長，權利金越高。但另一方面，滿期日越長，平均每天支付權利金卻越低。此種現象稱爲時間蛻變（Time Decay），時間對近期權利金之影響較遠期爲大。

(b)選擇權空頭，包括Short Call及Short Put，Theta爲正，因時間對賣方有利。選擇權多頭，包括Long Call及Long Put，Theta爲負。期貨沒有Theta正負號。

(c)較高的Theta值，對賣方言，就是較高的收入來源。

8235

選擇權的價格彈性（Price Elasticity），指標的商品價格每增加1%時，選擇權價格變動的百分比。與Delta功能相似，但不在測量絕對價格，而是百分比或相對價格的變動。

價格彈性計算式：

$$\text{Price Elasticity} = \text{Delta} \times \left(\frac{\text{Underlying Commodity Price}}{\text{pm}}\right)$$

例一：DM Spot Price 45.04¢，DM on Call行使價格45，pm 1.21¢，Delta 0.51；則價格彈性＝0.51×45.04÷1.21＝18.98%。

例二：設美式Put on Spot DM，pm 0.915，Spot Price 34.82，

---

[94]參閱Frost,"*Options on Futures,*" p. 223.

Elasticity -18.23；則如Spot Price增加1%，即由34.82增爲35.17時，如其他因素不變，pm會由0.915減爲$0.748=0.915\times(1-18.23\%)$。

例三：歐式Call on Spot DM，pm 1.069，Spot Price 34.82，Elasticity 17.58，則Spot Price由34.82上升1%至35.17時，如其他因素不變，權利金將由1.069升至$1.069\times(1+17.58\%)=1.257$。

8236

Lambda：

⑴意義：指波動性每增加一單位（0.01）時，權利金的變動。

　　例：歐式Put on Spot，pm 0.869，Lambda 0.069，則如Volatility（Yearly Standard Deviation Rate）由0.14增爲0.15時，權利金會由0.869增加爲0.938。

⑵Lambda特性：歐式Call與Put相同，美式可能有些微差異。

8237

綜合分析：

⑴各個導函數對選擇權價格之影響，各不相同，如下表，並說明如次[95]：

各導函數對選擇權價格之影響

	Delta	Gamma	Theta	Vega
Buy a Call	+	+	−	+
Sell a Call	−	−	+	−
Buy a Put	−	+	−	+
Sell a Put	+	−	+	−
Buy Futures	+	0	0	0
Sell Futures	−	0	0	0

(a)Delta爲正，期望價格上升者有利。

(b)Delta爲負，期望價格下降者有利。

(c)Gamma爲正，期望大變動者有利。

(d)Gamma爲負，期望市場穩定者有利。

(e)Theta爲正，時間消逝對賣方有利。

(f)Theta爲負，時間消逝對買方有利。

(g)Vega爲正，期望波動性增加者有利。

(h)Vega爲負，期望波動性降低者有利。

(2)各項因素中，波動性對選擇權價格的影響最大。長期日選擇權與短期日選擇權，即使Delta相同，波動性變動對前者的影響較後者大。

(3)Call的Delta自 0（高度OTM）至 100（高度ITM）；Put的Delta自 0（高度OTM）至－100（高度ITM）。ATM Call的Delta爲 0.50，ATM Put的Delta爲－0.50，行使價格相同的Call與Put，其Delta之和爲 100，Futures的Delta常爲 100。

(4)波動性越高，ITM行使價格的Delta越低，OTM行使價格的Delta越高，ATM行使價格對波動性的變動最敏感。

(5)時間消逝，有利於空頭，不利於多頭。至滿期時間越短，Time Decay越快。ATM的時間價值最大。

(6)利率對選擇權價格，理論上只有些微的影響。

(7)ATM短期選擇權的Theta比ATM長期選擇權大。

---

(95)參閱Frost, "*Options on Futures,*" p. 73.

第三節　選擇權之公平價值

8310　公平價值的意義

8311

選擇權的性質類似保險。保險公司係以數學模式（Model）決定保險費的標準，所以選擇權的價格——權利金（Premium），在理論上應該也可以數學模式來決定。由數學模式計算出來的選擇權價格，稱為公平價值（Fair Value）。

8312

以數學模式計算選擇權的價值，始於芝加哥大學教授Fisher Black與Myron Scholes於1972年發表之"Pricing of Options and Corporate Liabilities"一文，創立歐式股票Call選擇權價格之訂價模式，簡稱B-S訂價模式（B-S Pricing Model）。按在此以前，已有Bachelier、Sprenkle、Boress及Samuelson等，於1900、1964及1965年提出選擇權訂價模式，惟並未獲得學商兩界之重視。

8313

選擇權價格係由市場供需決定，惟公平價值可視為一個客觀標準，如果兩者差異過大，經由裁定交易（Arbitrage），即可使其恢復合理水準。即如選擇權市價過高，裁定人可賣出選擇權，並模擬一個無風險的投資組合（Portfolio）；反之，如選擇權市價太低，裁定人可買入選擇權。

8314

外幣選擇權公平價值對選擇權價格決定之影響，如圖8-13 [96]：

---

[96] 參閱Sutton, *"The Currency Options Handbook,"* p. 56.

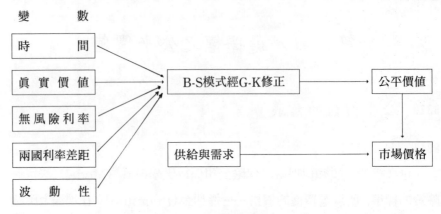

圖 8-13　外幣選擇權價格之決定

8320　模擬訂價模式[97]

8321

B-S模式：

$$C = SN(d_1) - Ke^{-rt}N(d_2)$$

式中：$d_1 = \dfrac{\ln(S/K) - (r + \sigma^2/2)t}{\sigma\sqrt{t}}$　$d_2 = d_1 - \sigma\sqrt{t}$

式中，S爲現行股票價格，K爲Call行使價格，t爲至滿期年數，σ爲標準差（Standard Deviation），σ^2爲股票價格的變異數（Variance），ln爲自然對數，$N(\ )$爲累積常態分配函數，$N(d_1)$代表在滿期時Call爲有身價（ITM）的機率，r爲無風險利率，e等於1.718281828。本公式有若干假設，內中主要爲歐式買賣股票選擇權，只能於滿期時行使權利，股票沒有紅利。

B-S訂價模式之原理，認爲股票與標的股票的選擇權是兩個可以取代的投資組合（Portfolio），因此賣出Call選擇權與買入標的股票可創立

[97]參閱Dr. Ralph Yiehmin Liu, "*Uses & Advantages of Currency Options.*"

一個無風險的投資組合。股價上漲，權利金也上漲，惟兩者金額不一定相同，所以只要持有充足標的股票，就可模擬選擇權的變動。在選擇權有效期間內，持續調整持有股票的數量，持有部位會沒有風險，Call權利金的投資所得，會為模擬股票市場的成本所抵銷。反之，賣出標的股票，也可以買入一定數量的Call選擇權，組成一個無風險投資組合。股價上漲損失會被Call多頭的利潤沖銷❽。

B-S模式右邊第一項$SN(d_1)$，代表至滿期時股票價格高於行使價格機率的現值，第二項$Ke^{-rt}N(d_2)$代表至滿期時行使價格乘以機率的現值，兩者差額，即為Call的價值。

本式也可改寫為$SN(d_1)=C+Ke^{-rt}N(d_2)$，等式左邊代表買入股票投資，右邊代表買入Call投資，為兩個可以取代的投資組合。

茲舉例說明如次❾：設某一股票目前市價60元，股價年波動性25%，六個月無風險利率為10%，求行使價格55元的六個月Call的公平價值。

$$d_1 = \frac{\ln(60/55) + [0.10 + (0.25)^2/2] \times 0.5}{0.25\sqrt{0.5}}$$

$$= \frac{0.0870 + 0.065625}{0.17678} = 0.8634$$

$$d_2 = d_1 - \sigma\sqrt{t} = 0.8634 - 0.17678 = 0.6866$$

$$N(d_1) = N(0.8634) = 0.8060$$

$$N(d_2) = N(0.6866) = 0.7538$$

$$C = SN(d_1) - Ke^{-rt}N(d_2) = 60 \times 0.8060 - 55 \times e^{0.100 \times 0.5} \times (0.7538)$$

$$= \$8.92$$

真實價值$=60-55=5$元

---

❽參閱BIS, "*Recent Innovations in International Banking,*" pp. 67-68.

❾參閱Fitzgerald, "*Financial Options,*" p. 39.

時間價值＝$8.92－$5＝$3.92

8322

1979 年Cox、Ross與Rubinstein發布美元選擇權之訂價模式，採用二項式法（Binomial Method）。1982 年M. S. Garman與S. W. Kohlhagen修正B-S模式，可適用於外幣選擇權的訂價。G-K修正模式：

$$C = e^{-R_f t}[SN(d_1) - e^{-R_d t}KN(d_2)]$$

內中$d_1 = \dfrac{\ln(S/K) + (R_d - R_f + \sigma^2/2)t}{\sigma\sqrt{t}}$ $d_2 = d_1 - \sigma\sqrt{t}$

式中，C為Call價格，S為外幣Spot Rate，以每單位外幣值若干美元表示，K為行使價格，t為至滿期年數，R_f為外幣無風險利率，R_d為美元無風險利率，σ為標準差，為Spot Rate的年波動性。

8323

適用於期貨契約的Black Schole Model，以期貨價格替代現貨價格：

$$C = e^{-rt}F^* N[\frac{\ln(F/K) + (\sigma^2/2)t}{\sigma\sqrt{t}}] - e^{-rt}K \cdot N[\frac{\ln(F/K) - (\sigma^2/2)t}{\sigma\sqrt{t}}]$$

8324

適用於股票分紅的Merton Model：

$$C = e^{-\delta t} \cdot SN[\frac{\ln(S/K) + (r - \delta + \frac{\sigma^2}{2})t}{\sigma\sqrt{t}}]$$

$$- e^{-rt} \cdot KN[\frac{\ln(S/K) + (r - \delta - \frac{\sigma^2}{2})t}{\sigma\sqrt{t}}]$$

式中δ代表股利。

8325

適用於變動利率（Variable Interest Rate）的Merton Model：

$$C = SN\left[\frac{\ln(S/K) - \ln B(t) + (\frac{\sigma^2}{2})t}{\sigma\sqrt{t}}\right]$$

$$- B(t)KN\left[\frac{\ln(S/K) - \ln B(t) + (\frac{\sigma^2}{2})t}{\sigma\sqrt{t}}\right]$$

式中 $B(t)$ 代表面額 1 元滿期 t 無風險折扣債券的價格。

8330 賣權買權平價 (Put-Call Parity)

8331

賣權買權平價指 Put 與 Call 定價在沒有裁定機會的均衡狀態下，具有等價的關係。其式為：

$$C + Ke^{-rt} = P + S \text{ 或 } P = C + Ke^{-rt} - S$$

式中，P 為 Put 價格，C 為 Call 價格，S 為標的股票市價，K 為行使價格，Put 與 Call 相同；r 為無風險利率，t 為滿期年數，e^{-rt} 為貼現因數 (Discounting Factor)，Ke^{-rt} 為按無風險利率計算 K 的現值。限制條件為歐式選擇權，沒有紅利。

按投資組合 (Portfolio) 有兩種方式：(1)買入股票並買入 Put，即 $P + S$，可免股價下跌的損失，並保有股價上漲的利益；(2)買入 Call 並以 K 的現值投資於無風險證券，即 $C + Ke^{-rt}$，沒有股價下跌的損失，並取得股價上漲的利益。兩種投資組合，不論股價上漲或下跌，價值均相等：

投資組合	滿期時股價下跌	滿期時股價上漲
	$S^* < K$	$S^* > K$
$V_1 = C + Ke^{-rt}$	$0 + K$	$S^* - K + K$
$V_2 = P + S$	$K - S^* + S^*$	$0 + S^*$
結　果	$V_1 = V_2 = K$	$V_1 = V_2 = S^*$

如Call價格相對Put太高，可作如下裁定：賣出Call，以無風險K現值買入股票並買入Put，即可獲利。反之，如Put價格相對Call太高，可作如下裁定：賣出Put，賣出股票買入Call，並以K現值投資於無風險證券，即可獲利。

8332

對於期貨選擇權（Options on Futures），以Fe^{-rt}取代S，可得賣權買權期貨平價（Put-Call-Futures Parity）⑩：

$$C+Ke^{-rt}=P+Fe^{-rt} \text{ 或 } P=C+(K-F)e^{-rt}$$

在期貨市場，因爲t很短，所以e^{-rt}接近1，上式可簡化爲：

$$C+K=P+F$$

例：英鎊期貨價格爲1.60美元，歐式行使價格1.60 Call權利金爲\$0.04，則行使價格1.60 Put權利金亦應爲\$0.04；如1.55 Call權利金爲\$0.07，則1.55 Put權利金應爲\$0.02；如1.65 Call權利金爲\$0.02，則1.65 Put權利金應爲\$0.07。

8333

如已知S、K、r及t，且已求得Call的價值，代入平價式，可求得Put的價值，因$P=C+Ke^{-rt}-S$。事實上，一般選擇權定價公式先求出Call價值，再利用上述平價式求得Put的價值。

如已知Put的價值，也可利用$C=P+S-Ke^{-rt}$平價式求Call的價值。

---

⑩參閱Tucker, "*Financial Futures, Options & Swaps*," p. 352.

第四節 選擇權市場操作——交易所市場

8410 單純買賣（Outright Trading）

8411

　　意義：指只做一買或一賣的交易，可分爲買入買權（Buy Calls）、賣出買權（Sell Calls）、買入賣權（Buy Puts）及賣出賣權（Sell Puts）四種。如果交易人有現貨或期貨部位（Position），而利用選擇權交易以消除價格變動之風險，稱爲避險（Hedging）。如果沒有現貨或期貨部位，只是爲了謀取價格變動的利益而買賣選擇權，則是投資（Investment）或投機（Speculation）。買入選擇權可能在避險，也可能爲投機；賣出選擇權之惟一目的在謀取權利金。

8412

　　買入買權（Buy Calls）：預期標的商品價格上漲時可買入買權，爲買權多頭（Long Calls），爲買方利多（Bullish）操作。在標的商品價格上漲時，買方利潤無限；價格下跌時，買方損失以支付的權利金$(-C)$爲限，損益平衡點爲行使價格(K)加權利金(C)。

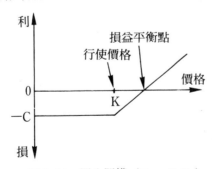

圖 8-14　買入買權（Buy Calls）

8413

賣出買權（Sell Calls）：預期標的商品價格平穩或下跌時可賣出買權，爲買權空頭（Short Calls），爲賣方利空（Bearish）操作。在標的商品價格上漲時有無限風險；價格下跌時最大利潤爲收取之權利金（C）。損益平衡點爲行使價格（K）加權利金（C）。

選擇權賣方如具有選擇權標的的多頭部位（Long Position）時，稱爲拋補的Call賣出（Covered Call Selling或Writing）。如賣出某一股票的Call，擁有該項股票；存券銀行的信託收據（Escrow Receipts）；可轉換爲股票的轉換債券（Convertible Bonds）或轉換優先股（Convertible Preferred Stocks）；可購買該項股票的認股權證（Warrants），或擁有該項股票的Call而其行使價格更低，其滿期日較晚（參8432節）。

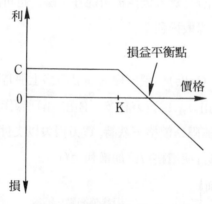

圖 8-15 賣出買權（Sell Calls）

8414

買入賣權（Buy Puts）：預期標的商品價格下跌時可買入賣權，爲賣權多頭（Long Puts），爲買方利空操作。在標的商品價格下跌時有無限利益，價格上漲時買方損失以支付的權利金（$-P$）爲限。損益平衡點爲行使價格（K）減權利金（P）。

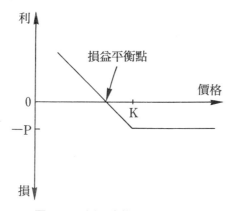

圖 8-16　買入賣權（Buy Puts）

8415

　　賣出賣權（Sell Puts）：預期標的商品價格平穩或上漲時可賣出賣權，為賣權空頭(Short Puts)，為賣方利多操作。在標的商品價格下跌時有無限風險；在價格上漲時，其最大利潤為收取之權利金（P）。損益平衡點為行使價格（K）減權利金（P）。如賣權賣方亦擁有同一標的，滿期日相同或更遠而行使價格更高的Put時，稱為拋補的Put賣出(Covered Put Selling或Writing)。

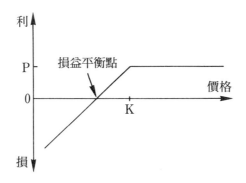

圖 8-17　賣出賣權（Sell Put）

8416

選擇權單純買賣與期貨交易之比較：

1994年3月9日COMEX黃金4月期貨每盎斯380.10美元，行使價格380元，4月Call權利金1.60美元，Put權利金1.50美元，則在下列現貨價格下，買賣期貨及選擇權之盈虧如次表：

現貨價格	Futures		Call		Put	
	買方	賣方	買方	賣方	買方	賣方
365	−15.10	+15.10	− 1.60	+ 1.60	+13.50	−13.50
370	−10.10	+10.10	− 1.60	+ 1.60	+ 8.50	− 8.50
375	− 5.10	+ 5.10	− 1.60	+ 1.60	+ 3.50	− 3.50
380	− 0.10	+ 0.10	− 1.60	+ 1.60	− 1.50	+ 1.50
385	+ 4.90	− 4.90	+ 3.40	− 3.40	− 1.50	+ 1.50
390	+ 9.90	− 9.90	+ 8.40	− 8.40	− 1.50	+ 1.50
395	+14.90	−14.90	+13.40	−13.40	− 1.50	+ 1.50

說明：一、期貨與選擇權交易均為零和遊戲(Zero-sum Game)，一方賺，他方虧。

　　　二、與選擇權比較，期貨賺的多，虧的也多。

　　　三、選擇權賣方利潤有限，風險無限，最大利潤是權利金。

　　　四、選擇權買方風險有限，最大損失為權利金；利潤無限，惟不如期貨。

8420　複合操作（Compound Trading）

8421

複合操作，指買權與賣權的買入與賣出的合併操作，可分為三類：

(1)價差交易（Spread Trading），買入一個Call並賣出一個Call為買權價差（Call Spread）；買入一個Put並賣出一個Put為賣權價差（Put Spread）。

(2)組合交易（Combination Trading），買入一個Call並買入一個Put，稱多頭組合（Long或Bottom Combination）；賣出一個Call並賣出一個Put，稱空頭組合（Short或Top Combination）。

(3)合成交易（Synthetic Trading），其買入Call並賣出Put者爲合成多頭（Synthetic Long）；買入Put賣出Call者爲合成空頭（Synthetic Short）。

Synthetic Long	Call Spread		Synthetic Short
Bottom Combination	Buy Call	Sell Call	Top Combination
	Buy Put	Sell Put	
Synthetic Short	Put Spread		Synthetic Long

圖 8-18　選擇權操作關係圖[101]

8422 [102]

價差交易（Spread Trading），指同類選擇權（Call或Put）一買一賣的交易。買賣都是Call者，爲買權價差（Call Spreads）；兩個都是Put者，爲賣權價差（Put Spreads）。

價差交易因係同類選擇權，價格變動方向相同，風險低，利潤亦低。只有在兩個選擇權價格間差額發展不正常時才有此種套利的交易；經由

---

[101] 參閱于政長，《金融市場之投資操作與避險》，p. 88。

[102] 8422 節及 8423 節主要參考Cox & Rubinstein, *"Options Markets,"* pp. 9 -21。

此種交易將使價差恢復正常。

同類選擇權（Call或Put），同一滿期月，以不同的行使價格一買一賣的交易，稱垂直價差（Vertical、Money、Price或Perpendicular Spreads），如買A賣G或買R賣L是。同類選擇權，相同行使價格，不同滿期月一買一賣的交易，稱水平價差（Horizontal、Time或Calendar Spreads），如買A賣C或買R賣P是。

選擇權價格表

Strike Price	Call			Put		
	March	June	Sept.	March	June	Sept.
50	A	B	C	J	K	L
60	D	E	F	M	N	O
70	G	H	I	P	Q	R

價差交易也可分成利多價差（Bullish Spreads）與利空價差（Bearish Spreads）；前者在標的商品價格上漲時交易人會獲利，後者在標的商品價格下跌時交易人會獲利。

價差交易也可分成借方價差（Debit Spreads）與貸方價差（Credit Spreads），前者指買入的選擇權所支付的權利金大於賣出的選擇權所收入的權利金，後者則相反。

茲就垂直價差與水平價差分別說明之。

(1)利多垂直買權價差（Bullish Vertical Call Spreads）：指以較低行使價格（K_1）買入Call，並以較高行使價格（K_2）賣出Call，如買A賣G是，因買入Call行使價格低，賣出Call行使價格高，權利金付出大於收入為借方價差，價格上漲時有利，價格下跌時有損失，最大利潤為兩個行使價格之差減兩個權利金之差後之餘額，

最大損失爲兩個權利金之差；損益平衡點爲較低行使價格 (K_1)
加最大損失，亦即較高行使價格 (K_2) 減最大利益，最大利潤與
最大損失之和等於兩個行使價格之差額（圖 8-19）。

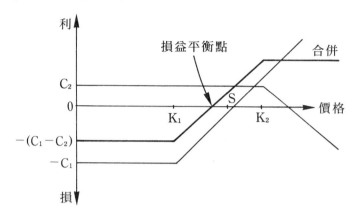

圖 8-19　利多垂直買權價差

(2)利空垂直買權價差（Bearish Vertical Call Spreads）：指以較低
行使價格 (K_1) 賣出Call，並以較高行使價格 (K_2) 買入Call，
如買I賣C是，價格下跌時有利。在交易人賣出一個Call後，爲免
價格上漲蒙受太大損失，再以權利金收入的部分再買入一個Call
以限制價格上漲的風險。由於賣出Call行使價格較買入Call低，權
利金收入大於權利金支出，爲貸方價差（Credit Spreads）。合併
操作結果，價格下跌時有利，最大利潤爲兩個權利金之差額；價
格上漲時受損，最大損失爲兩個行使價格之差減兩個權利金之差
後之餘額。損益平衡點爲較低行使價格加最大利潤（圖 8-20）。

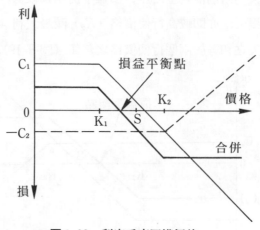

圖 8-20　利空垂直買權價差

(3)利多垂直賣權價差（Bullish Vertical Put Spreads）：指以較低
行使價格（K_1）買入Put，並以較高行使價格（K_2）賣出Put，如
買入J賣出P是，價格上漲時有利。由於賣出Put之行使價格高於買
入Put的行使價格，權利金收入大於權利金支出，所以是貸方價
差。此項操作亦可視為交易人賣出一個Put後，為免價格下跌蒙受
太多損失，再以權利金收入的一部分買入一個Put以限制價格下
跌的風險。合併操作結果，價格上漲時有利，最大利益為兩個權
利金之差；價格下跌時有損失，最大損失為兩個行使價格之差減
兩個權利金之差後之餘額；損益平衡點為較高行使價格（K_2）減
最大利潤（圖 8-21）。

(4)利空垂直賣權價差（Bearish Vertical Put Spreads）：指以較低
行使價格（K_1）賣出Put，並以較高行使價格（K_2）買入Put，如
買R賣L是。由於買入Put行使價格高於賣出Put行使價格，權利金
支出大於權利金收入，所以為借方價差。合併操作結果，價格下
跌時有利，最大利潤為兩個行使價格之差減最大損失後之餘額；

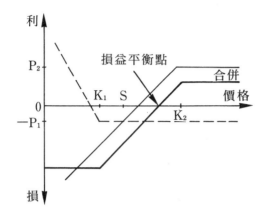

圖 8-21 利多垂直賣權價差

價格上漲時有損失，最大損失爲兩個權利金之差。損益平衡點爲
較高行使價格減兩個權利金之差（圖8-22）。

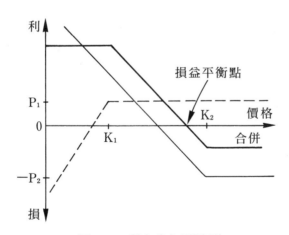

圖 8-22 利空垂直賣權價差

⑸水平價差（Horizontal, Time或Calendar Spreads）：指買入一
　個Call（或Put）並賣出一個Call（或Put），同一標的商品，相同
　行使價格，但兩者滿期日不同，如買A賣C或買R賣P是。此項操作，

旨在利用短期與長期選擇權時間價值（Time Value）遞減速度差異的利益。由於滿期日遠者權利金高，所以買入遠期日選擇權賣出近期日選擇權，權利金支出大於收入，稱爲借方水平價差（Debit Horizontal Spreads）；反之買入近期日賣出遠期日，權利金收入大於支出，稱貸方水平價差（Credit Horizontal Spreads）。其爲Call價差者，如遠期日標的商品價格上漲幅度大於近期日，則利潤擴大或損失減小；如遠期日標的商品價格下跌幅度大於近期日，則利潤減少或損失增加。其爲賣權價差者則反是。

(6)對角價差（Diagonal Spreads）：指買入一個Call（或Put）並賣出一個Call（或Put），同一標的商品，惟兩者滿期日、行使價格均不相同，含有垂直與水平兩個價差的特點，其買入較低行使價格且較長滿期日Call或Put，並賣出較高行使價格且較短滿期日Call或Put，如買入C賣出G或買入L賣出P，爲利多價差；其買入較高行使價格且較短滿期日Call或Put，並賣出較低行使價格且較長滿期日Call或Put，如買入G賣出C或買入P賣出L，爲利空價差。

在Call方面，利多價差付出權利金比收入權利金多，因有現金流出，所以稱爲買入價差（Purchased Spreads），利空價差收入權利金大於支出，因有現金流入，所以稱爲賣出價差（Sold或Written Spreads）。在Put方面則正相反，利多價差爲賣出價差，利空價差爲買入價差。

(7)蝶形價差（Butterfly Spreads）：爲含有四個選擇權交易，可全爲Call，全爲Put，或兩個Call與兩個Put之結合。全爲Call者，稱爲Call的蝶形價差（Butterfly Call Spreads）；其全爲Put者，稱爲Put的蝶形價差（Butterfly Put Spreads）；其爲Call與Put合成者，可視爲一個Call價差與一個Put價差的結合；也可視爲一個買入對敲與一個賣出對敲的結合。Call蝶形價差,指以有身價及無身價各買一個Call,並以平身價賣出二個Call,可視爲一個利多Call價差與一個利空Call價差的結合。合併操作結果：價格上漲或下跌時損失有限,最大損失爲四個權利金收支之差額；價格平穩時,利潤有限,最大利潤爲最高與最低行使價格之差距減最大損失後餘額之一半,損益平衡點有二,一爲最低行使價格加最大損失,一爲最高行使價格減最大損失(圖8-23)。Put蝶形價差與Call蝶形價差相似,只是買賣改爲Put即可（圖8-24）。

　　上述兩種蝶形價差,如將買入改爲賣出,賣出改爲買入,則其圖形將爲上述圖形旋轉180度後之圖形,價格平穩時有損失,價格上漲或下跌時有利益,損失及利潤均屬有限。

　　蝶形價差,損失有限,利潤有限,但要支付四個契約的手續費,操作並不容易。

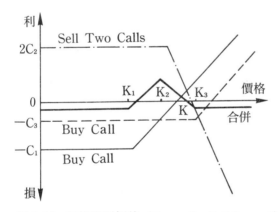

圖 8-23　買權蝶形價差（Butterfly Call Spread）

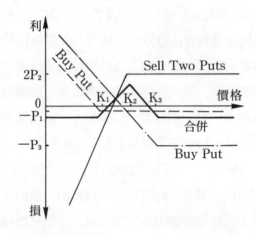

圖 8-24　賣權蝶形價差（Butterfly Put Spread）

8423

組合交易（Combination Trading）：俗稱對敲交易，為兩個不同類選擇權Call與Put兩個都買入或兩個都賣出的結合。標的商品相同，滿期日相同，行使價格可同可不同。旨在謀取市場波動性（Volatility）變動之利益，而不管標的商品價格變動的方向。兩者都買入者，稱買入組合或對敲（Purchased Combination），因其圖形為由下而上，所以稱為Bottom Combination；兩者都賣出者，稱賣出組合式對敲（Sold Combination），因其圖形為由上而下，所以稱為Top Combination。交易人如認為波動性會增加，可買入組合；反之，可賣出組合。

組合交易中，其行使價格相同者，且通常為平身價（ATM）或近身價（NTM），稱等價或平身價對敲（Straddle）；其行使價格不同，且均為無身價（OTM）者，稱為異價或無身價對敲（Strangle）；其行使價格不同，且均為有身價（ITM）者，稱為有身價對敲（Gut）。

⑴買入等價對敲（Purchased Straddles）：指以平身價或近身價之

行使價格($K=S$)，買入一個Call並買入一個Put。合併操作結果，價格平穩時損失有限，價格不變時損失最大，等於兩個權利金之和；價格上漲或下跌時利潤無限；損益平衡點爲行使價格(K)加或減兩個權利金之和。如交易人認爲價格會大幅波動但變動方向不確定時，可買入等價對敲。買入等價對敲有兩種狀況：⒜不知道價格會漲還是會跌，如油國組織會議前，無法判斷會議結果；⒝預期隱含波動性會上升，俟上升後再賣出可獲利。

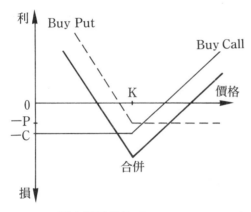

圖 8-25　買入等價對敲（Bottom Straddle）

⑵賣出等價對敲(Sold Straddles)：爲買入等價對敲的賣方，即以平身價或近身價之行使價格（$K=S$），賣出一個Call並賣出一個Put，合併操作的結果，價格平穩時利潤有限，價格不變時利潤最大，等於兩個權利金之和；價格上漲或下跌時，損失無限；損益平衡點爲行使價格(K)加或減兩個權利金之和。交易人如認爲價格平穩波動不大時，可賣出等價對敲，惟如標的商品價格大幅上升後又大幅下降，或大幅下降後又大幅上升，買方可能先後行使兩個選擇權，賣方損失可能很大。

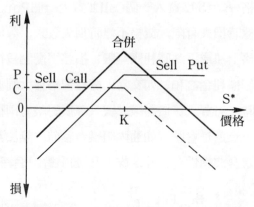

圖 8-26 賣出等價對敲（Top Straddle）

(3)買入異價對敲（Purchased Strangles）：指以低於標的商品價格
  （S）的無身價行使價格（K_1）買入一個Put，並以高於標的商品
  價格（S）的無身價行使價格（K_2）買入一個Call，合併操作結果，
  標的商品價格在介於兩個行使價格（K_1與K_2）之間時，損失最大，
  等於兩個權利金之和；價格上漲或下跌時利益無限；損益平衡點
  為高行使價格加兩個權利金之和與低行使價格減兩個權利金之
  和。

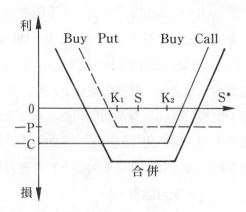

圖 8-27 買入垂直異價對敲（Bottom Vertical Strangle）

此項操作與買入等價對敲相似,只是無身價支付權利金較低,損益平衡點距離標的商品價格（*S*）較遠。

⑷賣出異價對敲（Sold Strangles）：指以較高的無身價行使價格賣出一個Call,並以較低的無身價行使價格賣出一個Put,合併操作結果,標的商品價格在介於兩個行使價格之間時,利潤最大,等於兩個權利金之和；價格上漲或下跌時損失無限；損益平衡點為較高行使價格加兩個權利金之和與較低行使價格減兩個權利金之和。如在契約期間,標的商品價格大幅上升後又大幅下降,兩個選擇權可能先後均被行使,所以風險很大（如圖 8-28）。

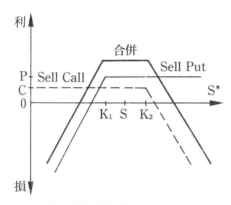

圖 8-28　賣出垂直異價對敲（Top Vertical Strangle）

⑸買入有身價對敲（Purchased　Gut）與賣出有身價對敲（Sold Gut）：指以較低的行使價格買入（或賣出）Call,以較高的行使價格買入（或賣出）Put。其他狀況與無身價對敲相似,標的商品價格在介於兩個行使價格之間,買方損失（即賣方利潤）最大,等於兩個權利金之和減兩個行使價格間之差距,損益平衡點為高行使價格（*K₂*）加最大損失與低行使價格（*K₁*）減最大損失。

由於有身價選擇權支付權利金高,不合經濟原則,故交易人甚少從事此類操作。

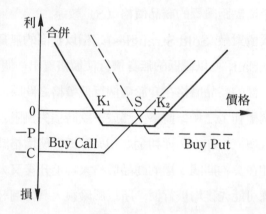

圖 8-29 買入有身價對敲 (Bottom Vertical Gut)

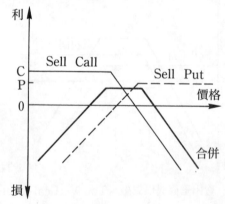

圖 8-30 賣出有身價對敲 (Top Vertical Gut)

(6)以上買權與賣權數量相同, 一對一, 如兩個Call與一個Put的組合, 稱Strap。如兩個Put與一個Call的組合, 稱Strip。茲比較如下表[103]:

---

[103]參閱Allan H. Pessin and Ronald T. Hyman, "*The Securities Industry.*"

	Put	Call	Underlying Commodity	Strike Price	Expiration Date
Straddle	1	1	相同	相同	相同
Strangle	1	1	相同	不同	相同
Strap	1	2	相同	相同	相同
Strip	2	1	相同	相同	相同

8424

合成交易 (Synthetic Trading)：指同一標的商品兩個不同類選擇權Call與Put，一買一賣的交易。

(1)以平身價行使價格，買入Call賣出Put，做成一個合成多頭(Synthetic Long Position)；以相同平身價行使價格，買入Put賣出Call，做成一個合成空頭 (Synthetic Short Position)。合成部位的風險與標的商品部位的風險完全相同；即合成多頭在價格上漲，多頭Call必將行使，多頭Put必將放棄，故買入Call部分利潤無限；價格下跌時，多頭Put必將行使，多頭Call必將放棄，故賣出Put部分損失無限。反之，合成空頭在價格上漲時，多頭Call必將行使，多頭Put必將放棄，故賣出Call部分損失無限；在價格下跌時，多頭Put必將行使，多頭Call必將放棄，故買入Put部分利益無限。

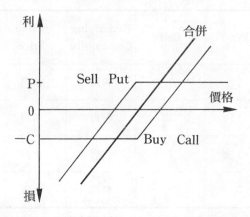

圖 8-31　合成多頭（Synthetic Long Position）

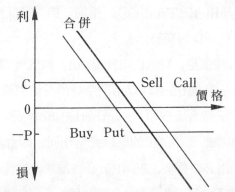

圖 8-32　合成空頭（Synthetic Short Position）

(2)以較高（無身價）行使價格買入Call，並以較低（無身價）行使價
格賣出Put，其合成者爲柵欄（Fence）。如買入與賣出之權利金
相等（P＝C），即爲零成本柵欄（Zero Cost Fence），則標的商
品價格在兩個行使價格之間時，無盈虧。價格上漲超過高行使價
格時，利潤無限；價格下落低於低行使價格時，損失無限（圖
8-33）。

　　如以較低（無身價）行使價格買入Put，並以較高（無身價）

行使價格賣出Call，其合成者為逆柵欄（Reverse Fence），其盈虧狀況如柵欄（Fence）相反。

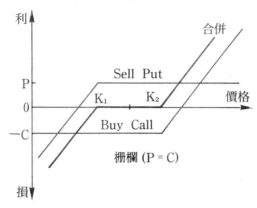

圖 8-33 柵欄（P＝C）（Zero Cost Fence）

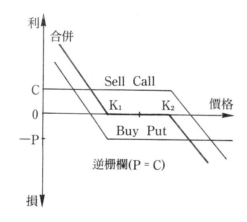

圖 8-34 逆柵欄（P＝C）（Zero Cost Reverse Fence）

8430 選擇權與標的商品市場的聯合操作

8431

轉換（Conversion）與逆轉換（Reversal）：指利用標的商品部位，將Call部位轉換為Put部位，或將Put部位轉換為Call部位；惟原為多頭，轉換後仍爲多頭；原爲空頭，轉換後仍爲空頭。茲以期貨交易所的操作，標的商品爲期貨，說明四種轉換情形，內中(1)與(2)利用期貨多頭，稱轉換（Conversion）；(3)與(4)利用期貨空頭，稱逆轉換（Reversal）。

(1)Short Call＋Long Futures＝Short Put，本例係利用期貨多頭將Call空頭轉換爲Put空頭。期貨多頭爲強烈利多（＋＋），Call空頭爲中度利空（－），合併結果Put空頭爲中度利多（＋）。此種操作適用於交易人原認爲價格會下跌（利空），所以賣出Call；其後市場變化，價格有上漲趨勢，交易人不買入Call沖銷原有部位，而改採買入期貨。合併操作結果，最大利益爲已收權利金，在價格上漲超過Call行使價格時，期貨與Call盈虧互抵，惟保留權利金收入；價格下跌時損失無限；其損益平衡點爲Call行使價格減權利金（圖 8-35）。

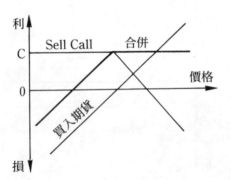

圖 8-35 Call空頭加期貨多頭（Short Call＋Long Futures）

(2)Long Put＋Long Futures＝Long Call，本例係利用期貨多頭將Put多頭轉換爲Call多頭。期貨多頭爲強烈利多（＋＋），Put多頭爲中度利空（－），合併結果Call多頭爲中度利多（＋）。此種操作適用於交易人原認爲價格會下跌，所以買入Put；其後由於市場變化，價格有上漲趨勢，交易人遂買入期貨，轉換爲利多。合併結果，最大損失為已付權利金，在價格上漲超過行使價格加權利金後有無限利益（圖 8-36）。

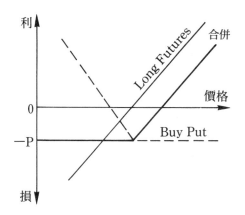

圖 8-36　買入Put加期貨多頭（Long Put＋Long Futures）

(3)Long Call＋Short Futures＝Long Put，本例係利用期貨空頭將Call多頭轉換為Put多頭。期貨空頭為強烈利空（－－），Call多頭為中度利多（＋），合併結果Put多頭為中度利空（－）。此種操作係將利多轉換為利空，合併結果，最大損失為已付權利金，在價格下跌時利益無限，損益平衡點為行使價格減權利金。

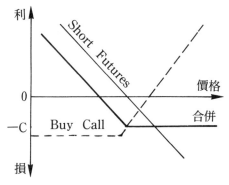

圖 8-37　買入Call加期貨空頭（Buy Call＋Short Futures）

(4)Short Put＋Short Futures＝Short Call，本例係利用期貨空頭
將Put空頭轉換爲Call空頭。期貨空頭爲強烈利空（－－），Put空
頭爲中度利多（＋），合併結果Call空頭爲中度利空（－），此種操
作係將利多轉換爲利空。合併結果，最大利益爲權利金，價格上
漲時損失無限，損益平衡點爲行使價格加權利金。

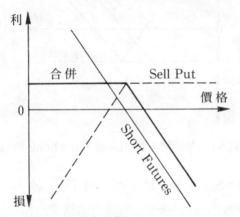

圖 8-38　賣出Put加賣出期貨（Short Put＋Short Futures）

　　轉換與逆轉換除有順應市場變化調整部位之功能外，尚有下列兩種
功能：

(1)可作爲選擇權市場之代替品，如買入Call加上賣出期貨，相當於買
入Put，在Put不易取得時可用此法取代。

(2)在選擇權市場價格脫軌（Out of Line）時，可利用上述操作套利。
可分爲兩種：

　(a)轉換套利：指賣出Call並買入Put，兩者行使價格及滿期日相
同，做成一個合成空頭，同時並買入期貨，其報酬＝（Call權利
金－Put權利金）－（期貨價格－行使價格）。

　(b)逆轉換套利：指買入Call並賣出Put，兩者行使價格及滿期日
相同，做成一個合成多頭，同時並賣出期貨，其報酬＝（Put權

利金－Call權利金）－（行使價格－期貨價格）。

8432

避險（Hedging）與逆避險（Reverse Hedging）：指對於標的商品的多頭或空頭部位，爲防止其因價格變動蒙受損失，可利用選擇權市場避險；另一方面，如有選擇權空頭部位，亦可利用標的商品部位避險。通常標的商品爲多頭者稱爲避險；標的商品爲空頭者稱爲逆避險。兩者數量相等，稱爲一對一避險；兩者不相等者，稱可變避險（Variable Hedging）。

(1)賣出選擇權風險很大，但如持有標的商品而賣出Call時，則沒有風險，稱爲抛補的Call賣出（Covered Call Writing），爲基金經理人提高報酬率常採用的操作方式。例如，某經理人持有股票，以市價50元爲行使價格賣出Call，權利金爲5元。設若股價未變，買方不會行使，該經理人除股票淨利外還多賺5元，成績優異；設若股票上漲，未超過5元時，該經理人選擇權交易仍然是淨賺；設若股票上漲超過5元時，買方會行使，經理人喪失了股票，但也賺了5元，獲利率爲10%，成績也不錯；設若股價下跌，買方不會行使，持有股票的人都有損失，但該經理人有權利金5元收入可做爲股價下跌的緩衝，比其他持有股票的人的狀況要好得多。

(2)將來需要結購外幣的進口商如賣出外幣Put，也是利多於弊的操作。例如某進口商以市價£1＝US$1.50賣出英鎊Put，權利金爲5美分，設英鎊匯率未變，買方不會行使，該進口商以市價買入減權利金收入後，其成本爲1.45美元；設英鎊匯率上漲，買方也不會行使，該進口商以市價買入，但在減權利金收入後，仍比未賣出Put進口商的成本低；如英鎊匯率下跌，買方可能行使，該進口商的成本1.45美元；如英鎊下跌超過5美分，即市價在1.45美元以下，該進口商的成本爲1.45美元比市價高，但與目前市價

1.50 美元比較仍屬便宜。

第五節　選擇權市場操作──店頭市場

8510 店頭市場特性

8511

　　店頭市場（OTC Markets）係由交易商（Dealers）在其櫃臺當面或經由電話等其顧客交易的市場，其買賣之選擇權亦稱交易商選擇權（Dealer Options），惟通常對顧客賣出者多。該市場之最大特色是富有彈性，交易商可提供定做（Tailormade）契約，其數量、品質、行使價格及交割時間等均可切合顧客需要。

　　選擇權的店頭市場歷史悠久，惟由於缺乏流動性，多年來業務一直未能成長。自交易所上市買賣選擇權後，更是相形見絀，但自 80 年代金融業開發選擇權市場後，情勢丕變；金融業買賣之選擇權，花樣繁多，多係交易所無法上市者，業務量成長迅速，已非吳下阿蒙。

8512

金融業與選擇權市場之關係：

⑴金融業是店頭市場的主要做成者（Makers）。貨幣市場（Money Market）、債券市場（Bond　Market）與外匯市場（Foreign Exchange Market），原本是金融業傳統的競技場，自交易所於 70 年代開發金融期貨（Financial Futures）及 80 年代初期開發金融商品的選擇權以後，金融業急起直追，自 1984 年起紛紛開辦各種利率選擇權交易與通貨選擇權交易，非常成功。

⑵金融業是交易所市場的避險者（Hedgers），金融業在金融市場承做業務，如因利率風險或匯率風險太大，可利用交易所市場避險。

如有外幣買超部位（Overbought Position），可買入外幣Put以避免外幣貶值的風險；如有外幣賣超部位（Oversold Position），可買入外幣Call以避免外幣升值的風險。在金融市場上借貸數量與期限不相配（Mismatched）時，亦可利用選擇權避險。

(3)金融業是兩個市場間的裁定者（Arbitrageurs），由於兩個市場的參與者不盡相同，契約內容也不相同，相同標的商品的選擇權價格因供求關係會發生差異。金融業可在低價市場買入並在高價市場賣出套利，有平衡市場價格並提高市場效率的功能。

8520　利率選擇權（Interest Rate Options）

8521

以浮動利率（Floating Rate）計息，借款人與投資人均有利率風險。利率上漲時，借款人負擔加重；利率下降時，投資人收益減少。因此，銀行可對借款人提供借款人選擇權（Borrower's Options, BO），對投資人提供放款人選擇權（Lender's Options, LO）。

店頭市場選擇權通常爲歐式，只在滿期日才能行使；滿期時以差額結付。其爲借款人選擇權，如市場上參考利率（Reference Rate）高於約定（行使）利率，由賣方支付差額；其爲放款人選擇權，如市場利率低於參考利率，賣方支付差額。

8522

利率上限（Caps或Ceilings）：通常係由貸款銀行與浮動利率借款人簽訂之協議，可視爲一系列借款人選擇權。協議之賣方（Writer）爲銀行，承諾在約定期間內，於每一計息期末，在參考利率超過事先約定之上限利率（Cap Rate）時，由銀行補償其差額。買方爲借款人取得上項權利的代價爲權利金（Premium），通常係於成交日支付，貸款加上限，可稱爲上限貸款（Cap Loan）。參考利率最常用者爲倫敦銀行間放款利率(London Interbank Offered Rate, LIBOR)，其次爲美國銀行基本利率(Prime Rate)，國庫券利率(T-Bill Rate)及商業本票(Commercial Paper) 等；計息期間以三個月及六個月最爲普遍；保障期間爲二至五年。就貨幣言，以美元市場最大，其次爲馬克、英鎊、日圓及瑞士法郎等；每筆交易金額在 500 萬美元至 1 億美元。茲舉例說明如次: 名目本金爲 1 億美元，爲期五年，以三個月LIBOR 8%爲上限。如某一計息期市場LIBOR利率爲 10%，則銀行應補償的金額爲$100,000,000×(10%−8%)×91/360＝$505,555.55。對於五年期選擇權共有十九次機會。

買入利率Cap的好處,是買方可取得利率上升的保障,而同時還能保留利率下降時的利益。在市場利率超過上限時, 買方享受固定利率; 在市場利率下降時, 仍可享受浮動利率好處。買入利率Cap的壞處,是買方應支付權利金, 而且係於成交時支付。

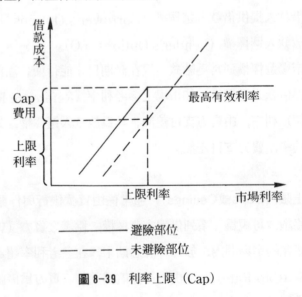

圖 8-39 利率上限 (Cap)

8523

利率下限（Floor）：係一種協議，賣方（Writer）承諾在約定期間內，於每一計息期末，在參考利率低於下限利率（Floor Rate）時，由賣方補償其差額。賣方為銀行，買方通常為剩餘資金投資人，如保險公司期望獲得最低報酬。參考利率、計息期間、保障期間、貨幣別及交易金額，大致與利率Cap相同，惟市場不如Cap大。利率Floor可視為一系列放款人選擇權。如名目本金為1億美元，為期三年，參考利率為三個月LIBOR 7.5%，如市場利率為6%，則賣方應補償買方之金額為$100,000,000×(7.5%−6%)×91/360＝$374,167。其次機會共有十一次。

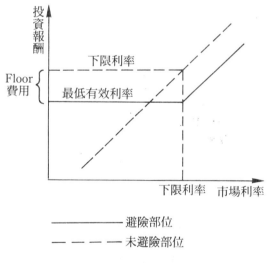

圖 8-40　利率下限（Floor）

8524

利率上下限(Collar或Floor-ceiling Agreement)：係一種協議，內中甲自乙買入一個利率Cap，為了減少權利金支出，同時甲對乙賣出一個利率Floor。通常甲是浮動利率借款人，乙是貸款銀行。如Cap為9%，

Floor爲6.5%, 參考利率爲三個月LIBOR; 則LIBOR低於6.5%時, 按6.5%付息; LIBOR高於9%時, 按9%付息; LIBOR介於6.5%與9%之間時, 按LIBOR付息。惟如貸款係按LIBOR加碼計算時, 則應加碼。

在上項協議中, 借款人放棄了利率低於下限的潛在利益, 其目的在降低買入Cap權利金支出。

有上下限浮動利率本票 (Mini-max FRNs) 爲上下限在債券市場的運用。銀行與債券發行人協議, 銀行對發行人賣出利率上限, 發行人對銀行賣出利率下限。

上限、上下限、Swap與未避險之比較, 如圖8-42❶。

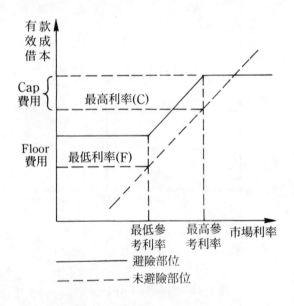

圖 8-41 利率上下限 (Collar)

---

❶參閱Anderson & Hasan, "*Interest Rate Risk Management,*" pp. 108 -139.

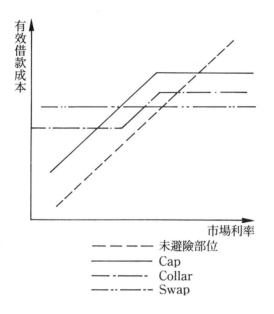

有效借款成本

市場利率

－ － － － － 未避險部位
──────── Cap
── · ── · ── Collar
── · · ── · · Swap

圖 8-42　上限、上下限、Swap與未避險比較圖

8525

　　參加利率協議（Participating Interest Rate Agreement, PIRA），**亦稱參加上限**（Participating Cap）：為浮動利率借款人自銀行買入一個Cap，並對銀行賣出一個Floor，兩者行使利率相同，惟後者名目本金只是前者的一部分，旨在使整個交易的淨成本為零。

8526

　　雙上限（Corridor）：指浮動利率借款人自銀行買入一個Cap，並對銀行賣出一個行使價格更高的Cap。如自銀行買入Cap行使利率為10%，對銀行賣出Cap的行使利率為12%，借款人的保障僅限於10%至12%，超過12%仍按浮動利率計息。此項安排的目的在降低權利金支出，如借款人確信參考利率不會超過第二個上限時，可接受此項安排。

8527

利率保證 (Interest Rate Guarantee, IRG)：為對遠期利率協議 (Forward Rate Agreement, FRA) 的選擇權 (Option on FRA)。FRA為店頭市場的利率期貨 (參 6660 節)，雙方約定利率本金，於未來一定期間使用一定利率的契約；如3×6 s，借款期間 3 個月後開始至 6 個月止；如 2 years×3 years，為 2 年後開始至 3 年止。FRA的選擇權，事實上是一個一次訂定的Cap或Floor，惟結算上與Cap或Floor不同，FRA選擇權係在利息期間開始時結算，Cap與Floor係於利息期間終了時結算。因選擇權買方目的不同，利率保證可分為上限保證(Cap FRA)與下限保證(Floor FRA)，前者稱為借款人選擇權，後者稱為放款人選擇權。常見者為 3×6 s及 6×12 s。

8528

利率交換選擇權 (Swaption on Interest Rate)：指可進行利率交換 (Interest Rate Swap, IRS) 的選擇權 (參 6650 節)。

8530 外幣選擇權 (Foreign Currency Options)

8531

銀行做成外幣選擇權之店頭市場，除交易所各種外幣之Call與Put外，其他外幣也可承做；數量、行使價格及交割日期也均可協商。此外，尚有多種變化，如同利率選擇權，有Cap及Floor等多種。

8532

匯率上限 (Cap)：為一連串的外幣Call，可適用於定期支付定量外幣的進口商或借款人。如任一付款期外幣匯率超過約定行使價格時，超額部分由賣方 (銀行) 負擔。此項安排可保障買方的最高成本，惟不如利率Cap普遍。

8533

匯率下限(Floor)：為一連串的外幣Put，可適用定期收入定量外幣

的出口商或投資人。如任一付款期外幣匯率低於約定行使價格時，差額
部分由賣方（銀行）負擔。此項安排可保障買方的最低收益。

8534

　　匯率上下限（Collar, Range Forward或Cylinder Option）：相當於
交易所之價差交易（Spreading）。進口商爲取得匯率上限（Cap）的保
護，自銀行買一個Cap；惟爲降低權利金支出，對銀行賣一個匯率下限
（Floor），放棄匯率可能低於下限的利益。出口商爲取得匯率下限的保
護，自銀行買入一個Floor，惟爲降低權利金支出，對銀行賣出一個Cap，
放棄匯率可能高於上限的利益。

　　如美元目前匯率爲新臺幣27元，如某出口商與銀行匯率上限爲28
元，下限爲26元，則實際匯率不會超過28元，也不會低於26元。在市
場匯率介於26與28之間時，按市場匯率買賣(圖8-43)。出口商之最低
收入爲下限減權利金淨額；最高收入爲上限減權利金淨額；反之，進口
商之最高成本爲上限加權利金淨額，最低成本爲下限加權利金淨額。

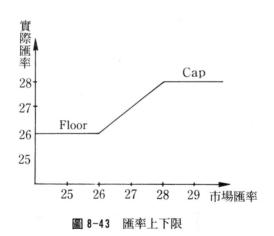

圖 8-43　匯率上下限

　　顧客如不願支付權利金（即權利金淨額爲零）時，則出口商決定下
限，銀行決定上限，此上限將會低於支付權利金時之上限；反之，進口

商決定上限，銀行決定下限，此下限會高於支付權利金時之下限。

8535

　　不記名選擇權（Bearer Option）：爲 1986 年由Barclays創造的外幣選擇權，標準面額爲 5,000 英鎊，使買方有以一定匯率以美元（或馬克）買入英鎊的權利，不記名，可以轉讓。適用於小型顧客，銀行準備發行或買回時，可在螢幕上報價。

8536

　　二元貨幣貸款（Dual Currency Loan），**亦稱貨幣轉換融通**（Currency Conversion Facility, CCF）：指借款人授權貸款人（投資人）可於預定未來日期，以預定匯率，將某一貨幣貸款轉換爲另一貨幣貸款。如此項權利可以轉讓，即是一個外幣選擇權。借款人的利益是借款利率會低於市場利率，兩者差額即是選擇權的權利金。

8537

　　外幣認購權（Currency Warrants）：係新債券發行時附帶發行之有價證券，持有人有權在一定期間內，以一定匯率買賣一定數量外幣，可單獨轉讓，Call與Put均有，以美元／馬克爲主，面額爲 500 美元，發行量平均爲十萬個及四十萬個。

8538

　　複合選擇權（Compound Options）：爲對選擇權的選擇權（Option on Option），即買方於支付初次選擇權的權利金後，有權進行第二個選擇權，適用於投標業務。例如，一個美國公司報價 500 萬英鎊，報價有效期限爲二個月。如得標，預期六個月可收入英鎊。目前匯率爲$1.50，預期英鎊會升值，該公司擬保留此項潛在利益而同時又能限制英鎊貶值的風險，如買入複合選擇權的初次選擇權的權利金爲 3 萬美元，爲期二個月，可使買方取得以$1.50 之 500 萬英鎊的Put選擇權，第二次選擇權的權利金爲 10 萬美元。在二個月時：⑴得標，英鎊升值，該公司可放棄行使選擇權；(2)得標，英鎊貶值，且會進一步貶值，該公司可支付權利金 10 萬美元買入第二次選擇權，可保障其收入；(3)未得標，英鎊升值，可放棄行使；(4)未得標且英鎊貶值，該公司可行使第二次選擇權，了結部位獲利。

8539

其他通貨選擇權：

(1)通貨交換選擇權（Currency　Swaptions）：指可進行通貨交換（Currency Swap）的選擇權。

(2)事後決定匯率的選擇權（Hindsight Options）：指買方可以預定期間內實際最佳匯率或低於 5% 之匯率行使選擇權。

8540　其他選擇權

8541

可提前贖回債券（Callable Bonds）：指借款人（發行人）有權在某一期限後以一定價格提前贖回債券。如 $8\frac{1}{4}$ May 00-05 美國國庫債券，息票 8.25%p.a.，滿期日為 2005 年，美國政府於 2000 年後可贖回。如在 2000 年後新債券利率低於 8.25% 時，就有此可能。

可提前贖回債券，可視為一個普通債券與一個隱含選擇權的結合，此項選擇權，在可提前贖回之日以前為歐式選擇權，在可提前贖回之日以後成為美式選擇權。

一個五年後可提前贖回的十年期債券，可視為一個五年期債券加上一個借款人可延長至十年的Put選擇權；也可視為十年期債券加上一個借款人可提前贖回的Call選擇權。所以此項債券的價格，應相當於一個五年期普通債券價格減Put權利金，或一個十年期普通債券價格減Call權利金。

8542

　　可展期債券（Extensible Bonds）：指債券持有人有權將債券贖回期限予以展期。如五年期可展期為十年之債券，可視為一個五年期普通債券與一個隱含Call選擇權的結合，也可視為一個十年期債券與一個隱含Put選擇權的結合。債券價格應相當於一個五年期普通債券價格加Call權利金，或一個十年期普通債券價格加Put權利金。

8543

　　轉換公司債（Convertible Bonds）：指債券持有人有權依一定比率將債券轉換為發行公司或其相關公司之普通股或優先股。其轉換比率：Conversion Ratio＝Face Value of Bond/Conversion Price。轉換價格係於發行前訂定，通常均高於現行股價。設債券面額為 1,000 元，目前股票市價為 40 元，轉換價格為 50 元，則每張債券可轉換股票 20 股。惟一經行使轉換，債權消滅，債權人變成股東。轉換公司債可視為一個普通公司債與一個隱含Call選擇權的結合，所以其價格也是普通公司債加Call權利金。對發行人言，可獲得較低利率。

8544

　　認購權證（Warrants）：Warrant係發行人於發行債券時所附帶發行的有價證券，可單獨轉讓，持有人有權於一定期間內，依一定價格購買該公司或其相關公司的普通股票或其他資產，惟以股票最為常見，稱為認股權證；認購其他債券、認購外幣等的認購權證亦曾出現於歐元市場（Euro Market）。由於認購價格通常均遠高於發行時之市價，所以認購權證是一個高度無身價買入選擇權（Deep OTM Call Option）。認購權證的價格，在發行時等於普通公司債的價格與附認股權公司債（Bond with Equity Warrant）價格的差額，發行後隨標的公司股票價格漲跌而漲跌。於到期時行使價格仍高於股票市價，則認購權證價格為零。

第六節 選擇權市場交易

8610 委託 (Order)

8611

委託內容應包含下列項目: (1)買入或賣出, (2)Call或Put, (3)契約數量, (4)標的證券, (5)滿期月, (6)行使價格, (7)委託類別: 市價委託或限價委託, 或其他性質委託。

8612

選擇權市場委託類別大體上與期貨市場相似, 主要爲市價委託 (Market Order) 與限價委託 (Limit Order)。委託因部位狀況不同, 也可分爲四類: (1)創始的買入委託 (Opening Purchase Order), (2)創始的賣出委託 (Opening Sale Order), (3)了結的賣出委託 (Closing Sale Order), (4)了結的買入委託 (Closing Purchase Order)。

8620 保證金 (Margin)

8621

在美國, 美國聯邦準備銀行、交易所及經紀商均有對選擇權交易的保證金規定。聯邦準備規則T (Regulation T) 規定股票買賣保證金; 規則U (Regulation U) 規定銀行顧客買賣證券之保證金[105]。通常聯邦準備的規定是最低標準, 經紀商的規定稱內規 (House Rule), 標準較高。

---

[105]參閱Colburn, *"Trading in Options on Futures,"* p. 41.

8622

對選擇權及其他證券在證券交易所買賣保證金的規定，可歸納爲下列規則[106]：

規則一：交易所規定開戶最低存款（Minimum Equity）爲 2,000 美元。

規則二：證券買方原始保證金（Initial Margin），股票、轉換證券（Convertible Securities）及上市認購權（Listed Warrants）爲 50%，國庫證券 5%，選擇權爲 100%。因依照聯邦準備規定，選擇權不是Marginable Securities，沒有貸款價值（Loan Value），必須全額付款[107]（除選擇權外，其他證券賣方保證金與買方同）。

規則三：爲保障經紀商的權益，並規定維持保證金（Maintenance Margin），股票、轉換證券及上市認購證，買方爲市價的 25%（原始保證金之一半），賣方爲市價的 30%；也有經紀商規定買方最低也是 30%。國庫證券及選擇權買方與賣方的維持保證金與原始保證金標準同。

規則四：選擇權賣方可利用權利金收入降低保證金。如權利金收入投資國庫券，市價的 95%可做爲保證金。

規則五：Call選擇權有拋補的賣方（Covered Writer），除持有證券的原始及維持保證金外，毋需額外保證金。

例：某投資人買入股票 100 股，市價 95 元，應繳保證金$95×100×50%＝$4,750。如該投資人以該股票爲拋補標的賣出Call選擇權，行使價格 100 元，權利金 10 元，該投資人毋需爲賣出選擇權而另外提供保證金。反之，該投資人可以權利金收入抵沖部分買入股票之保證金，即應繳保證金由 4,750 元降爲 3,750 元（$4,750－$10×100＝$3,750）。

---

[106]參閱Gary L. Gastinean "*The Options Manual,*" pp. 320-324.

[107]參閱Allan H. Pessin & Ronald T. Hyman, "*The Securities Industry*"之 "Securities Options," p. 48.

規則六: 無拋補的選擇權賣方 (Uncovered Writer) 應繳保證金,等於權利金100%, 加標的證券價值的X%, 減無身價金額(OTM), 惟不得低於權利金全部加標的證券價值的Y%。內中X與Y因選擇權類別而異, 旨在反映標的證券的波動性:

標的證券或指數	X%	Y%
普通股	15	5
工業指數	15	5
廣基指數	10	5
T-Bond及T-Note	3.5	0.5
外幣	4	0.75

例: 某投資人賣出無拋補股票的Call, 權利金10元, 行使價格100元, 股票市價95元, 應繳保證金:

權利金100%	$10×100＝	$1,000
加股價的X%	$95×100×15%＝	1,425
減OTM價值	($100－$95)×100＝	500
		$1,925

最低標準:

權利金	$10×100＝	$1,000
股價的Y%	5%×$95×100＝	$475
		$1,475

兩者比較, 應繳保證金$1,925。

規則七: 股票與選擇權因價格變動的維持保證金不同。

說明: 如規則六, 股票的原始保證金為50%×$95×100＝$4,750。如因價格變動不利而需適用30%標準時, 股價每上升1元, 維持保證金爲($1＋30%×$1)×100＝$130。又如規則六賣出選擇權原始保證金$1,925，股價上升 1 元，避險比率（Hedge Ratio）0.5，權利金變動爲50 元，加股價變動 15%計$15，加OTM之不利變動$100，合計$165。

規則八：賣出無拋補的等價對敲（Straddle），適用Call與Put各自計算保證金之較高者，加較低者的有身價金額（ITM）。

例：某投資人賣出無拋補的股票等價對敲，行使價格爲$100，股價$95，Call權利金$10，Put權利金$11。則賣出Call保證金爲$1,925（如規則六），賣出Put保證金爲權利金$11×100＝$1,100，加股價 15%，$95×100×15%＝$1,425，合計$2,525。兩者比較，Put保證金較高，應適用$2,525。又因Call保證金較低，而Call爲無身價，毋需再加。

規則九：上市選擇權價差（Spread）交易保證金規定：

⑴如多頭滿期比空頭早，投資人必須支付多頭選擇權成本100%，以及按照無拋補空頭選擇權規則支付保證金。

⑵如空頭滿期與多頭同時或更早：

  ⒜如空頭Call（Put）的行使價格等於或大於（少於）多頭Call（Put）的行使價格，保證金爲多頭權利金減空頭權利金。

    例：某投資人買入 7 月$100 Call，權利金$10，賣出同一標的股票 4 月$100 Call，權利金$7，應繳保證金爲($10－$7)×100＝$300。

  ⒝如空頭Call（Put）的行使價格低（高）於多頭的行使價格，空頭選擇權所需保證金爲不以價差對待時所需保證金，或兩個選擇權行使價格之差距較低者。

    例：某投資人買入 7 月$100 Call，權利金$3，並賣出 7 月$90 Call，權利金$10。多頭保證金爲權利金全部$3×100＝$300，加行使價格的差距($100－$90)×100＝$1,000；減空頭權利金$10×100＝$1,000，合計保證金爲$300。

規則十：如Call係以轉換證券或認購權拋補時，證券本身必須全部付款，投資人應繳保證金等於選擇權權利金加轉換價格超過Call行使價格的金額（如有）。轉換證券或認購權滿期日不能早於空頭Call，評估認購權價值也不能高於Call的真實價值（Intrinsic Value）。

例：某投資人買入上市認購權，價格為$15，行使價格為$105，並賣出同一標的股票的7月$100 Call，權利金$10。

認購權應付價款	$15×100＝	$1,500
加：權利金收入	$10×100＝	1,000
加：認購權行使價格超過Call		
的行使價格	($105−$100)×100＝500	
合計		$3,000

8623

美國紐約證券交易所（NYSE）會員在店頭市場（OTC）買賣選擇權係依照該所規定標準收取保證金，其標準為股價之50%，加ITM金額或減OTM金額，再減權利金後之餘額，最低為250美元[108]。茲舉例說明如次：

⑴股價50元，賣出55 Put，pm 7元：

股價之50%：	$50×100×50%	＝$2,500
加：ITM金額	($55−$50)×100＝	500
減：權利金	$7×100　　＝	700
應繳保證金		$2,300

⑵股價50元，賣出48 Put，pm 2.5元：

---

[108]參閱Allan H. Pessin & Ronald T. Hyman, "*The Securities Industry*"之 "Securities Options," p. 49.

股價之 50%: $50×100×50%　　=$2,500

減: OTM金額　($50-$48)×100=　　200

減: 權利金　$2.5×100　　　　=　　250

應繳保證金　　　　　　　　　　$2,050

(3)股價 50 元, 賣出 48 Call, pm 3.5 元:

股價之 50%: $50×100×50%　　=$2,500

加: ITM金額　($50-$48)×100=　　200

減: 權利金　$3.5×100　　　　=　　350

應繳保證金　　　　　　　　　　$2,350

(4)股價 50 元, 賣出 70 Call, pm 0.3 元:

股價之 50%: $50×100×50%　　=$2,500

減: OTM金額　($70-$50)×100=　2,000

減: 權利金　$0.3×100　　　　=　　30

應繳保證金　　　　　　　　　　$470

8624

　　賣出股票指數選擇權的保證金與賣出股票選擇權相似, 通常原始保證金爲權利金加股票指數價值 5%, 減OTM金額, 最低金額爲權利金加股票指數價值 2%。對於狹基指數 (Narrow-based Indices) 選擇權, 保證金較高, 權利金加股票指數價值 15%, 減OTM金額; 最低爲權利金加股票指數價值 5%[109]。

8625

　　期貨交易所CBOT之規定: ⑴買方只要繳付權利金即可, 不另繳保證金, ⑵賣方繳付保證金爲權利金, 每日按市價調整 (Marked-to-market Settlement), 加以下兩者較大者: ⒜標的期貨保證金-1/2

---

[109]參閱Peter Ritchken, "*Options,*" p. 141.

OTM金額，(b)標的期貨保證金金額。

8630　佣金（Commission）

8631

美國交易所選擇權交易之經紀商佣金，自 1975 年起改爲議價，顧客可選擇經紀商。通常提供全套服務的經紀商（Full Service Brokerage Houses），由於可提供諮詢服務，佣金較高；不提供諮詢服務的折扣經紀商（Discount Brokers），佣金較低。

8632

佣金係按雙程（Round-trip）計算，包括原始交易與沖銷（或交割）在內。一個選擇權契約在滿期時還有價值時，佣金爲 50 美元，約占選擇權價格的 8% 或以上[10]。

第七節　我國之選擇權市場

8710　權證市場

8711

我國選擇權市場有兩個，一個是銀行做成的外幣及利率的選擇權市場，一個是證券商發行並在臺灣證券交易所上市的股票選擇權市場。

證券商發行的股票選擇權稱爲認購權證（Warrant），簡稱權證，係自 86 年 8 月開始迄 87 年底已發行 21 檔，惟因權證爲適合多頭市場的衍生商品，而自開始發行以來，適逢股票空頭市場，投資人幾全部虧損，造成市場萎縮。

---

[10] 參閱Peter Ritchken, “*Options*,” p. 61.

臺灣的權證市場，只有買權 (Call)，沒有賣權 (Put)，全爲美式沒有歐式。權證可分爲個股、類股、組合型及指數型。目前臺灣發行者以個股最多、類股及組合型不多，指數型尚未開放。

證券商賣出認購權證爲空頭部位，如以買入現股避險，稱爲擔保發行權證 (Covered Warrant)，在香港稱爲備兌認購權證。

權證自發行至核准在證券交易所上市，爲時約需一週，股價可能已滑落。爲對認購權證投資人提供較大保障，規定在標的股票價格滑落至某一比率時，同步調降權證履約價者，稱爲重設型權證 (Reset Warrant)。如 87 年 10 月大華證券公司發行中環公司權證履約價爲發行日前一營業日標的證券收盤價。惟如掛牌後三個月內任一營業日，若標的證券之六日均價低於原履約價 90%，則自次一營業日起履約價調整爲原履約價之 90%。

股票認購權證發行人，除綜合證券商外，發行股票之公司亦可發行本公司認股權證，稱爲公司發行權證 (Company Warrant)。公司在經過股東大會通過後可增加發行股票，所以可先發行認購權證屆期再以股票交割。公司之大股東在其持股數額內亦可發行認購權證，有避險的功能，在股價下跌時，權利金收入可彌補虧損。

認購權證的發行對標的股票股價有漲時助漲，跌時助跌的效果。因爲證券商在發行權證時，爲避險起見，必須按標的股票 delta 係數（一般爲 60%）買入現股，而在股價上漲時，delta 數值變大，證券商必須增購現股避險，有使股價更漲的作用。反之，在標的股票股價下跌時，delta 數值變小，證券商必須拋股減碼，有使股價更跌的作用。

對投資人言，可以股價十分之一或五分之一的資金買入權證，以押股價漲跌，可發揮以小搏大的功能。

8712

爲健全權證市場，財政部證券暨期貨管理委員會訂定認購權證處理要點，對權證發行及發行標的股票資格等均有規定。

　　發行個股權證的標的為上市公司股票市值三百億元以上，上市公司具備條件為股權分散，持有一千股至五萬股的股東人數，不少於七千人，且持股合計達 30%，最近三個月平均成交股數占已發行股份 25% 以上。

　　發行組合型權證的標準為市值達二百億元以上，持有一千股至五萬股的股東持有市值達 60 億元以上，最近三個月平均成交股數達發行股份 25%，標的股票占該證券組合 80% 以上，證券組合中任一標的證券市值均不得超過該組合市值 45%，且前三大標的證券市值總額不得超過組合市值 80%。

　　申請上市權證至少二千萬單位，總額二億元以上；股權分散，持有人超過一百人，單一持有人不得超過上市單位的 20%，發行單位含現有已上市權證，不得超過標的證券發行股份的 20%。

　　對於權證發行人之資格亦有限制，發行有擔保的權證（Covered Warrant），股東權益達十億元以上，稅前盈餘最近二年平均達股東權益 3% 以上。發行無擔保權證條件更高，股東權益達卅億元以上，稅前盈餘最近二年平均達股東權益 5% 以上。

　　在認購權證處理要點公布後一年內，權證發行人應取得指定評等機構一定的評等，現行標準為BBB級。

　　外國專業投資機構可購買國內發行之權證，但須以現金交割。

　　權證發行後須透過臺灣證券集中保管公司（集保公司）劃撥交割，由集保公司及發行人共同認證，不必辦理簽證。

　　證券金融公司因其不能投資上市公司股票，無法建立避險部位，所以不得發行權證。

　　因為臺灣股市有漲（跌）停板的限制，因此權證也連帶發生漲（跌）停板的限制，如股價 100 元，權證權利金為 10 元，股價漲（跌）停板限制為 7 元，則權證的漲停板為 17 元，跌停板為 3 元。

8713

權證市場之操作

臺灣權證市場之發行，很多與股票發行公司運作有關。如公司之公司派股東爲免市場派介入經營權，經由綜合證券商仲介與外資合作利用發行權證以低成本取得法人代表支持(委託書)，可確保公司董監事席位，也乘機炒熱股價，仲介者取得經紀費（0.1%），外資發行權證售與公司指定人（大股東）賺取權利金，可達成三贏局面。

權證的價格，也就是發行人收取的權利金。其決定因素爲股價履約價格（兩者間差距決定眞實價值）、股價波動率（Implied Volatility）、到期時間（決定時間價值）及利率。近年來臺灣股價波動劇烈，所以認購股票權證之價格通常會超過 25%（也就是發行溢價）。

例如：大華證券公司 86 年 8 月 20 日發行第一個權證，上市日爲同年 9 月 4 日，存續期間自上市日起算一年，標的爲國巨公司普通股，發行單位二千二百萬單位，美式，發行價格爲新臺幣 36.04 元，依發行日前一日股價收盤價（也就是履約價）133.50 元計算，溢價 27%，隱含波動率爲 73%，槓桿倍數爲 3.7 倍。

參考題目

一、解釋下列名詞

1. Options
2. Call
3. Put
4. Option Price
5. Underlying Commodity
6. Options Type, Class, Series
7. American Options
8. European Options
9. Modified European Options
10. Futures-style Options
11. In-the-money, ITM Options
12. At-the-money, ATM Options
13. Out-of-the-money, OTM, OOTM Options
14. Caps
15. Floors
16. Collars
17. Corridor
18. Participating Interest Rate Agreement, PIRA
19. Interest Rate Guarantee, IRG
20. Cap FRA
21. Floor FRA
22. Mini-Max FRNs
23. Swaption on Interest Rate
24. Cylinder Options
25. Bearer Options
26. Dual Currency Loan
27. Currency Warrants
28. Compound Options
29. Swaption on Currency
30. Initial Margin
31. Mark-to-market
32. Maintenance Margin
33. Open Interest
34. Insurance Value
35. Leverage Value
36. Intrinsic Value
37. Time Value
38. Volatility
39. Options Derivatives
40. Delta

41. Delta Hedging

42. Hedge Ratio, HR

43. Neutral Ratio, NR

44. Gamma

45. Vega

46. Theta

47. Price Elasticity

48. Lambda

49. Fair Value

50. Black-scholes Model

51. Outright Trading

52. Spread Trading

53. Call Spread

54. Put Spread

55. Bullish Spread

56. Bearish Spread

57. Vertical Spread

58. Horizontal Spread

59. Credit Spread

60. Debit Spread

61. Diagonal Spread

62. Straddle

63. Strangle

64. Gut

65. Synthetic Trading

66. Synthetic Long

67. Synthetic Short

68. Fence

69. Butterfly Spread

70. Conversion

71. Reverse

72. Hedging

73. Reverse Hedging

74. Covered Call Writing

75. Borrower's Options

76. Lender's Options

77. Swaptions

78. Call Swaptions

79. Put Swaptions

80. Callable Bonds

81. Extendible Bonds

82. Convertible Bonds

83. Warrants

84. Put-call Parity

二、回答下列問題

1. 試述選擇權之意義、類別及其功能。

2. 說明選擇權與期貨契約之異同。

3. 說明交易所買賣選擇權與店頭市場買賣選擇權之異同。

4. 試述選擇權交易特性。

5.試述權利金之意義及其決定因素。

6.試述Delta Hedging之意義及其應注意之事項。

7.試述選擇權公平價值之意義。

8.何謂賣權與買權平價?

9.說明出進口廠商可如何利用期貨與選擇權市場。

三、計算題

1.某股票市價50元,三個月Call Option行使價格50元,權利金5元。某甲有5,000
　元, 可投資於股票或買入Call。

　⑴設滿期時, 股價為40元、50元或60元, 試就上述兩種投資策略, 計算其報酬
　　率。

　⑵如以Put Option取代Call Option, 其結果如何?

2.1994.6.29 Spot £1＝US\$1.5460,£ Call/US Dollar Put, 7 月 行 使 價 格
　1.5500, 權利金0.76,£ Put/US Dollar Call, 權利金1.34。說明每單位權利金
　金額 (參閱8152節公式)。

3.1994.6.29 Spot US\$1＝￥98.69或￥100＝US\$1.0133, 7月日圓選擇權契約行
　使價格1.0100,￥ Call/\$ Put權利金1.61;￥ Put/\$ Call, 權利金0.55。說明每
　單位權利金金額。

4.XYZ公司股價50元,一個四個月Call Option行使價格為45元的權利金為9元。
　問: ⑴某甲賣出Option, 其最大利潤是多少? 何種情形下, 可獲得此項利潤?
　　　⑵損益平衡點為何?
　　　⑶如在滿期時股價為62元, 某甲損益為何?

5.某甲持有XYZ公司股票100股, 成本40元, 目前市價60元, July 60 Call權利
　金為6元, July 60 Put權利金為7元。

　⑴比較股價為55元、60元及65元時, 買入Put與賣出Call之損益狀況。

　⑵某甲如在證券交易所下58元之Stop Order, 設股價由60元下跌至55元, 然
　　後再上升至65元, 試求在股價55元、60元及65元時之損益。

6.某出口商出口貨價計100萬美元, 目前匯率為US\$1＝NT\$27, 收款時間為六個

月,可採取下列方式避險:(1)賣出遠期外匯,匯率爲 26.50;(2)買入美元Put行使
價格 27 元,權利金 1 元;(3)賣出美元Call行使價格 27 元,權利金 0.5 元。試以
繪圖顯示其盈虧狀況。

7. 目前馬克Spot Rate爲$0.3920,六週後交割期貨價格爲$0.3950,40 Put價格爲
$0.0144,40 Call價格爲$0.0120。四週後,Spot Rate爲$0.3540,二週交割期貨
價格爲$0.3559,Put價格$0.0447,Call價格爲$0.0001。

試計算賣出期貨,買入Put,賣出Call及買入Call之盈虧。

8. 1987 年 10 月股市大崩盤前後,S&P 500 期貨及期貨選擇權市場價格變動狀況:
12 月期貨收盤價: 10/16　282.25　10/20　216.25
12 月期貨選擇權價格:

	Call		Put	
行使價格	10/16	10/20	10/16	10/20
280	15.00	9.55	12.85	73.00
285	11.70	8.50	13.50	76.85
290	11.00	7.80	16.00	81.10

求: (1)期貨及各個選擇權契約價格之變動及變動率。

(2)計算買賣雙方之盈虧。

9. 1994.3.1 日圓選擇權市場狀況:

	Call			Put		
行使價格	3 月	4 月	5 月	3 月	4 月	5 月
9450	1.32	2.51	2.96	0.13	0.97	1.42
9500	0.94	2.20	2.66	0.25	1.15	…
9550	0.62	1.92	…	0.43	1.37	…
9600	0.38	1.65	2.13	0.69	1.60	2.08
9650	0.24	1.42	…	1.05	1.87	…
9700	0.15	1.22	1.68	1.46	2.16	…

求: (1)Spot Price ¥100＝US$0.9565,則何者爲ITM? 何者爲OTM?

(2)3 月期貨爲¥100＝US$0.9569,求 3 月選擇權價格的眞實價值與時間價

値。

10. 設Spot Rate £1＝US$1.50, £ Call/$ Put行使價格1.50, 滿期日三個月, 權利金爲2%, 以£5,000,000買賣數量, 分別計算屆期時匯率爲: (1)1.60,(2)1.50及(3)1.40時買賣雙方之盈虧(註: 權利金先付, 按年息10%計算未來值)。以£ Put/$ Call取代£ Call/$ Put, 而其他一切不變, 求其結果。

11. 某英國進口商三個月後要支付600萬美元, 已知市場狀況:

    Spot Rate £1＝US$1.50

    三個月Fwd Rate £1＝US$1.4850

    £ Put/$ Call, Strike Price 1.4850, pm 1.75%

    £ Call/$ Put, Strike Price 1.50, pm 1.5%

    三個月英鎊利率12%p.a.

該商可採措施: (1)不做避險, (2)買入美元Fwd, (3)買入£ Put/$ Call, (4)賣出£ Call/$ Put。試就在滿期時匯率爲1.40、1.50及1.60時, 計算各種措施之實際成本, 並求其損益平衡點 (Break-even Points) 時的匯率。

12. 某英國出口商預期三個月後收進貨款100萬美元, 可採取的措施: (1)不避險,(2)賣出美元遠期, (3)買入£ Call/$ Put, (4)賣出£ Put/$ Call。已知:

    Spot Rate　£1＝US$1.7550

    三個月Fwd　£1＝US$1.7450

    £三個月利率: 12%p.a.

    三個月£ Call/$ Put, 行使價格1.7550, 權利金1.5%

    三個月£ Put/$ Call, 行使價格1.7450, 權利金2%

試就滿期時, 匯率爲: (1)1.7050, (2)1.7450, (3)1.7850時, 計算各種措施的實際成本, 並求其損益平衡點匯率。

13. 1994.3.1匯率US$1＝¥104.55, 某日本出口商投標以200萬美元報價, 決標期間爲三個月, 爲免因日圓升值而蒙受損失, 決定買入¥ Call/$ Put選擇權避險, 權利金1%。設6/30已決標, 匯率爲US$1＝¥98.69。試分析其得標與未得標之損益狀況。

14. 某公司銀行借款 5,000,000 元，利率爲LIBOR$+1\frac{1}{4}$%，爲免利率大幅上升，自銀行買入一個利率上限協議（Cap Rate Agreement），LIBOR上限爲 8%，支付費用1/2%p.a.，每三個月付款一次，設某日結算時，實際LIBOR爲 9%，求：

(1)未避險該公司應支付之利息。

(2)避險後該公司實際支付之利息及費用。

(3)因避險交易，銀行對該公司補償之金額。

15. 某商業銀行以浮動利率放款$10,000,000，利率爲LIBOR$+1\frac{1}{2}$%，存款爲固定利率 9.5%，爲消除利率暴露（Exposure），該銀行買入一個利率下限協議（Floor Rate Agreement），下限爲LIBOR 8.75%p.a.，支付費用 3/8%p.a.，每半年付款一次，設某日結算時，實際LIBOR爲 8%，求：(1)未避險時，借貸損益；(2)買入利率下限後，借貸損益；(3)該銀行補償收入。

設實際LIBOR爲 9.5%p.a.，則又如何？

16. 已知：$R_f=10$%p.a.，$R_d=6$%p.a.，Spot Rate £1=$1.5，$\sigma=20$%，$T=0.25$（三個月），$X$（行使價格）$=1.55$

求：(1)Forward Rate，(2)C，(3)P，(4)Δ

利用公式：$F=S\cdot\dfrac{1+R_d\cdot d/dpy}{1+R_f\cdot d/dpy}$

$$C=e^{-R_f\cdot T}[SN(d_1)-e^{-R_d\cdot T}\cdot X\cdot N(d_2)]$$

$$d_1=\frac{ln(S/X)+(R_d-R_f+\frac{\sigma^2}{2})\cdot T}{\sigma\cdot\sqrt{T}}$$

$$d_2=d_1-\sigma\cdot\sqrt{T}$$

$$P=C-(F-X)e^{-R_d\cdot T}$$

$$\Delta=e^{-R_f\cdot T}\cdot N(d_1)$$

17. 某美國出口商 7/1 簽約出口商品DM 125,000，9/1 付款，擬利用期貨及選擇權市場避險，試就下列各種情況分析其損益。

	July 1	September 1		
		Case A	Case B	Case C
Spot Rate	0.5922	0.5542	0.6338	0.5850
Sept. Futures	0.5956	0.5558	0.6374	0.5875
Sept. 58 Put	0.0059	0.0250	0.0001	0.0010
Sept. 60 Put	0.0144	0.0447	0.0001	0.0156
Sept. 58 Call	0.0225	0.0004	0.0580	0.0064
Sept. 60 Call	0.0120	0.0001	0.0375	0.0004

18. 某投資人買入T-Bond期貨 90 Call Option十個契約，pm 1-32；同時賣出 92

Call Option十個契約，pm 0-52。

求：⑴權利金收付淨額爲Initial Net Credit，抑爲Initial Net Debit?

⑵損益平衡點（Break-even Point）。

⑶最大損失及其期貨價格。

⑷最大利益及其期貨價格。

附錄一

管理外匯條例

中華民國五十九年十二月廿四日總統令公布
中華民國六十七年十二月二十日總統令修正公布
中華民國七十五年五月十四日總統令修正公布
中華民國七十六年六月二十六日總統令修正公布
中華民國八十四年八月二日總統令修正公布第六之一、
二〇、二六之一；並增訂第一九之一，一九之二條文。

第 一 條　為平衡國際收支，穩定金融，實施外匯管理，特制定本條
例。

第 二 條　本條例所稱外匯，指外國貨幣、票據及有價證券。

前項外國有價證券之種類，由掌理外匯業務機關核定之。

第 三 條　管理外匯之行政主管機關為財政部，掌理外匯業務機關為
中央銀行。

第 四 條　管理外匯之行政主管機關辦理左列事項：

一、政府及公營事業外幣債權、債務之監督與管理；其與
外國政府或國際組織有條約或協定者，從其條約或協
定之規定。

二、國庫對外債務之保證、管理及其清償之稽催。

三、軍政機關進口外匯、匯出款項與借款之審核及發證。

四、與中央銀行或國際貿易主管機關有關外匯事項之聯繫
及配合。

五、依本條例規定，應處罰鍰之裁決及執行。

六、其他有關外匯行政事項。

第　五　條　掌理外匯業務機關辦理左列事項：

一、外匯調度及收支計劃之擬訂。

二、指定銀行辦理外匯業務，並督導之。

三、調節外匯供需，以維持有秩序之外匯市場。

四、民間對外匯出、匯入款項之審核。

五、民營事業國外借款經指定銀行之保證、管理及清償、稽、催之監督。

六、外國貨幣、票據及有價證券之買賣。

七、外匯收支之核算、統計、分析及報告。

八、其他有關外匯業務事項。

第　六　條　國際貿易主管機關應依前條第一款所稱之外匯調度及其收支計劃，擬訂輸出入計劃。

第六條之一　新臺幣五十萬元以上之等值外匯收支或交易，應依規定申報；其申報辦法由中央銀行定之。

依前項規定申報之事項，有事實足認有不實之虞者，中央銀行得向申報義務人查詢，受查詢者有據實說明之義務。

第　七　條　左列各款外匯，應結售中央銀行或其指定銀行，或存入指定銀行，並得透過該行在外匯市場出售；其辦法由財政部會同中央銀行定之：

一、出口或再出口貨品或基於其他交易行為取得之外匯。

二、航運業、保險業及其他各業人民基於勞務取得之外匯。

三、國外匯入款。

四、在中華民國境內有住、居所之本國人，經政府核准在國外投資之收入。

五、本國企業經政府核准國外投資、融資或技術合作取得之本息、淨利及技術報酬金。

六、其他應存入或結售之外匯。

華僑或外國人投資之事業，具有高級科技，可提升工業水準並促進經濟發展，經專案核准者，得逕以其所得之前項各款外匯抵付第十三條第一款、第二款及第五款至第八款規定所需支付之外匯。惟定期結算之餘額，仍應依前項規定辦理；其辦法由中央銀行定之。

第　八　條　中華民國境內本國人及外國人，除第七條規定應存入或結售之外匯外，得持有外匯，並得存於中央銀行或其指定銀行。其為外國貨幣存款者，仍得提取持有；其存款辦法，由財政部會同中央銀行定之。

第　九　條　出境之本國人及外國人，每人攜帶外幣總值之限額，由財政部以命令定之。

第　十　條　（刪除）

第 十一 條　旅客或隨交通工具服務之人員，攜帶外幣出入國境者，應報明海關登記；其有關辦法，由財政部會同中央銀行定之。

第 十二 條　外國票據、有價證券，得攜帶出入國境；其辦法由財政部會同中央銀行定之。

第 十三 條　左列各款所需支付之外匯，得自第七條規定之存入外匯自行提用或透過指定銀行在外匯市場購入或向中央銀行或其指定銀行結購；其辦法由財政部會同中央銀行定之：

一、核准進口貨品價款及費用。

二、航運業、保險業與其他各業人民，基於交易行為或勞務所需支付之費用及款項。

三、前往國外留學、考察、旅行、就醫、探親、應聘及接洽業務費用。

四、服務於中華民國境內中國機關及企業之本國人或外國
　　人，贍養其在國外家屬費用。

五、外國人及華僑在中國投資之本息及淨利。

六、經政府核准國外借款之本息及保證費用。

七、外國人及華僑與本國企業技術合作之報酬金。

八、經政府核准向國外投資或貸款。

九、其他必要費用及款項。

第　十四　條　不屬於第七條第一項各款規定，應存入或結售中央銀行或
　　　　　　　其指定銀行之外匯，爲自備外匯，得由持有人申請爲前條
　　　　　　　第一款至第四款、第六款及第七款之用途。

第　十五　條　左列國外輸入貨品，應向財政部申請核明免結匯報運進口：

一、國外援助物資。

二、政府以國外貸款購入之貨品。

三、學校及教育、研究、訓練機關接受國外捐贈，供教學
　　或研究用途之貨品。

四、慈善機關、團體接受國外捐贈供救濟用途之貨品。

五、出入國境之旅客，及在交通工具服務之人員，隨身攜
　　帶行李或自用貨品。

第　十六　條　國外輸入餽贈品、商業樣品及非賣品，其價值不超過一定
　　　　　　　限額者，得由海關核准進口；其限額由財政部會同國際貿
　　　　　　　易主管機關以命令定之。

第　十七　條　經自行提用、購入及核准結匯之外匯，如其原因消滅或變
　　　　　　　更，致全部或一部之外匯無須支付者，應依照中央銀行規
　　　　　　　定期限，存入或售還中央銀行或其指定銀行。

第　十八　條　中央銀行應將外匯之買賣、結存、結欠及對外保證責任額，
　　　　　　　按期彙報財政部。

第 十九 條　（刪除）

第十九條之一　有左列情事之一者,行政院得決定並公告於一定期間內,採取關閉外匯市場、停止或限制全部或部分外匯之支付、命令將全部或部分外匯結售或存入指定銀行、或爲其他必要之處置:

一、國內或國外經濟失調,有危及本國經濟穩定之虞。

二、本國國際收支發生嚴重逆差。

前項情事之處置項目及對象,應由行政院訂定外匯管制辦法。

行政院應於前項決定後十日內,送請立法院追認,如立法院不同意時,該決定應即失效。

第一項所稱一定時間,如遇立法院休會時,以二十日爲限。

第十九條之二　故意違反行政院依第十九條之一所爲之措施者,處新臺幣三百萬元以下罰鍰。

前項規定於立法院對第十九條之一之施行不同意追認時免罰。

第 二十 條　違反第六條之一規定,故意不爲申報或申報不實者,處新臺幣三萬元以上六十萬元以下罰鍰;其受查詢而未於限期內提出說明或爲虛僞說明者亦同。

違反第七條規定,不將其外匯結售或存入中央銀行或其指定銀行者,依其不結售或不存入外匯,處以按行爲時匯率折算金額二倍以下之罰鍰,並由中央銀行追繳其外匯。

第二十一條　違反第十七條之規定者,分別依其不存入或不售還外匯,處以按行爲時匯率折算金額以下之罰鍰,並由中央銀行追繳其外匯。

第二十二條　以非法買賣外匯爲常業者,處三年以下有期徒刑、拘役或科或併科與營業總額等值以下之罰金;其外匯及價金沒收之。

法人之代表人、法人或自然人之代理人、受僱人或其他從業人員, 因執行業務, 有前項規定之情事者, 除處罰其行爲人外, 對該法人或自然人亦科以該項之罰金。

第二十三條　依本條規定應追繳之外匯, 其不以外匯歸還者, 科以相當於應追繳外匯金額以下之罰鍰。

第二十四條　買賣外匯違反第八條之規定者, 其外匯及價金沒入之。

攜帶外幣出境超過依第九條規定所定之限額者, 其超過部分沒入之。

攜帶外幣出入國境, 不依第十一條規定報明登記者, 沒入之; 申報不實者, 其超過申報部分沒入之。

第二十五條　中央銀行對指定辦理外匯業務之銀行違反本條例之規定, 得按其情節輕重, 停止其一定期間經營全部或一部外匯之業務。

第二十六條　依本條例所處之罰鍰, 如有抗不繳納者, 得移送法院強制執行。

第二十六條之一　本條例於國際貿易發生長期順差、外匯存底鉅額累積或國際經濟發生重大變化時, 行政院得決定停止第七條、第十三條及第十七條全部或部分條文之適用。

行政院恢復前項全部或部分條文之適用後十日內, 應送請立法院追認, 如立法院不同意時, 該恢復適用之決定, 應即失效。

第二十七條　本條例施行細則, 由財政部會同中央銀行及國際貿易主管機關擬訂, 呈報行政院核定。

第二十八條　本條例自公布日施行。

附錄二

外匯收支或交易申報辦法

中華民國八十四年八月三十日中央銀行

(84)臺央外字第（伍）一六三九號令訂定發布全文十條

中華民國八十四年十二月廿七日中央銀行

(84)臺央外字第（伍）二五四九號令修正發布第一條及第四條

中華民國八十六年六月十一日中央銀行

(84)臺央外伍字第○四○一三三○號令修正發布第四條及第六條

第 一 條　本辦法依管理外匯條例第六條之一第一項規定訂定之。

第 二 條　中華民國境內辦理新臺幣五十萬元以上等值外匯收支或交易
　　　　　結匯之本國人或外國人(以下簡稱申報義務人)，應依本辦法
　　　　　之規定申報。

第 三 條　申報義務人應依據外匯收支或交易有關合約等證明文件，誠
　　　　　實填報「外匯收支或交易申報書」（以下簡稱申報書）（附申
　　　　　報書樣式），經由中央銀行指定辦理外匯業務之銀行(以下簡
　　　　　稱指定銀行) 向中央銀行申報。

第 四 條　下列外匯收支或交易，申報義務人得於填妥申報書後，逕行
　　　　　辦理結匯。但每筆達中央銀行所定金額以上之匯款，應於指
　　　　　定銀行確認申報書記載事項與該筆外匯收支或交易有關合約
　　　　　等證明文件相符後，始得辦理：

一、出口貨品或提供勞務之外匯收入。

二、進口貨品或依我國法令在我國設立或經我國政府認許並
　　登記之公司、行號或團體償付勞務貿易費用之外匯支出。

三、經有關主管機關核准直接投資及證券投資之外匯收入或支出。

四、依我國法令在我國設立或經我國政府認許並登記之公司、行號或團體及在我國境內居住、年滿二十歲領有國民身分證或外僑居留證之個人，一年內累積結購或結售金額未超過中央銀行所定額度之匯款。

五、未領有外僑居留證之外國自然人或未經我國政府認許之外國法人，每筆未超過中央銀行所定金額之匯款。但境外外國金融機構不得以匯入款項辦理結售。

前項第一款及第二款出、進口貨品之外匯以跟單方式收付者，以銀行開具之出、進口結匯證實書，視同申報書。

第 五 條　前條規定以外之結匯案件，申報義務人得於檢附所填申報書及有關主管機關核准投資文件或其他相關文件，經由指定銀行向中央銀行申請核准後，辦理結匯。

第 六 條　指定銀行應查驗申報義務人身分文件或登記證明文件，輔導申報義務人填報申報書，辦理申報事宜，並應在申報書上加蓋印戳，證明經輔導申報事實後，將申報書或中央銀行核准文件、出（進）口結匯證實書及其他規定文件，隨同外匯交易日報送中央銀行。

第 七 條　依本辦法規定申報之事項，有事實足認有申報不實之虞者，中央銀行得向申報義務人查詢，受查詢者有據實說明之義務。

第 八 條　申報義務人故意不爲申報、申報不實或受查詢而未於限期內提出說明或爲虛僞說明者，依管理外匯條例第二十條第一項規定處罰。

第 九 條　指定銀行應確實輔導申報義務人詳實填報，其績效並列爲中央銀行授權指定銀行辦理外匯業務或審核指定銀行申請增設

　　　　辦理外匯業務單位之重要參考。

第 十 條　本辦法自發布日施行。

附錄三

（正面）

外匯收支或交易申報書（結售外匯專用）

□由國外匯入直接結售□由國內他行匯入結售□由外匯存款提出結售
□以外幣現鈔或旅行支票結售□其他（請註明來源）：＿＿＿＿＿＿

第一聯（中央銀行外匯局）

一、申報日期：＿＿＿年＿＿＿月＿＿＿日
二、申報人：＿＿＿＿＿＿＿＿＿＿＿＿＿＿＿
三、申報人登記證號：

　　□ 公司行號：統一編號：＿＿＿＿＿＿＿
　　□ 團　體：統一編號：＿＿＿＿＿＿＿＿＿＿
　　　（無統一編號者）設立登記主管機關：＿＿＿＿
　　　　　　　　　　登記證號：＿＿＿＿＿＿
　　□ 我國國民：身分證統一編號：＿＿＿＿＿＿
　　　　　　　　出生日期：＿＿＿年＿＿＿月＿＿＿日
　　□ 外 國 人：外僑居留證號碼：＿＿＿＿＿＿
　　　　　　　　出生日期：＿＿＿年＿＿＿月＿＿＿日
　　　　　　　　居留證發給日期：＿＿＿年＿＿＿月＿＿＿日
　　　　　　　　居留證到期日期：＿＿＿年＿＿＿月＿＿＿日
　　　（無外僑居留證者）國別＿＿＿＿護照號碼＿＿＿

四、外匯收入或交易性質，（性質超過一種者，應加填每種性質之金額）
　　□ 出口貨品收入（□ 已出口　　□ 未出口）
　　□ 提供勞務收入（應具體詳填性質，請參閱背面說明一）

　　□ 除出口貨品收入及提供勞務收入外之匯入款項
　　　（應具體詳填性質，請參閱背面說明二）

五、匯款金額：＿＿＿＿＿＿＿
六、匯款地區國別：＿＿＿＿＿＿
　　　　　此具結以上所報均屬真實
　　　　　　　此　致
中　央　銀　行

　　　　＿＿＿＿＿＿＿＿＿＿＿＿
　　　　　申報人及其負責人簽章
地址：　　　　　　　　　　　電話：

注意：

一、申報人務請審慎據實申報，申報後不得要求更改申報書內容。

二、申報人申報不實，依管理外匯條例第二十條第一項規定，處新臺幣三萬元以上，六十萬元以下罰鍰。

三、本申報書匯款金額不得塗改，其餘部分如經塗改，應由申報人在塗改處簽章，否則本申報書不生效力。

指定銀行負責輔導申報人員簽章

（以下各欄由指定銀行填寫）
....
送件編號：　　　　　　　　指定銀行簽章及日期：

外匯水單編號：

（21公分×29.7公分）

（背面）

説明：

一、　提供勞務之外匯收入

1.運輸事業之運費收入

2.保險費或理賠收入

3.佣金收入或代理費收入

4.技術報酬金收入或權利金收入

5.國外營建收入

6.國外薪資所得

7.外國政府駐華機構費用

8.無營運收入之外國機構在臺費用

9.外國自然人之繳稅款

10.三角貿易匯入款

11.華僑與外國人來臺旅費：⑴商務⑵觀光

12.指定銀行之銀行費用及利息

13.其他（詳述結匯性質）

二、　除出口貨款及上項以外之匯入款項

1.對外投資所得匯入（詳述所得性質）

2.各種利息收入（詳述利息性質）

3.收回經核准對外投資之股本

4.收回投資國外信託基金

5.收回投資國外有價證券

⑴以國內指定用途信託基金投資

⑵其他

6.收回投資國外不動產

7.收回對外貸款投資

8.收回對外貸款

9.結售存在國內之外匯存款

10.收回國外存款

11.收回分期付款出口本金

12.外國人及華僑之股本投資

13.外國公司在臺分公司匯入營運資金

14.外國人及華僑之貸款投資

15.國外借款

16.華僑或外國人購置不動產

17.國外信託資金投資國內有價證券

18.發行海外存託憑證

19.期貨保證金匯回

20.贍家匯款

21.贈與

22.其他（詳述結匯性質）

附錄四

（正面）

外匯收支或交易申報書（結購外匯專用）

□結購外匯直接匯出□結購外匯轉匯國內他行□結購外匯存入外匯存款
□結購外幣現鈔或旅行支票□其他（請註明用途）：＿＿＿＿＿＿

一、申報日期：＿＿＿年＿＿月＿＿日

二、申報人：＿＿＿＿＿＿＿＿＿＿＿＿＿＿＿＿

三、申報人登記證號：

    □ 公司行號：統一編號：＿＿＿＿＿＿

    □ 團　體：統一編號：＿＿＿＿＿＿

    （無統一編號者）設立登記主管機關：＿＿＿＿＿

               登記證號：＿＿＿＿＿

    □ 我國國民：身分證統一編號：＿＿＿＿

             出生日期：＿＿年＿＿月＿＿日

    □ 外 國 人：外僑居證號碼：＿＿＿＿

             出生日期：＿＿年＿＿月＿＿日

          居留證發給日期：＿＿年＿＿月＿＿日

          居留證到期日期：＿＿年＿＿月＿＿日

    （無外僑居留證者）國別＿＿＿護照號碼＿＿＿

四、外匯支出或交易性質，（性質超過一種者，應加填每種性質之金額）

    □ 進口貨品價款（□ 已進口　　□ 未進口）

    □ 公司、行號、團體償付無形貿易支出

      （應具體詳填性質，請參閱背面說明一）

    ＿＿＿＿＿＿＿＿＿＿＿＿＿＿＿＿＿＿

    □ 進口貨款及無形貿易支出以外之匯出款項

      （應具體詳填性質，請參閱背面說明二）

五、匯款金額：＿＿＿＿＿＿＿＿＿＿

六、受款地區國別：＿＿＿＿＿＿＿＿＿

此具結以上所報均屬真實

此　致

中 央 銀 行

＿＿＿＿＿＿＿＿＿＿＿＿＿＿
申報人及其負責人簽章

地址：＿＿＿＿＿＿＿　　　　電話：＿＿＿＿＿＿

（以下各欄由指定銀行填寫）

送件編號：＿＿＿＿＿　　　指定銀行簽章及日期：＿＿＿＿＿＿

外匯水單編號：＿＿＿＿＿

（21公分×29.7公分）

第一聯（中央銀行外匯局）

注意：

一、申報人務請審慎據實申報，申報後不得要求更改申報書內容。

二、申報人申報不實，依管理外匯條例第二十條第一項規定，處新臺幣三萬元以上，六十萬元以下罰鍰。

三、本申報書匯款金額不得塗改，其餘部分如經塗改，應由申報人在塗改處簽章，否則本申報書不生效力。

指定銀行負責輔導申報人員簽章

（背面）

說明：

一、公司、行號或團體之無形貿易費用

　　1.運費支出

　　2.保險費或理賠支出

　　3.佣金支出或代理費支出

　　4.技術報酬金支出或權利金支出

　　5.國外商務費用

　　6.工程款支出

　　7.電視、廣播及新聞事業國外費用

　　　（詳述費用性質）

　　8.駐外機構經費

　　9.聘僱華僑或外籍人員薪津

　　10.漁業匯款

　　11.三角貿易匯出款

　　12.指定銀行之銀行費用及利息

　　13.其他（詳述結匯性質）

二、除進口貨款及上項以外之匯出款項

　　1.旅行支出：(1)觀光(2)探親
　　　　　　　　　(3)留學(4)移民(5)其他

　　2.匯出僑外投資股利

　　3.各種利息支出（詳述利息性質）

　　4.對外股本投資

　　5.購買國外有價證券

　　　(1)以國內指定用途信託基金投資

　　　(2)其他

　　6.匯出投資國外信託基金

　　7.購買國外房地產

　　8.對外貸款投資

　　9.對外貸款

　　10.僑外股本投資匯出

　　11.償還僑外貸款投資

　　12.償還國外借款本金

　　13.償還分期付款進口本金

　　14.證券投資信託事業贖回在國外發行

　　　之受益憑證

　　15.海外存託憑證贖回

　　16.期貨交易保證金

　　17.結購外匯存入國內外匯存款

　　18.結購外匯存國外存款

　　19.贈與

　　20.其他（詳述結匯性質）

附錄五

中央銀行管理指定銀行辦理外匯業務辦法

中華民國五十年十一月三日公布

中華民國八十年三月廿五日修正公布

第 一 條 本辦法依據管理外匯條例第五條第二款及中央銀行法第卅五
條第二款規定訂定之。

第 二 條 凡在中華民國境內之銀行除其他法令另有規定者外，得依銀
行法及本辦法之規定，就左列各項具文向中央銀行申請指定
爲辦理外匯業務銀行。（以下簡稱指定銀行）

(一)財政部核准設立登記之證明文件。

(二)申請辦理外匯業務之範圍。

(三)對國外往來銀行之名稱及其所在地。

(四)在中華民國境內之負責人姓名住址。

(五)在中華民國境內之資本或營運資金及其外匯資金來源種類
及金額。

第 三 條 中央銀行於收到前項申請後，經審查核准者，應發給指定證
書。

上項指定證書，應註明核准業務範圍。

第 四 條 指定銀行經中央銀行之核准，得辦理左列外匯業務之全部或
一部：

(一)出口外匯業務。

(二)進口外匯業務。

(三)一般匯出及匯入匯款。

(四)外匯存款。

㈤外幣貸款。

㈥外幣擔保付款之保證業務。

㈦中央銀行指定及委託辦理之其他外匯業務。

第　五　條　指定銀行之分行，得辦理外幣收兌業務；其需辦理第四條所列各款業務者，須另向中央銀行申請核准。

第　六　條　指定銀行所經辦之外匯業務，應依照外匯管理法令及中央銀行之規定辦理。

第　七　條　中央銀行向指定銀行宣布外匯措施及業務處理辦法以通函爲之。

第　八　條　指定銀行應按照中央銀行有關規定，隨時接受顧客申請買賣外匯。

第　九　條　指定銀行得向外匯市場或中央銀行買入或賣出外匯，亦得在規定額度內持有買超或出售賣超外匯。

第　十　條　指定銀行應就左列各項，按中央銀行規定之期限列表報告：

㈠買賣外匯種類及金額。

㈡國外資產之種類及餘額。

㈢國外負債之種類及餘額。

㈣其他中央銀行規定之表報。

第十一條　中央銀行對於前項報告之審核，必要時得派員查閱指定銀行有關外匯業務之帳冊文卷。

第十二條　在中華民國境內指定辦理外匯業務之外國銀行，其資本金或營運資金之匯入匯出，應報經財政部同意後方得辦理。

第十三條　指定銀行違反本辦法之規定時，中央銀行得撤銷或停止其一定期間之全部或一部之指定業務，或函請財政部依法處理。

第十四條　本辦法自發布日施行。

附錄六

指定銀行辦理外匯業務應注意事項

中華民國八十四年九月一日

中央銀行⑻臺央外字第（柒）一七二二號函修正發布

一、 出口外匯業務：

　㈠出口結匯、託收及應收帳款收買業務：

　　1.憑辦文件：應憑國內顧客提供之交易單據辦理。

　　2.掣發單證：出口所得外匯結售爲新臺幣者，應掣發出口結匯證實書；其未結售爲新臺幣者，應掣發其他交易憑證。

　　3.列報文件：應於承做之次營業日，將辦理本項業務所掣發之單證，隨交易日報送中央銀行外匯局。

　㈡出口信用狀通知及保兌業務：

　　憑辦文件：應憑國外同業委託之文件辦理。

二、 進口外匯業務：

　㈠憑辦文件：開發信用狀、辦理託收、匯票之承兌及結匯，應憑國內顧客提供之交易單據辦理。

　㈡開發信用狀保證金之收取比率：由指定銀行自行決定。

　㈢掣發單證：進口所需外匯以新臺幣結購者，應掣發進口結匯證實書；其未以新臺幣結購者，應掣發其他交易憑證。

　㈣列報文件：應於承做之次營業日，將辦理本項業務所掣發之單證，隨交易日送中央銀行外匯局。

三、 匯出及匯出匯款業務：

　㈠匯出匯款業務：

1.憑辦文件：應憑公司、行號、團體或個人填具有關文件及查驗身分文件或登記證明文件後辦理；並注意左列事項：

(1)其以新臺幣結購者，應依「外匯收支或交易申報辦法」辦理。指定銀行應確實輔導申報義務人詳實申報。

(2)未取得內政部核發「中華民國外僑居留證」之外國自然人或未取得我國登記證照之外國法人，其結購外匯時，應依左列事項辦理：

①外國自然人於辦理結購時，應憑相關身分證明親自辦理。

②外國金融機構於辦理結購時，應授權國內金融機構為申報人。

③其他外國法人於辦理結購時，應授權其在臺代表或國內代理人為申報人。

2.掣發單證：匯出款項以新臺幣結購者，應掣發賣匯水單；其未以新臺幣結購者，應掣發其他交易憑證。

3.列報文件：應於承做之次營業日，將「外匯收支或交易申報書」、中央銀行核准文件及辦理本項業務所製發之單證，隨交易日報送中央銀行外匯局。

(二)匯入匯款業務：

1.憑辦文件：應憑公司、行號、團體或個人提供之匯入匯款通知書或外幣票據或外幣現鈔及查驗身分文件或登記證明文件後辦理；並注意左列事項：

(1)其結售為新臺幣者，應依「外匯收支或交易申報辦法」辦理。指定銀行應確實輔導申報義務人詳實申報。

(2)未取得內政部核發「中華民國外僑居留證」之外國自然人或未取得我國登記證照之外國法人，其結售外匯時，應依左列事項辦理：

①外國自然人於辦理結售時，應憑相關身分證明親自辦理。

②外國法人於辦理結售時，應授權其在臺代表或國內代理人爲申報人。

③境外外國金融機構不得以匯入款項辦理結售。

2.掣發單證：匯入款項以新臺幣結購者，應掣發買匯水單；其未以新臺幣結購者，應掣發其他交易憑證。

3.列報文件：應於承做之次營業日，將「外匯收支或交易申報書」、中央銀行核准文件及辦理本項業務所製發之單證，隨交易日報送中央銀行外匯局。

四、外匯存款業務：

(一)憑證文件：應憑匯入匯款通知書、外幣貸款、外幣票據、外幣現鈔、新臺幣結購之外匯及存入文件辦理。

(二)掣發單證：存入款項以新臺幣結購存入者，掣發賣匯水單；其未以新臺幣結購存入者，掣發其他交易憑證。自外匯存款提出結售爲新臺幣者，掣發買匯水單；其未結售爲新臺幣者，掣發其他交易憑證。

(三)承做限制：不得以支票存款及可轉讓定期存單之方式辦理。

(四)結購及結售限制：以新臺幣結購存入外匯存款及自外匯存款提出結售爲新臺幣，其結購及結售限制，均應依匯出、入匯款之相關規定辦理。

(五)存款比率：由指定銀行自行訂定公告。

(六)轉存比率：應依中央銀行外匯局於必要時所訂轉存規定辦理。

(七)列報文件：應逐日編製外匯存款日報，並於次營業日將辦理本項業務所掣發之單證，隨交易日報送中央銀行外匯局。

五、外幣貸款業務：

(一)承做對象：以國內顧客爲限。

(二)憑辦文件：應憑顧客提供與國外交易之文件辦理。

(三)兌換限制：外幣貸款不得兌換爲新臺幣，但出口後之出口外幣貸款，不在此限。

㈣列報文件：應於每月十日前，將截至上月底止，承做外幣貸款之餘額，依短期及中長期貸款類別列表報送中央銀行外匯局。

㈤外債登記：於辦理外匯業務時，獲悉民營事業自行向國外洽借中長期外幣貸款者，應促請其依「民營事業中長期外債餘額登記辦法」辦理，並通知中央銀行外匯局。

六、外幣擔保付款之保證業務：

㈠承做對象：以國內顧客為限。

㈡憑辦文件：應憑顧客提供之有關交易文件辦理。

㈢保證債務履行：應由顧客依「外匯收支或交易申報辦法」規定辦理。

㈣列報文件：應於每月十日前，將截至上月底止，承做此項保證之餘額及其保證性質，列表報送中央銀行外匯局。

七、中央銀行指定及委託辦理之其他外匯業務：

應依中央銀行有關規定辦理。

八、各項單證應填載事項：

辦理以上各項外匯業務所應掣發之單證，應註明承做日期、客戶名稱、統一編號，並應依左列方式辦理：

㈠與出、進口外匯有關之出、進口結匯證實書及其他交易憑證：應加註交易國別及付款方式（得以代碼表示之，如SIGHT　L/C　⑴、USAN-CE L/C ⑵、D/A ⑶、D/P ⑷，並於其後加「－」符號，列於結匯編號英文字軌前）。

㈡與匯入及匯出匯款有關之買、賣匯水單及其他交易憑證：應加註本局規定之匯款分類名稱及編號、國外匯款人或受款人身分別（政府、公營事業、民間）、匯款地區或受款地區國別及匯款方式（得以代碼表示之，如電匯⑼、票匯⑴、信匯⑵、現金⑶、旅行支票⑷、其他⑸）。

九、各項單證字軌、號碼之編列：應依中央銀行外匯局核定之英文字軌編號，字軌後號碼位數以十位爲限。

計算題解答

第五章

1.(1) 70 年代以前, 新臺幣 1 元等於 0.025 美元, 1992 年某日新臺幣 1 元等於 0.0408 美元。

(2) 美元貶值比率 $(40-24.5) \div 40 = 38.75\%$。

(3) 新臺幣升值比率 $(0.0408-0.025) \div 0.025 = 63.2\%$。

2. 1992 年 4 月 8 日外匯市場之交叉匯率:

(1) £1 $= 1.7490 \times 1.6282 =$ DM 2.8477。

£1 $= 1.7490 \times 132.75 = ¥232.18$。

(2) DM 1 $= 132.75 \div 1.6282 = ¥81.53$。

¥100 $= 1.6282 \div 132.75 \times 100 =$ DM 1.2265。

3.(1) 美元對馬克貶值比率 $(4.20-1.6282) \div 4.20 = 61.23\%$。

美元對日圓貶值比率 $(360-132.75) \div 360 = 63.125\%$。

(2) 馬克對美元升值比率 $(\dfrac{1}{1.6282} - \dfrac{1}{4.20}) \div \dfrac{1}{4.20} = 157.95\%$。

日圓對美元升值比率 $(\dfrac{1}{132.75} - \dfrac{1}{360}) \div \dfrac{1}{360} = 171.19\%$。

(3) 美元對英鎊升值比率 $(\dfrac{1}{1.7490} - \dfrac{1}{2.80}) \div \dfrac{1}{2.80} = 60.09\%$。

4.(1) 在紐約, 銀行買入 £1,000,000 之價格為 \$1,655,000。

在紐約, 銀行賣出 £1,000,000 之價格為 \$1,656,000。

在紐約, 顧客買入 £1,000,000 之價格為 \$1,656,000。

在紐約, 顧客賣出 £1,000,000 之價格為 \$1,655,000。

在紐約, 顧客買賣 £1,000,000 之損失為 \$1,000。

(2)在倫敦，銀行買入$1,000,000之價格爲£603,864.73。

在倫敦，銀行賣出$1,000,000之價格爲£604,229.60。

在倫敦，顧客買入$1,000,000之價格爲£604,229.60。

在倫敦，顧客賣出$1,000,000之價格爲£603,864.73。

在倫敦，顧客買賣$1,000,000之損失爲£364.87。

5.(1)軋平多頭部位，即賣出英鎊，應採取比市價低者，£1＝$1.6545/55。

(2)軋平空頭部位，即買入英鎊，應採取比市價高者，£1＝$1.6554/64。

(3)多頭軋平後利潤$1.6555-1.6550＝$0.0005$，空頭軋平利潤 $1.6560-1.6554＝$0.0006$。

6.成本：US$5,000,000÷£/$1.6560＝£3,019,323.60。

賣價：US$5,000,000÷£/$1.6545＝£3,022,061。

盈餘：£3,022,061-£3,019,323.60＝£2,737.40。

7.加減碼爲0.0005，銀行對顧客之報價爲1.6545/1.6565。

(1)美國顧客買入£1,000,000之成本爲US$1,656,500。

(2)美國顧客賣出£1,000,000之收入爲US$1,654,500。

(3)美國銀行買賣£1,000,000之淨利爲US$2,000。

(4)英國顧客買入US$1,000,000之成本爲£1,000,000÷1.6545＝ £604,412.20。

(5)英國顧客賣出US$1,000,000之收入爲£1,000,000÷1.6565＝£ 603,682.46。

(6)英國銀行買賣US$1,000,000之淨利爲£729.74。

8.經紀人之報價爲¥125.63/65。

9.詢價銀行賣出瑞士法郎，即買入美元，適用經紀人賣出美元之價格， 以經紀人B$1＝SF 1.5432最低，應洽經紀人B。

10.澳洲銀行裁定可獲利：A$5,000,000×(0.7636-0.7635)＝A$500。

美國銀行裁定可獲利：US $5,000,000 \times (\dfrac{1}{0.7635} - \dfrac{1}{0.7636})

= US $5,000,000 \div 0.7636 \div 0.7635 \times 0.0001 = US $857.62。

11. 因Swap Rate前高後低，澳元為貼水，Outright Forward Rate應為

A $1 = ¥98.00/30。

澳洲進口商，三個月後進口成本

1,000,000,000 \div 98 = A $10,204,081。

澳洲出口商，三個月後出口收入

1,000,000,000 \div 98.30 = A $10,172,939。

12. (1)Spot Cross Rate：DM 1 = ¥135 \div 1.7350 = ¥77.81。

(2)三個月Outriqht Forward：

US $1 = DM 1.7200，US $1 = ¥133.80。

三個月 Forward Cross Rate：DM 1 = ¥133.80 \div 1.72 = ¥77.79。

13. (1)Forward Rate $= \dfrac{1.6500(1 + 6\% \times 1/2)}{1 + 10\% \times 1/2} = 1.6995 \div 1.05$

$= DM1.6186。$

(2)Forward Margin $= 1.6186 - 1.6500 = -DM\,0.0314。$

14. (1)$F_{Bid} = \dfrac{1.8090 \times (1 + 0.06 \times 90/360)}{1 + 0.12 \times 90/365} = \dfrac{1.8361}{1.0296} = US\,$1.7833。$

(2)$F_{Offer} = \dfrac{1.8100 \times (1 + 0.07 \times 90/360)}{1 + 0.11 \times 90/365} = \dfrac{1.8417}{1.0271} = US\,$1.7931。$

15. (1)$F_{Bid} = \dfrac{0.7100 \times (1 + 7.5\% \times 92/360)}{1 + 14.5\% \times 92/365} = \dfrac{0.7236}{1.0365} = US\,$0.6981。$

(2)$F_{Offer} = \dfrac{0.7105 \times (1 + 7.75\% \times 92/360)}{1 + 14\% \times 92/365} = \dfrac{0.7246}{1.0353} = US\,$0.6997。$

16. SF 10,000,000 \div 2 = £5,000,000。

Outright Forward = 2 - 0.05 = SF 1.95。

應買入遠期外匯成本：

$10,000,000 \times (1+3.5\% \times 1/2) \div 1.95 = £5,217,948.70$。

利息負擔：$£5,217,948.70 - £5,000,000 = £217,948.70$。

有效利率：$217,948.70 \div 5,000,000 \times 2 = 8.72\%$。

避險成本：$8.72\% - 3.5\% = 5.22\%$。

17. $US\$5,000,000 \times 1.8650 = DM\,9,325,000$。

$DM\,9,325,000 \times (1+4.5\% \times 274/360) = DM\,9,644,381.20$。

$DM\,9,644,381.20 \div 1.8540 = US\$5,201,931.60$。

$(US\$5,201,931.60 - US\$5,000,000) \div 5,000,000 \times \dfrac{360}{274} = 5.30\%$。

在買入Forward避險情形下，借入DM利息爲 5.30%p.a.低於美元利
息。

$$F = \frac{1.8650 \times (1+4.5\% \times 274/360)}{1+9.5\% \times 274/360} = \frac{1.8650 \times 1.03425}{1.0723} = 1.7988。$$

依照利率計算美元Forward Rate應爲DM 1.7988，而實際匯率DM低
估，買入Forward馬克有利。

18. 投資英鎊 $\$1,000,000 \div 1.5 = £666,666.67$。

$£666,666.67 \times (1+11\% \times 1/2) = £703,333.33$。

$£703,333.33 \times 1.475 = US\$1,037,416.60$。

投資日圓 $\$1,000,000 \times 140 \times (1+6\% \times 1/2) \div 130$
$$= \$1,109,230.70。$$

投資美元 $\$1,000,000 \times (1+10\% \times 1/2) = \$1,050,000$。

比較：投資日圓最有利，美元次之，英鎊最差。

19. 日本人投資美元，適用銀行買入美元匯率：

$$F_{Bid} = \frac{126.50 \times (1+4\% \times 180/360)}{1+10.25\% \times 180/360} = ¥122.74。$$

美國人投資日圓，適用銀行賣出美元匯率：

$$F_{offer}=\frac{126.60\times(1+4.5\%\times180/360)}{1+10\%\times180/360}=¥123.28。$$

在滿期時，如US＄1＝¥123.30/40，則美國投資人之有效收益率爲：

$1\times126.50\times(1+4\%\times180/360)\div123.40=1.0456。$

$(1.0456-1)\times360/180=9.12\%$p.a.低於在美國之投資，因爲日圓匯率偏低。日本人投資美元的有效收益率爲：

$1\div126.60\times(1+10\%\times180/360)\times123.30=1.0226。$

$(1.0226-1)\times360/180=4.52\%$p.a.高於在日本之投資，因爲美元匯率偏高。

20.(1)Big Figure 1.65。

(2)Spread 10 Points。

(3)Swap Rate前低後高，美元爲升水，所以DM爲貼水。

(4) $1.6550+0.0243=1.6793$　$1.6560+0.0246=1.6806$。

　　三個月Forward Rate爲 1.6793/06。

21.
1.7773	1.7780	1.6550	1.6560	133.25	133.35
− 0.0519	− 0.0514	+ 0.0462	+ 0.0467	+ 0.24	+ 0.25
1.7254	1.7266	1.7012	1.7027	133.49	133.60

六個月Outright Forward Rates：

£/$1.7254/66，$/DM 1.7012/27，$/¥133.49/60。

22.英國銀行對英國顧客報出之匯率：

Spot £1＝$1.7773\times1.6550=2.9414$

　　　£1＝$1.7780\times1.6560=2.9515$

　　　£1＝DM 2.9414/2.9515

　　　£1＝$1.7773\times133.25=235.83$

　　　£1＝$1.7780\times133.35=237.10$

　　　£1＝¥235.83/237.10

Fwd £1＝1.7254×1.7012＝2.9353

£1＝1.7266×1.7027＝2.9399

£1＝DM 2.9353/99

£1＝1.7254×133.49＝230.32

£1＝1.7266×133.60＝230.67

£1＝¥230.32/67

德國銀行對其德國顧客報出之匯率：

Spot £1＝DM 2.9414/2.9515

DM 1＝¥133.25/1.6560＝¥80.46

DM 1＝¥133.35/1.6550＝¥80.57

DM 1＝¥80.46/57

Fwd £1＝DM 2.9353/2.9399

DM 1＝¥133.49/1.7027＝¥78.40

DM 1＝¥133.60/1.7012＝¥78.53

DM 1＝¥78.40/53

日本銀行對其日本顧客報出之匯率：

Spot £1＝¥235.83/237.10

¥100＝DM 1.6550/1.3335＝DM 1.2411

¥100＝DM 1.6560/1.3325＝DM 1.2428

¥100＝DM 1.2411/28

Fwd £1＝¥230.32/230.67

¥100＝DM 1.7012/1.3360＝DM 1.2734

¥100＝DM 1.7027/1.3349＝DM 1.2755

¥100＝DM 1.2734/55

23. S $1＝$\dfrac{7.7365}{1.6562}$＝HK $4.6712

$$S \$ 1 = \frac{7.7375}{1.6552} = HK \$ 4.6747$$

$$HK \$ 1 = \frac{1.6552}{7.7375} = S \$ 0.2139$$

$$HK \$ 1 = \frac{1.6562}{7.7365} = S \$ 0.2141$$

24.(1)三個月 Outright Forward Rates：

US $1 = DM	1.6550		£1 = US $	1.7773
+	0.0243		−	0.0280
	1.6793			1.7493
US $1 = DM	1.6560		£1 = US $	1.7780
+	0.0246		−	0.0277
	1.6806			1.7503

US $1 = DM 1.6793/06　£1 = US $1.7493/03

(2) £/DM Spot Cross Rate：

£1 = DM 1.7773 × 1.6550 = DM 2.9414

£1 = DM 1.7780 × 1.6560 = DM 2.9444

£1 = DM 2.9414/44

£/DM Fwd Cross Rate：

£1 = DM 1.7493 × 1.6793 = DM 2.9376

£1 = DM 1.7503 × 1.6806 = DM 2.9416

£1 = DM 2.9376/16

(3)顧客買入 £ 之 Optional Forward 即銀行賣出 £ 之高價 £1 = DM
2.9444

顧客賣出 £ 之 Optional Forward 即銀行買入 £ 之低價 £1 = DM
2.9376

顧客買入 DM 之 Optional Forward 即銀行賣出 DM 之低價 £1 = DM

2.9376

顧客賣出DM之Optional Forward即銀行買入DM之高價£1＝DM

2.9444

25. (1)借入EuroDM 9.93% p.a.。

(2)借入Eurodollar, Swap爲DM之成本。

三個月 Forward Rate　　1.6550　　　1.6560　　$\$/DM\ 1.6793/06$

$\qquad\qquad\qquad\quad\underline{+0.0243\qquad +0.0246}$

$\qquad\qquad\qquad\quad 1.6793\qquad\ \ 1.6806$

$$F_{offer} = Spot_{offer}\frac{1+r_t\cdot d/dpy}{1+r_c\cdot d/dpy}$$

$$1.6806 = 1.6560\frac{1+r_t\cdot 90/360}{1+4\%\cdot 90/360}$$

$$1+r_t\cdot\frac{1}{4} = \frac{1.6806}{1.6560}\times 1.01 = 1.0250$$

$$r_t = 0.1 = 10\%\,p.a.$$

直接借入歐洲馬克較爲便宜。

26.

	US $	£	A $	DM	SFr	¥
U.S.				1.7024	1.5090	151.24
Britains	1.6150					
Australia	0.7599					

27. $£1 = 1.6150 \times 25.1110 = NT\$40.5343$

$A\$1 = 0.7599 \times 25.1110 = NT\$19.0818$

$DM\ 1 = 25.1110 \div 1.7024 = NT\$14.7504$

$SFr\ 1 = 25.1110 \div 1.5090 = NT\$16.6408$

$¥100 = 25.1110 \div 151.24 \times 100 = NT\$16.6034$

28. (1)一個月匯率：$¥100 = 0.95[1+(6\%-4\%)\times 30/360] = 0.9516$

三個月匯率：$¥100 = 0.95[1+(6\%-4\%)\times 90/360] = 0.9548$

⑵採持續複利：

一個月：¥100＝$0.95e^{(0.06-0.04)\times 1/12}=0.95e^{0.00167}$

令$A=e^{0.00167}$

$\log A=0.00167\log e=0.00167\times 0.4346=0.00073$

$A=1.0017$

¥100＝$0.95\times 1.0017=0.9516$

三個月：¥100

$=0.95e^{(0.06-0.04)\times 3/12}=0.95e^{0.005}=0.95\times 1.005$

$=0.9548$

第六章

1.(1)複利終值：$S = P(1+r)^n$

設每年付息 m 次，則 $S = P(1+\dfrac{r}{m})^{m \cdot n}$

(2)複利現值：$P = S/(1+r)^n = S(1+r)^{-n}$

設每年付息 m 次，則 $P = S/(1+\dfrac{r}{m})^{m \cdot n} = S(1+\dfrac{r}{m})^{-m \cdot n}$

以上兩式也是計算零息債券 (Zero-coupon Bond) 價格的公式：
$$P = A(1+Y)^{-n}$$

上式適用歐洲美元債券，每年付息一次，面值 A 元，n 年償付，在收益率爲 Y 時，其價格爲 P，美國國內債券，每年付息 2 次，則適用下式：
$$P = A(1+\frac{Y}{2})^{-2n}$$

(3)年金終值： $S = a(1+r)^{n-1} + a(1+r)^{n-2} + \cdots + a(1+r) + a \quad \cdots(1)$

上式乘以 $(1+r)$： $S(1+r) = a(1+r)^n + a(1+r)^{n-1} + \cdots + a(1+r) \cdots\cdots\cdots\cdots\cdots(2)$

(2)式－(1)式： $S(1+r) - S = a(1+r)^n - a$
$$\therefore S = a\frac{(1+r)^n - 1}{r}$$

(4)$P = \dfrac{C}{(1+Y)} + \dfrac{C}{(1+Y)^2} + \cdots + \dfrac{C}{(1+Y)^n} + \dfrac{A}{(1+Y)^n} \cdots\cdots\cdots\cdots(1)$

令 $P_1 = \dfrac{C}{(1+Y)} + \dfrac{C}{(1+Y)^2} + \cdots + \dfrac{C}{(1+Y)^n} \cdots\cdots\cdots\cdots\cdots\cdots(2)$

$P_2 = \dfrac{A}{(1+Y)^n}$ 即零息債券的價格 $\cdots\cdots\cdots\cdots\cdots\cdots(3)$

(2)式乘以 $(1+Y)$，得：

$$P_1 \cdot (1+Y) = C + \frac{C}{(1+Y)} + \frac{C}{(1+Y)^2} + \cdots + \frac{C}{(1+Y)^{n-1}} \quad\cdots\cdots(4)$$

(4)式－(1)式，得：

$$P_1(1+Y) - P_1 = P \cdot Y = C - \frac{C}{(1+Y)^n} = C\frac{(1+Y)^n - 1}{(1+Y)^n}$$

$$\therefore P_1 = \frac{C}{Y} \cdot \frac{(1+Y)^n - 1}{(1+Y)^n}$$

債券價格　$P = \dfrac{C}{Y} \cdot \dfrac{(1+Y)^n - 1}{(1+Y)^n} + \dfrac{A}{(1+Y)^n}$

2.(1)單利：$\$100,000 \times (1+7\% \times 5) = \$135,000$

(2)求FIF (Future Interest Factor)：$(1+\dfrac{r}{m})^{m \cdot n} = (1+7\%)^5 = 1.4026$

複利終值：$\$100,000 \times (1+7\%)^5 = \$100,000 \times 1.4026$
$$= \$140,260$$

(3)求FIF：$(1+\dfrac{r}{m})^{m \cdot n} = (1+\dfrac{7}{2}\%)^{10} = 1.4106$

複利終值：$\$100,000 \times 1.4106 = \$141,060$

(4)持續複利：　$FIF = (1+\dfrac{r}{n})^{m \cdot n} = e^r = e^{0.07}$

$A = e^{0.07}$

$\log_{10}A = \log_{10}e^{0.07} = 0.07\log_{10}e = 0.07 \times 0.4346 = 0.0304$

$A = 1.0725$

複利終值：$\$100,000 \times (1.0725)^5$

$= \$100,000 \times 1.4190$

$= \$141,900$

3.$EBY = \dfrac{y \times 365}{360 - d \cdot y} = \dfrac{6.25\% \times 365}{360 - 6.25\% \times 91} = \dfrac{22.8125}{360 - 5.6875} = 0.0644$

　　$= 6.44\%\ p.a.$

4.$(1 + {}_1R_2 \cdot d/dpy)(1 + {}_2R_3 \cdot d/dpy) = (1 + {}_1R_3 \cdot d/dpy)$

$$(1+6\% \cdot 90/360)\ (1+{}_2R_3 \cdot 90/360) = (1+6.25\% \cdot 180/360)$$

$$1+{}_2R_3 \cdot 90/360 = \frac{1+6.25\%/2}{1+6\%/4}$$

$${}_2R_3 = (\frac{1.03125}{1.015}-1) \times 4 = 6.40\% \ \text{p.a.}$$

5.(1) $(1+8\frac{5}{8}\% \times 3/12)\ (1+x \cdot 3/12) = (1+9\frac{7}{8}\% \times 6/12)$

$$1+x \cdot 3/12 = \frac{1+9\frac{7}{8}\% \times 6/12}{1+8\frac{5}{8}\% \times 3/12} = \frac{1.049375}{1.0215625} = 1.0272$$

$$x = (1.0272-1) \times 4 = 10.88\%$$

(2) $1,000,000 \times 9\frac{7}{8}\% \times 6/12 = \$ \ 49,375$

$$1,000,000 \times 8\frac{5}{8}\% \times 3/12 = \$ \ 21,562.5$$

$$1,000,000 \times 7\frac{1}{2}\% \times 3/12 = \$ \ 18,750$$

獲利：$\$ \ 49,375 - (21,562.5+18,750) = \$ \ 9,062.5$

6. $(10\% \times 2\%) + (90\% \times X) = 8\%$

$$X = (8\%-0.2\%) \times \frac{100}{90} = 8.67\%$$

7.(1) $1,000 = 500\ (1+Y)^5$

$(1+Y)^5 = 2 \qquad Y = 2^{1/5}-1 \quad 設 A = 2^{1/5} \quad \log A = \frac{1}{5}\log 2$

$$\log A = \frac{1}{5}\log 2 = \frac{0.3010}{5} = 0.0602 \quad A = 1.15$$

$$Y = 1.15-1 = 0.15 = 15\%$$

(2) $1,000 = P(1+12\%)^5$

$$P = \frac{1,000}{(1+12\%)^5} = \frac{1,000}{1.7623} = 567.44$$

8.(1)Yield 8%：

本金部分現值 $= 1,000,000 \times (1+0.04)^{-20} = 1,000,000 \times 0.456387$

　　　　　　 $= \$456,387$

利息部分現值 $= \sum_{i=1}^{n} \frac{C}{(1+\frac{r}{n})^i} = \sum_{i=1}^{20} \frac{40,000}{(1+0.04)^i} = 40,000 \times 13.590326$

　　　　　　 $= \$543,613$

債券價格 $= \$456,387 + \$543,613 = \$1,000,000$

(2)Yield升至 9%：

本金部分現值 $= 1,000,000 \times (1+0.045)^{-20} = 1,000,000 \times 0.414643$

　　　　　　 $= \$414,643$

利息部分現值 $= \sum_{i=1}^{20} \frac{40,000}{(1+0.045)^{20}} = 40,000 \times 13.0079365 = \$520,317$

債券價格 $= \$414,643 + \$520,317 = \$934,960$

(3)Yield降至 7%時：

本金部分現值 $= 1,000,000 \times (1+0.035)^{-20}$

　　　　　　　 $= 1,000,000 \times 0.502566$

　　　　　　　 $= \$502,566$

利息部分現值 $= \sum_{i=1}^{20} \frac{40,000}{(1+0.035)^{20}} = 40,000 \times 14.212403 = \$568,481$

債券價格 $= \$502,566 + \$568,481 = \$1,071,047$

9.(1)價格：$P = F(1 - \frac{d \times t}{360}) = 1,000,000 \times (1 - \frac{6\% \times 364}{360})$

　　　　　　 $= 1,000,000(1 - 0.06066667) = \$939,333.33$

(2)持有至滿期時收益率 6%：

$$相當債券收益率 = \frac{60,666.67}{939,333.33} \times \frac{365}{364} = 6.48\%$$

$$(3)P = 1,000,000(1 - \frac{6.25\% \times 182}{360}) = 1,000,000(1 - 0.03159722)$$

$$= \$\,968,402.78$$

$$Y = \frac{968,402.78 - 939,333.33}{968,402.78} \times \frac{365}{182} = 6.02\%$$

$$(4)P = 1,000,000(1 - \frac{5.8\% \times 182}{360}) = 1,000,000(1 - 0.02932222)$$

$$= \$\,970,677.78$$

$$Y = \frac{970,677.78 - 939,333.33}{970,677.78} \times \frac{365}{182} = 6.48\%$$

10.(1)借入新成本：$\$\,1,000,000 \times 6\frac{3}{4}\% \times 30/360 = \$\,5,625$

(2)T-Bill的貼現額：$\$\,1,000,000 \times 6.95\% \times 90/360 = \$\,17,375$

T-Bill的價格：$\$\,1,000,000 - \$\,17,375 = \$\,982,625$

(3)60 天 T-Bill 的淨成本：$\$\,982,625 + \$\,5,625 = \$\,988,250$

可許可貼現額：$\$\,1,000,000 - \$\,988,250 = \$\,11,750$

貼現率：$\$\,11,750 \div \$\,1,000,000 \times 360/60 = 7.05\%$

(4)貼現額：$\$\,1,000,000 \times 6.75\% \times 60/360 = \$\,11,250$

利潤：$\$\,11,750 - 11,250 = \$\,500$

(5)貼現率：$\$\,500 \div \$\,1,000,000 \times 360/60 = 0.3\%$

11.再買回協議利息計算係採Add-on Yield Basis，融資金額為

$\$\,985,000$：償還金額為：$\$985,000(1 + 6\% \times 5/360) = \$985,820.80$

融資成本為：$\$\,985,820.80 - \$\,985,000 = \$\,820.80$

註：再買回協議擔保品的擔保價值，因價格變動原因，通常均較時價

為低，其差額（Margin）稱Haircut，如T-Bill，通常只有一個Point

的 1/8，長期T-Bonds可高達 5%，本例擔保品為T-Bills，以時價

計算，影響不大。參閱Siegel, "*The Futures Markets*," p.218) 。

12. (1)銀行承兌費用： $\$50,000,000 \times 1.5\% \times 90/360 = \$187,500$

　　(2)貼現費用： $\$50,000,000 \times 7.5\% \times 90/360 = \$937,500$

　　貼現額： $\$50,000,000 - \$937,500 = \$49,062,500$

　　(3)相當銀行放款利率：

　　　($\$187,500 + \$937,500)/(\$50,000,000 - \$937,500 - \$187,500) \times$

　　　$360/90 = 9.21\%$p.a.

13. (1)貼現費用： $\$50,000,000 \times 7.75\% \times 90/360 = \$968,750$

　　(2)保證費： $\$50,000,000 \times 1\% \times 90/360 = \$125,000$

　　(3)承銷費： $\$50,000,000 \times 0.25\% \times 90/360 = \$31,250$

　　(4)簽證費： $\$50,000,000 \times 0.03\% = \$15,000$

　　(5)相當銀行放款利率：

　　　($\$968,750 + \$125,000 + \$31,250 + \$15,000)/[\$50,000,000 -$

　　　($\$968,750 + \$125,000 + \$31,250 + \$15,000)] \times 360/90$

　　　$= 9.33\%$p.a.

14. (1)到期後實得金額：

　　　$\$50,000,000 - (\$50,000,000 - 50,000,000 \div 10,000 \times \$9,800) \times$

　　　$20\% = \$49,800,000$

　　(2)投資人買價：

　　　$$\frac{\$49,800,000}{1 + 7.5\%(1 - 20\%) \times 90/360} = \$49,064,039$$

　　(3)投資人報酬： $\$49,800,000 - \$49,064,039 = \$735,961$

15. (1)到期後實得金額：

　　　$\$50,000,000 \times [1 + 7\% \times (1 - 20\%) \times 6/12] = \$51,400,000$

　　(2)投資人買價：

$$\frac{\$51,400,000}{1+6.75\%(1-20\%)\times90/360}=\$50,715,343$$

(3)投資人報酬：$\$51,400,000-\$50,715,343=\$684,657$

16.$\$5,000,000\times[1+6\%\times(1-20\%)\times30/360]=\$5,020,000$

實得利益：$\$5,020,000-\$5,000,000=\$20,000$

17.$\$5,000,000\times[1+5\%(1-20\%)\times10/360]=\$5,005,556$

融資利息：$\$5,005,556-\$5,000,000=\$5,556$

18.設目前股價指數爲 6,000 點，則融資比率最高爲 60%，所以

融資金額最高爲：$\$10,000,000\times60\%=\$6,000,000$

自備款最低爲：$\$10,000,000-\$6,000,000=\$4,000,000$

股價下跌二成，其市值爲：8,000,000 元

$\$8,000,000/\$6,000,000=133.33\%$，低於 140%，應追加自備款或償

還融資金額。

依新市價，其最高融資金額爲：$\$8,000,000\times60\%=\$4,800,000$

應追繳金額：$\$6,000,000-\$4,800,000=\$1,200,000$

19.融券交易人應繳保證金：

$\$10,000,000\times80\%=\$8,000,000$

以公債抵繳保證金，其市值不得低於：

$\$8,000,000\div90\%=\$8,888,900$

以其他上市證券抵繳保證金，其市值不得低於：

$\$8,000,000\div70\%=\$11,428,600$

第七章

1. 日圓：$12,500,000 \div 100 \times 0.0001 = \$12.50$

   馬克：$125,000 \times 0.0001 = \$12.50$

   加元：$100,000 \times 0.0001 = \$10$

   英鎊：$62,500 \times 0.0002 = \$12.50$

   瑞士法郎：$125,000 \times 0.0001 = \$12.50$

   澳元：$100,000 \times 0.0001 = \$10$

   美元指數：$1,000 \times 0.01 = \$10$

2. 11 月 15 日收盤價與昨日比較, 減 100 點, 所以買方虧, 賣方盈其金額為 $100 \times 12.50 = \$1,250$。

   買方保證金帳戶之變動 $\$1,400 - \$1,250 = \$150$ 低於維持保證金 1,400 之標準, 所以要追加, 其追加金額為 $\$1,500 - \$150 = \$1,350$。

   賣方保證金帳戶之變動 $\$1,400 + \$1,250 = \$2,650$, 高於維持保證金標準, 所以不要追加, 但因帳戶餘額已超過原始保證金標準, 超過部分可以提領, 其金額為 $\$2,650 - \$1,500 = \$1,150$。

3. $(0.7541 - 0.7139) \times 10,000 \times 12.50 \times 10 = US\$50,250$

4. 日圓：$-0.0100 \times 10,000 \times 12.50 \times 68,706 = -US\$85,882,500$

   馬克：$-0.0026 \times 10,000 \times 12.50 \times 127,517 = -US\$41,443,025$

   加元：$-0.0036 \times 10,000 \times 10 \times 28,190 = -US\$10,148,400$

   英鎊：$-0.0044 \times 10,000 \times 6.25 \times 36,990 = -US\$10,172,250$

   瑞士法郎：$-0.0023 \times 10,000 \times 12.50 \times 69,786 = -US\$20,063,475$

   澳元：$-0.0012 \times 10,000 \times 10 \times 4,059 = -US\$487,080$

   美元指數： $0.56 \times 1,000 \times 9,037 = US\$5,060,720$

5. (1) 現貨市場：

   3/1　$5,000,000 \times 0.5855 = US\$2,927,500$

3/31 5,000,000 × 0.5983 = US $ 2,991,500

機會損失 2,991,500 − 2,927,500 = US $ 64,000

(2)期貨市場：

5,000,000 ÷ 125,000 = 40 個契約

3/1 期貨契約買入價格 40 × 125,000 × 0.5818 = US $ 2,909,000

3/31 期貨契約賣出價格 40 × 125,000 × 0.5972 = US $ 2,986,000

期貨市場損益 2,986,000 − 2,909,000 = US $ 77,000

(3)該進口商避險後實際進口成本

2,991,500 − 77,000 = US $ 2,914,500

與 3/1 比較差異 2,927,500 − 2,914,500 = US $ 13,000

差異原因：基差變化 $(37 − 11) × 12.50 × 40 = US \$ 13,000$

6.(1)現貨市場：

3/1 US $ 1,000,000 × 104.50 = ¥ 104,500,000

3/31 US $ 1,000,000 × 102.53 = ¥ 102,530,000

機會損失 102,530,000 − 104,500,000 = − ¥ 1,970,000

(2)期貨市場：

1,000,000 × 104.50 ÷ 12,500,000 = 8.36, 可買入 8 個 6 月日圓期貨契約

3/1 期貨契約買入價格 8 × 12,500,000 × 0.9605 ÷ 100

= US $ 960,500

3/31 期貨契約賣出價格 8 × 12,500,000 × 0.9821 ÷ 100

= US$982,100

期貨市場損益 (982,100 − 960,500) × 102.53 = ¥ 2,214,648

(3)該出口商實際收入

US $ 1,000,000 × 102.53 + ¥ 2,214,648 = ¥ 104,744,648,

與 3/1 比較差異 104,744,648 − 104,500,000 = ¥ 244,648

差異原因：(1)基差變化：$(68-36) \times 12.50 \times 8 \times 102.53 = ¥328,096$；

(2)避險數量：$(1,000,000-960,500) \times (102.53-104.50) = -¥77,815$。

以上兩者合計 $328,096 - 77,815 = ¥250,281$。

7. 賣出 T-Bond 期貨數量：

$US \$ 10,000,000 \times 1.6216 \div 100,000 = 162$ 個契約

現貨損益：$10,000,000 (120-115) \div 100 = -US \$ 500,000$

期貨損益：$73\frac{16}{32} - 70\frac{29}{32} = 83$ pt.

$$162 \times 83 \times 31.25 = \$ 420,187.5$$

淨結果：$\$ 420,187.5 - \$ 500,000 = -\$ 79,812.50$

8. (1)現貨市場：

3/1　目前借款成本 $\$ 5,000,000 \times (6\% + 0.75\%) \times 90/360$

$$= \$ 84,375$$

6/1　實際借款成本 $\$ 5,000,000 \times (7.5\% + 0.75\%) \times 90/360$

$$= \$ 103,125$$

機會損失　$\$ 103,125 - \$ 84,375 = \$ 18,750$

(2)期貨市場：

3/1　賣出歐元期貨 5 個：$\$ 5,000,000 \div \$ 1,000,000 = 5$

6/1　買入歐元期貨 5 個，沖銷後獲利：

$(93.75 - 92.35) \times 100 \times 25 \times 5 = \$ 17,500$

(3)避險結果：

避險後實際成本 $\$ 103,125 - \$ 17,500 = \$ 85,625$

與 3/1 借款成本比較增加 $\$ 85,625 - \$ 84,375 = \$ 1,250$

差異原因爲基差變動：$(0.25 - 0.15) \times 100 \times 25 \times 5 = \$ 1,250$

9. $(282.25 - 216.25) \times 500 = \$ 33,000$ 買方每個 S&P 500 期貨契約虧

損 $ 33,000。

10.5,000,000×1.3425÷100,000＝67.125

答：67 個契約

11.三個月債券價格＝100+6%×3/12-8%×3/12＝100+1.5-2＝99.5元

六個月債券價格＝100+6%×6/12-8%×6/12＝100+3-4＝99 元

12.(1) (94.55-94.75)×100×25＝-$ 500

保證金帳戶餘額 $ 2,500-$ 500＝$ 2,000, 未低於 $ 2,000, 可免於追加。

(2) (94.42-94.55)×100×25＝-$ 325

$ 2,000-$ 325＝$ 1,675, 低於 $ 2,000 應追加, 追加金額 $ 2,500-$ 1,675＝$ 825。

保證金帳戶餘額 $ 1,675+$ 825＝$ 2,500。

(3) (94.66-94.42)×100×25＝$ 600

保證金帳戶餘額因期貨盈餘增加 $ 600, 可全部提用。

13.該公司賣出歐洲美元期貨契約 $ 10,000,000÷$ 1,000,000＝10 個。

(1)6/1 利率上升, LIBOR為8%時:

借款利息: 10,000,000×8%×90/360＝$ 200,000

期貨利益: (92.75-92.05)×100×25×10＝$ 17,500

實際成本: $ 200,000-$ 17,500＝$ 182,500

(2)6/1 利率下降, LIBOR為 6.5%時:

借款利息: 10,000,000×6.5%×90/360＝$ 162,500

期貨損失: (93.55-92.75)×100×25×10＝$ 20,000

實際成本: $ 162,500+$ 20,000＝$ 182,500

(3)按3/1 利率借款成本:

$ 10,000,000×7.5%×90/360＝$ 183,750

$ 183,750-$ 182,500＝$ 1,250

不是完全避險，差異 $1,250，原因是基差由 10 點降爲 5 點。

$(10-5) \times 25 \times 10 = $1,250$

14. 因利率上升，期貨價格下降，所以該基金經紀人應賣出 T-Bill 期貨，
   T-Bill 至滿期剩餘天數爲 135 天。T-Bill 期貨爲 90 天，賣出期貨數量
   爲 $10,000,000 ÷ $1,000,000 × 135/90 = 15 個。

   (1) T-Bill Yield 爲 7%：

   出售價格 = $10,000,000(1 - 7% × 135/360) = $9,737,500

   期貨價格未變，無盈虧。

   (2) T-Bill Yield 爲 8%：

   出售價格 = $10,000,000(1 - 8% × 135/360) = $9.700,000

   期貨利潤 = (92.95 - 91.90) × 100 × 25 × 15 = $39,375

   合計 = $9,700,000 + $39,375 = $9,739,375

   (3) T-Bill Yield 爲 6%：

   出售價格 = $10,000,000(1 - 6% × 135/360) = $9,775,000

   期貨損失 = (92.95 - 93.90) × 100 × 25 × 15 = - $35,625

   合計 = $9,775,000 - $35,625 = $9,739,375

   (2)、(3)與(1)比較，相差 $1,875 係由於基差發生變化 (10-5) × 25 ×
   15 = $1,875。

第八章

1. 資金 5,000 元, 可買入股票 100 股, Call 或 Put 10 個契約。

 (1)股價 40 元時:

 買入股票: $100 \times (40 - 50) = -1,000$ 元, 損失率 $1,000 \div 5,000 = 20\%$。

 買入 Call: 放棄行使, 權利金 5,000 元全部損失, 損失率 100%。

 買入 Put: $(50 - 40) \times 100 \times 10 = 10,000$ 元, 利潤率 $(10,000 - 5,000) \div 5,000 = 100\%$。

 (2)股價 50 元時:

 買入股票: 沒有損益。

 買入 Call: 放棄行使, 權利金 5,000 元全部損失, 損失率 100%。

 買入 Put: 放棄行使, 權利金 5,000 元全部損失, 損失率 100%。

 (3)股價 60 元時:

 買入股票: $(60 - 50) \times 100 = 1,000$ 元, 利潤率 $1,000 \div 5,000 = 20\%$。

 買入 Call: $(60 - 50) \times 100 \times 10 = 10,000$ 元, 利潤率 100%。

 買入 Put: 放棄行使, 損失率 100%。

2. (1)£ Call／US Dollar Put, 7 月契約, 每 1 英鎊權利金爲 0.76 美分。

 每 1 美元之英鎊數: $0.0076 \div 1.5500 \div 1.5460 = £ 0.00317$。

 行使價格之百分比: $0.0076 \div 1.5500 \times 100 = 0.4903$, 爲行使價格 1.5500 之 0.4903%。

 (2)£ Put／US Dollar Call, 7 月契約, 每 1 英鎊權利金 1.34 美分。

 每一美元之英鎊數: $0.0134 \div 1.5500 \div 1.5460 = £ 0.00559$。

 行使價格之百分比: $0.0134 \div 1.5500 \times 100 = 0.8645$, 爲行使價格 1.5500 之 0.8645%。

3.(1)¥Call／＄Put，7月契約，每100日圓權利金1.61美分。

每1美元之日圓數：$0.0161 \times 98.69 \times 101 \div 100 = ¥1.6047$。

行使價格之百分比：$0.0161 \div 1.01 \times 100 = 1.594$，爲行使價格之

1.594％。

(2)¥Put／＄Call，7月契約，每100日圓權利金0.55美分。

每1美元之日圓數：$0.0055 \times 98.69 \times 101 \div 100 = ¥0.5482$。

行使價格之百分比：$0.0055 \div 1.01 \times 100 = 0.5446$，爲行使價格之

0.5446％。

4.(1)賣方最大利潤爲權利金9元。本選擇權爲ITM，股價在45至50元

之間，買方隨時會行使，所以只有在股票迅速下跌至45元以下時，

買方放棄行使，賣方淨得全部權利金。

(2)損益平衡點爲$45 + 9 = 54$元，股價超過54元時，賣方開始產生虧損。

(3)在滿期時股價爲62元，賣方虧損$62 - 54 = 8$元。

5.(1)股價在55元時：

買入60 Put，某甲可以60元賣出股票，淨賺

$60 - 40 - 7 = 13$元。

賣出60 Call，買方放棄行使，某甲仍持有股票，比買入時獲利

$55 - 40 + 6 = 21$元。

(2)股價在60元時：

買入60 Put，放棄行使，某甲仍持有股票，比買入時獲利

$60 - 40 - 7 = 13$元。

賣出60 Call，買方放棄行使，某甲仍持有股票，比買入時獲利

$60 - 40 + 6 = 26$元。

(3)股價在65元時：

買入60 Put，某甲放棄行使，某甲仍持有股票，比買入時獲利

$65 - 40 - 7 = 18$元。

賣出 60 Call, 買方行使, 某甲賣出股票, 共獲利

$60-40+6=26$ 元。

(4)股價下跌至 58 元時, Stop Order 變成 Market Order 股票以 58 元賣
出, 某甲獲利爲 $58-40=18$。如再回升至 65 元, 因某甲已無股票,
已不再能享受股價回升的利益。

6.如下圖所示:

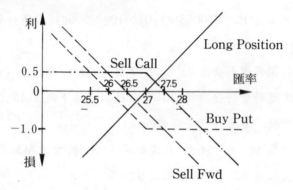

(1)匯率不變, 仍爲 27 元時:

(a)如未避險, 實際收入爲 27 元。

(b)賣出遠期, 實際收入爲 26.5 元。

(c)賣出 Call, 實際收入爲 27.5 元。

(d)買入 Put, 實際收入爲 26 元。

(2)美元升值, 如 27.5 元時:

(a)如未避險, 實際收入爲 27.5 元。

(b)賣出遠期, 實際收入爲 26.5 元。

(c)賣出 Call, 實際收入爲 27.5 元。

(d)買入 Put, 實際收入爲 26 元。

(3)美元升值, 如 28 元時:

(a)如未避險, 實際收入爲 28 元。

(b)賣出遠期, 實際收入爲 26.5 元。

(c)賣出 Call, 實際收入爲 27.5 元。

(d)買入 Put, 實際收入爲 27 元。

(4)美元貶值, 如 26.5 元時:

  (a)如未避險, 實際收入爲 26.5 元。

  (b)賣出遠期, 實際收入爲 26.5 元。

  (c)賣出 Call, 實際收入爲 27 元。

  (d)買入 Put, 實際收入爲 26 元。

(5)美元貶值, 如 25.5 元時:

  (a)如未避險, 實際收入爲 25.5 元。

  (b)賣出遠期, 實際收入爲 26.5 元。

  (c)賣出 Call, 實際收入爲 26 元。

  (d)買入 Put, 實際收入爲 26 元。

比較: (1)美元滙率不變時, 優良順序依次爲: (a)賣出 Call, (b)不避險, (c)賣出遠期, (d)買入 Put。

(2)美元升值超過 27.5 元時 (美元大漲): (a)未避險, (b)賣出 Call, (c)買入 Put, (d)賣出遠期。

(3)美元貶值爲 26.5 元時(美元微貶): (a)賣出 Call, (b)未避險及賣出遠期, (c)買入 Put。

(4)美元貶值爲 26 元以下時 (美元大貶): (a)賣出遠期, (b)賣出 Call, (c)買入 Put, (d)未避險。

7. 賣出期貨, 每個契約獲利:

$(0.3950 - 0.3559) \times 10,000 \times 12.50 = \$4,887.50$

買入 Put, 每個契約獲利:

$(0.0447 - 0.0144) \times 10,000 \times 12.50 = \$3,787.50$

賣出 Call, 每個契約獲利:

$(0.0120 - 0.0001) \times 10,000 \times 12.50 = \$1,487.50$

買入Call，每個契約虧損：

$(0.0001 - 0.0120) \times 10,000 \times 12.50 = -\$1,487.50$

8. S&P 500 期貨 $(216.25 - 282.25) = -66$

$66 \times 500 = 33,000$ 元

$66/282.25 = 23.38\%$，期貨價格下跌 23.38%

買方每個契約虧 33,000 元。

賣方每個契約盈 33,000 元。

選擇權價格變動及變動率：

		Call					Put		
行使價格	10/16	10/20	增減	%	10/16	10/20	增減	%
280	15.00	9.55	−5.45	−36.33	12.85	73.00	+60.15	468.09
285	11.70	8.50	−3.20	−27.35	13.50	76.85	+63.35	469.26
290	11.00	7.80	−3.20	−29.09	16.00	81.10	+65.10	406.88

各個Call選擇權契約均為買方虧、賣方盈。Put則相反，買方盈、賣方虧，每個契約盈虧金額：

280 Call	$5.45 \times 500 = 2,725$
285 Call	$3.20 \times 500 = 1,600$
290 Call	$3.20 \times 500 = 1,600$
280 Put	$60.15 \times 500 = 30,075$
285 Put	$63.35 \times 500 = 31,675$
290 Put	$65.10 \times 500 = 32,550$

9. Call 9450, 9500 及 9550 為ITM；9600, 9650 及 9700 為OTM。

Put 9450, 9500 及 9550 為OTM；9600, 9650 及 9700 為ITM。

3 月 Call，行使價格 9450：$0.9569 - 0.9450 = 0.0119$，真實價值1.19¢，時間價值$1.32 - 1.19 = 0.13$¢

3 月 Call，行使價格 9560：$0.9569 - 0.9500 = 0.069$，真實價值0.

69 ¢，時間價值0.94－0.69＝0.25 ¢

3月 Call，行使價格 9550：0.9569－0.9550＝0.019，眞實價值0.19 ¢，時間價值0.62－0.19＝0.43 ¢

3月 Call，行使價格 0.9600，眞實價值爲零，時間價值 0.38 ¢

3月 Call，行使價格 0.9650，眞實價值爲零，時間價值 0.24 ¢

3月 Call，行使價格 0.9700，眞實價值爲零，時間價值 0.15 ¢

3月 Put，行使價格 0.9450，眞實價值爲零，時間價值爲 0.13 ¢

3月 Put，行使價格 0.9500，眞實價值爲零，時間價值爲 0.25 ¢

3月 Put，行使價格 0.9550，眞實價值爲零，時間價值 0.43 ¢

3月 Put，行使價格 9600：0.9600－0.9569＝0.0031，眞實價值爲0.31 ¢，時間價值0.69－0.31＝0.38 ¢

3月 Put，行使價格 9650：0.9650－0.9569＝0.0081，眞實價值爲0.81 ¢，時間價值1.05－0.81＝0.24 ¢

3月 Put，行使價格 9700：0.9700－0.9569＝0.0131，眞實價值爲1.31 ¢，時間價值1.46－1.31＝0.15 ¢

10.(1)權利金 £5,000,000×2％＝£100,000

　　權利金滿期時之價值 £100,000×(1+10％×3/12)＝£102,500

(2)£ Call/$Put, 在匯率爲1.60時, 買方盈：£5,000,000－£5,000,000×1.5/1.6－£102,500＝£210,000

　賣方虧：£5,000,000×1.5/1.6－£5,000,000＋£102,500＝－£210,000

　在匯率爲 1.50 時：買方放棄行使，買方虧，賣方盈 £102,500。

　在匯率爲 1.40 時：買方放棄行使，買方虧，賣方盈 £102,500。

(3)£ Call/$ Put，買賣雙方損益平衡點之匯率：

　£5,000,000×1.5/1.5－£5,000,000×1.5÷x＝£102,500

　x＝£1.5314

(4)£ Put/$ Call

匯率爲 1.60 及 1.50 時，買方放棄行使，賣方盈，買方虧£102,500。

匯率爲 1.40 時，買方盈，賣方虧，其金額爲

£5,000,000 − £5,000,000×1.5/1.4 + £102,500

= − £254,642,86

損益平衡點：£5,000,000×1.5/x − £5,000,000×1.5/1.5 = £102,500

x = £1.4699

11.(1)未做避險之成本：

(a)匯率 1.4 時：$6,000,000/1.4 = £4,285,714.29

(b)匯率 1.5 時：$6,000,000/1.5 = £4,000,000

(c)匯率 1.6 時：$6,000,000/1.6 = £3,750,000

(2)買入遠期之成本，不論匯率如何，成本爲

$6,000,000/1.485 = £4,040,404.04

(3)買入£Put／$Call之成本：

支付權利金：（$6,000,000/1.5)×1.75% = £70,000

在滿期時權利金價值：£70,000×(1 + 12%×3/12) = £72,100

(a)匯率 1.4 時：$6,000,000/1.485 + £72,100

= £4,112,504.04 （最高成本）

(b)匯率 1.5 時：$6,000,000/1.5 + £72,100 = £4,072,100

(c)匯率 1.6 時：$6,000,000/1.6 + £72,100 = £3,822,100

(4)賣出£Call／$Put之成本：

收入權利金：（$6,000,000/1.5)×1.5% = £60,000

在滿期時權利金價值：£60,000×(1 + 12%×3/12) = £61,800

(a)匯率 1.4 時：$6,000,000/1.4 − £61,800 = £4,223,914.29

(b)匯率 1.5 時：$6,000,000/1.5 − £61,800 = £3,938,200

(c)匯率 1.6 時：$6,000,000/1.5 − £61,800 = £3,938,200

比較：

(a)匯率1.4時：買入遠期＜買入£Put／＄Call＜賣出£Call／＄
Put＜未避險。

(b)匯率1.5時：賣出£Call／＄Put＜未避險＜買入Fwd＜買入£
Put／＄Call。

(c)匯率1.6時：未避險＜買入£Put／＄Call＜賣出£Call／＄
Put＜買入遠期。

(5)(a)未避險與買入遠期的Break-even Rate爲：

$$\frac{\$6,000,000}{x}=\frac{\$6,000,000}{1.4850} \quad x=\$1.4850$$

在匯率低於1.4850時，以遠期有利；在匯率高於1.4850時，以
未避險有利。

(b)未避險與買入£Put/＄Call的Break-even Rate爲：

$$\frac{\$6,000,000}{x}=\frac{\$6,000,000}{1.4850}+£72,100=£4,112,504$$

$$x=\$1.4590$$

在匯率低於1.4590時，以買入£Put/＄Call有利；在匯率高於
1.4590時，以未避險有利。

(c)未避險與賣出£Call/＄Put的Break-even Rate爲：

$$\frac{\$6,000,000}{x}=\frac{\$6,000,000}{1.5}-£61,800=£3,938,200$$

$$x=\$1.5235$$

在匯率低於1.5235時，以賣出£Call/＄Put有利；在匯率高於
1.5235時，以未避險有利。

(d)買入遠期與買入£Put/＄Call的Break-even Rate爲：

$$\frac{\$6,000,000}{1.4850}=\frac{\$6,000,000}{x}+£72,100 \quad x=\$1.5120$$

在匯率低於1.5120時，以買入遠期有利；在匯率高於1.5120

時，以買入£Put/$Call有利。

(e)買入遠期與賣出£Call/$Put的Break-even Rate爲：

$$\frac{\$6,000,000}{1.4850}=\frac{\$6,000,000}{x}-\pounds61,800 \quad x=\$1.4626$$

在匯率低於1.4626時，以買入遠期有利；在匯率高於1.4626時，以賣出£Call/$Put有利。

(f)買入£Put/$Call與賣出£Call/$Put比較：在匯率較爲穩定時，即匯率介於1.4374與1.5520之間，以賣出£Call/$Put有利，在匯率波動較大時，即匯率低於1.4374或高於1.5520，以買入£Put/$Call有利。

$$\frac{\$6,000,000}{1.485}+\pounds72,100+\pounds61,800=\frac{\$6,000,000}{x} \quad x=\$1.4374$$

$$\frac{\$6,000,000}{1.5}-\pounds61,800-\pounds72,100=\frac{\$6,000,000}{x} \quad x=\$1.5520$$

(6)結論：

(a)未避險風險最高，其成本不是最低就是最高。

(b)買入遠期，成本已定，不失爲穩健措施。

(c)買入£Put/$Call，優點是最高成本不超過$4,112,504.04，其缺點是匯率未變時，還要支付權利金。

(d)賣出£Put/$Call，優點是有權利金做緩衝，可降低成本。其缺點是如未避險一樣，風險無限。

12. 先求£Call/$Put支付權利金：$1,000,000 \times 1.5\%/1.7550$

$$=\pounds8,547$$

其滿期時的價值：$\pounds8,547 \times (1+12\% \times 3/12)=\pounds8,803.42$

求£Put/$Call收進權利金：$1,000,000 \times 2\%/1.7550=\pounds11,396$

其滿期時的價值：$\pounds11,396 \times (1+12\% \times 3/12)=\pounds11,737.90$

(1)匯率爲1.7050時的收入：

(a)未避險：$1,000,000 \div 1.7050 = £586,510.26$

(b)買入美元遠期：$1,000,000 \div 1.7450 = £573,065.90$

(c)買入£Call/$Put：$1,000,000 \div 1.7050 - £8,803.42$
$$= £577,706.84$$

(d)賣出£Put/$Call：$1,000,000 \div 1.7450 + £11,737.90$
$$= £581,538.47$$

(2)匯率為 1.7550 時的收入：

(a)未避險：$1,000,000 \div 1.7550 = £569,800.57$

(b)買入美元遠期：$1,000,000 \div 1.7450 = £573,065.90$

(c)買入£Call/$Put：$1,000,000 \div 1.7550 - £8,803.42$
$$= £560,997.15 \ (最低收入)$$

(d)賣出£Put/$Call：$1,000,000 \div 1.7550 + £11,737.90$
$$= £581,338.47$$

(3)匯率為 1.7850 時的收入：

(a)未避險：$1,000,000 \div 1.7850 = £560,224.09$

(b)買入美元遠期：$1,000,000 \div 1.7450 = £573,065.90$

(c)買入£Call/$Put：$1,000,000 \div 1.7550 - £8,803.42$
$$= £560,997.15$$

(d)賣出£Put/$Call：$1,000,000 \div 1.7850 + £11,737.90$
$$= £571,961.99$$

(4)Break-even Rates：

(a)未避險與買入遠期比較：

$1,000,000/x = 1,000,000/1.7450 \quad x = 1.7450$

匯率低於 1.7450 時，未避險有利；

匯率高於 1.7450 時，買入美元Fwd有利。

(b)未避險與買入£Call/$Put比較：

$$1,000,000/x = 1,000,000/1.7550 - \text{£}8,803.42 \quad x = 1.7825$$

匯率低於 1.7825 時，未避險有利；

匯率高於 1.7825 時，買入 £ Call／＄ Put有利。

(c)未避險與賣出 £ Put／＄ Call比較：

$$1,000,000/x = 1,000,000/1.7450 + \text{£}11,737.90 \quad x = 1.7100$$

匯率低於 1.7100 時，未避險有利；

匯率高於 1.7100 時，賣出 £ Put／＄ Call有利。

(d)買入美元遠期與買入 £ Call／＄ Put比較：

$$1,000,000/1.7450 = 1,000,000/x - \text{£}8,803.42 \quad x = 1.7186$$

匯率低於 1.7186 時，買入 £ Call／＄ Put有利；

匯率高於 1.7186 時，買入美元遠期有利。

(e)買入美元遠期與賣出 £ Put／＄ Call比較：

$$1,000,000/1.7450 = 1,000,000/x + \text{£}11,737.90 \quad x = 1.7815$$

匯率低於 1.7815 時，賣出 £ Put／＄ Call有利；

匯率高於 1.7815 時，買入遠期有利。

(f)買入 £ Call／＄ Put與賣出 £ Put／＄ Call比較：

$$1,000,000/1,7550 - \text{£}8,803.42 = 1,000,000/x + \text{£}11,737.90$$

$$x = 1.8206$$

匯率低於 1.8206 時，賣出 £ Put／＄ Call有利；

匯率高於 1.8206 時，買入 £ Call／＄ Put有利。

13. 匯率 98.69

(a)在店頭市場得標與否均可行使選擇權，獲利：$2,000,000 \times$

$(104.55 - 98.69) = \text{¥}11,720,000$；如係得標，可以 98.69 價格

賣出遠期美元繼續避險。

(b)在期貨市場避險，行使選擇權成爲期貨空頭，賣出價格爲

US＄1 ＝ ¥104.55，如未得標，可了結期貨部位以 98.69 買入，

沖銷後獲利￥11,720,000。

14.(1)未避險時應支付利息：

$$\$5,000,000 \times (9\% + 1\frac{1}{4}\%) \times 90/360 = \$128,125$$

(2)避險後應支付利息及費用：

$$\$5,000,000 \times (8\% + 1\frac{1}{4}\% + 1/2\%) \times 90/360 = \$121,875$$

(3)銀行對該公司補償金額：

$$\$5,000,000 \times (9\% - 8\% - 1/2\%) \times 90/360 = \$6,250$$

15.LIBOR為 8% p.a. 時：

(1)未避險時借貸損益：

$$10,000,000 \times (8\% + 1\frac{1}{2}\% - 9.5\%) \times 180/360 = 0$$

(2)買入利率下限後：

$$10,000,000 \times (8.75\% + 1\frac{1}{2}\% - 3/8\% - 9.5\%) \times 180/360 = \$18,750$$

(3)該銀行補償收入：

$$10,000,000 \times (8.75\% - 8\% - 3/8\%) \times 180/60 = \$18,750$$

LIBOR為 9.5% p.a.時：

(1)未避險時借貸損益：

$$10,000,000 \times (9.5\% + 1.5\% - 9.5\%) \times 180/360 = \$75,000$$

(2)買入利率下限後：

$$10,000,000 \times (9.5\% + 1.5\% - 9.5\% - 0.375\%) \times 180/360 = $$

$$\$56,250$$

(3)該銀行淨付款費用：

$$10,000,000 \times 0.375\% \times 180/360 = \$18.750$$

16.(1) $F = S \cdot \dfrac{1 + R_d \cdot d/dpy}{1 + R_f \cdot d/dpy}$

$\qquad = 1.5 \dfrac{1 + 6\% \cdot 90/360}{1 + 10\% \cdot 90/365}$

$\qquad = \$1.4858$

(2) $e^{-R_f \cdot T} = e^{-0.10 \times 0.25} = e^{-0.025} = A$

$\quad \log_{10}A = -0.025\log_{10}e$

$\qquad\qquad = -0.025 \times 0.4346$

$\qquad\qquad = -0.0109$

$\qquad\qquad = \bar{1}.9891$

$A = 0.9783$

$e^{-R_d \cdot T} = e^{-0.06 \times 0.25} = e^{-0.015} = B$

$\log_{10}B = -0.015\log_{10}e$

$\qquad\qquad = -0.015 \times 0.4346$

$\qquad\qquad = -0.0065$

$\qquad\qquad = \bar{1}.9935$

$B = 0.9851$

$\ln(S/X) = \ln(1.5/1.55)$

$\qquad\qquad = \log_{10}(\dfrac{1.50}{1.55}) \times \log_{10}e$

$\qquad\qquad = (\log_{10}1.5 - \log_{10}1.55) \times \log_{10}{}^e$

$\qquad\qquad = (0.1761 - 0.1963) \times 0.4346$

$\qquad\qquad = -0.0062$

$d_1 = \dfrac{-0.0062 + [0.06 - 0.10 + (0.20)2/2] \times 0.25}{0.20 \times \sqrt{0.25}}$

$\qquad = \dfrac{-0.0062 - 0.005}{0.1}$

$$= -0.112$$

$$d_2 = d_1 - \sigma \cdot \sqrt{T}$$

$$= -0.112 - 0.20 \times \sqrt{0.25} = -0.212$$

$$N(d_1) = N(-0.112) = 0.5 - 0.044 = 0.456$$

$$N(d_2) = N(-0.212) = 0.5 - 0.083 = 0.417$$

$$C = e^{-R_d \cdot T} \Big[S \cdot N(d_1) - e^{-R_f \cdot T} \cdot X \cdot N(d_2) \Big]$$

$$= 0.9753[1.5 \times 0.456 - 0.985 \times 1.55 \times 0.417]$$

$$= 0.0458$$

$$= 4.58 \, \text{¢}$$

$(3) P = C - (F - X) e^{-R_d \cdot T}$

$$= 0.0458 - (1.4858 - 1.55) \times 0.9851$$

$$= 0.0458 + 0.0632 = 0.1090 = 10.90 \, \text{¢}$$

$(4) \triangle = e^{-R_f \cdot T} \cdot N(d_1) = 0.9753 \times 0.456 = 0.445$

17.(1)Case A：下降市場

　　賣出期貨：$(0.5956 - 0.5558) \times 10,000 \times 12.50 = \$4,975$(Profit)

　　買入 58 Put：$(0.0250 - 0.0059) \times 10,000 \times 12.50$

　　　　　　　　$= \$2,387.50$ (Profit)

　　買入 60 Put：$(0.447 - 0.144) \times 10,000 \times 12.50$

　　　　　　　　$= \$3,787.50$ (Profit)

　　賣出 58 Call：$(0.0225 - 0.0004) \times 10,000 \times 12.50$

　　　　　　　　$= \$2,762.50$ (Profit)

　　賣出 60 Call：$(0.0120 - 0.0001) \times 10,000 \times 12.50$

　　　　　　　　$= \$1,487.50$ (Profit)

(2)Case B：上升市場

　　賣出期貨：$(0.5956 - 0.6374) \times 10,000 \times 12.50$

$$= - \$ 5,225 \ (\text{Loss})$$

買入 58 Put： $(0.0001 - 0.0059) \times 10,000 \times 12.50$

$$= - \$ 725 \ (\text{Loss})$$

買入 60 Put： $(0.0001 - 0.0144) \times 10,000 \times 12.50$

$$= - \$ 1,787.50 \ (\text{Loss})$$

賣出 58 Call： $(0.0225 - 0.0580) \times 10,000 \times 12.50$

$$= - \$ 4,437.50 \ (\text{Loss})$$

賣出 60 Call： $(0.0375 - 0.0120) \times 10,000 \times 12.50$

$$= - \$ 3,187.50 \ (\text{Loss})$$

(3)Case C： 溫和下降市場

賣出期貨： $(0.5956 - 0.5875) \times 10,000 \times 12.50$

$$= \$ 1,012.50$$

(Profit)

買入 58 Put： $(0.0010 - 0.0059) \times 10,000 \times 12.50$

$$= \$ 612.50 \ (\text{Loss})$$

買入 60 Put： $(0.0156 - 0.0144) \times 10,000 \times 12.50$

$$= \$ 150 \ (\text{Profit})$$

賣出 58 Call： $(0.0225 - 0.0064) \times 10,000 \times 12.50$

$$= \$ 2,012.50 \ (\text{Profit})$$

賣出 60 Call： $(0.0120 - 0.0004) \times 10,000 \times 12.50$

$$= \$ 1,450 \ (\text{Profit})$$

18.(1)$\dfrac{52}{64} - 1\dfrac{32}{64} = -\dfrac{44}{64}$

權利金支出大於權利金收入為Initial Net Debit, 其金額為 $44 \times$ $\$15.625 \times 10 = \$6,875$。

(2)最大損失： 係在期貨價格等於或低於 90 時, 其金額為$\$6,875$。

(3)最大利益：俟在期貨價格等於或高於92時，

$(92-90)-\dfrac{44}{64}=1\dfrac{20}{64}$，其金額為$(20+64)\times\$15.625\times10=\$13,125$

(4)損益平衡點 A：$90+\dfrac{44}{64}=90\dfrac{44}{64}$

(5)損益圖如次：

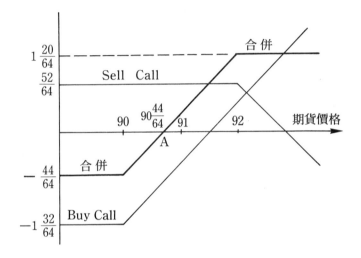

參考書目

一、英文部分

書 名	作 者	出 版 者
1. *Foreign Exchange Handbook*	Paul Bishop & Don Dixon	McGraw-Hill
2. *A Primer on Foreign Exchange*	Jon Gregory Taylor & F. John Mathis	Robert Morris Associates
3. *Exchange and Trade Control*	Jozef Swidrowski	
4. *A Manual of Foreign Exchange*	H. E. Evitt	Pitman Publishing
5. *The Foreign Exchange Handbook*	Julian Walwsley	Walwsley
6. *Foreign Exchange*		Euromoney
7. *Foreign Exchange Today*	Raymond G. F. Coninx	Woodhead-Faulkner
8. *Foreign Exchange in Practice*	Steve Anthony	IFR Publishing
9. *Foreign Exchange and Trade System in Korea*		Korea Exchange Bank
10. *Foreign Exchange and Money Market*	Heinz Riehl & Rita M. Rodriguez	
11. *Accounting in the Foreign Exchange Market*	Ian J. Martin	Butterworths

12. *Basic Hankbook of For-eign Exchange*	Claude Tygier	Euromoney
13. *The Forward Market in Foreign Exchange*	Brendan Brown	Croom Heler
14. *How the Foreign Ex-change Market Works*	Rudi Weisweiller	NYIF
15. *The Concise Handbook of Futures Markets*	Perry J. Kaufman	John Wiley
16. *Financial Futures*	M. Desmond Fitzger-ald	Euromoney
17. *Futures, A Personal Sem-inar*		NYIF
18. *The Futures Markets*	Daniel R. Siegel & Diane F. Siegel	Probus Publishing
19. *Inside the Financial Fu-tures Markets*	Mark J. Powers & Mark G. Castelino	Wiley
20. *The Hand book of Finan-cial Futures*	Nancy H. Rothstein & James M. Little	McGraw-Hill
21. *Trading Financial Fu-tures: Markets, Methods, Strategies, and Tactics*	John W. Labuszews-ki & John E. Nyhoff	Wiley
22. *Trading in Futures*	T. H. Stewart	Woodhead-Faulkner
23. *Uses and Advantages of Currency Options*	Dr. Ralph Yiehmin Liu	
24. *Options Markets*	John C. Cox Mark Rubinstein	Prentice-Hall
25. *The Options Manual*	Gary L. Gastinean	McGraw-Hill
26. *Options*	Peter Ritchken	Scott Foresman

27. *Financial Options*	M. Desmond Fitzger- ald	Euromoney
28. *The Currency Options Handbook*	William Sutton	Woodhead-Faulkner
29. *The Commodity Options Market*	Kermit C. Zieg, Tr. & William E. Nix	Dow-Jones-Irwin
30. *European Options and Futures Market*	Richard Komarnick	
31. *Trading in Options on Futures*	James T. Colburn	NYIF
32. *Futures and Options*	Franklin R. Edwards & Cindy W. Ma	McGraw-Hill
33. *Options on Futures*	Ronald J. Frost	Probus Publishing
34. *Futures and Options Markets*	Steven C. Blank Colin A. Carter Brian H. Schmiesing	Prentice-Hall
35. *Trading Options on Futures*	John W. Labuszews- ki & John E. Nyhoff	John Wiley
36. *A Handbook for Professional Futures and Options Traders*	Joseph D. Koziol	Wiley
37. *Financial Futures and Options Recent Developments*		IFR Publishing
38. *Commodity Trading Manual*		CBOT

39. *Financial Futures, Options and Swaps*	Alan L. Tucker	Infu Acces & Distribution
40. *Iterest Rate and Currency Swaps*	Ravi E. Dattatreya Raj E. S. Venkatesh Vijaya E. Venkatesh	Probus Publishing
41. *Swap Finance*	Boris Antl	Euromoney
42. *Swap Financing Techniques*	Boris Antl	Euromoney
43. *A Guide to World Money & Capital Markets*	L.T. Kemp	McGraw-Hill
44. *Guide to Offshore Financial Centres*		Euromoney
45. *International Banking & Finance*	Robert D. Fraser	R&H Publishers
46. *International Financial Management*	Jeff Madura	West Publishing
47. *International Finance*	Keith Pilbeam	Macmillan
48. *Recent Innovations in International Banking*		BIS
49. *A Handbook of Financial Mathematics*	Peter C. Cartledge	Euromoney
50. *Encyclopedia of Banking and Finance*	Glenn G. Munn & F. L. Garcia	Bankers Publishing
51. *The Securities Industry*	Allan H. Pessin Ronald T. Hyman	NYIF
52. *International Financial Market*	J. Orlin Grabbe	Elsevier

53. *Reading in Currency Management*　Ian Gillespie　Eurostudy Publishing

54. *Interest Rate Risk Management*　Torben Juul Anderson & Rikky Hasan　IFR Publishing

55. *Financial Risk Management*　Keith Redhead & Stewart Hughes　Gower Publishing

56. *International Finance*　Maurice Levi

57. *Money Market*　Marcia Stigum　Dow-Jones-Irwin

58. *Financial Market*　John H. Woods & Normal L. Woods

59. *International Finance*　Keith Pilbeam　Macmillan

60. *Principles of Money, Banking & Financial Markets*　Lawrence S. Ritter & William L. Silber

61. *Managing Risks & Costs Through Financial Innovation*　Business International

62. *International Banking*　Peter K. Oppenheim　American Bankers Association

63. *International Financial Markets*　Woodhead-Faulkner

64. *Corporate Cash Management*　Philippa L. Back　Woodhead-Faulkner

65. *Euromarket Instruments*　Torben Juul Anderson　NYIF

66. *Currency and Interest Rate Haedging*　Torben Juul Anderson　NYIF

67. *Management of Interest Rate Risk*　Boris Antl　Euromoney

68.	*CBOT Publications*		CBOT
69.	*CME Publications*		CME
70.	*LIFFE Publications*		LIFFE
71.	*Options, A Personal Seminar*	Scott H. Fullman	NYIF

二、中文部分

書　名	作　者	出　版　者
1.《我國外匯市場與匯率制度》	李碅	財團法人金融人員研究訓練中心
2.《國際金融理論與制度》	歐陽勛、黃仁德	三民書局
3.《金融市場》	黃天麟	
4.《金融市場》	楊承厚	中國經濟月刊社
5.《國際金融》	倪成彬	聯經出版公司
6.《貨幣銀行學》	李孟茂	
7.《中國貨幣金融論》	張維亞	東方經濟研究社
8.《外貿會十四年》		行政院外匯貿易委員會
9.《國際貿易實務概論》	張錦源	三民書局
10.《金融國際化之發展與經驗》	李孟茂	中華民國銀行業同業公會全國聯合會
11.《我國證券市場概況》		財政部證券管理委員會
12.《我國公債發行市場和流通市場之發展策略》	洪祥洋	臺灣經濟金融月刊社（82年5月20日）
13.《臺灣之期貨市場》		康德國際法律事務所
14.《金融風險管理》	林淑玲、許誠洲	超越企管顧問公司
15.《金融統計月報》		中央銀行
16.《外匯實務》	于政長	五南圖書出版公司

17. 《國際貿易實務與實習》　　于政長　　　　　五南圖書出版公司

18. 《美國之外匯市場》　　　　于政長譯　　　　三民書局

19. 《外匯貿易辭典》　　　　　于政長　　　　　三民書局

20. 《外匯貿易之管理》　　　　于政長　　　　　自印本

21. 《金融市場之投資操作與避　于政長　　　　　自印本
　　　險》

22. 《國際金融理論與實務》　　　　　　　　　　財團法人金融人員研究
　　　　　　　　　　　　　　　　　　　　　　訓練中心

英文索引

A

B

C

D

E

F

H

I

P

S

T

三民大專用書書目——經濟・財政

三民大專用書書目——會計・審計・統計

書名	著者		學校
財務報表分析題解	李祖培	著	中興大學
稅務會計（最新版）	卓敏枝 盧聯生 莊傳成	著 著 著	臺灣大學 輔仁大學 文化大學
珠算學（上）（下）	邱英桃	著	臺中商專
珠算學（上）（下）	楊渠弘	著	淡水工商管理學院
商業簿記（上）（下）	盛約禮	著	淡水工商管理學院
審計學	殷文俊 金世朋	著	政治大學
商用統計學	顏月珠	著	臺灣大學
商用統計學題解	顏月珠	著	臺灣大學
商用統計學	劉一然	著	舊金山州立大學
統計學	成灪	著	臺中商專
統計學	柴松林	著	交通大學
統計學	劉南溟	著	臺灣大學
統計學	張浩鈞	著	臺灣大學
統計學	楊維哲	著	臺灣大學
統計學（上）（下）	張健邦	著	政治大學
統計學題解	張素梅 蔡淑女 張健邦	著 校訂	政治大學
現代統計學	顏月珠	著	臺灣大學
現代統計學題解	顏月珠	著	臺灣大學
統計學	顏月珠	著	臺灣大學
統計學題解	顏月珠	著	臺灣大學
推理統計學	張碧波	著	銘傳大學
應用數理統計學	顏月珠	著	臺灣大學
統計製圖學	宋汝濬	著	臺中商專
統計概念與方法	戴久永	著	交通大學
統計概念與方法題解	戴久永	著	交通大學
迴歸分析	吳宗正	著	成功大學
變異數分析	呂金河	著	成功大學
多變量分析	張健邦	著	政治大學
抽樣方法	儲全滋	著	成功大學
抽樣方法 ——理論與實務	鄭光甫 韋端	著	中央大學 主計處
商情預測	鄭碧娥	著	成功大學

三民大專用書書目——政治・外交